来凤琪　主　译

叶海松　黄晓霞　主译助理

教育交流与技术术语集

Rita C. Richey　主编

Encyclopedia of Terminology for Educational Communications and Technology

华东师范大学出版社

上海市版权局著作权合同登记　图字：09 – 2015 – 567 号

目　录

译　序

在 2013 年的美国教育交流与技术学会（AECT）年会上，常务理事长 Phillip Harris 博士问我是否能为 AECT 翻译三本书，我一口答应了。之所以答应得如此爽快，有以下几个原因：其一为中国教育技术界作些贡献是我多年来的愿望与一贯的实践，其二我非常愿意为 AECT 多作贡献，其三深信自己的翻译能力，其四相信能很快地组织起一支中英文并茂而且熟谙教育技术的翻译队伍，其五相信凭着长年与华东师范大学的学术交流关系，在华东师范大学出版社出版三本 AECT 书籍应该不成问题。在此，我首先要感谢华东师范大学出版社接受我们的译文，使《21 世纪的学习和教学技术：前景瞻望》(*Learning and Instructional Technologies for the 21st Century：Visions of the Future*)、《教育技术领域的设计：设计思维、设计过程与设计工作室》(*Design in Educational Technology：Design Thinking，Design Process，and the Design Studio*) 和《教育交流与技术术语集》(*Encyclopedia of Terminology for Educational Communications and Technology*) 这三本译作能与我们中国教育技术界的同事及学生们见面。

在完成这三本译著的过程中，有一个我亲身经历的故事老是在我脑际驻留：那是30 多年前，时届我撰写本科毕业论文期间，由于一位师长的建议，我在论文准备过程中以年轻人不分昼夜的热情，加班加点地第一次尝试将一本英文原著 *Writing Scientific Papers in English* 翻译成稿，投寄给上海科学技术文献出版社。由于那段时期百废待兴、人才断流，以致编辑见到我恭恭敬敬地坐在接待室中，却没能将我的青年模样与她推测中的"中老年知识分子形象"对上号。后来，当编辑部确认我是译者时，做了一个令我深感意外的安排：让当时已是权威的著名自然杂志编辑陈以鸿老师做我译著的校对。我当时初出茅庐，有陈以鸿编辑作为我的老师，我不但学到了许多翻译知识和技巧，还学到了陈老师对学问一丝不苟，对翻译工作脚踏实地的认真态度。他那循循善诱、诲人不倦的精神令我至今印象深刻。我时常体会到在各领域中，我们都要以这样的精神来教诲后来者如何对待知识与著作实践。对年轻人要有代代相传的关心、指导与提携,这样我们的科学与知识才能得以传承。在这种理念的引导下,我与我共事的年轻梯队,在时间紧缺的条件下配合完成了这三本译作的艰巨任务。

没有从事过翻译实践的人可能往往会认为翻译比写文章容易,其实不然。因为两种语言之间没有绝对等同的文字,所以,逐字直译是不可取的。当我们在翻译专业科技文化作品时,逐字直译尤其不可取。大概人人都知道翻译要信达雅,但要做到信达雅绝对不是件容易事。我不能说我们的翻译梯队做到了信、达、雅,但是他们在翻译过程中按主译要求几经修改,以求精炼。我们要求梯队成员按照以下准则翻译,我们称其为七部曲:

第一部:细读每一段落以彻底理解每一段落的意思
第二部:用中文讲述所理解的段落内容
第三部:写下讲述的中文
第四部:修正、精炼中文文字,适当地方加字以提高中文可读性
第五部:中英对照以检查意思方面有否添加或遗漏
第六部:再次修正,然后邀请中国学者阅读并提供反馈
第七部:根据反馈第三次修正,然后润色,力争信、达、雅

这是我们要求翻译梯队采用确保准确表达原文意思并确保译文的可读性的意译方法。但是,三次修正后依然存在着各种问题,之后对每个章节的审阅少者二至三审,多者四至五审。由于翻译梯队分散在中美各地,有效交流成了一个问题,加之大家都是全日制工作人员,其工作压力也可想而知。在翻译过程中,有两个翻译成员因整个审阅修改过程太过耗时而退出。雪上加霜的是还有一位到最后一刻没能如期递交译文,对主译成员造成了极大的压力。然而,天无绝人之路,在我们山穷水尽疑无路时,刘炬红、闫寒冰、刘名卓和徐鹏博士先后毅然决然地表示愿意提供帮助,以解燃眉之急。尤其是华东师范大学开放学院的副院长闫寒冰教授、刘名卓副教授和东北师范大学的徐鹏副教授,当他们得知我们的困境时,毫不犹豫地伸出援助之手,在百忙之中抽时间,不辞辛劳地连夜赶翻,且保质保量。他们的援助犹如雪中送炭,他们高度的责任感使我深受感动。

审阅编译的过程是一个严谨思维和费时的过程。为求信、达、雅,在用词用句上都

需要反复推敲。举例来说，在用词上，同样的一个英语词汇可能在不同的上下文中有不完全一样的意思，因此，需要根据上下文被译成不同的中文。比如说，practice，在 drills and practice 中，是指操练，而在 practice in the real world 中是指实践。另外，有些中文词貌似同义，而事实上意思是不尽相同的。例如，后果和结果，评估和评价，进展和发展，教学和教育，模型和模式，动力和动机，扩散和普及，测试和测量等，它们不是完全等同的同义词，不能互用。为求翻译的精确，我们在审阅编译过程中都一一作了仔细检查和必要的修正。此外不少句子的翻译也存在着歧义，我们也都一一作了修正，在此仅举一例：

原文：This chapter tells the story of efforts to make the sharing of that knowledge open, accessible, and a widespread aspect of our practice.

原译：本章致力于讲述为使这个知识共享开放，易接近，并普及至我们真实实践中所做的努力。

原译的主要问题在于：(1)"This chapter tells the story of efforts"不是"本章致力于"而是本章讲述了一个(我们)"致力于"一项工作的故事。(2)"to make the sharing of that knowledge open, accessible, and a widespread aspect of our practice"中的"accessible"不是指"easy to approach"（易接近）而是指"obtainable, easy to access"（可/容易获取的）。

因此本句被修正为："在本章中，我们给大家讲一个我们致力于知识共享的故事，其目的是为了使知识共享开放于众、唾手可得，并广泛地贯彻到我们的实践中去。"

术语的翻译常与国内的既成翻译有冲突。我们的基本原则是尽量保持与既成翻译的一致，但当既成翻译产生歧义时，我们要进行修正。然而，对于从其他领域引进的术语，例如"混搭"(mashup)、"面向对象"(object-oriented)等，我们不作修正，袭用既成翻译。以下我们将举七个术语修正的例子：

● 例一

原文：Dual Coding Theory

既成中文翻译：双重编码理论

分析既成翻译的问题所在：Paivio 的 Dual Coding Theory 讲的是当信息接收者在外来信息进入大脑时，工作记忆中的两个系统是如何对语言信息以及非语言信息进行处理的。这个过程是一个学习过程，学习的第一步是对接收到的信息进行解码。因此，把 Dual Coding Theory 翻译成编码理论是有歧义的。

我们将既成中文翻译修正为：双码理论。

● 例二

原文：performance

既成中文翻译：绩效

分析既成翻译的问题所在：performance 意为学业表现、工作表现。学生做的学校布置的作业情况是他们的 learning performance，工作单位里雇员做的工作情况是他们的 working performance。performance 可好也可差，强调的是成绩而不是功效、效应或效率。

因此，我们将既成中文翻译修正为：业绩。

● 例三

原文：critical thinking

既成中文翻译：批判性思维

分析既成翻译的问题所在：critical thinking 中的 critical[①] 不是指 inclined to find fault or to judge with severity, often too readily（挑刺、批判）而是指 involving skillful judgement as to truth, merit, etc.（有技巧地来审视事物的真实性与价值）。

因此，我们将既成中文翻译修正为：严谨思维。

● 例四

原文：Meta-Analysis

既成中文翻译：元分析

分析既成翻译的问题所在：Meta 这个源自于希腊文的前缀，有多重意思，当它搭配于不同的词语时，有着不同的含义，所以，翻译时应根据每个词本身的意思来决定中文译文，而不能一概翻译为"元"。Meta-Analysis 的原意简单来说是

---

① 英语的原文解释摘自 Webster's Encyclopedic Unabridged Dictionary of the English Language。

对众多现有实证文献的再次统计与分析。

因此,我们将既成中文翻译修正为:整合分析。

- 例五

原文：Schema Theory

既成中文翻译：图示理论

分析既成翻译的问题所在：Schema 是指"an underlying organizational pattern or structure; conceptual framework"（一种基本的组织模式或结构;一种概念框架），其解释与心理学和认知学的定义一致。简单来说,schema 是信息（依据个人的知识与经验等）在人脑中的分类,它形成了一种原有知识的结构,是一种因人而异的思维结构,而这种结构可以随着知识的增长而改变。

因此,我们将既成中文翻译修正为:思维结构理论。

- 例六

原文：formative evaluation

既成中文翻译：形成性评价

分析既成翻译的问题所在：1）formative evaluation 中的 evaluation 不是评价,而是评估。评价更多强调的是下定论,而评估则侧重于过程与分析。2）formative evaluation of instructional material 一般是指在教材设计完成但未完善的情况下所进行的评估,其目的是为了改进教材质量,对不足之处作出修改以达完善。在设计过程中,另有一个评估术语被称为 on-going evaluation,它虽具有 formative evaluation 的性质及目的,但是,因为它发生在产品形成的每一步骤的过程中,所以被称为 on-going evaluation。也许这 on-going evaluation 可被翻译成形成性评估（请注意了,依然是评估,不是评价）。3）formative evaluation of learners 是对学生学习过程的一种诊断性评估。在学生获取知识的过程中,教师要用正式或非正式的评估手段来进行诊断,看学生是否掌握了所教知识,从而决定下一步教学行为。

因此,我们作了如下修正：将 formative evaluation of instructional materials 翻译为"教材检验性评估",但当它被用于 on-going evaluation 时,我们保持既成翻译"形成性评估"。对于 formative evaluation of learners,我们将其翻译为"诊断性评估"。

- 例七

原文：norm-referenced vs. criterion-referenced

既成中文翻译：常模参照（考核）vs. 标准参照（考核）

分析既成翻译的问题所在：norm-referenced 考核是一种标准考核，举例来说，TOEFL 或 GRE，它们基于标准试卷，意在从一组人中进行比较来挑选合格人才。而 criterion-referenced 考核经常是教师自己根据教学目标出考核题，意在检查学生的学习情况，看是否达到了教学目标。尽管 criterion 直译为中文是"标准"，但是那只是教师按照教学目标自定的标准，而不是参照标准的考核。因此，既成的中文翻译有着极大的误导性。

我们将既成中文翻译修正为：标准参照（norm-referenced）vs. 教学目标参照（criterion-referenced）。

对于整个翻译的过程，我有很多可写，但限于时间，只能尽量缩短此序的篇幅。对于我们的体会及经验，我和我现时的学生叶海松以及国内的同行闫寒冰、刘名卓和徐鹏将在 AECT 2016 年的年会上讨论，并撰写成文发表。

在此，我想感谢我的助理叶海松和黄晓霞博士。晓霞提供并联络了大部分的翻译梯队人员，独立完成了初期第一审的评审工作。海松则每天跟着我加班加点，不分昼夜。在后面的几审中，他担任了与翻译梯队的联络工作。在最后一稿的审阅中，当依然有部分篇章需要进行较多的修改时，为省时，我们缩减与翻译梯队交流的时间，海松同意作为第二译者对这些需要进行大改的篇章进行了修正。我感谢我的翻译梯队，没有他们的贡献，也没有这三本译著。我还要感谢华东师范大学出版社的彭呈军编辑，他给予及时的审核与有价值的反馈，在与他的合作下，本系列译作得以与广大读者见面。最后，我还要感谢冯晓晓和参加前期评估的诸位。冯晓晓时有参加主译成员的讨论并帮助我们找人对译著进行前期评估，她自己也参加了部分前期评估的工作。其他参加前期评估工作的有：屠海晶（印第安纳州立大学，博士，助理教授）；陈刚（山东理工大学，博士，副教授，印第安纳州立大学访问学者）；杨隆化（辽宁大学，博士，副教授，印第安纳州立大学访问学者）；马蔚然（印第安纳州立大学，博士研究生）；邹艳红（中南大学，博士，副教授，印第安纳州立大学访问学者）；王书林（辽宁大学，博士，副教授，印第安纳州立大学访问学者）。

此刻，我想起了我的先父母，是他们教导我成人。先父是上世纪三十年代成功的律师，先母是复旦 1935 年毕业时全校第一，获金质奖章的法学学士。他们希望我能学医或学教育,因为医生治病救人,教师则在教授知识的同时,授人以做人之道。我选择了教育作为我的职业生涯。有人怀疑侨居国外24年的我是否依然能用中文,但我确信从小父母帮助我打下的中文基础不是那么容易被削弱的。记得儿时家父常说:"中文最美,要好好学习中文。"他教我唐诗、宋词、文言文,家母则教我练字。她那手漂亮的颜体字激励我年轻时天天苦练。今天,我已步入他们离开人世时的年龄,我时刻铭记着他们的教导,对教育界作出我微薄的贡献。希望他们的在天之灵能看到我的努力,知道我没有辜负他们的期望。

正值结束译序之际,我收到了一位分别了48年的高中挚友在微信上送来的一首歌《相逢是首歌》:"……相逢是首歌,同行是你和我,心儿是年轻的太阳,真诚又活泼。"我不由联想到你(学术同事们)和我共同前行在学术界的大道上,用我们真诚和活泼的心一起为中国教育技术界作贡献。让我们为中国教育技术的无量前景,共同努力,携手并进吧!

来凤琪

2016 年 4 月

写于美国印第安纳州(Indiana)泰瑞霍特市(Terre Haute)

译者简介

来凤琪,哲学博士,现任印第安纳州立大学终身教授,博士生导师,学术领域为教育技术。1997 年毕业于普渡大学,随后,在芝加哥的公司工作,先后任培训部主任及高级教学设计师/项目经理直至 2002 年返回学术界。来凤琪教授出国前曾在中国任教 14 年,她在国内的教学起始于幼儿园,然后是小学、初中、高中,直至大学。她于 1983 起开始发表文章并从事翻译。她的第一本译作《怎样写科学论文》(*Writing Scientific Papers in English* by O'Connor, M. & Woodford, F. P.)出版于 1983 年,首印 62000 册,然后于 1985 年重印 10100 册。她的译文曾于 1983 年获全国第二届科技英语翻译奖。她的出版物发于中美学术界,包括教科书、书本章节,以及学术论文。早在 1991 年,她曾参加邢志远主持的英汉词典(*A Complete Dictionary of English-Chinese Idiomatic Phrases*)编纂工作,完成 3000 多条词汇的编纂。来凤琪教授被纪录于 Marquis 美国名人录(Who's Who in America®),世界名人录(Who's Who in the World®),美国妇女名人录(Who's Who of American Women®),美国教育名人录(Who's Who in American Education®),以及金融与商业名人录(Who's Who in Finance and Business®)。她获得的奖项有 AECT 主席奖,SICET 特殊贡献奖,印第安纳州立大学国际教育贡献奖,印第安纳州立大学 Bayh 教育学院 Reitzel 教授研究奖,先进技术援助公司(ATS)年度最佳职工奖,上海铁道学院教学研究最高贡献奖,上海铁道学院教学一等奖等。1997 年,来教授被选拔为 Phi Kappa Phi 全学科荣誉学会终身会员。自 2004 年起,来教授热衷于中国学术交流活动并活跃于中国教育技术学术界,受邀至 17 所中国高校授课讲学,先后获得了上海师范大学、山东高等教育学会、河南大学、河南师范大学、华东师范大学和西安外事学院的荣誉证书。她是北美国际华人教育技术学会(SICET)的创办人之一,2005 年任年会主席,2005—2006 年任学会主席。她也是 AECT-LKAOE 2015 年夏季国际研讨会的策划筹备人与大会主席,以及 HKAECT-AECT 2017 年夏季国际研讨会的荣誉顾问。

黄晓霞,哲学博士,2007 年毕业于佛罗里达州立大学,学术领域为教学系统设计。毕业后任职于印第安纳州立大学,从事教学设计工作。2012 年加入西肯塔基大学,为教学设计专业助理教授。她的研究主要集中于运用有效的教学策略和技术来建立不同情境下的最优化学习环境。

叶海松,博士候选人,2001 年毕业于上海师范大学,毕业后留校工作 11 年,曾任上海师范大学教育技术系副教授、本科专业负责人,从事本科和研究生教育多年。目前在印第安纳州立大学课程与教学(教育技术学方向)攻读博士学位,主要研究兴趣为教学设计、整合数据分析研究法和数据分析在教育决策方面的应用。

以下以姓氏笔画排列:

王红,哲学博士,2005 年毕业于美国堪萨斯州立大学,主修教育技术。她曾于福特海斯大学工作,担任教育技术助理教授并主持教学设计部工作。她也曾工作于堪萨斯州立大学,负责教学技术与设计部工作。王红博士现就职于北弗吉尼亚社区学院,任副教授并负责主持教育技术培训工作。她的文章发表于多种学术期刊,也多次在有关教育技术和远程教育的全美及国际会议上作报告。

王凯丽,哲学博士,2010 年获法国贡比涅技术大学(UTC)计算机系统应用博士学位,现任沈阳师范大学教育技术学院副教授,主要从事数字化学习研究。

冯晓晓,博士候选人,2012 年于麦克尼斯州立大学获得教育技术学硕士学位,目前在印第安纳州立大学攻读博士学位。主要的研究兴趣是多媒体课件设计研究、在线学习以及教学设计。

刘名卓,理学博士,2010 年毕业于华东师范大学,学术领域为教育技术。现任华东师范大学开放教育学院国际合作教育中心主任,副教授。她的研究兴趣为:在线教学设计、eLearning 课程标准和数字化教育产品的可用性研究。

刘炬红,哲学博士,资深教育技术设计师,现就职于詹姆斯·麦迪逊大学教育技术中心。刘炬红博士在传统教室以及共时和异时网络空间担任过本科和研究生课程的教学。她的研究兴趣包括引导和支持学生在在线环境里积极参与学习,以及在网络环境中运用互动和互通的协作教学法。她在中国和美国同行评鉴的期刊和专著里发表过学术论文和章节数篇,参与了教育传媒技术百科全书词条的编纂。她的学术报告被收录在国际、国家和区域会议的论文集里。刘炬红博士的教学设计项目曾入围美国教育交流与技术学会(AECT)PacifiCorp 设计比赛决赛,其关于支持网络环境学生学习的项目在在线学习联盟(OLC)年会上获得最佳学术报告奖。

刘维,哲学博士,2012 年毕业于普渡大学,专业为学习、设计与技术,毕业后留校在教学开发研究中心担任教学技术师。有 10 年的教学及科研工作经验,主要从事媒体与技术教学应用,翻转、混合式、网络化课堂教学设计与开发,教师培训、研究与基金申请。

闫寒冰,教育技术学博士,2003 年毕业于华东师范大学,现任华东师范大学开放教育学院副院长,教授。同时,她也是多项教师培训项目的主要负责人以及中国教育部中小学教师信息技术应用能力提升工程的重要专家。2008 年她受邀于英国开放大学,进行了为期 1 年的学术访问。她的研究兴趣包括在线教育质量管理,教师培训专业化,信息技术与教学整合。闫寒冰教授参与了多本译著的翻译工作,包括《教育传播与技术研究手册》第四版、INTEL 未来教育项目培训课程等。

李艳,哲学博士,2004 年毕业于美国德克萨斯 A&M 大学,现任浙江大学教育学院教育技术研究教授。

季隽,理学博士,2009 年毕业于华东师范大学,目前是上海师范大学副教授,任教育技术系副系主任。

徐鹏,教育学博士,2014 年毕业于东北师范大学,学术领域为教育技术。现任东北师范大学媒体科学学院副教授。他的研究兴趣集中于教师教育技术。他的学术出版物中包括 10 余篇 CSSCI 期刊文章。他曾获得多个省级与国家级的研究成果奖。

致 谢

　　本书是 72 名拥有各种兴趣、专业和专长的学者和工作者的成果。此外,本书也是本协会一个工作委员会的 17 位委员共同努力的成果,其中多名委员会的成员也是本书中多个词条的作者。没有这么多人的投入和支持,这本术语集是不可能完成的。他们的名字将在随后的两个部分中介绍。

　　另外,也要感谢以下 AECT 的行政人员对此项目的支持:

- 4 位支持和鼓励此项目的 AECT 主席:

　　—Mary Herring

　　—Michael Spector

　　—Barabara Lockee

　　—Ana Donaldson

- 术语和定义委员会的 AECT 联络人:

　　—David Wiley

　　—Nancy Hastings

- 执行理事,Philip Harris(他总是能够雪中送炭)。

　　另外,还要感谢韦恩州立大学的研究生 Anne Blake,她具有敏锐的洞察力以及良好的用词技巧,在终稿的准备过程中给我们提供了协助。最后,正如所有的出版一样,作者非常感谢所有的出版人与编辑,他们给予了重要的指导与帮助。在这本书中,功劳属于 Melissa James 与她在 Springer 的同事们。感谢每一个人!

（冯晓晓　译）

AECT 定义和术语委员会,2009—2012

Amy Adcock
副教授,教学设计与技术
Old Dominion University

Tom Atkinson
助理教授,教育与人文科学系
University of Central Florida

David D. Carbonara
助理教授,主任,教育技术专业
Duquesne University

Jan Elen
教授,教育科学系
Katholieke Universiteit Leuven

Joann Flick
培训与发展专员
Montana State Library

Nancy B. Hastings
助理教授,教学与业绩技术专业
University of West Florida

Denis Hlynka
教授,课程、教学与学习系
University of Manitoba

Ileana Gutierrez
媒体专员
Miami-Dade County Public Schools

D. Michele Jacobsen
副教授,教育系,主任,技术中的教育研究
University of Calgary

Wendell Johnson
图书馆专员,人文与社会科学
Northern Illinois University

Kathryn Ley
副教授,教学技术
University of Houston-Clear Lake

Rita C. Richey
教授(退休),教学技术
Wayne State University

Rhonda Robinson
教授,教育技术,研究与评估
Northern Illinois University

Jason Underwood
高级教学设计师,数字融合实验室
Northern Illinois University

Xinmin Sang
教学技术学教授,教育研究学院
Nanjing University

Xudong Zheng
教学技术学助理教授,信息技术系
Central China Normal University

Mary Shoffner
副教授,中学教育与教学技术系
Georgia State University

（冯晓晓　译）

原作者

Amy B. Adcock 副教授，教学设计与技术专业，Old Dominion University，诺福克市，弗吉尼亚州，美国（Norfolk，VA，USA）

Elizabeth K. Anderson 访问学者，DeVry University，美国（USA）

Terry Anderson 教授，远程教育中心，Athabasca University，埃德蒙顿市，艾伯塔省，加拿大（Edmonton，AB，Canada）

Robert L. Appelman 退休荣誉教授，教学系统技术，Indiana University，布卢明顿市，印第安纳州，美国（Bloomington，IN，USA）

Timothy C. Boileau 教师，课程教学与媒体技术系，Indiana State University，特雷霍特市，印第安纳州，美国（Terre Haute，IN，USA）

Robert Maribe Branch 教授，教育心理与教育技术系，The University of Georgia，雅典市，乔治亚州，美国（Athens，GA，USA）

Rovy Branon 在线学习副主任，联合实验室的高级分布式学习执行理事，University of Wisconsin-Extension，麦迪逊市，威斯康星州，美国（Madison，WI，USA）

Barbara Brown 博士候选人，教育技术学，Univresity of Calgary；监管人，Galgary Catholic School 街区，卡尔加里市，艾伯塔省，加拿大（Calgary，AB，Canada）

Rebecca P. Butler 首席教学教授，教育技术学，研究与评估，Northern Illinois University，迪卡尔布市，伊利诺伊州，美国（DeKalb，IL，USA）

David D. Carbonara 助理教授，教育技术点主任，Duquesne University，匹兹堡市，宾夕法尼亚州，美国（Pittsburgh，PA，USA）

Aline Click 主任，在线学习服务主任，数字融合实验室，Northern Illinois University，迪卡尔布市，伊利诺伊州，美国（DeKalb，IL，USA）

Susan Crichton 副教授，研究生点主任，教育学教师，University of British Columbia，基隆纳市，不列颠哥伦比亚省，加拿大（Kelowna，BC，Canada）

Gayle Davidson-Shivers 教授，教学设计与开发专业，University of South Alabama，莫比尔市，阿拉巴马州，美国（Mobile，AL，USA）

Vanessa P. Dennen 副教授，教育心理与学习体系专业，Florida State University，塔拉哈西市，佛罗里达州，美国（Tallahassee，FL，USA）

Tonia A. Dousay 在读博士生，教育心理与教育技术学，The University of Georgia，雅典市，乔治亚州，美国（Athens，GA，USA）

Darryl C. Draper 助理教授，教育技术学，研究与评估，Northern Illinois University，迪卡尔布市，伊利诺伊州，美国（DeKalb，IL，USA）

Marcy P. Driscoll 教育研究学，Leslie J. Briggs 教授，院长，教育学院，Florida State University，塔拉哈西市，佛罗里达州，美国（Tallahassee，FL，USA）

Jan Elen 教授，教育科学系，Katholieke Universiteit Leuven，勒芬市，比利时（Leuven，Belgium）

Joann Flick 继续教育专业负责人,蒙大拿州立图书馆,海伦娜市,蒙大拿州,美国(Helena，MT，USA)

Sharon Friesen 副教授,教育学院,University of Calgary,卡尔加里市,艾伯塔省,加拿大(Calgary，AB，Canada)

Ruth Gannon-Cook 副教授,DePaul University School for New Learning,芝加哥市,伊利诺伊州,美国(Chicago，IL，USA)

D. Randy Garrison 教授,教育学院,University of Calgary,卡尔加里市,艾伯塔省,加拿大(Calgary，AB，Canada)

Barbara L. Grabowski 教授,教学系统,Pennsylvania State University,尤尼弗西蒂帕克市,宾夕法尼亚州,美国(University Park，PA，USA)

Charles R. Graham 副主任,David O. McKay 教育学院,Brigham Young University,普罗佛市,犹他州,美国(Provo，UT，USA)

Ingrid Guerra-Lopez 副教授,教育技术学,主任,学习与业绩改进学院,Wayne State University,底特律市,密歇根州,美国(Detroit，MI，USA)

Ileana Gutierrez 媒体专员,Miami-Dade Country Public Schools,迈阿密市,佛罗里达州,美国(Miami，FL，USA)

Byron Harvard 副教授,教学与业绩技术学,University of West Florida,彭萨克拉市,佛罗里达州,美国(Pensacola，FL，USA)

Nancy B. Hastings 副教授,教学与业绩技术学,University of West Florida,彭萨克拉市,佛罗里达州,美国(Pensacola，FL，USA)

Evelyn J. Hickey 博士候选人,教育学院教员,教育技术学,University of Calgary,卡尔加里市,艾伯塔省,加拿大(Calgary,AB,Canada)

Denis Hlynka 教授,课程教学与学习系,University of Manitoba,温尼伯市,曼尼托巴省,加拿大(Winnipeg,MB,Canada)

Wen-Hao David Huang 副教授,人力资源发展部门,教育政策系,组织与领导专业,University of Illinois at Urbana-Champaign,乌尔班纳-香槟市,伊利诺伊州,美国(Urbana-Champaign,IL,USA)

Yeol Huh 在读博士生,教学系统技术,Indiana University,布卢明顿市,印第安纳州,美国(Bloomington,IN,USA)

Wei-Chen Hung 副教授,教育技术学,研究与评估,Northern Illinois University,迪卡尔布市,伊利诺伊州,美国(DeKalb,IL,USA)

D. Michele Jacobsen 副教授,教育学教员,主任,技术教育研究,University of Calgary,卡尔加里市,艾伯塔省,加拿大(Calgary,AB,Canada)

Brad Johnson 主任,教师发展中心,University of Calgary-Qatar,多哈市,卡塔尔(Doha,Qatar)

Tristan E. Johnson 主任,远程教育,工程研究院,Northeastern University,波士顿市,麻萨诸塞州,美国(Boston,MA,USA)

Wendell Johnson 图书管理员,人文社会科学,Northern Illinois University,迪卡尔布市,伊利诺伊州,美国(DeKalb,IL,USA)

David H. Jonassen Curators 教授,教育心理与学习技术学,University of Missouri,哥伦布市,密苏里州,美国(Columbia,MO,USA)

James D. Klein Walter Dick 教授,教学系统设计,教育心理与学习系统学,Florida State University,塔拉哈西市,佛罗里达州,美国(Tallahassee,FL,USA)

Gail Kopp 副教授,教育技术学,教育系,University of Calgary,卡尔加里市,艾伯塔省,加拿大(Calgary,AB,Canada)

Dabae Lee 在读博士生,教学系统技术,Indiana University,布卢明顿市,印第安纳州,美国(Bloomington,IN,USA)

Kimberly Lenters 助理教授,教育系,University of Calgary,卡尔加里市,艾伯塔省,加拿大(Calgary,AB,Canada)

Kathryn Ley 副教授,教育技术,University of Houston-Clear Lake,休斯敦市,德克萨斯州,美国(Houston,TX,USA)

Lin Lin 助理教授,学习技术系,University of North Texas,丹顿市,德克萨斯州,美国(Denton,TX,USA)

Jennifer V. Lock 副教授,教育系,University of Calgary,卡尔加里市,艾伯塔省,加拿大(Calgary,AB,Canada)

Michael Monlenda 退休荣誉副教授,教学系统技术,Indiana University,布卢明顿市,印第安纳州,美国(Bloomington,IN,USA)

Gary R. Morrison 教授,教学设计与技术专业,Old Dominion University,诺福克市,弗吉尼亚州,美国(Norfolk,VA,USA)

Jennifer R. Morrison 在读博士生,教学设计与技术专业,Old Dominion University,诺福克市,弗吉尼亚州,美国(Norfolk,VA,USA)

James L. Moseley 副教授,教育技术学,Wayne State University,底特律市,密歇根州,美国(Detroit，MI，USA)

John Mueller 退休荣誉教授,教育系,University of Calgary,卡尔加里市,艾伯塔省,加拿大(Calgary，AB，Canada)

Delia Neuman 教授及主任,图书馆媒体专业,信息科学与技术学院,Drexel University,费城,宾夕法尼亚州,美国(Philadelphia，PA，USA)

Randall G. Nichols 副教授(退休)

Charles M. Reigeluth 教授,教学系统技术,Indiana University,布卢明顿市,印第安纳州,美国(Bloomington，IN，USA)

Robert A. Reiser 主管研究的学院副主任,杰出教学教授,Robert M. Morgan 教授,教学系统,Florida State University,塔拉哈西市,佛罗里达州,美国(Tallahassee，FL，USA)

Rita C. Richey 退休名誉教授,教学技术,Wayne State University,底特律市,密歇根州,美国(Detroit，MI，USA)

Michael M. Rook 研究技术员,Krause 创新工作室,The Pennsylvania State University,尤尼弗西蒂帕克市,宾夕法尼亚州,美国(University Park，PA，USA)

Darlene F. Russ-Eft 教授及主任,成人教育与高等教育领导专业,Oregon State University,科瓦利斯市,俄勒冈州,美国(Corvallis，OR，USA)

Xinmin Sang 教育技术学,教育研究学院,南京大学,南京市,江苏省,中国(Nanjing，Jiangsu Province，China)

Richard A. Schwier 教育技术与设计学，University of Saskatchewan，萨斯卡通市，萨斯喀彻温省，加拿大(Saskatoon，SK，Canada)

Karen E. Smith 副教授，课程教学与学习系，University of Manitoba，温尼伯市，曼尼托巴省，加拿大(Winnipeg，MB，Canada)

William L. Solomonson 助理教授，人力资源发展系，Oakland University，罗契斯特市，密歇根州，美国(Rochester，MI，USA)

J. Michael Spector 教授，主任，学习技术，信息学院，University of North Texas，丹顿市，德克萨斯州，美国(Denton，TX，USA)

Jason Underwood 高级教学设计师，数字融合实验室，Northern Illinois University，迪卡尔布市，伊利诺伊州，美国(DeKalb，IL，USA)

Jeroen J. G. van Merrienboer 教授，学习与教学专业，Maasstricht University，马斯特里赫特市，荷兰(Maastricht，The Netherlands)

Diane R. Voss 教授(退休)，创新研究学院，底特律市，密歇根州，美国(Detroit，MI，USA)

Pamela A. Wicks 助理教授，传播学院，Aurora University，奥罗拉市，伊利诺伊州，美国(Aurora，IL，USA)

Lynn Wietecha 设计师，在线学习与课程，在线学习服务，Lawrence Technological University，绍斯菲尔德市，密歇根州，美国(Southfield，MI，USA)

Lisa C. Yamagata-Lynch 副教授，教育技术学，学习环境与教育研究学，University of Tennesse，诺克斯维尔市，田纳西州，美国(Knoxville，TN，USA)

Sun Joo Yoo 高级人力资源顾问，三星小组，首尔市，韩国(Seoul，South Korea)

Cindy S. York 助理教授，教育技术学，研究与评估学，Northern Illinois University，迪卡尔布市，伊利诺伊州，美国(DeKalb，IL，USA)

Patricia A. Young 副教授，教育系，University of Maryland at Baltimore Country，巴尔的摩市，马里兰州，美国(Baltimore，MD，USA)

Xudong Zheng 助理教授，教育技术学，信息技术系，华中师范大学，武汉市，湖北省，中国(Wuhan，Hubei Province，China)

（冯晓晓　译）

前　言

Words! Words! Words! I'm so sick of words!

词汇！词汇！词汇！我讨厌词汇！

——Eliza Doolittle

出自《窈窕淑女》(*My Fair Lady*)

这句话不仅仅是 Eliza Doolittle 的呐喊，同样也是教育技术领域的很多学者、实践工作者和研究生的呐喊，用来描述我们领域的词汇不仅跨越了专业范畴和理论体系，而更麻烦的是我们这个领域的词汇还在不断地改变。新的名词不断涌现，同时为了能够反映细微的思想变化、技术的进步，甚至是不同地域对既定术语解释的差异，已有名词的定义也在不断地改变。本书是本届 AECT 定义和术语委员会针对这种形势的挑战所作出的努力。

本书不是一个词汇表，而是教育技术学领域专业术语的百科全书。我们并不是简单地定义每一个专业术语，而是对每个术语进行了详细的解释。这些解释描述了每个既定概念的范围、术语的另类观点和解释以及未来的趋势。此外，这些解释来源于教育技术领域的学术文献。

背景

50 年之前，在 1963 年，视听传播领域的第一个定义是由美国南加州大学(The University of Southern California)的 James Finn 在所主持的国家教育协会的技术开发项目中提出的。当时的定义和术语委员会是由美国锡拉丘兹大学(Syracuse University)的 Donald Ely 领导和管理的。1963 年定义是促进教育交流与技术协会(AECT)形成的因素之一。从那时起，AECT 开始正式地定义和重新界定教育技术领域,从而产生了四个通过官方认可的定义(1972,1977,1994,2008)。这些定义给学科范围的界定指明了方向。这些定义对本领域的术语所强调的重点也有所不同。

1963 年《定义书》包含了当时教育技术领域中相关的术语汇编[参见 Ely, D. P. (ed.)《教育视听过程中的角色转变》相关术语的定义和汇编。TDP Monograph No. 1. *AV Communication Review*（11）1, iv - 148]。这个术语汇编囊括了其他领域的一些术语以及视听传播领域的一些术语。该书的目的不仅是用作一份参考资料,也是为了"确立在本领域中被普遍认可的范围"(第 31 页)。这些定义取自 35 篇文献资料,其中很多文献都有术语表。我们对所有的术语和定义进行两次分类,一次根据字母顺序,另一次根据内容范围分类。其内容范围包括:交流与学习、语音复制、广播(包括无线电、电视、教育电视和教学电视)、通信和信息理论、教学环境中的计算机、电子学习实验室、摄影和电影、程序化教学和教学机器、技术开发以及视觉媒体。

扩充版的《定义书》在 1977 年出版,并收录了另外一组很长的术语表,这个术语表与 1963 年《定义书》的术语表的范围并不吻合。教育技术领域 1994 年《定义书》中的词汇表与 1994 年定义的描述和解释直接相关。因此,1994 年《定义书》的词汇表相对简短,而且术语也不是委员会所主要强调的。2008 年《定义书》没有包括术语词汇表。而这本《定义书》和本届委员会的努力则圆满地完成了这个任务。

2009 年到 2012 年 AECT 定义和术语委员会决定把精力集中于本学科很重要的专业名词,以此作为进一步定义这个专业领域的方法,明确我们是谁,哪些是重点以及我们要如何看待教育技术领域。我们超越了词汇表的形式并使用一种百科全书的形式来编写本书。我们尝试着在本书中包容教育技术领域的方方面面及其复杂性,从技术进步到教学设计,到图书馆学以及业绩提升。我们希望本书不仅能够帮助教育技术学的初学者,并能帮助有经验的学者。在一定程度上,本术语集的目标与原 1963 年术语表的目标是相吻合的,它们既被用作一份参考资料,又被用以识别教育技术领域的局限范围。

过程

概述

AECT 定义和术语委员会成员的兴趣和专业研究领域很具代表性。例如,委员会成员包括图书管理员、教学设计师、业绩提升人员、博物馆和视觉素养专家以及熟悉技术和资料开发的人员。委员会成员还囊括了具有多方位实践经验（比如：高等教育、P-12教育以及员工培训）的人员。委员会成员们渊博的专业知识奠定了识别和选取教育技术领域的专业名词的必要基础。

专业名词选取过程包括以下基本步骤：

1. 委员会同意通过该领域相关主题范围的基本大纲。

2. 领域专家集思广益并制定出本领域中重要概念的列表。

3. 根据适当的类别将术语归类。

4. 委员会要完成评估每个专业术语对该领域的重要性的调查表并分析其结果。

5. 根据调查表的分析结果和其他专家的意见，委员会选取将被收录于本书中的专业术语。

6. 再一次根据适当的类别将被选取的术语归类。

7. 委员会准备并决定一个撰写术语的样例模型及写作规范。

8. 撰写、编辑和批准这些专业术语条目。

识别专业术语

识别专业术语过程的第一步就是要描述该领域的范围。此时，委员会所面临的任务就是要大致找到该领域的实践家和学者所关注的一些主题。然后就能够识别与这些主题相关的一些术语。

确定了6项基本的内容分类——基础知识、教学设计、技术和媒体、分析和评估、管理和组织改进以及研究和理论。① 然后同意并通过了32项内容子范畴/子类别。该框架结构被用作集思广益选取专业名词过程的一个跳板。

委员会成员先根据他们的专业知识确定了数以百计的术语。一些很明确的术语被确定，比如说"教学目标"、"认知学习理论"、"远程学习"以及"多媒体"。此外，还确定了一些相对深奥的术语，比如说"游戏学"、"接近感应"以及"感觉形式"。

接着的任务就是要通过选取那些对于实践工作者和学者最重要的术语来缩小列表范围。这个过程的第一步就是要将这些术语划分成更具概括性的小组。例如，"概念"、"综合目标"以及"事实"这些术语可以归类为"学习类型"。很多技术术语被归在

---

① 将这些内容分类与着重强调技术的1963年定义相对照是很有意思的。这些年来，教育技术领域已经有了很大的扩展。

一起,比如说,随着新术语"社会化电脑应用"的形成,带来了"用户数字标签分类"、"混搭程序"以及"视频博客"等术语。这也被看作是识别专业术语过程的一部分。

选择术语

术语选择过程的第一步是委员会成员根据这些术语的重要性对它们进行等级划分。对术语的等级划分并不是一个简单的工作,因为一些在某个专业中很重要的术语对于其他领域的人是陌生的。我们排除那些对该术语不了解的委员会成员的评价,然后确定每个术语的重要程度的平均等级。根据术语重要程度的等级,委员会成员便能很快地将重要程度等级最高的术语收录到本书中,而那些重要程度很低的术语就会被排除。正如我们所预期的,困难的是对那些处于重要程度等级中间排名的术语作出取舍。尽管我们有一个常规的截止点,但是有些对某一相关领域来说比较重要的术语的等级评分可能会低于截止点。那么,这些术语就会被列入"待议"之列。撰写每一项术语条目的过程再一次强调了一些更具重要性的术语。然而,术语选取的决定工作贯穿了撰写过程中所有面对面的委员会会议和定期电话会议。在某些情况下,术语所用词汇的选择则是由各个编写术语的领域专家根据自己领域的情况来决定的。

问题

在构思和撰写本书的过程中发生了各种各样的问题,包括以下几点:

● 哪些术语是本领域最核心和最关键的术语,而哪些术语仅仅是与该领域相关而已?

● 是否应该收录早期的术语?

● 是否应该将这些术语进行分类? 如要分类,分成哪些类?

● 应该如何组织这些术语?

术语的核心和关键性问题

教育技术领域并不是孤立的。它植根于很多其他的学科当中,包括课程与教学、教育心理学、传播学、组织管理学以及其他关注技术的领域。核心问题就是确定范围。另一个问题是确定哪些术语对建立本领域的专业知识是最重要的。考察核心问题牵涉到各种决策。

首先,委员会确定那些在我们领域中重要且独特的术语。例如,我们之所以选取"学习的条件"这一术语,是因为它在教学设计当中有独特的作用和意义。而且,把这个领域作为一个整体来理解是很重要的。其他领域的人可能会觉得这个概念很有意思,但它并不是他们领域中的主要部分。

接下来,尽管有些术语来自于其他的领域,但是委员会要确定哪些术语对我们教育技术领域是尤为重要的。比如说,"行为主义"和"认知学习理论"这些学习理论起源于心理学领域,但是如果没有理解这些概念,学习者就不能掌握教育技术领域的很多内容。所以,这两个术语都会被收录于本书当中。然而,尽管"连接主义"也是一个学习理论,但是委员会排除了该术语。"连接主义"与本领域有一定的相关性,但是委员会并不认为该术语像"行为主义"那样对学习者理解本领域的知识起着重要作用。

最终,委员会确定并排除那些跟本领域虽具有一定的相关性且也可能对本领域中某些方面具有重要性的术语,因为这些术语对于教育技术领域整体来讲并不是非常重要的。在这个选取过程中,一些技术术语的选择十分困难。例如,"脚本/编程语言"与我们领域的某些方面是相关的,但是它对于我们领域的大部分内容来讲是重要的吗?它是否属于核心术语呢?我们没有收录存在这种疑问的术语。另一方面,云计算逐渐成为一项非常重要的技术,因此,除了我们领域的技术专业人员,我们领域的所有人都要掌握这门技术。所以它被收录于本书当中。

年代问题

像本书这种类型的书籍从本质上反映出了年代化的热点话题和学科文化。然而,当委员会面临术语的流行性问题时,若干问题就会相继产生。达成共识的一点是本术语集的内容要具有前瞻性。那些对可预知的未来很重要的术语要收录于本书中,但是如何处理那些过去的术语呢?哪些术语可以被看作是该领域经典化的基础,而哪些术语则是相对过时的观点呢?比如说,高架投影机或者盒式磁带,这些描述过时的视听教具的术语将不予考虑。但是,我们是否应该收录像"目标"或者"程序化教学"这样的术语呢?这些也是很早就有的术语。委员会决定这样的判断要以文献资料为导向。如果现在的(比如说 5 年之内)文献资料讲述了某个老话题,那么这个话题就被认为是相关的且适合被收录在本术语集中。因此,本书收录了"教学目标"和"程序化教学"这样的术语。

术语合并的问题

委员会能够列出的术语的数量比计划时间内能完成的术语的数量多很多(而且确实列出来了)。如前所述,缩减术语数量的一种合理方法是将类似的术语分类合并为一个更具概括性的术语。然而,分类合并的过程也产生了其他问题。第一,我们需要为读者提供一种在本术语集中查阅术语的方法。这个问题可以用"参见"其他术语的方法来解决。

另外一个问题更麻烦。分类合并术语的行为实际上是划分了术语的优先级。比如在分类合并时,术语"差距分析"可能会被作为子术语归入到更具概括性的术语"分析"中去。或者在概括性的术语"视觉化学习"的讨论中忽视了解释术语"视觉化记忆"。这些基本的问题都没有被真正解决。作者们只能尽他们最大的努力强调每个子术语来区分它们。但是,划分术语的优先级也有作用,有些可能被分类合并的术语因其重要性而没有被合并。比如,有人会认为"需求分析"应该合并到更具概括性的术语"教学设计模型"中去,但在我们的术语集中它却因为在本领域中的重要角色而作为一个独立的术语被保留。

有关术语组织的问题

有很多组织术语的方法。我们用了最简单的字母排序法。然而,这不是仅有的方法。术语也可以根据主要的内容范畴来归类,比如说,技术和媒体类、分析和评估类或者管理和组织改进类。1963 年专著中的术语和定义被归类了两次,一次是根据字母顺序分类,另外一次是根据内容分类。我们在某种程度上也算用了两种组织方法。在书的前面我们提供了一个按照内容分类安排的术语列表。这个列表只有术语本身,没有解释和讨论,以用作全书的概览;在本书的核心内容部分,我们还是用了行之有效的字母排序法来整理所有的术语。

如何使用这本术语集

以下部分是根据内容范畴来归类的术语列表。此表可以方便那些对某一特定范围的内容比较感兴趣的学习者了解相关内容的概述。然而,因为本书也可以用作参考文献,所以很多学习者也可以用非线性的方式来查找相应的术语。读者可能会碰到两个问题。第一,考虑到我们领域的特色,读者所用的术语的版本与委员会和作者所用术语可能不完全一样。例如,如果读者要查找"基于案例的教学"这一术语,他们可能会发现我们并没有收录相应的内容,但是读者可以在"在实践中学习"这一部分中找到相关的内容,读者可以在"参见"中找到这种类型的说明。

第二,读者可能在本术语集某处查到了要找的内容,但是不知道还有更多相关的主题内容可能会包括在某些其他部分。举例来说,在"个别化教学"中我们讲述了很多,但同时,读者还可以通过"同时参见"查到其他五个相关条目("以学习者为中心的教学"、"掌握学习方法"、"开放式教育"、"程序化教学"以及"自我导向式学习")中的有关内容。"参见"和"同时参见"可以帮助学习者浏览此术语集以找到相关内容。

最后,有些作者还给读者提供了对其领域内容感兴趣的附加文献资料。如果正文条目中提到有附加文献资料,那么学习者就可以根据文献列表的提示在"附加资源"部分找到其感兴趣的附加内容。这一部分的内容紧接着正文排列。

总结

正是由于定义和术语委员会所有成员的努力,我们的术语集才能如期出版。此外,很多人(甚至于我们委员会的成员)也可能会质疑为什么某些术语没有被收录到术语集中。尽管今后的版本会补充不足,但是任何修订内容会(应该)在电子版本中随时进行更新。因此,技术能让我们不断地修订此术语集,从而来解决本术语集引起的一些问题。

目前,本书在任何情况下都可以用来描述教育技术领域。这本书反映了当前的学术内容和思想。某些部分还指出了未来的发展趋势。在 1963 年定义与术语专著的前言中,James Finn 认识到:"今天,不仅媒体和理论内容在日益增涨,而且教育技术领域的范围和结构也在不断扩展。"(参见 AVCR,1963:vi)。这句话也同样适用于当前的情况。Finn 认为 1963 年版的术语汇编会给术语变化所引起的混乱带来一些次序。尽管本委员会的观点更为谨慎一些,但是我们还是有着与 1963 年版术语集同样的期待。

Rita C. Richey,主席
AECT 定义和术语委员会,2009—2012

(冯晓晓　叶海松　译)

按内容范畴排列的术语表

下面列出了在本术语集中涉及的 186 个术语,它们分别被归类在 6 大内容领域和 19 个子分类中。这个部分是作为本书的总结,同时也提供了一个查阅相互联系的术语的方法。

基础知识 Foundations

学习和实践的基本领域 Basic Areas of Study and Practice

视听教学 Audiovisual Instruction

交流 Communication

课程 Curriculum

开发 Development

教学媒体 Educational Media

教育技术 Educational Technology

信息与通信技术 Information and Communications Technology

教学 Instruction

教学设计 Instructional Design

学习 Learning

教学法 Pedagogy

项目管理 Project Management

符号学 Semiotics

技术 Technology

政策、标准和规则 Policies, Standards and Regulations

易获取性 Accessibility

儿童互联网保护法 Children's Internet Protection Act

儿童在线隐私保护法 Children's Online Privacy Protection Act

胜任力 Competency

道德伦理 Ethics

知识产权 Intellectual Property

开放教育资源 Open Educational Resources

职业标准 Professional Standards

学习通用设计 Universal Design for Learning

教学设计 Instructional Design

设计过程和程序 Design Processes and Procedures

胜任力建模和发展 Competency Modeling and Development

经验锥 Cone of Experience

文化中立的设计 Culture-Neutral Design

特定文化的设计 Culture-Specific Design

延伸排序 Elaboration Sequencing

教学设计模型 Instructional Design Models

教学目标 Instructional Objectives

学习分层 Learning Hierarchy

信息设计 Message Design

快速原型法 Rapid Prototyping

排序 Sequencing

系统方法 Systems Approach

视觉信息设计 Visual Message Design

教学内容和情境 Instructional Content and Context

情境 Context

学习分类 Learning Types

问题 Problem

宏观教学策略 Macro-Instructional Strategies

协作学习 Collaborative Learning

建构主义方式 Constructivist Approach

因材施教法 Differentiated Instruction

探索—诠释式学习连续体 Discovery-Expository Learning Continuum

探索学习 Discovery Learning

个别化教学 Individualized Instruction

探询式学习 Inquiry-Based Learning

及时学习 Just-in-Time Learning

以学习者为中心的教学 Learner-Centered Instruction

寓学于做 Learning by Doing

精熟学习 Mastery Learning

心智模型进展 Mental Model Progression

开放教育 Open Education

基于问题的学习 Problem-Based Learning

程序化教学 Programmed Instruction

基于项目的学习 Project-Based Learning

自我导向式学习 Self-Directed Learning

简化条件方法 Simplifying Conditions Method

微观教学技巧 Micro-Instructional Strategies

先行组织技巧 Advance Organizer

类比 Analogy

定锚教学 Anchored Instruction

真实环境中的学习活动 Authentic Activity

组块化 Chunking

认知师带徒 Cognitive Apprenticeship

比较和对照 Comparison and Contrast

延伸策略 Elaboration Strategies

延伸类型 Elaboration，Types of

正实例和反实例 Examples and Non-examples

反馈 Feedback

通用性 Generality

生成性和替代性教学策略 Generative and Supplantive Instructional Strategies

互动 Interaction

助记法 Mnemonic

操练 Practice

提示 Prompting

强化 Reinforcement

重复 Repetition

情境认知 Situated Cognition

学习者特征 Learner Characteristics

数字鸿沟 Digital Divide

数字土著和移民 Digital Natives and Immigrants

专长 Expertise

学习者的特征和特质 Learner Characteristics and Traits

素养 Literacy

动力 Motivation

必备技能 Prerequisite Skills

自我效能 Self-Efficacy

自我调节 Self-Regulation

视觉能力 Visual Competency

技术和媒体 Technology & Media

开发过程和技术技巧 Development Processes and Techniques

代理 Agent

动画 Animation

化身 Avatar

数字化图谱 Digital Mapping

数字故事创作 Digital Storytelling

图形 Graphics

学习实体 Learning Object

　　生产 Production

　　用户生成的内容 User-Generated Content

电子学习 e-Learning

　　混合式学习 Blended Learning

　　远程教育和学习 Distance Education and Learning

　　移动设备与功能 Mobile Devices and Functions

　　移动学习 Mobile Learning

　　在线行为 Online Behavior

模拟与游戏 Simulations & Games

　　基于数字游戏的学习 Digital Game-Based Learning

　　游戏设计 Game Design

　　模拟 Simulation

　　虚拟世界 Virtual Worlds

基于技术的通信 Technology-Based Communication

　　博客 Blog

　　通信图谱 Communication Mapping

　　研究、教授和学习的多媒体呈现 Multimedia Representations of Research,
　　　　Teaching and Learning

　　社会化电脑应用 Social Computing

　　社交媒体 Social Media

　　技术通信 Technological Communication

技术强化的学习 Technology-Enhanced Learning

　　认知工具 Cognitive Tools

　　基于计算机的培训 Computer-Based Training

　　电子档案 e-Portfolio

　　富信息环境 Information-Rich Environments

　　媒体应用 Media Utilization

　　多渠道教学 Multi-Channel Instruction

　　多媒体学习 Multimedia Learning

技术教学法内容知识 Technological Pedagogical Content Knowledge

技术支持的学习 Technology-Enabled Learning

技术强化的学习环境 Technology-Enhanced Learning Environment

可用性 Usability

技术的类型 Types of Technologies

云计算 Cloud Computing

专家系统 Expert System

整合的技术 Integrated Technologies

媒体 Media

简易信息聚合 Really Simple Syndication

富媒体 Rich Media

Web 2.0

分析和评估 Analysis & Evaluation

分析 Analysis

考核 Assessment

教学目标参照测试 Criterion-Referenced Measurement

评估 Evaluation

评估模型 Evaluation Models

需求 Need

需求评估 Needs Assessment

管理和组织改进 Management & Organizational Improvement

变革管理 Change Management

变革 Change

变革模型 Change Models

创新 Innovation

知识管理 Knowledge Management

学习组织 Learning Organization

组织变革 Organizational Change

业绩改进过程 Performance Improvement Processes

电子业绩支持系统 Electronic Performance Support System

工作指南 Job Aid

管理系统 Management Systems

业绩改进 Performance Improvement

资源和传递系统管理 Resource & Delivery System Management

信息访问 Information Access

信息分类 Information Classification

信息把关人员 Information Gatekeeper

信息资源 Information Resources

信息检索 Information Retrieval

信息存储 Information Storage

整合学习系统 Integrated Learning Systems

研究和理论 Research & Theory

理论取向 Theoretical Orientations

归因理论 Attribution Theory

行为主义 Behaviorism

认知失调理论 Cognitive Dissonance Theory

认知学习理论 Cognitive Learning Theory

通信理论和模型 Communication Theory and Models

建构主义 Constructivism

文化历史活动理论 Cultural Historical Activity Theory

双码理论 Dual Coding Theory

信息论 Information Theory

信息处理理论 Information Processing Theory

通信的数学模型 Mathematical Model of Communication

思维结构理论 Schema Theory

分类体系 Taxonomy

研究取向 Research Orientations

设计与开发研究 Design and Development Research

基于设计的研究 Design-Based Research

设计人员决策研究 Designer Decision-Making Research

学习过程 Learning Processes

认知负荷 Cognitive Load

认知过程 Cognitive Processes

认知策略 Cognitive Strategies

实践社区 Community of Practice

复杂学习 Complex Learning

学习的条件 Conditions of Learning

分布式认知 Distributed Cognition

场依赖性和独立性 Field Dependence and Independence

学习路径 Learning Path

信息化学习 Learning with Information

记忆 Memory

元认知 Metacognition

感知模式 Perceptual Modality

问题解决策略 Problem Solving Strategies

学习支架 Scaffolding

转化 Transfer

视觉和图像学习 Visual and Pictorial Learning

术语（按字母排序）

A

易获取性 Accessibility
请同时参见学习通用设计 UNIVERSAL DESIGN FOR LEARNING

　　易获取性可描述为："所提供的服务或产品赋予学习者对某些功能、服务或材料的获取能力的程度。"(Lewthwaite，2011：85)就像在建筑通用设计中要考虑到进出建筑物时的无障碍通道，特殊应用技术中心(CAST)提出了学习通用设计(UDL)作为一种理论观点来解决一些无法获取课程的问题(Rose & Meyer，2002；Pisha & Coyne，2001)。UDL 坚信不论学习者的需求是什么，课程必须能被学生获取(Rose & Meyer，2002；Hehir，2005；CAST，2011)。在 UDL 范畴内，易获取性所关注的是降低学习者在获取相应服务和材料时的难度，而不是降低课程目标方面的要求(Hitchcock，Meyer，Rose & Jackson，2002；Rose & Meyer，2002)。"通过改进课程的易获取性，教师可以期望学生提高学习成绩。"(Jackson，Harper & Jackson，2005：125)研究表明，易获取性(无障碍化)为不同类型的学生克服教室环境的约束来提高参与度和学习成效提供了机遇(Edyburn，2006；Hehir，2005；Jackson et al.，2005；Rose & Meyer，2002)。通过有针对性地改善课程的通用性来消除不必要的障碍，能使每个学习者都能从中受益。提高易获取性需要在开发阶段使用通用设计来消除障碍，而非亡羊补牢(CAST，2011；Rose & Meyer，2002)。

　　在很多教育环境中，作为标准资源的传统教科书虽然适用于大部分学生，但是却给其他有障碍的，特别是有肢体、感官、学习或认知障碍的学生造成了困难(Jackson et al.，2005；Meyer & Rose，2005；Rose & Dalton，2009）。科技的迅速发展消减了传统课本先天固有的障碍，多媒体和辅助技术为有效地获取课程提供了更多的机会。印刷媒体无法提供有些学生需要的帮助，如果不利用技术手段，那么保障同样的易获取性将是非常耗时和繁重的任务（Jackson & Harper，2005）。数字文本具有为满足学生个人需要而定制内容和工具的动态特性。通过这种特性，数字文本能够极大地满足各种易获取性的需求（Hitchcock et al.，2002；Jackson & Harper，2005；Rose & Dalton，2009）。例如，学生如果有视觉残障或阅读障碍，或倾向于听觉认知，则可使用文本语音程序（Meyer & Rose，2005）。数字文本可以嵌入支持，如附加的说明、背景资料或词汇，其多媒体功能也增强了通用性。

当课程可以被所有学生访问时，无论他们选择何种获取方式，其感受上的差异并不显著。易获得性是为了让所有学生都能获取课程，并强调“同时提供楼梯和斜坡辅道比试图发明一种在任何时候适合所有人的通道更可行”（Rose，2000：69）。

Evelyn J. Hickey

（季 隽 译）

参考文献

Center for Applied Special Technology（2011）. *About UDL*. Retrieved from：http://www. cast. org/udl/index. html.

Edyburn, D. (2006). Failure is not an option. *Learning & Leading with Technology*，34(1),20 – 23.

Hehir, T. (2005). *New directions in special education：Eliminating ableism in policy and practice*. Cambridge, MA：Harvard Education Press.

Hitchcock, C. , Meyer, A. , Rose, D. , & Jackson, R. (2002). Providing access to the general curriculum：Universal design for learning. *Council for Exceptional Children*，35(2),8 – 16.

Jackson, R. , & Harper, K. (2005). Teacher planning for accessibility：The universal design of learning environments. In D. Rose, A. Meyer and C. Hitchcock (Eds.), *The universally designed classroom：Accessible curriculum and digital technologies* (pp. 125 – 147). Cambridge, MA：Harvard Education Press.

Jackson, R, Harper, K. , & Jackson, J. (2005). Teaching for accessibility：Effective practices, classroom barriers. In D. Rose, A. Meyer and C. Hitchcock (Eds.), *The universally designed classroom：Accessible curriculum and digital technologies* (pp. 125 – 147). Cambridge, MA：Harvard Education Press.

Lewthwaite, S. (2011). Critical approaches to accessibility for technology-enhanced learning. *Learning, Media and Technology*，36(1), 85 – 89.

Mace, R. , Hardie, G. , & Place, J. (1996). *Accessible environments：Toward universal design*. Raleigh, NC：Center for Universal Design.

Meyer, A., & Rose, D. H. (2005). The future in the margins: The role of technology and disability in educational reform. In D. Rose, A. Meyer and C. Hitchcock (Eds.), *The universally designed classroom: Accessible curriculum and digital technologies* (pp. 13 – 35). Cambridge, MA: Harvard Education Press.

Pisha, B., & Coyne, P. (2001). Smart from the start. *Remedial and Special Education*, 22 (4),197 – 203.

Rose, D. H. (2000). Universal design for learning. *Journal of Special Education Technology*, 15(1),67 – 70.

Rose, D. H., & Dalton, B. (2009). Learning to read in the digital age. *Mind, Brain and Education*, 2(2),74 – 83.

Rose, D. H., & Meyer, A. (2002). *Teaching every student in the digital age: Universal design for learning*. Alexandria, VA: ASCD.

动作游戏 Action Game

请参见基于数字游戏的学习 DIGITAL GAME-BASED LEARNING

活动理论 Activity Theory

请参见文化历史活动理论 CULTURAL HISTORICAL ACTIVITY THEORY

活动系统分析 Activity Systems Analysis

请参见文化历史活动理论 CULTURAL HISTORICAL ACTIVITY THEORY

创新的适应性 Adaptation of Innovation

请参见创新 INNOVATION

自动调节系统 Adaptive Systems

请参见认知科学 COGNITIVE SCIENCE

ADDIE

请参见教学设计模型 INSTRUCTIONAL DESIGN MODELS

创新的采用 Adoption of Innovation

请参见创新 INNOVATION

先行组织技巧 Advance Organizer

请同时参见类比 ANALOGY、认知策略 COGNITIVE STRATEGIES、延伸策略 ELABORATION STRATEGIES、学习支架 SCAFFOLDING 和思维结构理论 SCHEMA THEORY

先行组织技巧(Ausubel, 1960)是与 Bloom 分类体系高度相关的微观层面上的教学策略(Bloom, Engelhart, Furst, Hill & Krathwohl, 1956；Krathwohl, 2002)。它被定义为：

> ……是较学习内容本身更抽象和一般化的概括,用以引出学习内容,并呈现学习内容的主要观点。学习内容本身并不一定是高度抽象、概括或包罗万象的。这种抽象化的概括主要通过省略学习内容中的细节来实现(Ausubel, Novak & Hanisian, 1978：252)。

先行组织技巧不同于概述,因为它与学习者认知结构中假设的已有观念相关(Ausubel, 1963, 1968)。

先行组织技巧对于学习的有效性最早受到关注和检验。根据研究假设,学习者的认知结构具有层次性——高度包容性的概念由包容性低的子概念和具体信息构成(Ausubel, 1960, 1963, 1968)。有人提议,在学习教材之前,首先应清晰地展示或激发更具概括性的概念,在已知知识和将学知识之间起到一个桥梁的作用,从而加深学习者的理解并使知识长期保存。

先行组织技巧有两种类型,说明型和比较型(Ausubel, 1963, 1968；Joyce & Weil, 1972)。说明型组织技巧提供更高层次的概念(提供"观念形成支架")来对新的学习内容进行归类,因此当学生无法对新学习内容进行知识归类的时候可以使用它(Ausubel, 1960, 1963, 1968；Ausubel & Fitzgerald, 1962)。比较型组织技巧则用来激活学习者已有的认知模式中与新概念关联的知识。在这种情况下,组织技巧的目的是通过已知概念与新知识之间的主要异同点来整合新知识,并促进对新旧知识的辨别力(Ausubel, 1963, 1968；Ausubel & Fitzgerald, 1961；Ausubel & Youssef, 1963；Fitzgerald & Ausubel, 1963)。

在 20 世纪 60 年代到 70 年代,学者们进行了很多对先行组织技巧的有效性研究。在得到正面研究成果的同时,也有人提出质疑,认为先行组织技巧的建构标准是模糊的,因此不同的研究者对于先行组织技巧的概念有不同的认识,且只能凭直觉构建(Barnes & Clawson,1975)。Lawton、Wanska(1977)和 Ausubel 等人(1978)为先行组织技巧提供了依据和标准,并以此回应了这些批评意见。至今为止,先行组织技巧在教育领域仍然是基本的教学策略之一。

Yeol Huh

Dabae Lee

Charles Reigeluth

(季　隽　译)

参考文献

Ausubel, D. P. (1960). The use of advance organizers in the learning and retention of meaningful verbal material. *Journal of Educational Psychology*, 51, 267 - 272.

Ausubel, D. P. (1963). *The psychology of meaningful verbal learning*. New York: Grune & Stratton.

Ausubel, D. P. (1968). *Educational psychology: A cognitive view*. New York: Holt, Rinehart, & Winston.

Ausubel, D. P., & Fitzgerald, D. (1961). The role of discriminability in meaningful verbal learning and retention. *Journal of Educational Psychology*, 52, 266 - 274.

Ausubel, D. P., & Fitzgerald, D. (1962). Organizer, general background, and antecedent learning variables in sequential verbal learning. *Journal of Educational Psychology*, 53, 243 - 249.

Ausubel, D. P., Novak, J. D., & Hanesian, H. (1978). *Educational psychology: A cognitive view* (2nd ed.). New York: Holt, Rinehart, and Winston.

Ausubel, D. P., & Youssef, M. (1963). The role of discriminability in meaningful parallel learning. *Journal of Educational Psychology*, 54, 331 - 336.

Barnes, B. R., & Clawson, E. W. (1975). Do advance organizers facilitate learning? Recommendations for further research based on an analysis of 32 studies. *Review of Educational Research*, 45, 637 - 659.

Bloom, B. S., Engelhart, M. D., Furst, E. J., Hill, W. H., & Krathwohl, D. R. (1956). *Taxonomy of educational objectives: The classification of educational goals. Handbook 1: Cognitive domain*. Harlow, Essex, England: Longman Group.

Fitzgerald, D., & Ausubel, D. P. (1963). Cognitive versus affective factors in the learning and retention of controversial material. *Journal of Educational Psychology*, 54, 73 - 84.

Joyce, B., & Weil, M. (1972). *Models of teaching*. New York: Prentice-Hall.

Krathwohl, D. R. (2002). A revision of Bloom's taxonomy: An overview. *Theory into*

Practice，41(4)，212－218.

Lawton，J. P.，& Wanska，S. K. (1977). Advance organizers as a teaching strategy：A reply to Barnes and Clawson. *Review of Educational Research*，47，233－244.

代理 Agent

请同时参见动画 ANIMATION 和化身 AVATAR

1997 年，Erickson 强调了"代理"的双重意义。第一个含义是强调特定功能的存在——代理是"特定的自动化或半自动化的计算机程序。一个代理就是一个程序，即在一定程度上，能够引发动作，形成目标，构建行动计划，与其他代理进行交流并适当地进行互动，所有这些都不直接由人控制"(Erickson，1997：79)。第二个含义则强调用户看到了什么。"这里，代理用来描述以动画人物特征呈现的程序，通常是一个人物角色"(Erickson，1997：79)。当然，这两种含义是相互关联的。

代理的第二个含义已引起了广泛的关注和研究。为了区分代理的功能特征和视觉特征，这一概念通常与其他限定词组合使用：界面代理、动画代理、智能代理、教学代理。教学代理也通常称作"教育代理"，被定义为"为在教育环境中支持或促进学习而设计的动画人物"(Clarebout，Elen，Johnson & Shaw，2002：268)。大多数定义强调代理是动画的并在一定程度是智能的。它们可以移动和/或说话，并能与用户进行自适应交互。根据代理所在的特定情境，这些功能可能被突出或强调。例如，最近 Heidig 和 Clarebout(2010)认为的教育代理被描述为"呈现在电脑屏幕上栩栩如生的人物，他们通过多媒体的学习环境来引导用户"。在 Moreno、Mayer、Spires 和 Lester (2001)的研究中，强调社会化交互代理是一种教育代理，是"一个可以与学习者对话并响应学习者的输入行为的可爱的卡通人物"(第 179 页)。

过去几年中研究的代理，在动画和智能方面的侧重各有不同。一些研究人员认为代理能发出声音就已经足够了(Mayer，Dow & Mayer，2003)，而另一些人则专注于代理的视觉特征(Baylor & Kim，2009)。此外，代理的区别也体现在它们与学习者的交互以及对学习过程的支持能力的差异上。对于 Kim、Baylor 和 PALS 团体(2006年)而言，模拟社交能力是教育代理所独有的。

Jan Elen

（季 隽 译）

参考文献

Baylor, A. L. , & Kim, S. (2009). Designing nonverbal communication for pedagogical agents: When less is more. *Computers in Human Behavior*, *25*, 450–457.

Clarebout, G. , Elen, J. , Johnson, W. L. , & Shaw, E. (2002). Animated pedagogical agents: An opportunity to be grasped? *Journal of Educational Multimedia and Hypermedia*, *11* (3), 267–286.

Erickson, T. (1997). Designing agents as if people mattered. In J. M. Bradshaw (Ed.), *Software agents* (pp. 79–96). Menlo Park, CA: AAAI Press/The MIT Press.

Heidig, S. , & Clarebout, G. (2010). Do pedagogical agents make a difference to student motivation and learning? *Educational Research Review*, *6*, 27–54.

Kim, Y. , Baylor, A. L. , & PALS Group (2006). Pedagogical agents as learning companions: The role of agent competency and type of interaction. *Educational Technology Research and Development*, *54*(3), 223–243.

Mayer, R. E. , Dow, G. T. , & Mayer, S. (2003). Multimedia learning in an interactive self-explaining environment: What works in the design of agent-based microworlds? *Journal of Educational Psychology*, *95*(4), 806–812.

Moreno, R. , Mayer, R. E. , Spires, H. A. , & Lester, J. C. (2001). The case for social agency in computer-based teaching: Do students learn more deeply when they interact with animated pedagogical agents? *Cognition and Instruction*, *19*(2), 177–213.

聚合 Aggregator

请参见简易信息聚合 REALLY SIMPLE SYNDICATION

类比 Analogy

请同时参见先行组织技巧 ADVANCE ORGANIZER

类比是 Bloom 学习分类（Bloom，Engelhart，Furst，Hill & Krathwohl，1956；Krathwohl，2002)中处于理解层面的微观策略，特别有助于新概念的理解。Reigeluth 和 Keller(2009)是这样定义类比的："一种构建方法，通过对熟悉的和不熟悉的东西进行比较，以达到学习或了解后者的目的。"(第 37 页)

根据 Ausubel、Novak 和 Hanesian(1968)的观点，为了学习新的知识，学习者必须有能力将这些新知识和他们已有的知识以一种有意义的方式进行连接。Gagne 的九个教学事件中，也强调了激活已有知识的重要性（Driscoll，2000)。类比可有效地用于新旧知识的连接。

Gardner(1999)赞同类比的有效性，并提供了使用类比的一个例子：当解释人类社会变革的过程时，可以使用生物学物种内变化过程的类比。然而，Gardner(1999)提醒道,由于"相似而不相同",所以类比也会造成误解(第83页)。在前面的例子中,人类社会的变化并不具有生物进化的随机性。为了避免这个问题,Curtis 和 Reigeluth(1983)提出,应向学习者说明所用类比的局限性。

Dabae Lee

Yeol Huh

Charles M. Reigeluth

(季 隽 译)

参考文献

Ausubel, D. P. , Novak, J. D. , & Hanesian, H. (1968). *Educational psychology：A cognitive view.*

Bloom, B. S. , Engelhart, M. D. , Furst, E. J. , Hill, W. H. , & Krathwohl, D. R. （Eds.）. (1956). *Taxonomy of educational objectives：The classification of educational goals. Handbook I：Cognitive domain.* Harlow, Essex, England：Longman.

Curtis, R. V. , & Reigeluth, C. M. (1983). The effects of analogies on student motivation and performance in an eighth grade science context. IDD&E Working Paper No. 9. Syracuse, NY：Syracuse University School of Education.

Driscoll, M. P. (2000). *Psychology of learning for instruction* (2nd ed.). Boston, MA：Allyn & Bacon.

Gardner, H. (1999). Multiple approaches to understanding. In C. M. Reigeluth（Ed.）, *Instructional design theories and models：A new paradigm of instructional theory* (Vol. 2, pp. 69 - 89). Mahwah, NJ：Lawrence Erlbaum Associates.

Krathwohl, D. R. (2002). A revision of Bloom's taxonomy：An overview. *Theory into Practice*, 4(4), 212 - 218.

Reigeluth, C. M. , & Keller, J. M. (2009). Understanding instruction. In C. M. Reigeluth & A. A. Carr-Chellman（Eds.）, *Instructional-design theories and models：Building a common knowledge base* (Vol. 3, pp. 27 - 39). New York：Routledge.

分析 Analysis

请同时参见学习者的特征和特质 LEARNER CHARACTERISTICS AND TRAITS、需求评估 NEEDS ASSESSMENT、必备技能 PREREQUISITE SKILLS 和系统方法 SYSTEMS APPROACH

分析是指通过把一个复杂的系统或实体分解为规模较小的相互关联的部分进行研究的方法。分析通常包括两个阶段——对组成部分的识别和对这些部件和整个系统之间的关系的识别(Silvern，1972)。系统的部件可以是人、对象、过程、资源和限定条件。这些组件之间的关系可以采取多种形式，包括人和对象从一个系统中的输入输出，组件之间的信息流和多个进程按时间构成的序列(Richey，Klein & Tracey，2011)。

大多数系统化教学设计(ID)模型包括某种形式的分析。早期的教学设计模型分析主要是针对教学内容和学习者的先前知识的研究。例如，迪克凯瑞(Dick and Carey)模型(1978)的第一个版本包括两种类型的分析——教学分析设计将教学目标和内容分解为下属技能，而学习者分析被用来确定哪些技能是学习者必须具备的初始能力。尽管设计师现在仍然使用内容和学习者分析步骤，但是他们还分析组织结构存在的问题及其原因、学习和业绩情况，以及更广泛的学习者的特征。

业绩分析着重于分析一个组织所期望的发展方向及其那些产生激励和阻碍的因素(Rossett，1999)。组织分析检验一个组织所看到的前景以及所具有的使命、价值观、目标和组织策略；环境分析揭示的是有关业绩问题的相关因素(Van Tiem，Moseley & Dessinger，2004)。需求分析有助于鉴别最佳的业绩情况和实际的业绩情况以及这两种情况之间的差距，并确定该组织对消除这些差距需要采取的有序措施(Kaufman，Rojas & Mayer，1993)。

此外，设计模型现在还包含了情境分析步骤。例如，最新版本的迪克凯瑞模型(参阅 Dick，Carey & Carey，2009)认为学习环境分析应考虑教学场所是否和教学要求匹配，以及教学场所是否能模拟真实的工作环境。应用环境的背景分析是为了提供教学管理上的支持，分析学习技能应用场所的社会和物理环境，以及技能和工作环境的相关性问题。

最后，在进行学习者分析的过程中，各种各样的因素都要给予考虑。这些因素包括个体差异、信念，可能影响学习、知识转化和学习动力的态度，以及可能影响选择教学方法的思维模式(Richey et al.，2011)。

James D. Klein

（季　隽　译）

参考文献

Dick，W.，& Carey，L. (1978). *The systematic design of instruction*. Glenview，IL：Scott，Foresman and Company.

Dick，W.，Carey，L.，& Carey，J. O. (2009). *The systematic design of instruction* (7th Edition). Upper Saddle River，NJ：Merrill.

Kaufman, R., Rojas, A. M., & Mayer, H. (1993). *Needs assessment: A user's guide*. Englewood Cliffs, NJ: Educational Technology Publications.

Richey, R. C., Klein, J. D., & Tracey, M. W (2011). *The instructional design knowledge base: Theory, research and practice*. New York: Routledge.

Rossett, A. (1999). Analysis for human performance technology. In H. Stolovitch & E. Keeps (Eds.), *Handbook of human performance technology* (2nd ed.) (pp. 139 - 162). San Francisco: Jossey-Bass.

Silvern, L. C. (1972). *Systems engineering applied to training*. Houston, TX: Gulf Publishing Company.

Van Tiem, D. M., Moseley, J. L., & Dessinger, J. C. (2004). *Fundamentals of performance technology: A guide to improving people, process, and performance* (2nd ed.). Silver Springs, MD: International Society for Performance Improvement.

定锚教学 Anchored Instruction

请同时参见真实环境中的学习活动 AUTHENTIC ACTIVITY

定锚教学是一种将真实的情境作为学习基础的教学方法。Lee(2002)探讨了如何将定锚教学用作问题解决教学中的训练部分。通常,定锚教学通过呈现一个现实世界的情境,来支持问题并提供后续的解决路径。Bottge 和 Hasselbring (1993)讨论了现实和教学的结合,指出上课不该用抽象概念,而应该基于学生们所熟悉的概念来进行。

Bauer (1998)提出了使用一个主题来展示一个统一和真实的课程。主题是一个所有学生都认同的概念。在这个例子中,教师使用"俄勒冈小道"软件为锚,在课上帮助职前教师进行技术整合。学生们沉浸在软件中并评论了他们的参与度。他们必须解决很多问题,才能从密苏里州的圣路易斯市一直走到太平洋。他们的参与度随着问题复杂性的提高也随之增加。

另外,也有文献支持用技术要素进行定锚教学(Bauer, 1998;Bottge, Rueda, Serlin, Hung & Kwon, 2007;Kariuki & Duran, 2004)。许多教师用说教的方式教导学生如何将技术整合到课程中去。教师演示如何使用技术工具,指导学生如何设计教材,然后要求学生创建这些教材。而在定锚教学中,教师则呈现一个真实的需要解决的问题。教师可以使用很多的技术工具来描述问题,其中视频工具非常有效,因为它能够生动地描述要解决的问题(Barron & Goldman, 1994)。

David Carbonara

(季　隽　译)

参考文献

Barron，L.，& Goldman，E.（1994）．Integrating technology with teacher preparation. In B. Means（Ed.），*Technology and education reform*（pp. 81 - 110）．San Francisco，CA：Jossey-Bass.

Bauer，J. W.（1998）．Anchored instruction in preservice educational technology classes：A research project. In *Proceedings of SITE 98：Society for Information Technology & Teacher Education International Conference*，Washington，DC，March 10 - 14，1998. ERIC Document No. ED421116.

Bottge，B. A.，& Hasselbring，T. S.（1993）．A comparison of two approaches for teaching complex，authentic mathematics problems to adolescents in remedial math classes. *Exceptional Children*，*59*（6），556 - 566.

Bottge，B. A.，Rueda，E.，Serlin，R. C.，Hung，Y.，& Kwon，J. M.（2007）．Shrinking achievement differences with anchored math problems：Challenges and possibilities. *The Journal of Special Education*，*41*（1），31 - 49.

Kariuki，M，& Duran，M.（2004）．Using anchored instruction to teach preservice teachers to integrate technology in the curriculum. *Journal of Technology and Teacher Education*，*12*（3），431 - 445.

Lee，M.（2002）．Anchored instruction in a situated learning environment. In P. Barker & S. Rebelsky（Eds.），*Proceedings of World Conference on Educational Multimedia，Hypermedia and Telecommunications 2002*（pp. 1102 - 1107）．Chesapeake，VA：AACE.

动画 Animation

请同时参见代理 AGENT

根据 Schlosser 和 Simonson（2006：49）所言，动画被定义为："使用卡通人物来创造运动错觉的技术。运用序列化的卡通绘图、图形和模型的运动来模拟现实生活中的人物运动。"

用一系列静止图像模仿动作的概念，开始于用拇指翻阅一系列页面或卡片的角部。当仔细排序的图片以很快的速度连续出现时，肉眼看来就是运动的图像了。在感光胶片上加上链轮孔产生了活动影片后，艺术家们在透明的赛璐珞胶片上绘制图像制作了首部动画电影。他们将绘制成的赛璐珞片放置在一个背景上，然后一帧一帧地拍摄动画电影的每一幅画面。另一种称作"定格动画"的技术，利用立体的小玩偶摆造型并拍摄单幅照片，然后做微小变化并再次拍摄图像。为了让人眼把一系列静态图像看作平滑自然的运动，在电影的每一秒至少排序 15 幅图像，很多时候会使用 30 幅甚至更多的图像。

数字化时代的动画仍旧用单个图像序列来模仿动作，但制作计算机动画（CGI）的过程涉及相当复杂的计算机程序,用来整合从动画设计师那里获得的图像信息,使动画人物做复杂动作的算法以及营造生动背景的各种技术。

虽然 Seels 和 Richey(1994)在教学开发技术领域的定义中认为视听材料不同于以计算机为基础的技术,但也解释了技术整合。动画是教学开发技术领域中的一种技术。

虽然这是一种费力且昂贵的技术,但在教学设计中,对于很难观察或很难理解的内容,动画在提供上下文背景和强调内容方面特别有效。例如,动画可以用来说明人体血液循环过程、材料氧化时发生的分子运动、平面几何或代数的关系,或者复杂机械装置部件的内部结构。

Joann Flick

(季　隽　译)

参考文献

Schlosser, L. A. , & Simonson, M. (2006). *Distance education : Definition and glossary of terms* (2nd ed.). Charlotte, NC: Information Age Publishing.

Seels, B. , & Richey, R. (1994). *Instructional technology : The definition and domains of the field*. Washington, D. C. : AECT.

存档 Archives
请参见信息存储 INFORMATION STORAGE

教学设计的 ARCS 模型 ARCS Model of Instructional Design
请参见教学设计模型 INSTRUCTIONAL DESIGN MODELS 和动力 MOTIVATION

人工智能 Artificial Intelligence
请参见认知科学 COGNITIVE SCIENCE 和专家系统 EXPERT SYSTEM

考核 Assessment
请同时参见电子档案 e-PORTFOLIO

从许多作者和研究者对考核定义的相似点中看,考核是收集学生学习信息的严谨过程,采用多种不同的形式,来评估学习并作出与教学有关的决定(Alberta Education,2006;Baker,Chung & Delacruz,2007;Campbell,2006;Wiggins & McTighe,1998)。

虽然考核的目的有很多,但最常见的是通过诊断性或总结性评估来了解学生的学习。在诊断性考核过程中,教师评估学生的作业以了解学生知道什么和具备什么样的能力,了解学生的长处,并诊断他们的困难领域,从而决定下一步的补救措施或方向。诊断性考核主要关注的是学生学习的质量,而总结性考核的目的通常是根据标准来测试学生的学习成就(Angelo & Cross,2003)。考核标准可以是"标准参照"(norm-referenced)——其中个人的业绩参照一组人的业绩来衡量,也可以是"学习目标参照"(criterion-referenced)——其中个人的业绩参照特定任务的既定学习目标来衡量(McNeil,1996)。

考核的结果只是对学生的知识或技能的估计,它基于一个"三角"理论的三大支柱:"……一个关于学生如何在学科领域内构建知识和发展能力的模型,可以对学生业绩进行观察的任务或情景,以及从业绩表现的证据中推断出结论的方法……"(National Research Council,2001:2)考核结果的使用需要将学习理论、教学活动及考核方法这些要素全部考虑在内(Biggs,1996)。

考核形式或方法包括(但不局限于):考试(例如,多项选择题、简答题、填空题)、学习日志(例如,日记、学档)、观察结果(例如,轶事记录、技能清单)、业绩任务(例如,问题解决、模拟、实验、演示文稿)、项目(例如,模型、调查)、书面报告(例如,论文、脚本、故事)、口试(例如,辩论、论文答辩)和视觉交流(例如,故事板、广告、视频)(Alberta Assessment Consortium,2005)。传统的考核以三角式的行为主义学习理论为基础,并关注基础知识和技能的习得,因此偏向于将"考试"作为首选的考核方法。然而,即使设计得很好,"封闭式"和"单一正确答案"的传统试题也只能为老师诊断学生遇到什么具体困难及原因提供有限的信息。此外,传统测试对于反映现实生活中的背景和复杂性只能提供有限的启示,所以并不能充分满足评估高阶学习的需求(Wiggins,1990)。

相反,支撑现代考核的三个支柱是建构主义、高阶思维技能和能力的习得(Gulikers,Bastiaens & Kirschner,2004),因此更多地采用"真实"和"开放式"的考核方法。真实性的考核任务要求在特定的环境条件下应用知识或技能。开放式的评价方法,如学习日志和项目,以及质疑技巧"……引起一系列的反应,从错误到简化再到概括……"(Leatham,Lawrence & Mewborn,2005:414)并"……经常要求学生解释他们的想法,从而让教师深入了解他们的学习方式,他们理解中的'空洞',他们的语言……想法,以及他们对情境的理解"(Moon & Schulman,1995:30)。没有一种方法可满足所有目的,但所有的考核都"……应让学生知道学习的情况并提高成绩"(National Research Council,2001:314)。

Gail Kopp

(季 隽 译)

参考文献

Alberta Assessment Consortium (2005). *A framework for student assessment* (2nd ed.). Edmonton, AB: AAC Publications. Online: http://www. aac. ab. ca/framework_blue. html

Alberta Education (2006). *Effective student assessment and evaluation in the classroom.* Edmonton, AB: Alberta Education Cataloging in Publication Data.

Angelo, T. A. , & Cross, K. P. (1993). *Classroom assessment techniques*, *A handbook for college teachers* (2nd ed.). Mississauga, ON: Jossey-Bass.

Baker, E. L. , Chung, G. K. W. K. , & Delacruz G. C. (2007). Design and validation of technology-based performance assessments. In J. M. Spector, M. D Merrill, J. van Merriënboer, & M. P. Driscoll (Eds.), *Handbook of research on educational communications and technology* (3rd ed. , pp. 595 – 604). New York, NY: Lawrence Erlbaum Associates/Routledge/Taylor & Francis Group.

Biggs, J. (1996). Enhancing teaching through constructive alignment. *Higher Education*, *32*, 347 – 364.

Campbell, P. (2006). *Student assessment in adult basic education*: A Canadia snapshot. Winnipeg, MB: The Centre for Education and Work.

Gulikers, J. T. M. , Bastiaens, T. J. , & Kirschner, P. A. (2004). A five-dimensional framework for authentic assessment. *Educational Technology Research and Development*, *52* (3),67 – 86.

Leatham, K. R. , Lawrence, K. , & Mewborn, D. S. (2005). Getting started with openended assessment. *Teaching Children Mathematics*, *11*(8),413 – 419.

McNeil, J. (1996). *Curriculum*: A comprehensive introduction. Toronto, ON: John Wiley & Sons, Inc.

Moon, J. , & Schulman, L. (1995). *Finding the connections*: Linking assessment, instruction, and curriculum in elementary mathematics. Portsmouth, NH: Heinemann.

National Research Council (2001). *Knowing what students know*: The science and design of educational assessment. Washington, DC: National Academy Press.

Wiggins, G. (1990). *The case for authentic assessment*. Washington, DC: ERIC Clearinghouse on Tests Measurement and Evaluation. No. ED328611.

Wiggins, G. , & McTighe, J. (1998). *Understanding by design*. Alexandria, VA: Association for Supervision and Curriculum Development.

辅助技术 Assistive Technology

请参见易获取性 ACCESSIBILITY 和学习通用设计 UNIVERSAL DESIGN FOR LEARNING

非实时交流 Asynchronous Communication

请参见互动 INTERACTION

归因理论 Attribution Theory

请同时参见动力 MOTIVATION

归因理论解释了学习者对学习成效的归因是如何影响学习者未来表现的。它断定学习者对学业上成功或失败的解释方式会影响他（她）的动机和行为（Weiner，1985）。学习者可能会用到下面这 4 个经常被引用的词汇来解释他们的行为：运气、任务难度、能力和努力，并认为是这些因素影响了他们最终的表现（Martin & Dowson，2009）。归因理论结合了控制源理论（例如：学习者将成功或者失败归于什么原因或什么人），控制源分为受学习者控制的内部因素或是不受学习者控制的外部因素（Jonassen & Grabowski，1993）。Jonassen 和 Grabowski 用了 20 年致力于内外控制倾向的研究，他们分析得出：倾向于将成败归因于内部因素的学习者相对于将成败归因于外部因素的学习者而言，他们更容易从多种教学方法中获取更多的收益（例如，提供给学生许多教学选择，或者要求他们进行自我评估，或者进行自我掌控进度的教学）。

另一些人则针对归因训练进行了研究调查。这类培训会引导学习者更偏重内部因素，而非外部因素。这些接受过"归因训练"的学习者相较于没有接受过训练的学习者而言，他们大学课程的不及格率较低（Haynes et al.，2011）。同样地，在测试后评估自己学习努力程度的学生，比起那组只分析什么时间开始学习以及学习了多久的学生，取得稍好的测试分数（Polelzer & Zeng，2008）。作者认为这样的处理方式有类似于"归因训练"一样的效果，因为学习者必须要计划将来对学习所付出的努力。

相对于那些将自己学业的成败归因于一些"不可控制的因素"（如：运气、任务难度和能力）的学习者而言，将成败归因于"可控制的因素"的学习者们则更能坚持完成学业。尽管自我报告的数据会有一些自利偏差,但是来自 5 333 所高中生相关性调查的结果表明,归因于自身努力的学生们激励自己的学业成就(McClure et al.,2011)。学习者倾向于将自己的成功归因于对情况的掌控,将自己的失败归因于对情况的失控。如果学习者相信他们可以成功地完成学业任务,他们成功的可能性就更大。尤其是当学习者认为"如果我换个方式或者更努力一些,我将能成功"时,他成功的概率就更大,因为这类学习者在学习任务中便已很好地掌控了要花多少努力以及使用怎样的策略。另一方面,当学习者认为外部力量都在和他们作对,且一切都无法控制的时候,他们就会想:"我为什么还要尝试呢?"

Weiner(2004)提出归因是由自我和人际两方面组成的。他的社会认知分析通过归因理论解释了人际动力,即学习者的动力和自我动力,也即观察者动力。他扩充的归因理论描述了行动者和观察者的不同动力。

Kathryn Ley

(季 隽 译)

参考文献

Haynes Stewart, T. L., Clifton, R. A., Daniels, L. M., Perry, R. P., Chipper field, J. G., & Ruthig, J. C. (2011). Attributional retraining: Reducing the likelihood of failure. *Social Psychology of Education: An International Journal*, 14(1), 75 – 92.

Jonassen, D. H., & Grabowski, B. L. H. (1993). *Handbook of individual differences, learning, and instruction*. Hillsdale, NJ: Lawrence Erlbaum Associates, Publisher.

Martin, A. J., & Dowson, M. (2009). Interpersonal relationships, motivation, engagement, and achievement: Yields for theory, current issues, and educational practice. *Review of Educational Research*, 79(1), 327 – 365.

McClure, J., Meyer, L. H., Garisch, J., Fischer, R., Weir, K. F., & Walkey, F. H. (2011). Students' attributions for their best and worst marks: Do they relate to achievement? *Contemporary Educational Psychology*, 36(2), 71 – 81.

Poelzer, G. H., & Zeng, L. (2008). A teaching intervention to increase achievement of Hispanic nonscience majors taking physical science courses. *Journal of College Science Teaching*, 38(1), 59 – 64.

Weiner, B. (1985). An attributional theory of achievement motivation and emotion. *Psychological Review*, 92, 548 – 573.

Weiner, B. (2004). Attribution theory revisited: Transforming cultural plurality into theoretical unity. In D. M. McInerney & S. V. Ettan (Eds.), *Big Theories Revisited* (Vol. 4, pp. 13 – 29). Greenwich, CT: Information Age Publishing.

视听教学 Audiovisual Instruction

请同时参见教学媒体 EDUCATIONAL MEDIA、图形 GRAPHICS 和视觉和图像学习 VISUAL AND PICTORIAL LEARNING

　　视听教学被定义为：使用视觉和听觉设备（或者仅仅使用其中一种设备）来辅助学习的教学法（Gordon，1961）。今天这些辅助设备被称为教学媒体——将教学呈现给学习者的物理手段（Reiser & Gagne，1983）。

　　利用视觉设备进行教学的尝试至少可以追溯到 20 世纪的第一个 10 年，即最早制作教育影片的时代（Saettler，1990）。至 20 世纪 20 年代早期，在一些大城市成立了视觉教育局和学校博物馆，等同于今天的媒体中心机构（Saettler，1990）。这些单位主要将一些视觉教学材料，例如，电影、幻灯片和照片分发给附近的学校。随着这些材料越来越容易获得，视觉教学便开始兴起。

　　视觉教学的正式定义以呈现教学材料的媒体为核心。例如，最早的一本关于视觉教学的教科书，将视觉教学定义为："通过'看到的经验'来丰富教育，包括使用所有种类的视觉辅助物，例如图片、模型、展览品、图表、地图、插图、立体画、立体感幻灯片和动态图像。"（Dorris，1928：6）

　　在 20 世纪 20 年代末到 40 年代，由于录音设备、广播和有声电影的发展，这个领域的关注点从视觉教学转向视听教学。从 20 世纪 50 年代到 60 年代早期，很大程度上是由于教育者对使用教学电视的热情，视听教学才得以继续发展（Saettler，1990）。

　　20 世纪 60 年代早期，"视听教学"这个术语开始淡出视野。例如，在 1963 年，视听教学领域的一个主要专业协会提出的定义认为这个领域不仅仅涉及视听辅助手段，其定义则强调了"控制学习过程的信息"（第 38 页）并提出了一系列设计和使用这些信息的步骤（Ely，1963）。其中一些步骤（例如，规划、生产和利用）与教学设计过程中某些步骤很相似（Dick，Carey & Carey，2009）。

　　目前，"视听教学"这个术语很少再使用。但是，这个领域的很多专家非常关注基于电脑、互联网和移动设备上视觉和听觉媒体的设计、开发和使用。

Robert A. Reiser

（季　隽　译）

参考文献

Dick, W. , Carey, L. , & Carey, J. O. (2009). *The systematic design of instruction* (7th ed.). Upper Saddle River, NJ：Pearson Education.

Dorris, A. V. (1928). *Visual instruction in the public schools*. Boston, MA：Ginn.

Ely, D. P. （Ed.）(1963). *The changing role of the audiovisual process in education：A definition and a glossary of related terms*. Washington, D. C. ：National Education Association.

Gordon, J. E. (1961). *Motion Picture Production for Industry*. New York：Macmillan.

Reiser, R. A. , & Gagne, R. M. (1983). *Selecting Media for Instruction*. Englewood Cliffs, New Jersey：Educational Technology.

Saettler, P. (1990). *The evolution of American educational technology*. Englewood, CO：Libraries Unlimited.

有关此主题的更多信息,请参见"附加资源"

真实环境中的学习活动 Authentic Activity

请同时参见定锚教学 ANCHORED INSTRUCTION、实践社区 COMMUNITY OF PRACTICE、建构主义 CONSTRUCTIVISM、建构主义方式 CONSTRUCTIVIST APPROACH 和基于问题的学习 PROBLEM-BASED LEARNING

真实环境中的学习活动的概念与建构主义相关。学习环境的真实性是建构主义理论的关键之一。根据 Herrington(2006)的研究,真实的活动非常接近业务专家在真实环境中的工作,涉及到可能有多种解决方案且需要合作解决的非良构问题(Bennett, Harper & Hedberg, 2002)。Brown、Collins 和 Duguid(1989)将真实环境中的学习活动定义为以和谐一致、有意义和有目的为特征的日常文化实践。他们认为真实环境中的学习活动是学习的核心要素,并且"对学习者非常重要,因为只有这样他们才能开展有目的、有意义的行动"(第 36 页)。Cholewinski(2009)从理论角度提供了一个宽泛的用于解释真实环境中的学习活动概念的图形,它包括:

● 一个理论基础(例如,认知建构主义和社会建构主义)。

● 主要的教学方法(例如,基于项目的学习、定锚教学、基于探究的学习、协作学习、情景化学习和知识建构团体)。

● 相关活动概念(包括最近发展区、建模、学习者控制、搭建学习支架、带教技术、技术和媒体与认知学徒)。

在教和学的实践中,真实环境中的学习活动能为学生提供多种多样丰富的学习经历,从而发展知识和技能,并允许他们将学习到的知识和技能立即应用到真实的情景中。在学校教育中,最受欢迎的真实环境中的学习活动的案例有角色扮演、模拟和案例研究。在真实环境中的学习活动中,学生被要求在真实的环境中沿用他们以往的学习经验。这个挑战对学习者创造性地模仿真实的生活情景是至关重要的,并且在问题解决过程中必须要有协作。真实学习的一般关注点是现实世界、复杂的问题以及用角色扮演活动来解决问题的方案、基于问题的活动、案例研究和虚拟实践社区的参与(Clayden, Desforges, Mill & Rawson, 1994)。

近年来,很多教育技术的组织和专家对真实环境中的学习活动和它在教育领域中的应用产生了很大的兴趣。Herrington、Reeves、Oliver 和 Woo(2002)探索了真实环境中的学习活动的 10 个特征,并将其作为一个基于网络的学习模型。在 2007 年,EDUCASE 杂志出版了标题为《21 世纪的真实学习:综述》的白皮书。这个白皮书探索了真实学习的构成,如何用技术支持它,什么可以使它产生效果,以及为什么它至关重要(Lombardi, 2007)。

Xudong Zheng

Xinmin Sang

(季 隽 译)

参考文献

Bennett, S., Harper, B., & Hedberg, J. (2002). Designing real life cases to support authentic design activities. *Australian Journal of Educational Technology*, 18(1), 1 - 12.

Brown, J. S., Collins, A., & Duguid, S. (1989). Situated cognition and the culture of learning. *Educational Researcher*, 18(1), 32 - 42.

Cholewinski, M. (2009). An introduction to constructivism and authentic activity. *Journal of the School of Contemporary International Studies Nagoya University of Foreign Studies*, 5, 283 - 316.

Clayden, E., Desforges, C., Mills, C., & Rawson, W. (1994). Authentic activity and learning. *British Journal of Educational Studies*, 42(2), 163 - 173.

Herrington, J. (2006). Authentic e-learning in higher education: Design principles for authentic learning environments and tasks. Paper presented at the World Conference on E-Learning in Corporate, Government, Healthcare, and Higher Education, 2006.

Herrington, J., Reeves, T., Oliver R., & Woo, Y. (2002). Designing authentic activities for Web-based courses. In G. Richards (Ed.), *Proceedings of World Conference on E-Learning in Corporate, Government, Healthcare, and Higher Education 2001* (pp. 18 - 27). Chesapeake, VA: AACE.

Lombardi，M.（2007）. *Authentic learning for the 21st century：An overview*. ELI Report No.
1. Boulder，CO：EDUCAUSE Learning Initiative.

真实性考核 Authentic Assessment

请参见考核 ASSESSMENT

化身 Avatar

请同时参见代理 AGENT、基于数字游戏的学习 DIGITAL GAME-BASED LEARNING 和虚拟世界 VIRTUAL WORLDS

化身是虚拟环境中代替玩家的一种数字形象。用户或玩家是通过化身与游戏软件和其他玩家进行互动的（Steinkuehler，2006；Yee，Bailenson，Urbanek，Chang & Merget，2007）。当进入一个虚拟世界时，玩家要做的第一件事就是创建一个化身，通常会花费数百小时用于开发化身，不过这个时间现在已经大大缩短了（Castronova，2001）。化身通常有许多不同的形态，可以是玩家的真实写照或是与玩家完全不同的人或事物，如一种动物或一种虚构的事物（Wang & Hsu，2009）。随着玩家在这个"世界"投入越来越多的时间，化身也在不断继续地发展。

在虚拟环境和多人游戏中，玩家与自己的化身的关系对身临其境式的游戏体验的质量有很重要的作用（Dickey，2007；Pence，2007）。根据 Dickey（2007）的研究，"当玩家发展他们化身的角色时，从某种意义上说，他们自己也承担着这个角色"（第258页）。化身的外观和化身拥有的技能是玩家重要的社会资本（Pence，2007）。许多人在虚拟生活中花费的时间要多于他们在真实生活中的时间。"的确，他们花了那么多时间，你会觉得他们都生活在那里，不管那是哪里，总之不是地球。"（Castronova，2001：14）

化身的语言和非语言行为也受制于社会规范，这和物质世界的社会交互是一样的（Yee et al.，2007：119）。随着化身的具体化，化身与化身之间的交互作用会强烈影响用户在虚拟世界中体验到的身临其境的现场感（Feldon & Kafai，2008）。

然而，化身是由真人控制的，由计算机控制的数字人被称作机器人。通常人们给机器人编程让它表现得像模拟智能一样或者说是人工智能。有些机器人甚至在与人类互动的时候可以进行学习。机器人看起来就像一个由人类控制的化身；然而，由于机器人行动不够自然又缺乏沟通技能,我们往往在与它们短短几分钟的交流中就轻而易举地把它们识别出来。

Jason Underwood

(季　隽　译)

参考文献

Castronova, E. (2001). Virtual worlds: A first-hand account of market and society on the cyberian frontier. *CESifo Working Paper Series* No. 618. Fullerton, California. California State University, Center for Economic Studies and Ifo Institute of Economic Research.

Dickey, M. (2007). Game design and learning: A conjectural analysis of how massively multiple online role-playing games (MMORPGs) foster intrinsic motivation. *Journal Educational Technology Research and Development*, 55(3),253 – 273.

Feldon, D. F., & Kafai, Y. B. (2008). Mixed methods for mixed reality: Understanding users' avatar activities in virtual worlds. *Educational Technology, Research and Development*, 56 (5/6),575 – 594.

Pence, H. (2007). The homeless professor in *Second Life*. *Journal of Educational Technology Systems*, 36(2),171 – 177.

Steinkuehler, C. A. (2006). Massively multiplayer online video gaming as participation in a discourse. *Mind, Culture, and Activity*, 13(1),38 – 52.

Wang, S., & Hsu, H. (2009). Using the ADDIE model to design second life activities for online learners. *Tech Trends*, 53(6),76 – 81.

Yee, N., Bailenson, J. N., Urbanek, M., Chang, F., & Merget, D. (2007). The unbearable likeness of being digital: The persistence of nonverbal social norms in online virtual environments. *The Journal of CyberPsychology and Behavior*. Retrieved from http:// citeseerx. ist. psu. edu/viewdoc/download?doi = 10. 1. 1. 119. 9840&rep = rep1&type = pdf

B

副渠道交流 Back Channel Communication
请参见交流 COMMUNICATION

行为主义 Behaviorism
请同时参见个别化教学 INDIVIDUALIZED INSTRUCTION、教学设计模型 INSTRUCTIONAL DESIGN MODELS、程序化教学 PROGRAMED INSTRUCTION 和强化 REINFORCEMENT

行为主义涵盖了心理学(和哲学)领域中差异相当大的几个思想体系,认为通过观察行为最易于理解学习,而不是推测内部物理事件或假设出来的诸如心智这类的概念。

20世纪早期,行为主义观点的倡议者有俄罗斯的 Ivan Pavlov、美国的 John Watson 与 Edward Thorndike。20世纪中叶,B. F. Skinner 将他自称为经典性条件作用的操作化行为学习理论(操作性条件反射)与早期的学习理论进行比较。这些早期理论与前置刺激控制下的自发反应的研究有关;Skinner 曾研究过自发行为,这种行为,依据随后发生的反应结果而被加强或削弱。就是这个被人们称作激进行为主义的思想,在教育技术的理论和实践中产生了最深远的影响(Burton, Moore & Magliaro, 2004;Driscoll, 2005)。

Skinner 发现通过操纵刺激、反应和结果的变量,他可以引起实验动物相当复杂的新行为(Ferster & Skinner, 1957)。其他研究人员发现,人类也会表现出类似的反应。

很多教育上的创新都直接或间接地受行为主义的影响。这些用来实例化的创新设计和程序被人们视为"教育技术"(DeCecco, 1964)。它们是:

1. *程序教学*。Skinner(1954)依据他身为父亲的经历开发了一个交互式学习的机械装置,通常被称为教学机器。教学机器里面的刺激模式、反应和强化器被称为程序化教学(PI)。20 世纪 60 年代 PI 课程以书本形式被大量出版,其中许多都用到了斯金纳的理论框架,也有些使用了经过变化的分支程序——依据学习者对插入的问题的解答让他们向前进或重新思考。此外,PI 所需的设计过程要求将分析、设计和评估的步骤程序化——这些最终合并成为了教学系统设计模型的要素之一。

2. *程序化辅导*。由道格拉斯·埃里森(Douglas Ellson)提出,程序化辅导过程中通常由学习者的一位同伴,根据预定的步骤引领学习者通过实践练习,并对正确的反应给予社会强化(如一个微笑),同时对错误的反应进行提示(Ellson,Barber,Engle & Kampwerth,1965)。

3. *计算机辅助教学*。早在 PI 的鼎盛时期,人们就尝试使用电脑来控制指令。程序设计者通常依据程序化教学中非常流行的"反应—强化模式"或"分支模式"。

4. *掌握学习和个性化的教学系统*。主要与 Carroll (1963)、Bloom (1971) 和 Block (1971)的理论相关。精熟学习模型将主题划分为单元,然后学生以个人或小组的形式完成每个单元。学生必须成功通过精熟测试才能进入到下一个单元。另一个类似的系统——称作个性化的指令系统(PSI),被设计用于高等教育中(Keller,1968);这正是现在应用于大多数远程教育中的教学模型。

5. *学习合同*。基于 Premack (1965)的原理,一个高概率活动可以作为低概率活动的强化物(如"如果你完成数学工作表你就可以进体育馆玩了")。学习合同是一项协议,告诉学生应达到怎样的期望以及会有什么相应的奖励。这样的"即兴合同"在学校和治疗机构中被广泛采用。

行为主义在当代转化为行为分析,这是一个越发兴旺的领域,拥有世界各地的专业协会和一系列受人瞩目的期刊,并一直对应用心理学有着高度影响。源自于行为分析的治疗方案被广泛地视为衡量新的治疗方法的标准。

Michael Molenda

(季 隽 译)

参考文献

Block, J. (1971). *Mastery learning: Theory and practice*. New York: Holt, Rinehart, & Winston.

Bloom, B. (1971). *Mastery learning*. New York: Holt, Rinehart, & Winston.

Burton, J. K., Moore, D. M., & Magliaro, S. G. (2004). Behaviorism and instructional technology. In D. H. Jonassen (Ed.), *Handbook of research on educational communications and technology* (2nd ed., pp. 3 - 36). Mahwah, NJ: Erlbaum.

Carroll, J. (1963). A model for school learning. *Teachers College Record*, *64*, 723 - 733.

DeCecco, J. P. (1964). *Educational technology: Readings in programmed instruction*. New York: Holt, Rinehart, and Winston.

Driscoll, M. P. (2005). *Psychology of learning for instruction* (3rd ed.). Boston, MA: Pearson Allyn and Bacon.

Ellson, D. G., Barber, L., Engle, T., & Kampwerth, L. (1965). Programmed tutoring: A teaching aid and a research tool. *Reading Research Quarterly*, *1*(1), Fall, 71 - 127.

Ferster, C. B., & Skinner, B. F. (1957). *Schedules of reinforcement*. New York: Appleton-Century-Crofts.

Keller, F. S. (1968). Goodbye teacher ⋯ *Journal of Applied Behavior Analysis*, *1*, 78 - 79.

Premack, D. (1965). Reinforcement theory. In D. Levine (Ed.), *Nebraska Symposium on Motivation* (Vol. 13, pp. 123 - 180). Lincoln: University of Nebraska.

Skinner, B. F. (1954). The science of learning and the art of teaching. *Harvard Educational Review 24*, 86 - 97.

混合式学习 Blended Learning

请同时参见远程教育和学习 DISTANCE EDUCATION AND LEARNING 和互动 INTERACTION

定义混合式学习时的关键问题是——什么是"混合"? 混合式学习的本质是一种教学设计,是使面对面学习和在线(通过媒介)学习能有机融合的教学方式(Garrison & Vaughan, 2008)。说得更清楚些,混合式学习不仅仅是把传统的面对面学习和技术捆在一起。它的挑战和特色是有意图地把面对面学习和在线学习有效地融合在一起,充分利用信息和通信技术(ICT)来获得所要的学习体验。

虽然这是一个有用的起点,但是在操作上仍然面临着相当大的复杂性和模糊性问题。任意数量的事物(媒体、背景和方法)都可以混合,但混合的关键是整合面对面和全虚拟环境中同步和异步交流(不包含完全在线的远程教育中异步和同步通信媒体的混合)。混合式学习设计通常有目的地并且创造性地将同步口头交流和经过深思熟虑又非常精确的异步书面沟通在面对面和虚拟环境中进行整合。当我们试图从单纯面对面或完全在线学习中清楚地区分出混合式学习时，它的概念又变得模糊了。事实是想要界定出混合式学习结构中的最大最小界限的做法是非常不可取的，反而会引发更多的问题，比如传统大学课堂中技术的应用越来越多，而纯粹的面对面教学逐渐减少。

实践中混合式学习的定义是在不断变化的（Picciano & Dziuban，2007）。混合式学习的特有价值是增强了交互和协作，并且这种交互跨越了时间和空间的限制，而所有的这些都是通过有效地将信息通信技术集成而达到的。这就是区分混合式学习的主要原则依据。混合式学习设计的最高水平是用来支持和保障探究型社区。与此一致的假设是混合式学习将通过对课程和项目的（再）设计从根本上改变教育的结构和体验（Garrison & Vaughan，2008）。此时，混合式学习这一专业术语也许就会消失了，因为大多数正式学习都将符合混合式学习的定义。

同义术语：混合 hybrid，混合模式 mixed-mode。

D. Randy Garrison

（季　隽　译）

参考文献

Garrison，D. R.，& Vaughan，N. D.（2008）. *Blended learning in higher education：framework，principles and guidelines*. San Francisco：John Wiley & Sons Inc.

Picciano，A. G.，& Dziuban，C. D.（Eds.）(2007) *Blended learning research perspectives*. Needham，MA：The Sloan Consortium.

有关此主题的更多信息，请参见"附加资源"

博客 Blog

请同时参见实践社区 COMMUNITY OF PRACTICE、简易信息聚合 REALLY SIMPLE SYNDICATION、社会化电脑应用 SOCIAL COMPUTING 和技术通信 TECHNOLOGICAL COMMUNICATION

就其最基本的形态而言，一个博客（或网页日志）是具有两个关键特性的网站：有一系列的文本条目——按时间倒序；容易更新并且经常需要更新。最常见的博客是一本个人日记，包含了作者的观点、观察、评论和经历。一个博客的作者称为"博主"，而维护一个博客的行为称为"写博客"。博客内容可以是有关个人的、公司的、组织的、政府的或教育机构的。

博客有几个重要的功能：自我表达、自我反思、社会化的互动支持和阅读(Deng & Yuen，2011)。具体来说，一个作家能与广大读者分享的博客内容没有限制或删选。尽管学校在某些情况下会强制限制和删选其内容，但博客历来强调自由的沟通。博客的无约束吸引了很多不同类型的受众，同时作者也要为自己写的对外公开的内容承担相应法律责任(McQueen，2009)，还要注意言论自由和诽谤之间的界线(Ringmar，2007；Winer，2009)。

博客的另一个重要的功能是对话形式的评论。博客作者可以选择是否回复读者，是否对读者的回复进行审核然后批准或拒绝(屏蔽)或自动批准。这让作者与读者之间可通过评论进行对话。

博客只需要用户掌握最少的专门技术，即可向大众公开发表文章。博客易于使用的特性使得广大民众参与，否则这些用户可能规避使用技术。博客作者可以相对轻松地编写和编辑文字，添加图片以及多媒体。

博客的受众包括休闲读者，他们在上网时随机地读些博客文章；也有严谨的读者，他们有目的地搜索有关特定主题的博客；或是通过其他人推荐而来的读者。博客也有个人订阅用户，他们通过注册博客或添加 RSS(简易信息聚合)到阅读器(一种将个人订阅的所有博客帖子全部集中起来以便阅读的服务)跟踪特定的博客内容。

博客的作者(博主)经常使用博客作为工具，通过获取和反思来促进非正式的和自主性的学习(Park，Heo & Lee，2011)。博客也经常用于组织社区实践，促进社区协作(Byington，2011)。Andergassen、Behrigher、Finlay、Gorra 和 Moore(2009)观察到，尽管有研究报告指出博客通过积极的知识构建和反思写作对在正式学习环境中学习有积极影响，但很多学生更偏向直接使用在线交流工具而不选择非正式的博客写作，其中也有隐私的问题。相反，那些选择非正式的博客进行交流的人是受到内在动机的驱动的。

Richard A. Schwier

(季　隽　译)

参考文献

Andergassen，M.，Behrigher，R.，Finlay，J.，Gorra，A.，& Moore，D. (2009). Weblogs in higher education: Why do students (not) blog? *Electronic Journal of e-Learning*, 7(3), 203 – 214.

Byington, T. A. (2011). Communities of practice: Using blogs to increase collaboration. *Intervention in School and Clinic*, 46(5), 280 – 291.

Deng, L., & Yuen, A. H. K. (2011). Towards a framework for educational affordances of blogs. *Computers and Education*, 56(2), 441 – 451.

McQueen, M. P. (2009, May 22). Bloggers, beware: What you write can get you sued. *Wall Street Journal*, May 22, 2009. Retrieved from http://online.wsj.com/article/SB124287328 648142113.html.

Park, Y., Heo, G. M., & Lee, R. (2011). Blogging for informal learning: Analyzing bloggers' perceptions using learning perspective. *Educational Technology and Society*, 14(2), 149 – 160.

Ringmar, E. (2007). *A blogger's manifesto: Free speech and censorship in the age of the internet*. London: Anthem Press.

Winer, D. (2009). The unedited voice of a person. In S. Rosenberg (Ed.), *Say everything: How blogging began, what it's becoming, and why it matters* (pp. 46 – 73). New York: Crown Publishers.

Bloom 教育目标分类体系 Bloom's Taxonomy
请参见学习分类 LEARNING TYPES 和分类体系 TAXONOMY

网络机器人 Bot
请参见化身 AVATAR

C

基于案例的教学 Case-Based Instruction

请参见寓学于做 LEARNING BY DOING

基于范例推理原理 Case-Based Reasoning Theory

请参见寓学于做 LEARNING BY DOING

编目分类 Cataloging

请参见信息分类 INFORMATION CLASSIFICATION

因果学习 Causal Learning

请参见通用性 GENERALITY

原因分析 Cause Analysis

请参见分析 ANALYSIS

变革 Change

请同时参见变革模型 CHANGE MODELS、创新 INNOVATION 和组织变革 ORGANIZATIONAL CHANGE

变革,所有动态系统内在的基本过程,指的是一个或一组既有状态到另一不同状态的转化。变革是随着时间的推移发生的,因此,它是一个过程,而不是一个事件(Kaufman,Oakley-Brown,Watkins & Leigh,2003)。因为"教育技术专业人员和教学设计师热衷于帮助和提高学习与业绩",所以他们"很重视变革这个理念"(Spector,2010:6)。对于这样的教育工作者,变革分析的最小单位是学习者个人。然而,变革也可以被作为一个机构内的现象来分析,或者更广泛地说,也可以作为一个跨机构的现象来分析。学习就是个人"在业绩上或是业绩潜力方面"的恒定"变化"(Driscoll,2005:9)。被广泛研究的"以关注为本的采纳模式"(Concerns-Based-Adoption-Model,CBAM)(Hall & Hord, 2006)描述了一个人的创新行为是如何随着自己对知识和经验的积累而变化的。在这些情境中,变革是作为个人内在现象而发生的(Driscoll,2005),但变革也可作为一个机构内或跨机构的系统性现象来分析。

变革,作为一个我们理解机构的概念,不是那么容易被定义。它曾被描述为一个组织内的现象、组织之间的现象,或者是他人对组织的看法(Cox,2010)。较新的变革理论把它描述为一系列非线性过程,其在很大程度上受到情境及一个系统内相互依赖部分的影响(Sahlberg,2002)。一个系统性模型分析了在教育机构中变革反抗力是如何在与反变革的制度化势力的抗衡中来影响变革结果的(Flores-Kastanis,2009)。在世纪之交有一本杂志专门致力于"变革思维和教育变革的研究……有关变革模式及其影响的证据和研究结果,以及……变革的道德和政治目的"(Hargreaves,2000:3),它反映了对于这个话题的一种持久的学术兴趣。在学习者(见 Ifenthaler & Seel, 2011)和教育系统(Borgemenke, Blanton, Kirkland & Woody, 2012)的学术研究中,变革始终是一个紧迫、适时和重要的主题。

Kathryn Ley

(黄晓霞　译)

参考文献

Borgemenke, A., Blanton, A. L., Kirkland, C. J., & Woody, C. S. (2012). Avoiding the change trap: Strategies for school leaders in times of change. *National Forum of Educational Administration & Supervision Journal*, 29(2), 40 - 63.

Cox, D. (2010). History of the scholarship of engagement movement. In H. E. Fitzgerald, C. Burack, & S. Seifer (Eds.), *Transformation in higher education: Handbook of engaged scholarship; contemporary landscapes, future directions* (*Vol. 1, Institutional change*) (pp. 25 - 38). East Lansing, MI, USA: Michigan State University Press.

Driscoll, M. P. (2005). *Psychology of learning for instruction* (3rd ed.). Boston: Allyn and Bacon.

Flores-Kastanis, E. (2009). Change at big school and little school: Institutionalization and contestation in participatory action research. *Educational Action Research*, 17(3),391 – 405.

Hall, G. E. , & Hord, S. M. (2006). *Implementing change*: *Patterns*, *principles*, *and potholes* (2nd ed.). Boston: Pearson/Allyn & Bacon.

Hargreaves, A. (2000). Editor-in-chief's introduction representing educational change. *Journal of Educational Change*, 1(1),1 – 3. doi: 10. 1023/A: 1010008518807.

Ifenthaler, D. , & Seel, N. M. (2011). A longitudinal perspective on inductive reasoning tasks: Illuminating the probability of change. *Learning & Instruction*, 21(4),538 – 549. doi: 10. 1016/j. learninstruc. 2010. 08. 004.

Kaufman, R. , Oakley-Brown, H. , Watkins, R. , & Leigh, D. (2003). *Strategic planning for success*: *Aligning people*, *performance*, *and payoffs*. San Francisco, CA: Jossey-Bass/Pfeiffer.

Sahlberg, P. J. (2002). Educational change. In J. W. Guthrie (Ed.), *Encyclopedia of education* (2nd ed. Vol. 2, 658 – 659). New York: Macmillan Reference USA.

Spector, M. (2010). Educational technology and change. *Tech Trends*, 54(5),6 – 7. doi: 10. 1007/s11528-010-0424-1.

变革模型 Change Models

请同时参见变革 CHANGE、创新 INNOVATION 和组织变革 ORGANIZATIONAL CHANGE

变革模型是描述变革是如何发生的(Rogers & Rogers，2003)或建议有计划的变革如何发生(Hord，Rutherford，Huling-Austin & Hall，1998)的理论构想。不管是哪种情况，变革是一个过程而不是一个事件(Hord，Rutherford，Huling-Austin & Hall，1998)。变革模型解释了在社会系统下人们如何有意地改变他们的工作、教学或学习。它说明了人、通讯和学习是如何影响创新的。教学设计和技术领域所关注的通常是创新的学习和教学技术。它们描述了一个团体如何将创新纳入日常实践。任何社会系统中的变革就是关于人们愿意且能够以不同的方式工作，并且与组织所期待的创新相结合。

围绕一个教育创新的社会活动加速了其被采用的步伐并且驱使我们尝试对创新的解释和规划。Ellsworth(2000)描述了七种优秀的教育变革模型,总结了在 20 世纪后半期有计划变革的历史。技术创新一直在加速教育创新。Ellsworth(2000)描述的每个模型依据不同的变革沟通组件制定了变革的框架。下面是他强调的七个模型和它们的关键要素：

- Ely 的变革条件(环境)。
- Pullan 和 Stiegelbauer 的教育变革的新含义(变革促进者)。

- Hall 和合作者的"以关注为本的采纳模式"（采用者）。

- Havelock 的变革促进者指南（变革过程）。

- Reigeluth 和 Garfinkle 的教育系统性变革（系统）。

- Roger 的创新传播（传播）。

- Zaltman 和 Duncan 对有计划的变革的策略（阻力）。

其中的两个模型展现了它们内在的多样性。Ely 的变革条件模型描述了在社会系统中影响变革的因素，包括奖励、时间、资源、知识、技能、参与、承诺和领导力。最后的五个因素是创新引入的社会系统中的关于人的特点或特征（Ellsworth，2000）。"以关注为本的采纳模式"（Hord et al.，1998）把变革看作是对培训和学习准备度的一个评估问题。创新采用者报告他们对于创新的顾虑并把这些顾虑归类到对应于特定培训需求的七个创新采用层次中的某个层次。

尽管有着众多的变革模型，有些学者依然呼吁教育方面（Hayward & Spencer，2010；Wedell，2009）和培训方面的专用模型（Hayward & Spencer，2010；Wedell，2009），因为大多数已有的变革模型研究是关于改变其他类型的人类行为，如卫生习惯、社会互动或专业发展（Dobbs，2004；Ebert & Crippen，2010）。变革的辩证模型（the Dialectic Model of Change）确实强调教育并提供了一个完全不同的视角。变革的辩证模型确定了两个在所有教育环境中有着对立而又互补目的的社会实践：制度化和争议（Flores-Kastanis，2009）。前者"是指在一个给定的情境中，其社会实践和安排变得足够常规化和持续化的过程，并且这些实践和安排可作为该情境中相对固化的特点"（Flores-Kastanis，2009：393），而后者，则是变革反抗力的一种委婉说法。参与性行动研究方法支持这两个方面的教育变革。或者，教育变革可能是一种源于社区组织模型的社区组织工作的功能。尽管保守教育政策在 2000 年至 2008 年在美国占统治地位，但是与之对立的是，组织教育变革的社区也在同期迅速成长（Shirley，2009）。

Kathryn Ley

（黄晓霞　译）

参考文献

Dobbs, R. L. (2004). Impact of training on faculty and administrators in an interactive television environment. *Quarterly Review of Distance Education*，5(3)，183 - 194.

Ebert, E. K., & Crippen, K. J. (2010). Applying a cognitive-affective model of conceptual change to professional development. *Journal of Science Teacher Education*, 21, 371 – 388.

Ellsworth, J. B. (2000). *Surviving change: A survey of educational change models*. Syracuse, NY: ERIC Clearinghouse on Information & Technology.

Flores-Kastanis, E. (2009). Change at big school and little school: Institutionalization and contestation in participatory action research. *Educational Action Research*, 17(3), 391 – 405.

Hayward, L., & Spencer, E. (2010). The complexities of change: Formative assessment in Scotland. *Curriculum Journal*, 21, 161 – 177.

Hord, S., Rutherford, W., Huling-Austin, L., & Hall, G. (1998). *Taking charge of change*. Austin, TX: Southwest Educational Development Laboratory.

Kaufman, R., Oakley-Brown, H., Watkins, R., & Leigh, D. (2003). *Strategic planning for success: Aligning people, performance, and payoffs*. San Francisco, CA: Jossey-Bass/Pfeiffer.

Rogers, E. M., & Rogers, E. (2003). *Diffusion of Innovation* (5th ed.). Toronto: Free Press.

Shirley, D. (2009). Community organizing and educational change: A reconnaissance. *Journal of Educational Change*, 10(2 – 3), 229 – 237.

Wedell, M. (2009). *Planning for educational change: Putting people and their contexts first*. London, GBR: Continuum International Publishing.

对变革的阻力 Change, Resistance to

请参见变革 CHANGE

变革策略 Change Strategies

请参见变革 CHANGE

儿童互联网保护法 Children's Internet Protection Act

请同时参见道德伦理 ETHICS

儿童互联网保护法案(CIPA)是由美国国会制定,并在 2001 年由美国联邦通信委员会(Federal Communications Commission)发布实施其规则。该法案适用于所有接受联邦资金的学校和图书馆,旨在保护儿童免受互联网上冒犯性的材料的伤害。学校和图书馆必须发挥积极作用以防止儿童接触到冒犯性材料。学校和图书馆必须构建一个:

安全政策关注了:(一)未成年人对互联网上不适当事物的访问;(二)未成年人在使用电邮、聊天室以及其他形式的直接的电子通信时的安全性和保护性;(三)未经授权的访问,包括所谓的"黑客"和其他网上未成年人的违法活动;

（四）未经授权地披露、使用和传播未成年人的个人信息；（五）限制未成年人接触有害材料的措施(Federal Communications Commission，2011)

通常，学校和图书馆通过一个监控学校所有互联网进出流量的代理服务器提供这种保护，并积极阻止所有冒犯性材料的流入。一个成年人，如果可以证明对该材料用于"真正的研究或任何其他合法用途"，可以解除对其传输的阻止（Federal Communications Commission，2011)。该法案不影响那些接收 e-Rate 资助只用于电子通信（如电话服务）的学校或图书馆。

David Carbonara

（黄晓霞　译）

参考文献

Federal Communications Commission. *Children's Internet Protection Act*. Retrieved from http://www.fcc.gov/guides/childrens-internet-protection-act on August 15，2011.

儿童在线隐私保护法 Children's Online Privacy Protection Act

请同时参见道德伦理 ETHICS

儿童在线隐私保护法案保护 13 岁以下儿童在参与网上论坛、讨论区、网上调查或任何其他收集儿童信息的在线途径时的权利。该法案规定，信息的收集者必须醒目地张贴关于收集个人信息的通知(Cannon，2000)。个人信息定义为姓名、实地址、网络地址、电话号码、社会安全号以及任何其他能在网上或网下联系个人的信息。

该法案"提供保障措施，以保护 13 岁以下儿童的在线隐私"(Aidman，2000：46)。信息收集人必须获得家长或监护人的许可；必须通知家长收集信息的原因以及信息将如何被使用和传播。

David Carbonara

（黄晓霞　译）

参考文献

Aidman，A. (2000). Children's online privacy. *Educational Leadership*，58(2). 46 - 47.

Cannon，R. (2000). Children's Online Privacy Protection Act. *Boardwatch*，14(7)，40 - 41.

儿童安全环境 Child-Safe Environments

请参见儿童互联网保护法 CHILDREN'S INTERNET PROTECTION ACT 和儿童在线隐私保护法 CHILDREN'S ONLINE PRIVACY PROTECTION ACT

组块化 Chunking

请同时参见认知策略 COGNITIVE STRATEGIES、信息处理理论 INFORMATION PROCESSING THEORY、记忆 MEMORY 和信息设计 MESSAGE DESIGN

组块化是对 Bloom 分类体系里关于学习的知识层面（knowledge）和理解层面（comprehension）的微观策略（记忆和理解）。它和记忆力有着非常紧密的联系（Bloom，Engelhart，Furst，Hill & Krathwohl，1956；Krathwohl，2002）。Cowan (2001)把组块定义为"相互间有着强烈关联的一组概念集合，它们与同时使用的其他组块间的关联非常微弱"（第 89 页）。因此，组块化指的是将内容分解成更细小的部分或将单个元素组合成较大的元素，以促进学习者对信息的处理。假设学习是通过思维结构的发展进行的，组块化可以增加工作记忆能处理的信息量（Sweller，1994）。

组块化的概念最初是基于 Miller(1956)对短期记忆的开创性工作。自从 Miller (1956)论文发表之后，人们知道短期记忆较长期记忆，其容量是有限的。Miller(1956)发现，把信息转化为有意义的组块可以使短期记忆接收、处理和持有更多信息。他也发现，短期记忆受限于七个信息块的容量。这之后，其他研究人员发现，短期记忆的容量可能只有四个信息块的限制。Cowan(2001)总结了这方面的研究成果以及受限于四个信息块容量的条件。

最近的研究一直侧重于通过更全面地研究组块化来解决关于容量研究中的不一致问题。例如，经过多组实验，Mathy 和 Feldman(2011)认为，当信息由多个单元压缩成一个单一的组块，四个信息块确实是极限；但是，如果信息没有被压缩，那么七个信息块是极限。短期记忆的有限容量和认知负荷理论一起被广泛地应用于多媒体教学设计和游戏设计中（Chandler & Sweller，1991；Sweller，1994；Van Merriënboer，

Kirschner & Kester，2003)。

Dabae Lee

Yeol Huh

Charles M. Reigeluth

（黄晓霞　译）

参考文献

Bloom, B. S. , Engelhart, M. D. , Furst, E. J. , Hill, W. H. , & Krathwohl, D. R. (1956). *Taxonomy of educational objectives*：*The classification of educational goals. Handbook 1*：*Cognitive domain*. Harlow, Essex, England：Longman Group.

Chandler, P. , & Sweller, J. (1991). Cognitive load theory and the format of instruction. *Cognition and Instruction*，8(4)，293 – 332.

Cowan, N. (2001). The magical number 4 in short-termmemory：A reconsideration of mental storage capacity. *Behavioral and Brain Sciences*，24(1)，87 – 114.

Krathwohl, D. R. (2002). A revision of Bloom's taxonomy：An overview. *Theory into Practice*，41(4)，212 – 218.

Mathy, F. , & Feldman, J. (2011). What's magic about magic numbers? Chunking and data compression in short-term memory. *Cognition*，122(3)，346 – 362.

Miller, G. A. (1956). The magical number seven, plus or minus two：Some limits on our capacity for processing information. *Psychological review*，63(2)，81 – 97.

Sweller, J. (1994). Cognitive load theory, learning difficulty, and instructional design. *Learning and Instruction*，4(4)，295 – 312.

Van Merriënboer, J. J. G. , Kirschner, P. A. , & Kester, L. (2003). Taking the load off a learner's mind：Instructional design for complex learning. *Educational Psychologist*，38(1)，5 – 13.

云社区 Cloud Community
请参见实践社区 COMMUNITY OF PRACTICE

云计算 Cloud Computing
请同时参见 WEB 2.0

　　云计算已被美国国家标准和技术协会（National Institute of Standards and Technology，NIST）定义为"一个能对可配置的共享的计算资源池（如网络、服务器、存储器、应用程序和服务）进行无处不在的、方便的和按需访问的网络访问模型，这个资源池可在最低限度的管理工作或服务提供商干预的情况下被快速配置并发布"(NIST，2011：2)。云模型的五个基本要素已经被确定为：(1)按需的自助服务；(2)广泛的网络接入；(3)资源库；(4)快速反应的灵活性；(5)精确的服务(NIST，2011)。

"云"这个术语描述了那些庞大的分布式的网络数据中心，它们被用于存储数据和运行应用程序(Johnson，Adams & Haywood，2011)。"基于云"的应用程序通常是由终端用户通过一个浏览器进行访问，并且需要互联网连接，因为这些程序运行在云数据中心的计算机上。常见的云技术应用的例子包括 Google 的电子邮件和文档创建与共享，Flickr 的照片存储和共享，以及 YouTube 的视频存储和共享。云计算是绝大部分 Web 2.0 应用程序的基础，这些 Web 2.0 应用程序允许用户贡献内容并围绕他们贡献的内容与他人进行互动。

云计算在教育范围以外有着广泛的应用，而它对基础教育和高等教育影响的潜力也已被明确确定(Katz，2008；Johnson，Adams & Cummins，2012；Johnson，Smith & Haywood，2011)。Greenhow、Robelia 和 Hughes (2009)指出，云计算很有可能加强教育领域的参与性和创造性实践。已经有初步证据表明，云资源正在成为学生学习和生活的一部分(Smith & Caruso，2010)。此外，当应用程序在云端运行，它对终端用户设备的计算能力要求较少，使得存储空间有限和体积更小的移动设备成为教育的可行性工具。云计算也使得分布式合作和通信更加简易可行，因此它支持在线学习的快速增长。

由于云计算能显著减少信息技术的成本，许多教育机构都开始使用基于云计算的应用(Johnson，Adams & Cummins，2012；Johnson，Smith & Haywood，2011)。Sultan (2010)也指出，由于它可降低成本和增加对优质资源的可获取性，云计算对发展中国家的教育推进有着积极的作用。云计算虽然有许多好处，但是这个模式还存在着许多挑战，包括数据的机密性/安全性、数据传输瓶颈以及其性能的不可预测性(Armbrust et al.，2010)。

云计算的核心研究属于计算机科学领域。然而，云计算是一种支持性技术，它影响着可获取性、研发成本、共享、社交网络、Web 2.0 工具以及许多其他的教育技术研究者所关心的问题。

Charles R. Graham

（黄晓霞　译）

参考文献

Armbrust，M.，Fox，A.，Griffith，R.，Joseph，A. D.，Katz，R.，Konwinski，A.，Lee，G.，et al. (2010)．A view of cloud computing. *Communications of the ACM*，53(4),50‐58.

Greenhow，C.，Robelia，B.，& Hughes，J. E. (2009)．Learning，teaching，and scholarship in a digital age：Web 2. 0 and classroom research：What path should we take now? *Educational Researcher*，38(4),246‐259. doi：10. 3102/0013189X09336671.

Johnson，L.，Adams，S.，& Cummins，M. (2012)．*The NMC Horizon Report：2012 higher education edition*．Austin，TX.

Johnson，L.，Smith，S.，& Haywood，K. (2011)．*The NMC Horizon Report：2011 k‐12 edition*．Austin，TX.

Katz，R. N. (Ed.)．(2008)．*The tower and the cloud*．Washington：Educause. Retrieved from http：//www. educause. edu/ir/library/pdf/PUB7202. pdf.

Mell，P.，& Grance，T.（2011）．*The NIST definition of cloud computing*．Gaithersburg，MD.

Smith，S. D.，& Caruso，J. B. (2010)．*Key findings：The ECAR study of undergraduate students and information technology*．Research Study，Vol. 6，EDUCAUSE Center for Applied Research，Boulder，CO. www. educause. edu/Resources/ECARStudyofUnder gradua teStuden/217333.

Sultan，N. (2010)．Cloud computing for education：A new dawn? *International Journal of Information Management*，30(2),109‐116. doi：10. 1016/j. ijinfomgt. 2009. 09. 004.

道德伦理准则 Codes of Ethics
请参见道德伦理 ETHICS

认知师带徒 Cognitive Apprenticeship
请同时参见实践社区 COMMUNITY OF PRACTICE、学习支架 SCAFFOLDING 和情境认知 SITUATED COGNITION

师带徒允许学习者通过观察专家所用的过程或方法来学习一项活动。认知师带徒与传统师带徒的不同之处在于前者更多的是关于认知技能而非身体技能。"认知师带徒是一种教学模式，它使得思维过程变得清晰可见。"（Collins，Brown & Holum，1991：6）Collins 等（1991）描述了认知师带徒与传统师带徒的三个显著区别。在认知师带徒中：(1)认知和元认知过程必须是显性的，这样它们就可以被学习者和教师观察、实施和实践；(2)活动必须是发生在对学习者有意义的学习情境中；(3)必须呈现各种不同的情况和任务，让学习者能够有反思和表达共同元素的机会，以加强学习的转化。

Collins 等人(1991)发展了一个认知师带徒的框架,它包括了四个维度:内容、方法、排序和社会学。每个维度包括了创建或评估一个认知师带徒时需要考虑的特点。内容由领域知识、启发式策略、控制策略(元认知策略)和学习策略组成。方法包括示范、辅导、学习支架、表达、反思和探索。排序包括全局性技能先于局部性技能,提高复杂性以及提高多样性。最后,社会学包括情境学习、社区实践、内在动机以及合作。

近来,认知师带徒的研究包括了情境学习、学习支架以及社区实践(Dennen & Burner,2008)。学者们现在正在研究有目的地设计学习环境的效果,包括了情境学习和学习支架,并刻意尝试创建实践社区。

Cindy S. York

(黄晓霞 译)

参考文献

Collins, A., Brown, J. S., & Holum, A. (1991). Cognitive apprenticeship: Making thinking visible. *American Educator*, *15*(3),6 - 11,38 - 46.

Dennen, V. P., & Burner, K. J. (2008). The cognitive apprenticeship model in educational practice. In J. M. Spector, M. D. Merrill, J. V. Merrienboer, & M. P. Driscoll (Eds.), *Handbook of Research on Educational Communications and Technology* (3rd ed., pp. 425 - 439). New York, NY: Taylor & Francis Group.

有关此主题的更多信息,请参见"附加资源"

认知发展理论 Cognitive Development Theory
请参见认知失调理论 COGNITIVE DISSONANCE THEORY

认知失调理论 Cognitive Dissonance Theory
请同时参见思维结构理论 SCHEMA THEORY

认知失调理论可以被定义为学习者所感知的已知信息与新信息之间的差距。这个术语来自于心理学文献,用于定义一个当新信息与常识发生冲突时的一种不安的内部状态(Festinger,1957)。例如,想象一下,当你认为太阳是绕着地球旋转时,有人却呈现证据表明地球是绕着太阳旋转的。从教育的角度来看,Piaget(1975)把认知失调看作是促进认知顺应和同化过程的手段,这对他的知识发展理论是至关重要的。

Piaget(1975)把他所说的认知失衡看作是认知增长的契机。他的认知发展理论的一个假设指出,当新材料整合到学习者现有的认知模式中时,他们的认知系统会进行顺化和同化的过程,学习者会体验到认知失衡。这种不协调被视为学习过程中一个重要的触发器,它使学习者从事问题解决活动和/或进行尝试—错误学习(trial-and-error learning)。作为另一个对学习过程的好处,解决认知失调的内在动机创造了一个环境,让学习者持续接触与内容相关的信息以促进更深层次的处理。

虽然在心理学上把认知失调看作是个人必须解决的问题,但是那些从教育的角度来看的人认为这是一个孕育思维结构建设和更正失调水平的设计机会,以促进知识的发展。对于设计师来说,更正失调水平可由个人的"最近发展区"(ZPD)确定(Vygotsky,1978)。ZPD被定义为学习者在教育支架的支持下可以解决失衡问题的空间。

知识的获取过程涉及把新知识整合到现有的认知模式。让学习者处于一种认知失衡的状态对于新的学习是理想的,因为它为学习者提供了一个通过顺化和同化的整合过程。从失衡到平衡的这样一种人类的内在需求建立了一个反复检查知识的持续不断的过程,直到达成一个令人满意的解决方案。设计这些环境的一个重要考虑因素是了解认知失调水平和解决问题的动机之间的关系。对于太容易解决的认知失调水平,学习者很快会感到厌倦,但另一方面太高的认知失调水平可能会令人沮丧或者泄气。

Amy B. Adcock

(黄晓霞 译)

参考文献

Festinger,L.(1957). *A Theory of Cognitive Dissonance*. Stanford,CA：Stanford University Press. Bruner.

Piagct J.(1975). *The Equilibration of Cognitive Structure*. Chicago：University of Chicago Press.

Vygotsky,L.(1978). *Mind in Society：The development of higher mental processes*. Cambridge,MA：Harvard University Press.

认知学习理论 Cognitive Learning Theory

请同时参见学习的条件 CONDITIONS OF LEARNING、信息处理理论 INFORMATION PROCESSING THEORY 和思维结构理论 SCHEMA THEORY

  认知学习理论是关于学习者头脑中所发生的事件。认知学习理论受认知心理学原理的影响，它包括个人如何获取、建立、处理、分析、整理、存储、检索和运用信息。Smith 和 Ragan（2005）指出"认知学习理论着重解释认知结构、认知过程，以及协调教与学关系的认知代理的发展"（第 26 页）。认知学习理论包括这样一些概念，如新旧知识联系、思维结构理论、转化理论、人工智能、计算机模拟、信息处理理论、情境认知理论以及其他理论。

  我们"没有一个公认的'认知理论'，只有一组强调认知不同方面的有影响力的框架"（Morrison，Ross & Kemp，2007：350）。认知理论家，比如 Ausubel（1963）、Bruner（1966）和 Gagné（1985），都描述过认知的不同方面。Ausubel 以他的机械式学习与有意义的学习、认知结构同化论和先行组织技巧而为人所知。Bruner 以他的发现式学习和建构主义闻名。Gagné 则提出了学习结果（在认知领域：言语信息、智力技能和认知策略）和教学事件的系列阶段。虽然来自于不同的视角，他们都纳入了学习者的内部心智（认知）过程的重要性。其中的一些认知过程包括编码、存储、记忆和检索。编码是接受新信息并以某种方式修改它（比如通过它与现有知识的联系）。存储是获得新知识，然后加工成记忆（感官记忆、工作记忆或长期记忆）。记忆是在一段时间内心智保留信息的能力。检索是回想以前存储的信息（Ormrod，2010）。

Cindy S. York

（黄晓霞 译）

参考文献

Ausubel, D. (1963). *The psychology of meaningful verbal learning*. New York: Grune and Stratton.

Bruner, J. S. (1966). *Toward a theory of instruction*. Cambridge, MA: Harvard University Press.

Gagné, R. M. (1985). *The conditions of learning and theory of instruction* (4th ed.). New York: Holt, Rinehart, and Winston.

Morrison, G. R., Ross, S. M., & Kemp, J. E. (2007). *Designing effective in struction* (5th ed.). New York: JohnWiley.

Ormrod, J. E. (2010). *Educational psychology*: *Developing learners* (7th ed.). Upper Saddle River, NJ: Pearson.

Smith, P. L., & Ragan, T. J. (2005). *Instructional design* (3rd ed.). Hoboken, NJ: John Wiley & Sons, Inc.

有关此主题的更多信息,请参见"附加资源"

认知负荷 Cognitive Load

请同时参见认知过程 COGNITIVE PROCESSES、信息设计 MESSAGE DESIGN 和多渠道教学 MULTI-CHANNEL INSTRUCTION

认知负荷(CL)指的是工作记忆在从事学习活动时所需要的思维过程(Sweller,1994)。这是学习和教学理论的一个重要概念;它描述了人类认知构造模型,这对教学设计有着重要意义(Kalyuga,2011)。CL 理论假设学习过程是工作记忆在有限的容量和时间下进行活动的作用(Kalyuga,2011)。如果学习过程超过工作记忆的容量,记忆就会超负荷并妨碍学习。更具体地说,认知负荷理论认为,教学设计必须考虑人类认知构造的局限,以避免对关键认知约束(即学习者的工作记忆)造成不必要的负荷(Schnotz & Kurschner,2007)。

我们很难区分"内在"和"相关"的认知负荷,甚至可以说它们可以合二为一(Kalyuga,2011)。内在认知负荷是与学习内容或技能直接相关的思维过程,而"外在"(或"无关")认知负荷是与教学形式或媒介沟通的认知尝试。例如,针对学习词性的思维过程是内在认知负荷,而花在访问和浏览基于计算机的教程来学习词性的思维过程可能是无关认知负荷。因此,无关认知负荷是可以被去除的一种元素互动的功能(Paas,van Gog & Sweller,2010)。

大量研究调查了如何减少无关认知负荷和提高内在或相关认知负荷(Paas,Renkl & Sweller,2003;Sweller,1994;van Merriënboer & Sweller,2005),这对教学设计很有意义。一个学习活动的任务要求如果呈现在两个不同的文件或者在两个不同的网页,会造成无关认知负荷,因为学习者必须比较两组不同的指令以找出或确认差异。不管怎样,在两个不同的地方转换以确定、调和或完成任务指令可导致无关认知负荷。

Kathryn Ley

（黄晓霞　译）

参考资源

Kalyuga, S. (2011). Cognitive load theory: How many types of load does it really need? *Educational Psychology Review*, 23(1), 1 - 19.

Paas, F., Renkl, A., & Sweller, J. (2003). Cognitive load theory and instructional design: Recent developments. *Educational Psychologist*, 38, 1 - 4.

Paas, F., van Gog, T., & Sweller, J. (2010). Cognitive load theory: New conceptualizations, specifications, and integrated research perspectives. *Educational Psychology Review*, 22(2), 115 - 121.

Schnotz, W., & Kurschner, C. (2007). A reconsideration of cognitive load theory. *Educational Psychology Review*, 19(4), 469 - 508.

Sweller, J. (1994). Cognitive load theory, learning difficulty, and instructional design. *Learning and Instruction*, 4(4), 295 - 312.

van Merriënboer, J. J. G., & Sweller, J. (2005). Cognitive load theory and complex learning: Recent developments and future directions. *Educational Psychology Review*, 17(2), 147 - 177.

认知过程 Cognitive Processes

请同时参见认知负荷 COGNITIVE LOAD 以及生成性和替代性教学策略 GENERATIVE AND SUPPLANTIVE INSTRUCTIONAL STRATEGIES

认知过程是一个人在学习时所从事的心智活动。这些活动通常发生在工作记忆里。心智努力(mentaleffort)是认知负荷的一个方面。它是指分配给一个任务的认知容量,并在参与者进行任务时被测试(Paas, Tuovinen, Tabbers & Van Gerven, 2003)。因此,认知过程是信息处理理论中的一个常见术语(Halpern, Lamon, Donaghey & Brewer, 2002),是指学习时的心智努力。认知过程的一些例子包括问题解决、评估、分析、比较以及其他任何心智活动。

改变认知过程的教学干预措施可以用传统的自我报告来衡量,同时也应该用业绩标准来衡量。虽然有人提出其他的衡量方式(DeLeeuw & Mayer, 2008),但是自我报告形式的认知负荷评定量表假设人们能够判断他们自己的认知过程(Paas, Tuovinen, Tabbers & Van Gerven, 2003)。最近的功能性磁共振成像法(fMRI),一种血液动力方法,能够明确地识别出在不同的认知负荷条件下支持工作记忆不同过程的大脑系统的解剖位置(Clark & Clark,2010)。

最近,教育者对认知负荷、认知过程和心智努力产生了更大的兴趣。在 1986 年至 2000 年,15 篇已经发表的并经过同行审查的文章配有 ERIC 主题词"认知过程"。自从 2000 年以来,超过 6 000 篇文章属于此类别——仅仅去年一年就有 1 400 篇。自 2008 年以来,94 个 EBSCO ERIC 条目在正文中出现了"认知过程"并在摘要中出现了"认知负荷"。

Kathryn Ley

(黄晓霞 译)

参考文献

Clark, R. E. , & Clark, V. (2010). From neobehaviorism to neuroscience: Perspectives on the origins and future contributions of cognitive load research. In Plass, J. , Moreno, R. , & Brünken (Eds.), *Perspectives*, *Problems and Future Directions in Cognitive Load Research* (pp. 203 - 228). New York: Cambridge University Press.

DeLeeuw, K. E. , & Mayer, R. E. (2008). A comparison of three measures of cognitive load: Evidence for separable measures of intrinsic, extraneous, and germane load. *Journal of Educational Psychology*, *100*, 223 - 234.

Halpern, D. F. , Donaghey, B. , Lamon, M. , & Brewer, W. F. (2002). Learning theory. In J. W. Guthrie, (Ed.), *The Encyclopedia of Education* 2nd ed, Vol. 4 (pp. 1458 - 1469). New York: Macmillan Reference.

Paas, F. , Tuovinen, J. E. , Tabbers, H. , & Van Gerven, P. W. M. (2003). Cognitive load measure ment as a means to advance cognitive load theory. *Educational Psychologist*, *38*, 63 - 71.

认知策略 Cognitive Strategies

请同时参见先行组织技巧 ADVANCE ORGANIZER、组块化 CHUNKING、延伸策略 ELABORATION STRATEGIES、助记法 MNEMONIC 和重复 REPETITION

认知策略是"促进信息存储和检索"的心智技巧(Richey, Klein & Tracey, 2011:59)。Gagné(1974)认为学习者"使用认知策略来思考他所学的东西及解决问题。认知策略是学习者管理学习过程(以及记忆和思维)的方式"(第 64 页)。认知策略可以无意地(自动地)或有意地被使用。越无意识的策略,造成的认知负荷越小。使用者不仅需要知道如何使用一个策略，也需要认识到何时使用该策略。元认知（关于自己思维过程的知识）对有效使用认知策略也可造成影响。

认知策略可以通过正式和非正式的渠道学习。"学习者可以通过他们自己的尝试—出错的经历得出这些策略，或者他们可以明确地被教授那些已被证明对其他学习者有效的策略。"（Driscoll，2005：362）Gagné（1974）认为学习者的思考和学习能力可以通过认知策略的正规教育得到加强。他讨论了学习的五个领域：运动技能、言语信息、智力技能、认知策略和态度。认知策略的一些例子包括组块化、背诵、联想、助记法、先行组织技巧和图像化策略。

Cindy S. York

（黄晓霞　译）

参考文献

Driscoll, M. P. (2005). *Psychology of learning for instruction* (3rd ed.). Boston: Pearson.
Gagné, R. M. (1974). *Essentials of learning for instruction*. Hinsdale, IL: Holt, Rinehart and Winston.
Richey, R. C., Klein, J. D., & Tracey, M. W. (2011). *The instructional design knowledge base: Theory, research, and practice*. New York: Routledge.

有关此主题的更多信息，请参见"附加资源"

认知风格 Cognitive Style

请参见场依赖性和独立性 FIELD DEPENDENCE AND INDEPENDENCE 和学习者的特征和特质 LEARNER CHARACTERISTICS AND TRAITS

认知任务分析 Cognitive Task Analysis

请参见分析 ANALYSIS

认知工具 Cognitive Tools

请同时参见文化历史活动理论 CULTURAL HISTORICAL ACTIVITY THEORY 和技术支持的学习 TECNOLOGY-ENABLED LEARNING

认知工具，指的是用技术来学习而不是从技术中学习。当信息技术被认知科学认同,然后用于促进学习时,认知工具便发展起来了。这个概念源于社会文化心理学的视角。活动理论(activity theory)为认知工具的发展提供了丰富的资源。根据活动理论,强大的认知工具经历了文化的演变,如同 Vygotsky(1978)所说的,文化为孩子提供了发展的认知工具。Galperin 发展了 Vygotsky 的想法,认为教与学提供了经历文化演变的认知工具,在心智发展上起着关键作用。这些工具一旦被孩子内化,将调解和促进孩子的心智功能(Arievitch & Stetsenko,2000:57)。

一般而言,认知工具是使学习者能够表达、分享和反思所学知识的计算机应用程序。Jonassen(1992)把认知工具定义为"能促进认知过程的普及工具"(第2页),并且,他后来认为"技术,从 Gibson 的生态视角(1979)来看,提供了作为工具使用时最有意义的思考"(Jonassen,1994:5)。Salomon(1993)认为,当我们用技术来学习,而不是从技术中学习时,技术将会转化为认知工具并成为学习者的智力伙伴,从而促进学习。Lajoie 和 Azevedo(1993)总结认为认知工具通过如下作用让学习者受益:支持认知过程、分担认知负荷、让学习者从事认知活动,并且在解决问题的情境中产生并测试假设。

对于学校教育,最流行的认知工具之一是计算机。通过使用计算机作为认知工具,我们把技术作为知识建构的工具来支持、引导和扩大学习者的思维过程(Derry,1990)。在教与学的实践中,认知工具包括各种形式的推理和论证。这些工具包括数据库、电子表格、语义网络程序、专家系统、系统建模工具、微观世界、超媒体创作工具、虚拟现实工具、计算机会议系统和社交网络系统。

Xudong Zheng

Xinmin Sang

(黄晓霞　译)

参考文献

Arievitch, I. M., & Stetsenko, A. (2000). The quality of cultural tools and cognitive development: Galperin's perspective and its implications. *Human Development*, 43(3),69 - 92.

Derry, S. J. (1990). Flexible cognitive tools for problem solving instruction. Paper presented at the annual meeting of the American Educational Research Association, Boston, MA, April 16 - 20.

Jonassen, D. H. (1992). What are cognitive tools? In M. Kommers, D. H. Jonassen, & J.

Terry Mayers (Eds.), *Cognitive tools for learning* (pp. 1 - 6). Berlin: Springer-Verland in cooperation with NATO Scientific Affairs Division.

Jonassen, D. H. (1994). Technology as cognitive tools: Learners as designers. IT Forums Paper. Retrieved on April 1, 2012 from http://itech1. coe. uga. edu/itfo-rum/paper1/paper1. html.

Lajoie, S. P. , & Azevedo, R. (1993). Cognitive tools for medical informatics. In S. P. Lajoie & S. J. Derry (Eds.), *Computers as cognitive tools: No more walls, Volume Two* (pp. 247 - 272). Hillsdale, NJ: Lawrence Erlbaum Associates, Publishers.

Salomon, G. (1993). On the nature of pedagogic computer tools: The case of the wiring partner. In S. P. LaJoie & S. J. Derry (Eds.), *Computers as cognitive tools: No more walls, Volume Two* (pp. 179 - 198). Hillsdale, NJ: Lawrence Erlbaum Associates, Publishers.

Vygotsky, L. S. (1978). *Mind in society: The development of higher psychological processes.* Cambridge, MA: Harvard University Press.

协作学习 Collaborative Learning

请同时参见实践社区 COMMUNITY OF PRACTICE、分布式认知 DISTRIBUTED COGNITION、以学习者为中心的教学 LEARNER-CENTERED INSTRUCTION 和基于项目的学习 PROJECT-BASED LEARNING

协作学习被粗粗定义为两人或多人尝试着一起学习的环境(Dillenbourg, 1999),或者是完成共同目标(Johnson & Johnson, 1996)。协作学习源于 Vygotsky(1978, 1986)的社会文化理论,它假定知识是一个人通过与自己周围的文化和社会互动而发展的。

有效的协作学习的特征包括成员之间积极正向的相互依赖性、小组和个人的责任感、人际技能、自我监控的能力、确保进程的一致性以及消除那些妨碍进程的行为模式(Johnson & Johnson, 1996)。Salomon (1993) 描述了在协作中的两种分布式认知:减轻负荷和共享。他认为共享认知更可能推进个体学习者的能力,而减轻负荷则减少了个人学习的机会。Dede (1990) 把协作学习的有效性归因于积极地构建知识,接触问题解决和互动等不同模型,以及学习者之间共享的激励性反馈。

协作学习的研究跨越了广泛的领域,包括学习科学、组织学习、社会/认知/发展/与教育心理学、教育技术、教学设计、社会文化学习以及计算机支持的协作学习(Puntambekar, Erkens & Hmelo-Silver, 2011)。一些开创性的工作包括情境学习(Brown, Collins & Duguid, 1989)、工作场所的实践社区发展(Lave & Wenger, 1991;

Wenger，1998），以及对计算机支持的协作学习的概念发展，比如知识构建社区、知识构建对话、有目的的学习（intentional learning）以及专家过程（Scardamalia & Bereiter，1994）。

Lin Lin

（黄晓霞　译）

参考文献

Brown, J. S., Collins, A., & Duguid, P. (1989). Situated cognition and the culture of learning. *Educational Researcher*, 18(1), 32 – 41.

Dede, C. J. (1990). The evolution of distance learning：Technology-mediated interactive learning. *Journal of Research on Computing in Education*, 22, 247 – 264.

Dillenbourg, P. (1999). What do you mean by collaborative learning? In P. Dillenbourg(Ed), *Collaborative-learning：Cognitive and computational approaches* (pp. 1 – 19). Oxford：Elsevier.

Johnson, D. W., & Johnson, R. T. (2003). Cooperation and the use of technology. In D. H. Jonassen (Ed.), *Handbook of research for educational communications and technology* (2nd ed., pp. 785 – 811). Mahwah, NJ：Lawrence Erlbaum Associates.

Lave, J., & Wenger, E. (1991). *Situated learning：Legitimate peripheral participation*. New York：Cambridge University Press.

Puntambekar, S., Erkens, G., & Hmelo-Silver, C. E. (2011). *Analyzing interactions in CSCL：Methodology, approaches, and issues*. New York：Springer.

Salomon, G. (1993). No distribution without individual's cognition：A dynamic interactional view. In G. Salomon (Ed.), *Distributed cognitions：Psychological and educational considerations* (pp. 111 – 138). Cambridge, UK：Cambridge University Press.

Scardamalia, M., & Bereiter, C. (1994). Computer support for knowledge building communities. *The Journal of the Learning Sciences*, 3(3), 265 – 283.

Vygotsky, L. S. (1978). *Mind in society*. Cambridge, MA：Harvard University Press.

Vygotsky, L. S. (1986). *Thought and language*. Cambridge, MA：The MIT Press.

Wenger, E. (1998). *Communities of practice：Learning, meaning, and identity*. Cambridge, MA：Cambridge University Press.

颜色 Color

请参见生产 PRODUCTION 和视觉信息设计 VISUAL MESSAGE DESIGN

通信 Communication

请同时参见通信图谱 COMMUNICATION MAPPING、通信理论和模型 COMMUNICATION THEORY AND MODELS、图形 GRAPHICS、通信的数学模型 MATHEMATICAL MODEL OF COMMUNICATION、符号学 SEMIOTICS、社会化电脑应用 SOCIAL COMPUTING 和技术通信 TECHNOLOGICAL COMMUNICATION

通信(Communication)是传送信息的活动。它来自于拉丁词"communis",意思是分享。通信需要发送者、信息和预期的接收者,然而接收者在通信时不需要在场或清楚地知道发送者的意图;因此,通信可以跨越遥远的时空距离发生。一旦接收者理解了发送者的信息,通信过程就完成了,其间的反馈是有关当事人之间有效沟通的关键因素(Berko,2007)。

视觉通信是通过信息的视觉呈现来交流思想。它主要与二维图像相关,包括艺术、符号、摄影、排版、绘图基本原理、颜色和电子资源。视觉通信通常指的是摄影、电视、电影、广告图片和插图(Smith,2005)。该领域的最近研究集中在网页设计和图形界面的可用性方面。与观众进行视觉通信是一个平面设计师工作的一部分(Jamieson,2007)。

统一通信(Unified Communications,UC)是实时通信服务的整合,如即时消息(聊天)、状态信息、电话(包括 IP 电话)、视频会议、数据共享(包括网络连接的电子白板或交互式白板)、呼叫控制和非实时通信服务的语音识别,如统一消息(整合的语音邮件、电子邮件、手机短信和传真)。统一通信可包括其他形式的通信,如因特网协议电视(IPTV)和数字标牌通信。统一通信可以使个人在一个媒介上发送消息,并在另一媒介上接收此信息。

副渠道通信(Backchannel Communication)是与会议、演讲或教师指导的学习活动同时发生的辅助电子谈话。副渠道通信采用了数字化基础设施,如范围日益扩大的无线设备连接,以及使用聊天工具或 Twitter 来进行讨论。这些背景交谈可以在教学中作为课堂互动的正式组成部分,比如讲师可以把副渠道通信中的问题和评论融入课堂作为反馈;或者,讲师也可以将它们掩蔽,不作为正式课堂的一部分。"无论副渠道是作为在少数观众成员中的一个自发的聊天或者是在屏幕上显示的所有观众共同参与的对话,它的吸引力在于它具有与正式讲座同时进行的实时谈话的这样一种即时性。"(EDUCAUSE,2010:第1段)同时,副渠道活动可以在没有教师的参与并未意识到的情况下作为未经认可的讨论。副渠道工具的一些例子包括:Google Moderator、Google Wave、即时通信、Twitter、电子聊天和维基。课程结构外的副渠道通信对内容的通信(直接的)和社会关系的发展(间接的)是有益的(Kearns & Frey,2010)。

Ileana P. Gutierrez

(黄晓霞 译)

参考文献

Berko, R. (2007). *Communicating: A social and career focus*. Houghton Mifflin, New York.

Jamieson, G. H. (2007). *Visual communication: More than meets the eye*. Bristol, UK: Intellect Books.

Kearns, L. R., & Frey, B. A. (2010). Web 2.0 technologies and back channel communication in an online learning community. *Tech Trends*, 54(4), 41-51.

Smith, K. (2005). *Handbook of visual communication: Theory, methods, and media*. London: Routledge.

通信图谱 Communication Mapping
请同时参见交流 COMMUNICATION、社会化电脑应用 SOCIAL COMPUTING 和技术交流 TECHNOLOGICAL COMMUNICATION

通信图谱用于理解我们在使用网站并与之交互时的行为,它试图帮助我们改善网站与用户通信。通信图谱的主要目的是为了突出通信需要改进的地方,并寻找未来设计决策的有效准则。通过通信图谱,我们可以理解人们的社交网络以及他们偏爱一个通信工具的动机。虽然通信图谱的结果可以是地形图或者概略图,但最有效的方法还是两者的结合。

通信图谱的力量在于它使得在社交网络中隐藏的复杂而重要的关系得以体现。借用 Kress 和 van Leeuwen(1996)的视觉分析方法,Turnbull(1989)对图谱的理解以及 Latour(1990)对图像是如何作用在社会情境中的理解,Propen(2007)开发了一个分析方法把通信图作为强大的视觉和语言对象来研究。Paul Adams (2007),Google 的用

户体验研究员,提出通信图谱的过程中有几个步骤,包括对以下几个方面的制图:

- 人和团体;
- 工具;
- 活动组织;
- 内容的共享;
- 动机和看法;
- 最近的实际行为。

图谱方法的目的是利用人们的空间记忆来建立他们的社交网络的图像,同时阐明个人和团体的相互作用。

Evans 和 Dansereau(1991)提出,通信图谱提供了一个旨在提高涉及学习过程中生成和接受通信的思维过程的方法细节。如果在学习研究中使用通信图谱,它可以帮助我们理解每个学习者在团队中的关系以及他们如何与周围的人进行通信。Brown和 Duguid(1991)讨论了通信图谱在组织学习中的作用,认为它是在组织学习中建立实践社区的一个有效方法,从而使得人们更容易地了解和接受与他们一起紧密工作的其他人。对教学设计的专业人士来说,通信图谱方法可以用于设计吸引人的通信工具来支持或加强在"技术支持的学习"中的关键性信息或概念。

Xinmin Sang

Xudong Zheng

(黄晓霞 译)

参考文献

Adams, P. (2007). Communication mapping: Understanding anyone's social network in 60 minutes. Paper presented at the 2007 Conference on Designing for User Experiences. Chicago, IL.

Brown, J. S., & Duguid, P. (1991). Organizational learning and communities of practice. *Organization Science*, *2*, 40 - 57.

Evans, S. H., & Dansereau, D. F. (1991). Knowledge maps as tools for thinking and communication. In R. F. Mulcahy, R. H. Short, & J. Andrews (Eds.), *Enhancing learning and thinking* (pp. 97 - 120). New York, NY: Praeger Publishers.

Kress, G., & van Leeuwen, T. (1996). *Reading images: The grammar of visual design*. New York, NY: Routledge.

Latour, B. (1990). Drawing things together. In M. Lynch, & S. Woolgar (Eds.),

Representation in scientific practice (pp. 19 - 68). Cambridge, MA: MIT Press.

Propen, A. (2007). Visual communication and the map: How maps as visual objects convey meaning in specific contexts. *Technical Communication Quarterly*, *16*(2): 233 - 254.

Turnbull, D. (1989), *Maps are territories*, *science is an atlas*: *A portfolio of exhibits*. Chicago, IL: University of Chicago Press.

通信理论和模型 Communication Theory and Models

请同时参见建构主义 CONSTRUCTIVISM、互动 INTERACTION 和通信的数学模型 MATHEMATICAL MODEL OF COMMUNICATION

通信理论有许多种,但是教育技术领域内最关心的类型是涉及到通信在教与学过程中的作用的理论。然而,这些通信的观点随着时间而演变。起初,通信被看作是"从一个地点传送到另一个地点的信息"(Miller, 1951: 6)。这形成了 Shannon-Weaver 模式的主导地位,它把通信描述成信息从信息源通过一个特定的渠道传送到接收者,并受到外部噪音的影响。(关于对这种模式是如何开始的描述,参见通信的数学模型。)

信息传播所强调的与 20 世纪 60 年代占主导地位的对通信的行为主义观点是一致的。在这里,通信主要是被看作一个刺激—反应的情况。这个导向的一个最典型的例子是 Berlo 的 SMCR 模型,其关键元素是信息源、消息、渠道以及接收者。Berlo (1960)确定了每个元素的组成部件。与 Shannon 和 Weaver 不同,Berlo 不是把渠道看作信息的物理传送器,而是"考虑到对信息进行解码的人的感觉"(Januszewski, 2001: 30),这反映了用来传递教学的各种视听设备的作用。此外,Berlo 强调了在通信过程中反馈的作用(即消息的奖励或惩罚性后果,以及个人对它的反应)。

然而,通信不总是被看作从一个地点到另一个地点的信息传递。Gerbner 表达了把它看作是社会过程的观点,即"通过信息互动"(Gerbner 引用自 Heath & Bryant, 2000: 47)。这个观点体现在 Schramm (1954) 的非线性模型中,展示了通信是个持续动态的过程。发送者和接收者实际上是在同一时间运作,信息的解释考虑到个人的背景,而不仅仅是简单地解码(Richey, Klein & Tracey, 2011)。

这种通信模型更接近 Campos 的建构模型。他的意义生态模型(Ecologies of Meaning Model)把通信看作是在积极的参与者中间共享意义。Campos (2007) 把通信定义为"一个使主体了解他们自己以及外部世界的生态机制"(第 396 页)。因此,通信不是传递意义,而是在对世界和社会环境的相互了解的基础上共同创造意义。

Rita C. Richey

（黄晓霞　译）

参考文献

Berlo, D. (1960). *The process of communication*. New York：Holt，Rinehart and Winston.

Campos，M. N. (2007). Ecology of meanings：A critical constructivist communication model. *Communication Theory*，17(4)，386 - 410.

Heath，R. L.，& Bryant，J. (2000). *Human communication theory and research：Concepts，contexts，and challenges*（2nd ed.）. Mahwah，NJ：Lawrence Erlbaum Associates，Publishers.

Januszewski，A. (2001). *Educational technology：The development of aconcept*. Englewood，CO：Libraries Unlimited，Inc.

Miller，G. A. (1951). *Language and communication*. New York：McGraw Hill Book Company，Inc.

Richey，R. C.，Klein，J. D.，& Tracey，M. W. (2011). *The instructional design knowledge base：Theory，research，and practice*. New York：Routledge.

Schramm，W. (1954). How communication works. In W. Schramm（Ed.），*The process and effects of mass communication*（pp. 3 - 26）. Urbana，IL：University of Illinois Press.

实践社区 Community of Practice

请同时参见真实环境中的学习活动 AUTHENTIC ACTIVITY、博客 BLOG、协作学习 COLLABORATIVE LEARNING、建构主义 CONSTRUCTIVISM、情境认知 SITUATED COGNITION 和技术支持的学习 TECHNOLOGY-ENABLED LEARNING

社会人类学家 Jean Lave 和社会学习理论家 Etienne Wenger 在 1991 年率先引入了实践社区(CoP)的术语,用以描述有着相似利益的一组个体,通过互动和活动共同发展新的实践和知识。Lave 和 Wenger（1991：47）把 CoP 描述为"在个人、活动和世界之间的一组关系,随着时间推移并涉及到其他外围的和重合的实践社区"。

CoPs 包括三个基本要素:领域、社区和实践(Lave & Wenger，1991)。领域涉及到与成员利益相关的共同利益,并提供社区价值和目的。成员的共同利益提供了动力来讨论和分享什么是对社区最重要的,并引导知识组织的方式。虽然知识领域是重心,但它的边界由于成员重点的转移而具渗透性。随着时间的推移,成员们不仅形成了对自己主题的独特视角,而且开发了一组共享的知识、实践和方法。

Wenger、McDermott 和 Snyder(2002)把社区定义为这样一组个人:他们有着共同经历,共同学习,进行有规律的互动以及与他们领域相关的知识共享活动。社区是学习的社会结构,其成员相互尊重、友好、信任,和社区身份交织在一起来建立能促进归属感的人际关系。Bender 和 Kruger(1982:7)提出有关社区的以下几点:

> ……社区涉及到在受一定限制的社会空间或网络中的一组有限的人员,他们通过共享的理解和义务感而联结在一起。个人通过情感的或情绪的纽带,而不是个体自我利益的感知,紧密联系在一起。在社区中存在着"我们的感觉";个人是其中的一个成员。

第三个要素,实践。其是驱动知识、推动严谨反思和促进社会认同的发动机。"实践是指在特定领域中的一套被社会定义的做事方法:一套共有的方法和共享的标准来创造行动、沟通、问题解决、业绩和责任制的基础"(Wenger, McDermott & Synder, 2002:38)。实践来源于过去,但指向未来。成员们共同分享真实世界中的经验、挑战、故事、工具和技术来构建和运用新知识。会员资格暗示了领域常识的能力水平,这是成员们能够构建知识并有效地协同工作的基础。成员们共享隐性的和显性的知识和经验很重要,这样个体成员才能建构自己的知识。Lave 和 Wenger 暗示,在这些CoPs 中发生的学习是"进入社区的社会化(的一种形式),其中新人,通过与其他成员的互动来学习社区的常规、语言和习俗,并逐渐地成为社区的合法成员"(Kimble & Hildreth, 2005:3)。

Bender 认为地理位置是社区成员所关心的一个问题;然而,今天的科技进步已经打破了地理位置的要求。Daniel 和 Schwier(2008)的虚拟学习社区模型为分布式社区设计探索了能促进员联系以获得有意义的信息和知识的方法。未来研究和实践的发展趋势集中于虚拟社区、社交网络分析以及信息和知识如何在社区内流动。

Darryl C. Draper

(黄晓霞 译)

参考文献

Bender, T., & Kruger, S. (1982). *Community and social change in America*. Baltimore, MD: John Hopkins University Press.

Daniel, B., & Schwier, R. A. (2008). Implications of a virtual learning community model for designing distributed communities of practice in higher education. In C. Kimel & P. Hildreth (Eds.), *Communities of practice: Creating learning environments for educators* (pp. 347 - 366). Greenwich, CT: Information Age Publishing.

Kimble, C., & Hildreth, P. (2005). Dualities, distributed communities of practice and knowledge management. *Journal of Knowledge Management*, 9(4), 102 - 113.

Lave, J., & Wenger, E. (1991). *Situated learning: Legitimate peripheral participation*. New York: Cambridge University Press.

Wenger, E., McDermott, R. A., & Snyder, W. (2002). *Cultivating communities of practice: A guide to managing knowledge*. Boston: Harvard Business School Press.

比较和对照 Comparison and Contrast

比较和对照是微观层面的教学策略,它对 Bloom 分类中的"理解"层面是有用的 (Bloom, Engelhart, Furst, Hill & Krathwohl, 1956; Krathwohl, 2002)。

理解有两种主要类型:理解概念和理解原则或因果模型(Reigeluth, 1999a)。比较和对照通常用于概念的理解。Ausubel(1968)指出当内容具有潜在的意义并且学习者可以把内容与以前的知识以有意义的方式进行联系时,理解就可能产生。

为了理解概念,必须在重要的理解维度内作适当的联系(Driscoll, 2000; Reigeluth, 1999b)。比较和对照策略可使用的主要维度在于平行关系,其中知识位于同一水平的广度和包容性。例如,如果一个学习者理解"革命战争"的概念,而目标是要了解"内战",那么比较(相似性)和对照(差异性)这两种战争将会有所帮助。

比较和对照能力也可以被看作是 Bloom 分类下的"分析"层面的一个高阶思维技能。在这种情况下,它是内容(要教授的东西),而不是方法(教授的方式)。

Yeol Huh

Dabae Lee

Charles Reigeluth

(黄晓霞　译)

参考文献

Ausubel，D. P.（1968）．*Educational psychology：A cognitive view*．New York：Holt，
　　Rinehart，& Winston．

Bloom，B. S.，Engelhart，M. D.，Furst，E. J.，Hill，W. H.，& Krathwohl，D. R.（1956）．
　　Taxonomy of educational objectives：The classification of educational goals．Handbook 1：
　　Cognitive domain．Harlow，Essex，England：Longman Group．

Driscoll，M. P.（2000）．*Psychology of learning for instruction*（2nd ed.）．Boston，MA：Allyn &
　　Bacon．

Krathwohl，D. R.（2002）．A revision of Bloom's taxonomy：An overview．*Theory into*
　　Practice，41（4），212 - 218．

Reigeluth，C. M.（1999a）．Instructional design theories site．Retrieved from http：//www.
　　indiana. edu/~idtheory/home. html．

Reigeluth，C. M.（1999b）．The elaboration theory：Guidance for scope and sequence decisions．
　　In C. M. Reigeluth（Ed.），*Instructional-design theories and models：A new paradigm of*
　　instructional theory（Vol. 2，pp. 425 - 453）．Mahwah，NJ：Lawrence Erlbaum．

胜任力 Competency

请同时参见胜任力建模和发展 COMPETENCY MODELING AND DEVELOPMENT 以及职业标准 PROFESSIONAL STANDARDS

　　胜任力被定义为"执行一个特定任务所需要的技术、能力和知识的综合"（Jones，
Voorhees & Paulson，2002：1）。对特定能力的专业知识、真实任务、解决问题的技能
以及对精熟度的展示，是被用来认可和接受胜任力所最常进行的有目的行动。"通过
提供建立在胜任力基础上的基于业绩的学习机会"（第 1 页），机构在员工精熟能力方
面已经取得了显著进展。跟随这个趋势，在高校中基于胜任力的学习（Competency-
based Learning，CBL）取得了巨大的发展；学生熟练掌握专业知识的能力被评估，并且
在他们展示精熟学习后获得大学学分以取得证书或学位（Council on Education for
Public Health，2006）。

　　在教育环境中，尤其是在高校机构中，针对经验的胜任力学分旨在评估胜任力和
重视学生展示知识和能力的学习结果（Eastmond & Gannon-Cook，2007，2008）。在
注重 CBL 和基于胜任力的教育（Competency-based Education，CBE）的学习环境中，课
程设计、指导策略和教学方法都是为了鼓励学生结合生活经验以及将在课堂上所学知
识应用于现实而设计的（Brookfield，1984；Pratt，2002）。

　　基于胜任力的学习（CBL）或基于胜任力的教育（CBE）的主要前提是文凭证书是

根据业绩来颁发的。CBL 通常根据政府机构(国家和地方)、专业协会和评审机构已设置的标准来定义结果。这些标准定义了毕业生必须掌握和展示的知识、技术和能力水平以领取毕业证书。胜任力的评估是由每所大学里每个胜任力领域中的资深专家制定的;每所大学也可以利用评审或专业机构制定的标准。在有 CBL 标准的大学里,课程发展依据这两方面的标准。

雇主通常会寻求 CBL 和 CBE 的毕业生,因为他们拥有的能力和专长使他们能在被招募或提拔的岗位上立即开始工作。CBE 课程趋于扩展高等教育的便捷性,加快取得文凭的过程,以及使成人学习者更容易地获得学习机会并完成学习。

Ruth Gannon Cook

(黄晓霞 译)

参考文献

Brookfield, S. (1984). Self-directed adult learning: A critical paradigm. *Adult Education Quarterly*, 35(2),59 - 71.

Council on Education for Public Health. (2006). *Competencies and learning objectives*. Washington, DC. Retrieved on June 14, 2011, from http://www. ceph. org/pdf/Competencies_ TA. pdf.

Eastmond, D., & Gannon-Cook, R. (2007, November). Adult competency-based education. Presentation at the annual Conference of the Council for Adult and Experiential Learning. San Francisco, CA.

Eastmond, D., & Gannon-Cook, R. (2008). Recontextualizing space, time, and culture in adult competency-based on-line degree programs. Presentation at the annual Conference of the Council for Adult and Experiential Learning. Philadelphia, PA.

Jones, E., Voorhees, R., & Paulson, K. (2002). Defining and assessing learning: exploring competency-based initiatives. Report of the National Postsecondary Education Cooperative Working Group on Competency-Based Initiatives in Postsecondary Education (NCES 2002159). U. S. Department of Education Institute of Education Sciences. Retrieved on November 1, 2009, from http://nces. ed. gov/pubs2002/2002159. pdf.

Pratt, D. D. (2002). *Five perspectives on teaching in adult and higher education*. Malabar, FL: Krieger Publishing Company.

有关此主题的更多信息,请参见"附加资源"

基于胜任力的教育(或学习)Competency-Based Education (or Learning)

请参见胜任力 COMPETENCY

胜任力建模和发展 Competency Modeling and Development

请同时参见胜任力 COMPETENCY 和业绩改进 PERFORMANCE IMPROVEMENT

"胜任力体现了将一般的技能应用到某种知识并达到一定的业绩水平的能力"（Paquette，2007：1）。"胜任力模型试图用一个更广泛且更全面的方式来描述工作和职责。一些组织正在围绕胜任力模型重组他们的业绩管理系统（包括面试、选择、开发、奖励和认可）。"（Zemke & Zemke，1999：70）在胜任力模型（CM）里，成功的应用、行为和系统都得到收集和存储，以便于企业、大中专院校和组织在未来的项目运作过程中得以访问和复制这些应用。

CM 中不可或缺的核心管理原则包括跨多个部门、岗位和实施过程的人力资源培训。培训所关注的胜任力包括：目的感、需要学习的任务、有关截止日期的时间概念、最佳表现结果以及战略目标的完成（Sanchez & Levine，2008）。CM 还包括有效的评估测试手段从而使组织可以引导其员工把它们作为行为标准来完成其战略目标。组织利用 CM 以管理组织的核心胜任力，这些能力"推动大型企业的关键项目……但核心胜任力也可以是更通用的、具有领导力以使大家更有创意，更注重质量，且在财务方面更精明……胜任力模型的典型特点是其衡量（单位）是人而不是业务单元"（Cooper，2000：2-3）。对 CM 的评估通常在几个层次上进行，衡量个人工作能力的表现往往与对整体创新的评估区分开来。胜任力模型和报告（CMAR）"包括识别能力、创建位置模型、评估员工、报告结果，并为开发规划提供见解。然后，该模型可以扩展到招聘、雇用、定位培训、员工发展以及一系列规划流程"（Cooper，2000：23）。

CM 可以有很多模型层次，包括从特定工作职能到综合管理和领导、销售和市场营销、技术管理和通信以及质量保证和评估，及其他（Cooper，2000）。

Ruth Gannon Cook

（刘炬红　译）

参考文献

Cooper，K. C. (2000). *Effective competency modeling.* New York：American Management

Association.

Paquette, G. (2007). An ontology and a software framework for competency modeling and management. *Journal of Educational Technology & Society*, 10(3), 1 - 21.

Sanchez, J. I., & Levine E. L. (2008). What is (or should be) the difference between competency modeling and traditional job analysis? *Human Resource Management Review*, 9 (2), 53 - 63.

Zemke, R., & Zemke, S. (1999). Putting competencies to work. *Training*, 36(1), 70 - 72, 74 - 76.

有关此主题的更多信息,请参见"附加资源"

胜任力应用 Competency Use

请参见胜任力 COMPETENCY、胜任力建模和发展 COMPETENCY MODELING DEVELOPMENT

复杂学习 Complex Learning

请同时参见学习分类 LEARNING TYEPS、操练 PRACTICE 和学习支架 SCAFFOLDING

学生的普遍抱怨是他们所体验的课程是一组相互没有关联的主题和科目,它们之间可能存在隐含关系,但与学生未来职业的关系还不明确。这种抱怨最初促使学生对复杂学习产生兴趣。复杂学习这个词是在 20 世纪 90 年代诞生的,用来指代以综合目标为宗旨的学习形式(Gagné & Merrill, 1990)。当教学必须跨越一堂课或一门科目时,比如:当传授职业胜任能力或复杂技巧时,往往需要多重目标的整合以达到学习目的。

复杂学习对于教和学的过程采取的是一个整体的而不是原子式的观点(van Merriënboer, 2007; van Merriënboer & Kirschner, 2007)。传统教育中的原子式方法把复杂的内容和任务分解成简单的元素,直到不同元素可以清楚地分解到通过演示和/或练习而转化到学习者能够掌握的程度。于是,这些元素可以作为现成的教材,以应对特定的单一目标。当各元素或相关的目标之间没有多少交互时,这种方法效果很好,但是,如果从整体的角度来看,如果目标之间有相互关联的话,它就不会有好的效果了。对于有综合目标的学习,整体要大于各部分的总和。整体式的方法主要试图在不忽视元素之间关系的前提下解决复杂性的学习问题。通过从简单到复杂的整体教学可以达到这种目的。这样,从一开始,学生就面临着复杂任务或复杂信息之间的最重要的关系。

　　传统教育中的原子式方法的第二个特点是技巧、知识和态度通常是分别传授的。比如:知识通过讲座来传授,技能在技能实验室里教,而态度则通过扮演角色来传授。不是说不可能,但是这种方法让学习者整合不同领域范畴的学习目标变得很困难。复杂学习的特点是综合目标被假定为植根于不同学习领域,包括陈述或概念领域、程序或技能领域(包括感性和精神运动技能)以及情感或态度领域。因此,它所指的是同时出现的知识的构建、技能的获取和态度的形成。

　　大多数教育理论认为复杂学习是在丰富和有意义的任务情境中发生的,这些典型的任务通常基于真实生活或职业工作(Merrill, 2002)。这些任务被称为学习任务、事业、方案、项目或问题。精心设计的学习任务明确针对一体化目标,迫使学生协调各方面任务业绩以及整合知识、技能和态度。必要的引导可以帮助学习者处理复杂的任务,即提供支持使他们能够应对超过自己处理能力的更复杂的内容和技能要求(van Merriënboer, Kirschner & Kester, 2003; van Merriënboer & Sweller, 2005)。此外,随着学习者获得更多的专业知识,提供的"学习支架"式的指导和支持应该逐渐减少(Reiser, 2004)。

Jeroen J. G. van Merriënboer

(刘炬红　译)

参考文献

Gagné, R. M., & Merrill, M. D. (1990). Integrative goals for instructional design. *Educational Technology, Research and Development*, 38(1), 23-30.

Merrill, M. D. (2002). First principles of instruction. *Educational Technology, Research and Development*, 50(30), 43-59.

Reiser, B. J. (2004). Scaffolding complex learning: The mechanisms of structuring and problematizing student work. *Journal of the Learning Sciences*, 13(3), 273-304.

van Merrienboer, J. J. G. (2007). Alternate models of instructional design: Holistic design approaches and complex learning. In R. A. Reiser & J. V. Dempsey (Eds.), *Trends and issues in instructional design and technology* (pp. 72-81). Upper Saddle River, NJ: Pearson/Merrill Prentice Hall.

van Merrienboer, J. J. G., & Kirschner, P. A. (2007). *Ten steps to complex learning*. Mahwah, NJ: Erlbaum/Taylor & Francis.

van Merrienboer, J. J. G., Kirschner, P. A., & Kester, L. (2003). Taking the load of a learners' mind: Instructional design for complex learning. *Educational Psychologist*, 38(1), 5 - 13.

van Merrienboer, J. J. G., & Sweller, J. (2005). Cognitive load theory and complex learning: Recent developments and future directions. *Educational Psychology Review*, 17, 147 - 177.

组成 Composition

请参见视觉信息设计 VISUAL MESSAGE DESIGN

计算机辅助学习 Computer-Assisted Learning

请参见基于计算机的培训 COMPUTER-BASED TRAINING

基于计算机的培训 Computer-Based Training

请同时参见整合学习系统 INTEGRATED LEARNING SYSTEMS、精熟学习 MASTERY LEARNING 和技术支持的学习 TECHNOLOGY-ENABLED LEARNING

　　基于计算机的培训,或称为 CBT,由一组教学单元组成,这些教学单元中的信息呈现、学习支架、互动、反馈和评估主要都是由计算机处理的。这些独立于人为操作的授课单位被称为"课件",它可以根据内容的范围进行设计;也就是说,课件可以被设计成教学、实践和/或评估一个单一的概念、一堂课、一个单位或整个课程。关注掌握学习内容(Graesser, Chipman & King, 2008; Hannafin & Forshay, 2008)并按照自定进度学习授课材料(Hannafin & Forshay, 2008)是 CBT 的主要特点。其他常常与基于计算机的培训可互换的术语包括基于计算机的教学(CBI)、计算机辅助学习(CAL)、基于计算机的学习(CBL)和计算机辅助教学(CAI)。

　　Alessi 和 Trollip 在 1985 年描述的基于计算机的培训类别包括操练、辅导、模拟、游戏和测试,这些依旧是当今 CBT 的类型。在每个类别内,授课过程通常由信息呈现、学习指导、实践和测试组合而成,而这些步骤的顺序并不固定。操练类 CBT 课件往往促使学习者重复操练授课教材,并通过业绩反馈提供学习指导,使学习者掌握内容。教程一般都集中于信息呈现和学习者指导的过程。它们往往是说教性的:"……提供信息和指导学习者初始掌握"(Alessi & Trollip, 2001: 11)。教程中的超链接让学生可以在 CBT 内和因特网上访问信息,而学习者通常会返回到核心的 CBT 模块来提出他们的问题,做学习活动,得到反馈和学习支架支持,并且在适当的时候参加测试。模拟所代表的是"……一些现象或活动模型,用户可以通过与内容的互动来学习……",经常体现在微缩世界、虚拟现实和基于案例的情景(Alessi & Trollip, 2001: 213)。教育游戏在基于计算机培训的实践或模拟的基础上(Alessi & Trollip, 2001)加入了诸如规则、竞争、得分、挑战、幻想、控制元素等特点(Alessi & Trollip, 2001; Gee, 2003)。这些类别中创作CBT的工具包括填充式的课件模板、仿真设计平台等(Spector, Muraida & Marlino, 1992),它们通过互联网传递给学习者,或通过局域网传递,或由硬盘驱动器或CD - ROM在未联网的电脑上播放。

作为独立的教学,CBT是有局限性的。一些CBT课件整合智能教学系统在结构化的学习领域里来处理学习指导、实践和评估。但是,在非结构化的学科或领域内的较高水平的学习活动中,学生反应的范围是广泛、多样而且开放式的,此时计算机就无法有效地分析、评估以及提供反馈。其结果是,独立的CBT更趋于适合低级的、静止的和浅水平的学习(Graesser et al., 2008)。当其与教师引导的教学、精心设计的协作学习机会、混合式学习形式和更建构主义化的教学方法相结合时,CBT在非良构问题领域内可以成为有效的基础,为元认知型的、分析型的、与评价相关的和创造性的学习提供支架。由混合式学习机会和建构方法来增强的CBT还可以帮助从以内容为中心到以学习者为中心的教学方式转移。

Gail Kopp

(刘炬红　译)

参考文献

Alessi, S. M., & Trollip, S. R. (1985). *Computer-based instruction: Methods and development*. Englewood Cliffs, NJ: Prentice-Hall.

Alessi, S. M., & Trollip, S. R. (2001). *Multimedia for learning: Methods and development*. Toronto: Allyn & Bacon.

Graesser, A. C., Chipman, P., & King, B. G. (2008). Computer-mediated technologies. In J. M. Spector, M. D. Merrill, J. J. G. van Merrienboer, & M. P. Driscoll (Eds.), *Handbook of research on educational communications and technology* (3rd ed., pp. 211-224). London: Taylor & Francis.

Gee, J. (2003). *What video games have to teach us about learning and literacy*. New York: Palgrave/Macmillan.

Hannafin, R. D., & Foshay, W. R. (2008). Computer-based instruction's (CBI) rediscovered role in K-12: An evaluation case study of one high school's use of CBI to improve pass rates on high-stakes tests. *Educational Technology Research and Development*, 56(2), 147 - 160.

Spector, M., Muraida, D. J., & Marlino, M. R. (1992). Cognitively based models of courseware development. *Educational Technology Research and Development*, 4(2), 45 - 54.

概念 Concept

请参见类比 ANALOGY、比较和对照 COMPARISON AND CONTRAST、正实例和反实例 EXAMPLES AND NON-EXAMPLES、通用性 GENERALITY 和学习分类 LEARNING TYPES

概念延伸排序 Conceptual Elaboration Sequencing

请参见延伸排序 ELABORATION SEQUENCING

基于关注的采用模型 Concerns-Based Adoption Model

请参见变革模型 CHANGE MODELS

变革模型的条件 Conditions of Change Model

请参见变革模型 CHANGE MODELS

学习的条件 Conditions of Learning

请同时参见认知学习理论 COGNITIVE LEARNING THEORY、认知过程 COGNITIVE PROCESSES 和教学 INSTRUCTION

"学习的条件"这个术语来自 Robert M. Gagné (1985) 的经典之作,有内部和外部两种类型的条件。内部条件是"发生在一个教学情境中的心理过程"(Richey, Klein & Tracey, 2011: 190)。Gagné(1988)从认知学习理论的角度,尤其是信息加工理论的角度,来审视这些过程。它们体现了学习从其根本来讲是内部活动的观点。内部条件包括接受刺激到一个人的感觉记忆、编码材料以做长期储存以及概括以方便转移等任务(整个内部流程的列表可以参照 Gagné, Briggs & Wager, 1992),还包括所有学习者"以前获得的才能"(Gagné, Briggs & Wager, 1992: 9)。

另一方面,外部学习的条件涉及到教学。它们是"教学安排的方式以及学习涉及到的步骤和活动"(Richey，Klein & Tracey，2011：190)。外部条件包括：教学策略、学生活动以及教料使用。Gagné(1985)用他的九个教学事件总结了这些条件(引起注意、向学习者告知目标、激发学习者对以前学习的回忆、呈现内容、提供学习指导、引发表现、提供反馈、评估业绩和增强记忆与学习转化)。Gagné 认为这些事件会因学习任务的类型而有所变化，或者由于不同的预期教学结果而有所变化(Gagné，1988)。它们为教学设计人员选择和排序教学策略提供了指导方针。

内部和外部学习的条件是密不可分的，因为所设计的外部教学事件是为了刺激内部的学习过程。例如："引起注意"事件能帮助学习者通过感官记忆接受刺激的内部过程，而"评估业绩"事件则帮助学习者从长期记忆中提取信息。

Rita C. Richey

（刘炬红　译）

参考文献

Gagné，R. M. (1985). *The conditions of learning* (4th ed.). New York：Holt，Rinehart and Winston.

Gagné，R. M. (1988). Mastery learning and instructional design. *Performance Improvement Quarterly*，1(1)，7 - 18.

Gagné，R. M.，Briggs，L. J.，& Wager，W. W. (1992). *Principles of instructional design* (4th ed.). Fort Worth，TX：Harcourt Brace Jovanovich College Publishers.

Richey，R. C.，Klein，J. D.，& Tracey，M. W. (2011). *The instructional design knowledge base：Theory，research，and practice*. New York：Routledge.

经验锥 Cone of Experience

请同时参见视觉和图像学习 VISUAL AND PICTORIAL LEARNING

Edgar Dale(1946)的经验锥是 20 世纪 40 年代对各种材料(媒体)引发的感官经验的视觉汇总。这些经验包括从直接的、具体的、感觉的到间接的、抽象的，并且较少感官的经验(Dale，1946)。根据《视听教学方法》最近版本，通过媒体学习的类型按照从处于低层的直接类型到处于高层的间接类型排列：直接的、有目的的经验，人为的经验，戏剧化经验，展示活动，旅行学习，展览，教育电视，运动图片，录音、广播和静止图像，视觉符号和语言符号(Dale，1969)。在经验锥中，向上移动意味着朝着更间接和抽象性的方向移动。材料或媒体在经验锥上的位置并不意味着该媒体的应用是僵化或不灵活的。此外，对抽象的使用也不见得会更困难或对学习者更有价值。Dale 经验锥的全图形(1946，1969)可以在互联网的多个网站和许多文献(例如，Seels & Richey，1994：14)里找到。

经验锥及其变体已经在很多的教学和训练情境中找到了用途，一方面是因为它与Bruner(1966)的有关学习模式的分类系统有可比性(从底部到顶部——赋予能力、标志性和象征性)(Molenda，2003)。此外，Dwyer（1978)把激发视觉教育的功劳归于Dale 及其经验锥。

经验锥的很多用途还没有吻合到 Dale 的原概念，这就是为什么他说不要"误认为经验锥是一个精确有序的学习过程"(Dale，1969：128)。此外，一个错误的做法是使用经验锥以某种方式来发布大家所喜欢的媒体消息，而 Dale 主张使用适用于特定任务和学习者的媒介和方法(Molenda，2003)。具体使用经验锥还有其他困难。例如：在一定程度上，经验锥指一种理论，Subramony（2003)认为这是一个模糊的理论。

自提出经验锥以来，各种改编和其他媒体的选择(或"理论"、"模型"、"分类"、"系列化的原则"、"图形表示"、"框架"……)已被提出和使用(例如，Wager，1975；Levy，1977；Reiser，1982；Massey & Montoya-Weiss，2006；Zaied，2007；Cisco Systems，Inc.，2008；Tamim，Bernard，Borokhovski & Abrami，2011)。有关媒体特性的问题甚至激起了一些有趣的辩论(Clark，1983；Kozma，1994)，尤其值得一提的是，Clark(1994)甚至认为："媒体不会影响学习。"(第 21 页)

教育者可能想用经验锥提出一个精确的利用媒体的过程，但这不是 Dale 的目的。目前设计使用媒体和技术的努力把我们的知识考虑成具有如下特点的教学和学习：复杂的；依赖于人类的认知、动力和生物结构；相对于实际需求、可能性和情境的限制(比如教师素质、政治、经济、社会影响或文化)。"现实情况是，最有效的用于学习的设计在一系列复杂的情况下适应并包括各种媒体、组合各种模式、交互水平、学习者特点以及教学方法"(Cisco，2008：12)。

更具体地说，教育专业人士可能会考虑教学媒体和技术相对于如下有关因素的关系，包括适应、可供性、支持结构、整合、协作学习、教师的影响和职业发展、真实性、意义和媒介素养(Clark & Estes，1999；Dick，Carey & Carey，2011；Howland，Jonassen & Marra，2012；Inan & Lowther，2010；Morrison，Ross，Kalman & Kemp，2011；Smaldino，Lowther & Russell，2011)。

Dale 的经验锥（1946）隐含的问题仍然存在，或许是因为它如此合理。人们如何选择媒体和技术而使这些技术更有可能促进恰当的学习呢？在 Edgar Dale 的时代和情境中，他并没有用经验锥做很多，而是要求教师考虑这样的问题及其影响。至少从这种适度的程度来讲，他是成功的。

Randall G. Nichols

（刘炬红　译）

参考文献

Bruner, J. S. (1966). *Toward a theory of instruction*. Cambridge, MA: Harvard University Press.

Cisco Systems, Inc. (2008). *Multimodal learning through media: What the research says*. San Jose, CA: Cisco Systems, Inc.

Clark, R. (1983). Reconsidering research on learning from media. *Review of Educational Research*, 53(4), 445-459.

Clark, R. (1994). Media will never influence learning. *Educational Technology Research and Development*, 42(2), 21-29.

Clark, R., & Estes, F. (1999). The development of authentic educational technologies, *Educational Technology*, 5(16), 1-16.

Dale, E. (1946). *Audio-visual methods in teaching*. New York, NY: The Dryden Press.

Dale, E. (1969). *Audio-visual methods in teaching* (3rd ed.). New York: The Dryden Press.

Dick, W., Carey, L., & Carey, J. (2011). *The systematic design of instruction* (7th ed.). Boston, MA: Allyn & Bacon.

Dwyer, F. M. (1978). *Strategies for improving visual learning*. State College, PA: Learning Services.

Howland, J., Jonassen, D., & Marra, R. (2012). *Meaningful learning with technology* (4th ed.). Boston, MA: Allyn & Bacon.

Inan, F., & Lowther, D. (2010). Factors affecting technology integration in K-12 classrooms: A path model. *Educational Technology Research and Development*, 58(2), 137-154.

Kozma, R. (1994). The influence of media on learning: The debate continues. *School Library Media Research*, 22(4). doi: 8df1c5d4-340d-a894-0d9b-d8834861cc94.

Levy, W. H. (1977). Models for media selection. *NSPI*, 16(7), 4-7. doi: 10. 1002/pfi. 4180160704.

Massey, A., & Montoya-Weiss, M. (2006). Unraveling the temporal fabric of knowledge conversion: A model of media selection and use. *Journal of Management Information Systems Quarterly*, 30(1), 99-114.

Molenda, M. (2003). Cone of experience. In A. Kovalchick & K. Dawson (Eds.), *Education and technology: An encyclopedia* (pp. 161-163). Santa Barbara, CA: ABC-CLIO.

Morrison, G. R., Ross, S. M., Kalman, H. K., & Kemp, J. E. (2011). *Designing effective instruction* (6th ed.). Hoboken, NJ: John Wiley & Sons, Inc.

Reiser, R. (1982). Characteristics of media selection models. *Review of Educational Research*, 52(4), 499 - 512.

Seels, B. B., & Richey, R. C. (1994). *Instructional technology: The definition and domains of the field*. Washington, DC: Association for Educational Communications and Technology.

Smaldino, S., Lowther, D, & Russell, J. (2011). *Instructional technology and media for learning* (10th ed.). Boston, MA: Allyn & Bacon.

Subramony, D. (2003). Dale's cone revisited: Critically examining the misapplication of a nebulous theory to guide practice. *Educational Technology*, 43(4), 25 - 30.

Tamim, R., Bernard, R., Borokhovski, E., & Abrami, P. (2011). What forty years of research says about the impact of technology on learning: A second-order metaanalysis and validation study. *Review of Educational Research*, 81(1), 4 - 28.

Wager, W. (1975). Media selection in the affective domain: A further interpretation of Dale's cone of experience for cognitive and affective learning. *Educational Technology*, 15(7), 9 - 13.

Zaied, N. (2007). A framework for evaluating and selecting learning technologies. *The International Arab Journal of Information Technology*, 4(2), 141 - 147.

验证性评估 Confirmative Evaluation

请参见评估 EVALUATION

消费者生成内容 Consumer-Generated Content

请参见用户生成的内容 USER-GENERATED CONTENT

建构主义 Constructivism

请同时参见实践社区 COMMUNITY OF PRACTICE、建构主义方式 CONSTRUCTIVIST APPROACH、以学习者为中心的教学 LEARNER-CENTERED INSTRUCTION 和情境认知 SITUATED COGNITION

建构主义主要借鉴于发展心理学家 Jean Piaget 和 Lev Vygotsky 的著作,并主张人类通过构建知识来学习:即通过把新的信息与先前所学的知识连接起来。二者都认为学习与人所处的环境之间的相互作用有内在的联系;然而,Piaget(1954)认为发展是学习的必要先驱,同时,Vygotsky(1962,1978)认为学习先于发展。Vygotsky 的学习领先发展的观点被认为对教育编目设计更有帮助。

建构主义认为,学习在两个层面发生:它首先发生在个人彼此相互作用的层面上,其次随着个人拥有而内化。此外,对于新手来说,最佳学习的发生是通过与一个更懂行的个体在新手的最近发展区,在具有学习支架支持的互动中发生的;也就是说,教学应该推动新手学习刚好超越其依靠自己能完成的学习任务(Vygotsky,1978)。建构主义理论认为,学习的社会性质在于积极利用由文化定义的工具。使用这些工具的方法代代相传。因此,当个人与文化构建的工具互动时,甚至当没有别人实际存在的时候,学习还一直保持其社会性。Wersch(1985)和Bruner(1990)认为,学习必须是目标驱动的才是有效的。Lave和Wenger(1991)以及Wells(2005)在这些学说的基础上证明学习最好发生在协作型的探究社区。

从建构主义的角度衍生出来的是情境认知这个概念,它提出一个理论,认为人类的思想总是构建在一个情境背景下。换言之,人的思想形成于一个特定的时间、地点和社会环境(Robinson,Molenda & Rezabek,2008)。鉴于情境对于学习的重要性,基于情境认知的教学旨在把学习嵌入到现实和相关的环境里,尝试提供机会让新手和专家协商学习的意义(Driscoll,2005)。

建构主义在当代对待学习和教学的观念方面被视为是对行为主义的替代。早期被应用到教育技术中的行为主义形成了计算机辅助培训。在这种培训中,练习是首要目标,强化正面反馈为主要教学策略(Hartley,2010)。然而,在过去的20年里,建构主义一直是指导教育技术方面的基石(Hartley,2010;Molenda,2008)。在目前的技术增强的学习环境里流行的情境认知、基于问题和探究式的学习策略,在很大程度上依赖于来自于建构主义概念的协作学习和能使学习者真正参与的真实学习体验。

同时,从为学习提供一种完善描述的角度来看,一些人认为建构主义存在以解决问题和询问为基础的学习过程中的"最少指导"的原则,对于在一个学科或科目里处于初级和中级阶段的学习者可能效果不佳。这样的学生可能需要与科目安排相关的更明确的指导(Kirshner,Sweller & Clark,2006;Cronje,2006)。另外,把学习看作有"学习支架、建模、指导和辅导"的认知师带徒方法(Dennen,2004:813)的趋向可能会以各种形式替代教学。

Kimberly Lenters

(刘炬红　译)

参考文献

Bruner,J.(1990). *Acts of Meaning*. Cambridge,MA:Harvard University Press.

Cronje, J. (2006). Paradigms regained: Toward integrating objectivism and constructivism in instructional design and the learning sciences. *Educational Technology Research and Development*, 54(4),387 - 416.

Dennen, V. P. (2004). Cognitive apprenticeship in educational practice. In D. H. Jonassen (Ed.), *Handbook of research in educational communications and technology* (2nd ed., pp. 813 - 828). Mahwah, NJ: Lawrence Erlbaum.

Driscoll, M. P. (2005). *Psychology of learning for instruction*. Boston: Allyn & Bacon.

Hartley, R. (2010). The evolution and redefining of "CAL": A reflection on the interplay of theory and practice. *Journal of Computer Assisted Learning*, 26(1),4 - 17.

Kirschner, P. A., Sweller, J., & Clark, R. E. (2006). Why minimal guidance during instruction does not work: An analysis of the failure of constructivist, discovery, problem-based, experiential, and inquiry-based teaching. *Educational Psychologist*, 41(2),75 - 86.

Lave, J., & Wenger, E. (1991). *Situated learning: Legitimate peripheral participation*. New York: Cambridge University Press.

Molenda, M. (2008). Using. In A. Januszewski & M. Molenda (Eds.), *Educational technology: A definition with commentary* (pp. 141 - 173). New York: Lawrence Erlbaum.

Piaget, J. (1954). *The construction of reality in the child*. New York: Basic Books.

Robinson, R., Molenda, M., & Rezabek, L. (2008) Facilitating learning. In A. Januszewski & M. Molenda (Eds.), *Educational technology: A definition with commentary* (pp. 15 - 48). New York: Lawrence Erlbaum.

Vygotsky, L. S. (1962). *Thought and language*. Cambridge, MA: MIT Press.

Vygotsky, L. S. (1978). *Mind in society: The development of higher psychological processes*. Cambridge, MA: Harvard University Press.

Wells, G. (2005). Dialogic inquiry in education: Building on the legacy of Vygotsky. In C. D. Lee and P. Smagorinsky (Eds.), *Vygotskian perspectives on literacy research: Constructing meaning through collaborative inquiry*. New York: Cambridge University Press, pp. 51 - 85.

Wersch, J. V. (1985). *Vygotsky and the social formation of the mind*. Cambridge, MA: Harvard University Press.

建构主义方式 Constructivist Approach

请同时参见真实环境中的学习活动 AUTHENTIC ACTIVITY、建构主义 CONSTRUCTIVISM 和教学设计模型 INSTRUCTIONAL DESIGN MODELS

建构主义是一种哲学认识论,其中心思想是一个人积极参与建构有意义的现实。作为一名认识论学家,Piaget 的著作里描写了关于学习者如何与其周围的世界互动而获取知识。他在 1967 年的《逻辑和科学知识》一书中用了"建构主义认识论"这个术语。在这本书中,Piaget 论述了通过感官与世界互动的重要性。我们体验我们周围环境的能力是我们如何理解这个世界的一个重要因素。

一个人从他或她与环境的个人互动中创造意义。交互可以沿着一个从意识到探索,再到意义建构的连续体进行。Oliver(2011)主张,这种连续体可能形成教学方法的基础。报告讨论了进化的科学概念的教与学。老师提供一个有一定的实际步骤可遵循的环境。这些步骤从探索话题开始,然后引导学生进入一个对目标学习概念的挑战。随着学生与学习主题的互动,该过程继续另一轮探索和反思。

Barron(2007)讨论了一名学音乐学生的一系列学习事件,这名学生探索爵士乐的元素直到她自己构建了该音乐对于她的意义。这位学生听音乐,与其他音乐流派相联系,随着音乐对她的影响,她创建了对音乐的理解。在建构主义方式的教室里,学生在学习过程中形成他们自己对目标概念的理解。Correiro、Griffin 和 Hart(2008)讨论了学生在创造有意义学习时的责任。

David Carbonara

(刘炬红　译)

参考文献

Barron, J. (2007). Lessons from the bandstand: Using jazz as a model for a constructivist approach to music education. *Music Educators Journal*, 94(2),18 – 21.

Correiro, E. E., Griffin, L. R., & Hart, PE. (2008). A constructivist approach to inquiry-based learning: A TUNEL assay for the detection of apoptosis in cheek cells. *The American Biology Teacher*, 70(8),457 – 461.

Oliver, M. (2011). Teaching and learning evolution: Testing the principles of a constructivist approach through action research. *Teaching Science*, 57(1),13 - 19.

Piaget, J. (1967). *Logic and Scientific Knowledge*. Paris: Gallimard.

内容管理系统 Content Management Systems

请参见管理系统 MANAGEMENT SYSTEMS

情境 Context

请同时参见文化中立的设计 CULTURE-NEUTRAL DESIGN、特定文化的设计 CULTURE-SPECIFIC DESIGN、动力 MOTIVATION、业绩提升 PERFORMANCE IMPROVEMENT 和转化 TRANSFER

情境一般被定义为"围绕一个特定事件的整体形势、背景或环境"(Webster《新世界词典》,1988：301）。它涉及一组复杂因素,这组因素不是简单的"离散个体的独立影响,而是很多相互作用且同时交互的因素"(Tessmer & Richey,1997：87)。有些人极力反对把情境当作"一个人在其中"的说法,而是把它看作"人是一个序列行为中的一部分"(McDermott,由 Lave 引述,1996：19)。从这个角度来讲,情境被视为一种处于某种境况的活动,还包括历史实践(Lave,1996)。情境在学习(即获得知识和技能)和业绩表现(即知识和技能应用)中都起到重要作用;它还可以成为一种障碍或促进。

三种类型的情境影响教学和学习,它们分别是定向情境、教学情境和转移情境(Tessmer & Richey,1997)。定向情境包括影响学生的积极性和准备学习任务的因素,这可以包括在以前相当长的一段时间内的很多事件。教学情境是在教学进行时发生的身体和社会心理因素。这些因素不仅在教学时有表现,而且还可以包括为准备教学时段的学习活动以及教学之后的练习实践活动。转移情境是学到的材料将被应用的环境。对于许多科目和主题学习来说,这是最重要的学习情境。类似定向情境,它也包括各种各样的动力因素,如激励、资源、同行和上司的支持。

情境的作用及其在教学设计中的地位一直在增长,现在在许多教学设计模式中都是一个标准阶段。例如,Morrison、Ross、Kalman 和 Kemp 模式(2011)包括情境分析,并把它作为考虑学习者特点的一个重要组成部分。Dick、Carey 和 Carey(2009)也把分析学习者和情境作为一个专门设计阶段。这两种模式都把情境分析与内容分析区别对待。在业绩表现改进方法上,情境因素在性能分析和原因分析中起主导作用(Van Tiem,Moseley & Dessinger,2004)。

Rita C. Richey

（刘炬红　译）

参考文献

Dick, W. , & Carey, L. , & Carey, J. O. (2009). *The systematic design of instruction* (7th Edition). Upper Saddle River, NJ：Merrill.

Lave, J. (1996). The practice of learning. In S. Cahiklin & J. Lave's (Eds.), *Understanding practice：Perspectives on activity and context* (pp. 3 - 32). New York：Cambridge University Press.

Morrison, G. R. , Ross, S. M. , Kalman, H. K. , & Kemp, J. E. (2011). *Designing effective instruction* (6th ed.). Hoboken, NJ：John Wiley & Sons, Inc.

Richey，R.C.，Klein，J.D.，& Tracey，M.W.（2011）．*The instructional design knowledge base：Theory，research，and practice*．New York：Routledge．

Tessmer，M.& Richey，R.C.（1997）．The role of context in learning and instructional design．*Educational Technology Research and Development*，45（2），85‐115．

Van Tiem，D.M.，Moseley，J.L.，& Dessinger，J.C.（2004）．*Fundamentals of performance technology：A guide to improving people，process，and performance*（2nd ed.）．Silver Springs，MD：International society for Performance Improvement．

Webster's New World Dictionary（3rd Ed.）（1988）．New York：World Publishing Company．

情境分析 Contextual Analysis

请参见分析 ANALYSIS

对比 Contrast

请参见视觉信息设计 VISUAL MESSAGE DESIGN

版权 Copyright

请参见知识产权 INTELLECTUAL PROPERTY

课程管理系统 Course Management System

请参见管理系统 MANAGEMENT SYSTEMS

知识共用许可协议 Creative Commons License

请参见知识产权 INTELLECTUAL PROPERTY

教学目标参照测试 Criterion-Referenced Measurement

请同时参见考核 ASSESSMENT 和教学目标 INSTRUCTIONAL OBJECTIVES

教学目标参照测试最初是由 Glaser(1963)创造的一个术语,旨在参照某种目标的标准来确定学习者的业绩状态。相对而言,标准参照测试也是由 Glaser 命名的。它在同样衡量措施中参照其他学习者来确定某个学习者的状态(Popham & Husek,1971)。因此,教学目标参照测试可以帮助我们用标准来确定学习者的表现,而这种测试不是基于与其他任何人的表现相比较而达成的。然而,教学目标参照测试仍然可能被用来对学习者进行比较。

Glaser 注意到理解教学目标参照测试的两个关键应用的重要性。标准参照测试可以用于确定对个人表现作出测定（例如，哪位候选人表现较好）；相对而言，教学目标参照测试则提供了有关个人以及关于条件或传授手段方面的信息。例如，在对学习或性能干预后，使用教学目标参照测试可以使我们不仅掌握到个人的表现水平，而且还可以用来确定干预的有效性。

从标准参照测试转向教学目标参照测试被认为是戏剧性的转变。在某种程度上，这是对教学方案总是基于明确的学习目标而建立和执行的响应（Van der Linden，1982）。

教学目标参照测试的一个局限性是，它并没有完整地说明学习者哪些做得好而哪些还不够（Ebel，1970）。然而，任何类型的测试都可能有同样的缺陷，包括标准参照测试。一个全面的、务实的业绩考核应该不仅仅注重以结果为基础的标准，而更应该设置成用来衡量相关因素，使其提供具体的能帮助考生修正的反馈，以支持性能改进（Guerra-López，2007）。

今天，对业绩目标的强调无处不在，虽然，许多所谓的目标不是成就或成果驱动，而是活动驱动的，它们仍然被用作测试和评估的基础。因此，针对那些现在或将来被用于确定表现目标圆满完成的标准，应给予仔细斟酌。

Ingrid Guerra-Lopez

（刘炬红　译）

参考文献

Ebel，R.（1970）. *Some limitations of criterion-referenced measurement*. Washington D. C.：American Educational Research Association.

Glaser，R. （1963）. Instructional technology and the measurement of learning outcomes. *American Psychologist*，18（8），519 - 522.

Guerra-López，I.（2007）. *Evaluating impact：Evaluation and continual improvement for performance improvement practitioners*. Amhearst，MA：HRD Press.

Popham，J. ，& Husek，T.（1971）. Implications of criterion-referenced measurement. In James Popham（Ed.），*Criterion-referenced measurement；An introduction*. Englewood Cliffs，New Jersey：Educational Technology Publications.

Van der Linden，W.（1982）. Criterion-referenced measurement：Its main applications，problems and findings. *Evaluation in Education*，5，97 - 118.

线索提供 Cueing

请参见提示 PROMPTING

提示总和理论 Cue Summation Theory

请参见多渠道教学 MULTI-CHANNEL INSTRUCTION

文化资本 Cultural Capital

请参见文化理论 CULTURAL THEORY

文化历史活动理论 Cultural Historical Activity Theory

在教学/教育技术领域里,文化历史活动理论(CHAT)已经成为一种流行的理论框架。它在其他形式的理论中常被引用,如社会文化理论、社会历史理论和活动理论。在谈到这一理论框架时,研究人员会发现,在 CHAT 和社会历史理论之间似乎存在略有不同的理论发展。研究人员需要记住,在前苏联统治期间,西方和俄罗斯学者之间的通信非常有限,结果是,有关 CHAT 的历史发展是支离破碎的。尽管如此,在主流教育研究和教学/教育技术人员中间,对于这一框架的兴趣日益增长,比如 Roth 和 Lee(2007)的作品便是其中的代表。

当学者们提及 CHAT,他们经常会回忆起俄罗斯学者 Vygotsky (1978) 和 Leontiev (1981)的作品,因为他们是 20 世纪 20 年代和 30 年代的早期开拓者,使得研究人员能够脱离 Cartesian 有关生物体和环境的二元疗法。Vygotsky 引入媒介行动是一个过程这样一个概念,认为该过程使个人能了解他们的世界的意义,并通过与环境中的事物、工具和其他人的互动符号而发展意识(Yamagata-Lynch,2010)。这种用来理解人类发展的方法同先前俄罗斯在 20 世纪 20 年代主导的刺激和响应模型心理学分离开来。媒介行动涉及到主题、工具/中介器物以及对象作为一个分析理解人类活动的密不可分的单位。由于翻译的出入,对于"目标"有相当多的讨论(例如,请参见 Kaptelinin,2005;Nardi,2005;Hyysalo,2005),但无论从任何意图和目的来看,目标都应该被作为个人或个人群体选择参加活动的原因(Yamagata-Lynch,2007)。

在教学/教育技术研究者和实践人员中,活动系统分析已经成为一种流行的方法框架。活动系统分析是 CHAT 中用来研究复杂的人类活动的一种方法。在 Cole 和 Engeström(1993)以及 Engeström(1993)的著作出版之后,它在西方教育研究界获得了广泛认同。应该注意的是 CHAT 和活动系统分析在有些著作中是交换使用的,但是它们不是同一个概念,且不一样,因为 CHAT 是理论框架,而活动系统分析是在 CHAT 之内的一个分析框架。活动系统被表现为一个基于媒介行为的三角形模型,它包括模型中人类活动的社会文化等方面,比如规则、社区和分工(Engeström,1987)。Yamagata-Lynch(2010)阐述了在 CHAT 和活动系统分析方面还是新手的学者们如何可以着手分析复杂的人类学习活动。她建议,活动系统分析可以作为定性研究人员的补充分析框架,在完成了编码过程并写了厚厚的叙述后使用。Yamagata-Lynch 认为这个附加分析的潜在好处包括:(1)导入可管理的分析单位;(2)找出横跨活动的系统性启示;(3)解决矛盾和紧张关系;(4)引入一种交流研究成果的替代形式。

Lisa C. Yamagata-Lynch

(刘炬红 译)

参考文献

Cole, M., & Engestrom, Y. (1993). A cultural-historical approach to distributed cognition. In G. Salomon (Ed.), *Distributed cognitions: Psychological and educational considerations* (pp. 1 - 46). New York: Cambridge University Press.

Engeström, Y. (1987). Learning by expanding: An activity-theoretical approach to developmental research. Retrieved November 30, 2009, from http://lchc. ucsd. edu/MCA/ Paper/Engestrom/expanding/toc. htm.

Engeström, Y. (1993). Developmental studies of work as a test bench of activity theory: The case of primary care medical practice. In S. Chaiklin & J. Lave (Eds.), *Understanding practice: Perspectives on activity and context* (pp. 64 - 103). New York: Cambridge University Press.

Hyysalo, S. (2005). Objects and motives in a product design process. *Mind, Culture, and Activity, 12*(1),19. doi: 10. 1207/s15327884mca1201_3.

Kaptelinin, V. (2005). The object of activity: Making sense of the sense-maker. *Mind, Culture, and Activity, 12*(1),4 - 18. doi: 10. 1207/s15327884mca1201_2.

Leontiev, A. N. (1981). The problem of activity in psychology. In J. V. Wertsch (Ed.), *The concept of activity in Soviet psychology* (pp. 37 - 71). New York: M. E. Sharpe.

Nardi, B. A. (2005). Objects of desire: Power and passion in collaborative activity. *Mind, Culture, and Activity, 12*(1),37 - 51. doi: 10. 1207/s15327884mca1201_4.

Roth, W. -M., & Lee, Y. -J. (2007). "Vygotsky's neglected legacy": Cultural-historical activity theory. *Review of Educational Research, 77*(2),186 - 232. doi: 10. 3102/ 0034654306298273.

Vygotsky，L. S. (1978). *Mind in society*：*The development of higher psychological processes*. Cambridge，MA：Harvard University Press.

Yamagata-Lynch，L. C.（2007）. Confronting analytical dilemmas for understanding complex human interactions in design-based research from a Cultural-Historical Activity Theory (CHAT) framework. *The Journal of The Learning Sciences*，*16*（4），451－484. doi：10. 1080/10508400701524777.

Yamagata-Lynch，L. C.（2010）. *Activity systems analysis methods*：*Understanding complex learning environments*. New York：Springer.

有关此主题的更多信息，请参见"附加资源"

文化中立的设计 Culture-Neutral Design
请同时参见情境CONTEXT

"文化中立"这一术语也被称为文化上的中立，它出现在各种教学设计研究的情境中；然而，这一切都与文化相关。文化中立设计背后的含义展示了在设计过程中应该重点考虑的因素。特别是文化中立的例子探索了有关设计的方方面面，涉及到项目和产品开发、内容（即教学材料）、工具（即技术）、人（即人的表现）和实践（即教育研究）。总的来说，"文化中立"还没有一个标准的定义。

以项目和产品开发为例子，Young（2008）指出"如果该项目的目标是国际化，则设计特性就应该是通用的，并且是文化中立的。通用的功能可以在不同文化中一概而论，但他们还是以文化为基础的"（第9页）。Thomas、Mitchell 和 Joseph（2002）争议道：

> ……虽然可能看起来很明显，教学设计人员打算生成文化敏感的产品，这并非总是如此。通常情况下，目的不是声称一个文化上敏感或文化相适应的产品，而是文化中立。这通常是在试图避免文化偏见，也可能是由于对于文化疏忽或傲慢而产生的不愉快的后果。如果文化是我们思想和世界观的心脏，那它则不可避免地与我们所做的一切相关，比如说，感觉、愿望和设计（第42页）。

Bentley、Tinney 和 Chia（2005）认为："当设计师们知道他们设计的学习材料的对象包括有母语和非母语的学习者时，他们应该尽可能地使设计文化中立。"（第125页）这就意味着使用"简单的句子结构，尽可能避免俚语、俗语、地方性的幽默以及只有当地知情人才懂的例子……从某种意义上来说,设计师总是要考虑为全世界的学习者而设计"(Bentley, Tinney & Chia, 2005：125)。

文化中立设计的其他例子涉及到工具、人员和实践。Gunawardena 和 LaPointe (2008)问道："为什么一定要了解影响国际远程教育的社会和文化因素呢？浮现在脑海中的原因……认识到技术与我们的联系,但它们并不是文化中立的。"(第 52 页)Lee (2011)研究了韩国的国际学生对教师在一个在线多元文化学习环境中的作用的认识。在问卷调查中,教学方的因素之一是检查教师是否可以"对内容保持文化中立"(第 922 页)。Parrish 和 Linder-VanBerschot(2010)认为："以研究为基础的教育实践超越文化,即文化中立。而且无论文化差异,只要是照着研究告知我们可行的方法去做,那就是好的做法。"(第 14 页)

将来使用术语"文化中立"时应该注意准确地表明它的特性。像多元文化和文化多元性这些术语可能无法提供准确的表述。

Patricia A. Young

（刘炬红　译）

参考文献

Bentley, J. P. H. , Tinney, M. V. , & Chia, B. H. （2005）. Intercultural Internet-based learning：Know your audience and what it values. *Educational Technology Research & Development* , *53*(2),117 - 127.

Gunawardena, C. N. , & LaPointe, D. （2008）. Social and cultural diversity in distance education. In T. Evans & M. Haughey & D. Murphy（Eds. ）, *International handbook of distance education* （pp. 51 - 70）. Bingley：Emerald Group Publishing, Ltd.

Lee, D. Y. （2011）. Korean and foreign students' perceptions of the teacher's role in a multicutlural online learning environment in Korea. *Educational Technology Research & Development* , *59*,913 - 935.

Parrish, P. , & Linder-VanBerschot, J. A. （2010）. Cultural dimensions of learning：Addressing the challenges of multicultural instruction. *International Review of Research in Open and Distance Learning* , *11*(2),1 - 19.

Thomas, M. , Mitchell, M. , & Joseph, R. （2002）. The third dimension of ADDIE：A cultural experience. *Tech Trends* , *46*(2),40 - 45.

Young, P. A. （2008）. Integrating culture in the design of ICTs. *British Journal of Educational Technology*, *39*(1),6 - 17.

有关此主题的更多信息,请参见"附加资源"

特定文化的设计 Culture-Specific Design

请同时参见情境 CONTEXT

所谓"特定文化"已被用来形容学习者、学习、学习技术、设计、应用、计算机技术和文化模式。但是,从整体来讲,"特定文化"还没有一个标准定义。

特定文化背后的含义就如同文化本身一样是多种多样的。Jonanssen、Tessmer和 Hannum(1999)指出:"工具可以是在改造过程中使用的任何东西(物理性的,就像锤子或计算机;或精神式的,像模型、理论或启发法)。文化特定工具的使用塑造了人的行动和思考方式。"(第 161 页)Palaiologou(2009)提出:"跨文化方法的教学策略和学习模式可能包括:(a)文化特定和文化通用知识"(第 282 页)。此外,Kinuthia(2007)声称:

> 语言和沟通的许多方面,如幽默和成语,都和文化有关或具有特定文化的意义,这就意味着,用户界面和内容设计应考虑到内容的布局、菜单、图片、颜色、符号和文本,因为这些元素的布局在影响着预期的信息。(第 66 页)

Chen(2007)研究了计算机软件中的偏见,指出"文化对于一些事情的偏好,如分析和线性思维、信息的组织方式和特定文化的逻辑和规则"(第 1114 页)。特定文化也被用来描述为一个民族多样化的目标个体或群体所创建的学习技术(Elen et al. , 2010;Frederick,Donnor & Hatley,2009;Subramony,2006)。

特定文化设计用来解释文化模型或框架,以引导为目标观众设计产品或环境。例如,McLoughlin(1999)在线学习的模型结合"文化特定价值、学习方式和认知偏好,设计超出表面层次的理解以达到深层的学习任务"(第 231 页)。Young(2009)的文化模型指出:

> 所有的设计都基于文化;然而,有些是文化中立的,而其他是特定文化的。这意味着所有的设计是基于文化的,但哪一个较为中立,哪一个更特定,其程度要基于项目和最终产品的目标。(第 29 页)

"特定文化"这一术语比"文化相关"和"文化敏感"之类的术语通常具有准确和精确性。

Patricia A. Young

（刘炬红　译）

参考文献

Chen，C. H. (2007). Cultural diversity in instructional design for technology-based education. *British Journal of Educational Technology*，*38*(6)，1113 - 1116.

Elen，J.，Clarebout，G.，Sarfo，P. K.，Louw，L. P.，Pöysä-Tarhonen，J.，& Stassens，N. (2010). "Computer" and "information and communication technology"：Students' culture specific interpretations. *Educational Technology & Society*，*13*(4)，227 - 239.

Frederick，R.，Donnor，J. K.，& Hatley，L. (2009). Culturally responsive applications of computer technologies in education：Examples of best practice. *Educational Technology*，*49* (6)，9 - 13.

Jonassen，D. H.，Tessmer，M.，& Hannum，W. H. (1999). *Task analysis methods for instructional design*. Mahwah，NJ：Lawrence Erlbaum Associates，Inc.

Kinuthia，W. (2007). Africa education perspectives on culture and e-learning convergence. In A. Edmundson (Ed.)，*Globalized e-learning cultural challenges* (pp. 60 - 73). Hershey，PA：Idea Group Inc.

McLoughlin，C. (1999). Culturally responsive technology use：Developing an online community of learners. *British Journal of Educational Technology*，*30*(3)，231 - 243.

Palaiologou，N. (2009). Intercultural dimensions in the information society：Reflections on designing and developing culturally oriented learning. In M. Chang & C. -W. Kuo (Eds.)，*Learning culture and language through ICTs：Methods for enhanced instruction* (pp. 274 - 285). Hershey，PA：Information Science Reference.

Subramony，D. P. (2006). Culturally and geographically relevant performance interventions：A case study from Arctic Alaska. *Performance Improvement Quarterly*，*19*(2)，115 - 134.

Young，P. A. (2009). *Instructional design frameworks and intercultural models*. Hershey，PA：IGI Global/Information Science Publishing.

有关此主题的更多信息，请参见"附加资源"

课程 Curriculum

课程，最简洁的定义是一系列学习的课目，或者是教的课目。在认识论或哲学意义上，只要一问"谁来决定"，立即就变得有问题了。答案的范围就会从"老师"到"课程委员会",到"政府权威机构"。对于这个问题的经典的具有历史意义的声明是 Herbert Spenser(1861)所提出的"什么样的知识是最有价值的"(第 1 页)。之后,William Shubert(1986)将这一声明在他的综合和摘要式课程文本中扩充为:"什么知识最有价值? 为什么是值得的? 它是如何获得或产生的? 这三者是最基础的课程问题。"(第 1 页)Robin Barrow(2006)为传统课程的关注点提供了一个实用的 21 世纪的重述:

> 摆在我们面前的任务是尝试找到对我们教育工作者来说什么样的知识应该传授给学生,或者更一般地讲,当教和学发生的时候,我们所寻求提升的应该是什么。(第 38 页)

课程开发往往遵循一种系统化的技术模式,而且在该意义上,其与教学开发或教学设计相平行。

有些课程理论家认为技术是一种有分量的力量,它可以改变和摧毁任何东西。"自从 1995 年 5 月公众化的互联网的到来,知识已经不再能充分地作为课程的组织者……对新信息时代,既不存在范围,也不存在秩序。"(Wiles & Bondi, 2007:298)在 21 世纪教学法中,技术在课程开发中的地位依然还是一篇没有写出来的篇章。

Denis Hlynka

(刘炬红 译)

参考文献

Barrow, R. (2006). *An introduction to philosophy of education* (4th ed.). London: Routledge.

Schubert, W. (1986). *Curriculum: Perspective, paradigm, and possibility*. New York: Macmillan.

Spenser, H. (1861). *Education*. New York: Hurst and Company.

Wiles, J. W., & Bondi, J. C. (2007). *Curriculum development: A guide to practice* (7th ed.). Upper Saddle River, NJ: Merrill.

D

设计与开发研究 Design and Development Research

  设计与开发研究是特别属于教学设计和技术领域的一种研究类型，它致力于创造新的知识和验证现有实践。它被定义为"对设计、开发和评估过程的系统研究，该研究旨在给创造有关教学或非教学的产品和工具以及对其开发具有指导意义的新的或增强模型建立一个试验性基础"（Richey & Klein，2007：1）。它也被称为开发研究（Richey，Klein & Nelson，2004；Richey Nelson，1996；Seels & Richey，1994）。还有其他与这类研究相关（和经常被混淆）的术语，包括基于设计的研究（Wang & Hannafin，2005）、形成性研究（Reigeluth & Frick，1999；van den Akker，1999）和基于系统的评估（Driscoll，1984）。然而，这些类型的研究往往侧重于特定的教学材料的开发，通常不会得出关于设计和开发过程的结论。

  设计与开发研究包括两大类研究项目：(1)研究产品和工具；(2)研究对模型的设计和开发（Richey & Klein，2007，2013）。产品研究通常在设计和开发过程中进行。这常常是一个对整个过程的综合性研究。例如：参见 Cifuentes、Sharp、Bulu、Benz 和 Stough 在 2010 年有关一个对于信息型和教学型网站的设计、开发和评估的研究。然而，这种研究还可能涉及仅仅探究设计和开发过程的特定阶段。一些研究针对的不是教学产品，而是教学或设计过程中使用工具的开发。例如：Hung、Smith、Harris 和 Lockard(2010)的研究重点是开发一个课堂行为管理的表现支撑系统。

  第二种类型的设计与开发研究涉及到对设计和发展模型的开发、验证和使用的研究。模型开发研究可能会导致产生新的、增强的或更新的模型来指导教学设计(ID)整个过程或过程的一部分，如 Jones 和 Richey(2000)的研究产生了一个快速成型的 ID 模型。而在另一方面，模型验证研究可以表明一个模型在真实世界中使用的有效性

（即外部验证），或为一个模型中的各种组件提供支持（即内部验证）（Richey，2005）。最后，模型使用的研究主要集中在影响模型使用的条件。这些都说明不同的设计和开发背景之间的相互作用以及模型的有效性。Tracey(2009)的研究结合了这两种类型，为验证多元智能 ID 模型以及为测试模型的可用性提供了数据。

Rita C. Richey

（刘炬红 译）

参考文献

Cifuentes，L.，Sharp，A.，Bulu，S.，Benz，M.，& Strough，L. M. (2010). Developing a Web 2. 0-based system with user-authored content for community use and teacher education. *Educational Technology Research and Development*，58(4)，377 - 398.

Driscoll，M. P. (1984). Paradigms for research in instructional systems. *Journal of Instructional Development*，7(4)，2 - 5.

Hung，W-C.，Smith，T. J.，Harris，M. S.，& Lockard，J. (2010). Development research of a teachers' educational performance support system：the practices of design, development, and evaluation. *Educational Technology Research and Development*，58(1)，61 - 80.

Jones，T. S.，& Richey，R. C. (2000). Rapid prototyping in action：A developmental study. *Educational Technology Research and Development*，48(2)，63 - 80.

Reigeluth，C. M.，& Frick，T. W. (1999). Formative research：A methodology for creating and improving design theories. In C. M. Reigeluth (Ed.)，*Instructional design theories and models*，*Volume II*：*A new paradigm of instructional theory* (pp. 633 - 651). Mahwah, NJ：Lawrence Erlbaum Associates，Publishers.

Richey，R. C. (2005). Validating Instructional Design and Development Models. In J. M. Spector & D. A. Wiley (Eds.)，*Innovations in instructional technology*：*Essays in honor of M. David Merrill* (pp. 171 - 185). Mahwah, NJ：Lawrence Erlbaum Associates，Publishers.

Richey，R. C.，& Klein，J. D. (2007). *Design and development research*：*Methods，strategies and issues*. New York：Lawrence Erlbaum Associates，Publishers.

Richey，R. C.，& Klein，J. D. (2013). Design and development research. In J. M. Spector，M. D. Merrill，J. Elen & M. J. Bishop (Eds.)，*Handbook of Research for Educational Communications and Technology*. New York：Springer.

Richey，R. C.，Klein，J.，& Nelson，W. (2004). Developmental Research：Studies of Instructional Design and Development. In D. Jonassen (Ed.)，*Handbook of Research for Educational Communications and Technology* (2nd ed.，pp. 1099 - 1130). Mahway, NJ：Lawrence Erlbaum Associates，Publishers.

Richey，R. C.，& Nelson，W. (1996). Developmental research. In D. Jonassen (Ed.)，*Handbook of Research for Educational Communications and Technology* (pp. 1213 - 1245). New York：Simon & Schuster.

Seels，B. B.，& Richey，R. C. (1994). *Instructional technology*：*The definition and domains of the field*. Washington, DC: Association for Educational Communications and Technology.

Tracey, M. S. (2009). Design and development research: A model validation case. *Educational Technology Research and Development*, 57(4), 553-571.

van den Akker, J. (1999). Principles and methods of development research. In J. van den Akker, R. M. branch, K. Gustafson, N. Nieveen & T. Plomp's (Eds.), *Design approaches and tools in education and training* (pp. 1-14). Dordrecht, The Netherlands: Kluwer Academic Publishers.

Wang, F., & Hannafin, M. J. (2005). Design-based research and technology-en-hanced learning environments. *Educational Technology Research & Development*, 53(4), 5-23.

基于设计的研究 Design-Based Research

基于设计的研究(Design-Based Research, DBR)是一种用于研究和开发的方法,它用来开发、应用和实验在现实学习情境中被实例化的有意义的设计干预原则。这个词在教育情境中的首次应用起源于 Collins(1992)和 Brown(1992),并且可与"教育设计研究"互换使用,而且已经取代所谓的"开发研究"(van den Akker, 1999)。

尽管有许多相关的定义,Wang 和 Hannafin(2005)给出的定义则被广泛地引用。DBR 是"一个系统的而且灵活的方法,旨在通过迭代分析、设计、开发与实施来改善教育实践,这些通常是建立在现实世界中,以研究人员和从业人员之间的协作为基础,并得出对情境敏感的设计原则和理论"(第6页)。

DBR 的特点是:

● 从教育工作者和研究人员的角度,采取务实认识论观点并注重于重要问题。

● 使用多种数据收集方法。

● 在操作教室、网络或其他"自然事境中"测试干预措施(Barab & Squire, 2004)。

● 研究人员和教育工作者在设计、建构、应用和干预评估方面积极合作。

● 通过多次迭代对干预措施不断补充和改进。

● 理论洞见或设计原则的开发会延伸研究结果超越当地环境。

DBR 在过去十年里的使用一直在增加,特别是在美国,已被用于各级正规教育的所有科目(Anderson & Shattuck, 2012)。虽然 DBR 可用于开发和测试任何类型的教学干预,它一直受到的最强烈的推崇却是建构设计,该建构设计承认学习发生所处社区的复杂角色。使用 DBR 方法,许多不同类型的干预措施得以设计和测试,其中最大的单一类型的干预是对教育技术的各种应用和相关的指导性设计。

多次迭代的需求给研究生和那些基于短期科研经费的研究人员带来了挑战。尽管对较小规模的 DBR 项目有实例和建议,大多数知名的 DBR 项目涉及较大的研究团队和多年的资金(Herrington,McKenney,Reeves & Oliver,2007)。

DBR 与 John Dewey 和 William James 在实现教育环境中注重开发干预措施的务实型哲学有共鸣。DBR 实验收集各种经验数据并以定性的见解为从业者、学习者和研究人员提供信息。DBR 研究者关注和记录实际的和机会的成本以及与干预相关联的时间,并且在实践或结果中使用这些数据和结果去比较所记载的变化。

Terry Anderson

(刘炬红　译)

参考文献

Anderson,T.,& Shattuck,J.(2012). Design-Based Research: A Decade of Progress in Education Research? *Educational Researcher*,41(Jan/Feb.),16 – 25. Retrieved from http://edr.sagepub.com/content/41/1/7.full.pdf + html.

Barab,S.,& Squire,B.(2004). Design-based research: Putting a stake in the ground. *The Journal of the Learning Sciences*,13(1),1 – 14. Retrieved June 21,2004,from http://website.education.wisc.edu/kdsquire/manuscripts/jls-barab-squire-design.pdf.

Brown,A.(1992). Design experiments: Theoretical and methodological challenges in creating complex interventions in classroom settings. *The Journal of the Learning Sciences*,2(2),141 – 178.

Collins,A.(1992). Towards a design science of education. In S.E.,& T.O'Shea (Eds.),*New directions in educational technology* (pp. 15 – 22). Berlin: Springer.

Herrington,J.,McKenney,S.,Reeves,T.C.,& Oliver,R.(2007). Design-based research and doctoral students: Guidelines for preparing a dissertation proposal. *Ed Media*. Retrieved from www.editlib.org/d/25967/proceeding_25967.pdf.

van den Akker,J.(1999). Principles and methods of development research. In J. van den Akker,N. Nieveen & R. G. K. P. T. Branch (Eds.),*Design methodology and developmental research in education and training* (pp. 1 – 14). The Netherlands: Kluwer Academic Publishers. Retrieved Feb. 1,2004,from http://projects.edte.utwente.nl/smarternet/version2/cabinet/ico_design_principles.pdf.

Wang,& Hannafin,M.(2005). Design-based research and technology-enhanced learning environments. *Educational Technology Research and Development*,53(4),5 – 24.

有关此主题的更多信息,请参见"附加资源"

设计人员决策研究 Designer Decision-Making Research

请同时参见**专长 EXPERTISE**

设计人员决策研究被定义为"对设计人员活动的调查,包括设计人员解决问题、思考和对模型的使用"(Richey & Klein,2007:156)。在这些研究中,设计人员是研究的焦点,而不是设计和开发项目的产品或学生学习的过程。设计人员的特点常常是这类研究的目标,特别是新手和专家的设计人员之间的差异。

设计人员决策研究通常依赖于定性的方法。在这类研究中,Rowland(1992)的经典研究使用了"有声思维"技巧来比较专家和新手如何完成所分配的设计任务,并对其思路和所作决定进行分析以确定教学设计(ID)过程究竟是如何运行的。Perez 和 Emery(1995)的研究同样发现了新手和专家在认知处理和解决问题方面的路径差异。

这种类型研究的另一个更近的例子来自 Visscher-Voerman 和 Gustafson(2004)。他们对一个 ID 过程进行了深入的采访并对其项目文件进行了审查,以探索它在实际发生过程中的复杂性。研究人员有目的地选择了代表不同工作环境的设计人员。该研究详细地描述了设计人员的活动、采用策略的基本原理以及指导其工作的基本范式。

此类研究也已被用于探索某选定的设计小组所做的特定设计任务。最近,对技术的运用越发重视。例如,Hart(2008)研究了教师在教室的技巧应用直至课程的技术整合。

Rita C. Richey

(刘炬红 译)

参考文献

Hart,S. M.(2008). The design decisions of teachers during technology integration. Unpublished doctoral dissertation. Detroit,MI:Wayne State University.

Perez,R. S.,& Emery,C. D.(1995). Designer thinking:How novices and experts think about instructional design. *Performance Improvement Quarterly*,8(3),80 - 95.

Richey,R. C.,& Klein,J. D.(2007). *Design and development research:Methods,strategies and issues*. New York:Lawrence Erlbaum Associates,Publishers.

Rowland,G.(1992). What do instructional designers actually do? An initial investigation of expert practice. *Performance Improvement Quarterly*,5(2),65 - 86.

Visscher-Voerman,I.,& Gustafson,K. L.(2004). Paradigms in the theory and practice of education and training design. *Educational Technology Research & Development*,52(2),69 - 89.

开发 Development

多年来对"开发"一词的含义产生了相当多的讨论,这种辩论的重点一般是在教学设计和教学开发之间的区别。一些人认为设计是特定的规范所构建的计划阶段,而开发是将设计规范转化为实物形式的生产阶段(Seels & Richey,1994;Richey,Klein & Tracey,2011)。历史上还有更为广泛的对每个术语的定义,从而它们具有相似的含义。例如,Briggs(1977)定义教学设计为"分析学习需求和目标的全过程以及为满足该需求的传递系统的开发,包括开发教学材料和活动以及对所有教学和学习评估活动的尝试和修订"(第××页)。在这种解释中,设计是更通用的术语,包括了规划和生产。相反地,Smaldino、Russell、Heinich和Molenda(2005)定义教学开发为"分析需要、确定什么内容必须掌握、确立教育目标、设计材料,以达到目标的全过程,并包括尝试和修改在学习成就方面的方案"(第386页)。然而,许多人认为这是源自于教学系统设计过程的定义,而且,在他们最近出版的书中,这个有关"开发"的广泛定义被略去了。这可能是因为围绕这个词的争议已经减少。目前,学者和从业者常简单地说"开发",而不是"教学开发",以迎合行业扩展的定义并包括性能改进和非教学干预的概念(Reiser,2007)。

Rita C. Richey

(刘炬红 译)

参考文献

Briggs, L. J. (Ed.) (1977). *Instructional design: Principles and applications*. Englewood Cliffs, NJ: Educational Technology Publications.

Reiser, R. A. (2007). A history of instructional design and technology. In R. A. Reiser & J. V. Dempsey (Eds.), *Trends and issues in instructional design and technology* (2nd ed.) (pp. 17 - 34). Upper Saddle River, NJ: Pearson Prentice Hall.

Richey, R. C., Klein, J. D., & Tracey, M. W. (2011). *The instructional design knowledge base: Theory, research, and practice*. New York: Routledge.

Seels, B. B., & Richey, R. C. (1994). *Instructional technology: The definition and domains of the field*. Washington, DC: Association for Educational Communications and Technology.

Smaldino, S. E., Russell, J. D., Heinich, R., & Molenda, M. (2005). *Instructional technology and media for learning* (8th ed.). Boston: Pearson.

开发性评估 Developmental Evaluation
请参见评估模型 EVALUATION MODELS

开发性研究 Developmental Research
请参见设计与开发研究 DESIGN AND DEVELOPMENT RESEARCH

因材施教法 Differentiated Instruction
请同时参见以学习者为中心的教学 LEARNER-CENTERED INSTRUCTION

Lifting(2010)指出,"因材施教法(Differentiated Instruction,DI)是一个不断在进行的做法:教师有意识地并系统地围绕长处、需求、先前知识和他们学生的态度来发现和计划课程"(第1页)。虽然这似乎是一个自然的方法,过去它并非总是标准的理念。在1995年,Carol Ann Tomlinson分析了一所中学里不同类型的学生。在那个时候,那句"所有的孩子都能学会"的说法被用在许多学校系统。不幸的是,许多教师认为,如果一种教学策略对一个学生行之有效的话,那么同样的策略适用于其他学生。Tomlinson(1995)认为不同的学习者需要用不同的策略来学习。内容可以保持不变,但每个学生都需要专程设计的学习策略支持。

Manning、Stanford和Reeves(2010)研究了进步快的学习者和其他人群。他们建议,不仅进步快的学习者可得益于因材施教法(DI),而且所有学习者都可从中获益。De Lay(2010)继续了这个说法,认为因材施教法是教师在课堂里的必要策略。

David Carbonara

(刘炬红 译)

参考文献

De Lay, A. M. (2010). Technology as a differentiated instruction tool. *The Agricultural Education Magazine*, *83*(3), 15-18.

Lifting, I. (2010). Differentiated instruction to the rescue! *Science Scope*, *33*(6), 1.

Manning, S, Stanford, B., & Reeves, S. (2010). Valuing the advanced learner: Differentiating up. *The Clearing House*, *83*(4), 145-150.

Tomlinson, C. (1995). How to differentiate instruction in mixed-ability classrooms. Alexandria, VA: Association for Supervision and Curriculum Development. ED 386 301.

创新普及 Diffusion of Innovation
请参见创新 INNOVATION

数码制图 Digital Cartography
请参见数字化图谱 DIGITAL MAPPING

数字鸿沟 Digital Divide

一般地来讲,数字鸿沟是指那些可以访问数字技术和互联网并受益的人群与那些无法访问的人之间的差异。"数字鸿沟"这个概念与团体或群体之间的不平等相关联,包括对于信息、通信和媒体技术的知识获取和利用。在教育领域里,数字鸿沟的早期考虑倾向于对数字技术的接触和拥有,例如主型机和个人电脑。随着成本较低的台式机和笔记本电脑、数码相机、平板电脑和智能手机走向大众化,中小学的数字鸿沟问题转移为对谁拥有宽带和无线上网的访问权的问题(Fox, Waters, Fletcher & Levin, 2012)。

对于数字鸿沟的深入研究已经远远超出了对技术访问问题的简单考虑,诸如连接手段、基础设施和连接水平。这类研究还涉及那些从访问数字技术和互联网获得最大好处的人群以及那些不能最大限度接触数字技术人群的社会、道德、经济、地理、政治、文化和全球性问题。例如:有关数字鸿沟的分析可能会注重于在城市和农村、发达和发展中国家、富足和贫困的地区,以及开放和封闭的社会和政府之间对数字技术和互联网的访问和从中得益的差距。个人和团体变量,如年龄、性别、技能、教育、语言、文化和收入也是数字鸿沟研究人员和分析人员感兴趣的方面。虽然接触各类数字技术,如移动电话(Karnowski, von Paper & Wirth, 2008),可以部分地被理解为在那些拥有和那些不拥有的人群之间的数字鸿沟,但是更大、更复杂的研究兴趣则是集中在通过访问数字技术和互联网,谁受益和谁不能受益的问题(Norris, 2003; Warshauer, 2003; Wei, Teo, Chan & Tan, 2011)。

Warschauer(2003)评估了对数字技术的访问怎样在不同的程度上促进经济和社

会分化或包容。Warschauer（2003）数字鸿沟研究的中心前提是使用数字技术访问、适应和创造知识的能力是社会包容的关键。此类研究把讨论的重心从分配设备或加强技术基础设施转向社会发展和支持社区，从而可以最大限度地利用技术来进行有意义的社会实践。

近期政治示威者使用社交媒体来组织和协调政治活动，提出了谁有权访问数字技术和互联网并从中获益和谁不能获益的问题。大约 10 年前，Norris（2003）研究了互联网在经济合作和发展组织中的各国家的政治作用，发现其使用模式所反映和加强的并不是改变一个国家原有政治制度的结构特征。所以，虽然互联网可以为那些有连接手段的人群提供一个移动结构并利用开放式连接，但世界人口中还有显著比例的人群不能享受这些益处。

最近的研究表明数字鸿沟的概念还在继续进化。Wei、Teo、Chan 和 Tan（2011）利用社会认知理论和计算机自我效能文献来模拟在新加坡的学生中一级数字访问鸿沟是如何影响二级数字能力鸿沟和三级数字结果鸿沟的。这个有关数字鸿沟问题和相关主题的简要概述为其研究的复杂性和多面性提供了见解。

Michele Jacobsen

（刘炬红　译）

参考文献

Fox, C., Waters, J., Fletcher, G., & Levin, D.（2012）. *The broadband imperative：Recommendations to address K-12 education infrastructure needs*. Washington, DC：State Educational Technology Directors Association (SETDA).

Karnowski, V., von Pape, T., & Wirth, W.（2008）. After the digital divide? An appropriation-perspective on the generational mobile phone divide. In M. Hartmann, P. Rössler & J. Hoflich (Eds.), *After the mobile phone? Social changes and the development of mobile communication* (pp. 185 – 202). Berlin：Frank & Timme.

Norris, P.（2003）. *Digital divide：Civic engagement, information poverty, and the Internet worldwide*. New York, NY：Cambridge University Press.

Warschauer, M.（2003）. *Technology and social inclusion：Rethinking the digital divide*. Cambridge, MA：MIT Press.

Wei, K. K., Teo, H. H., Chan, H. C., & Tan, B. C. Y.（2011）. Conceptualizing and testing a social cognitive model of the digital divide. *Journal of Information Systems Research*, *22*(1), 170 – 187.

有关此主题的更多信息，请参见"附加资源"

基于数字游戏的学习 Digital Game-Based Learning
请同时参见化身 AVATAR、游戏设计 GAME DESIGN、模拟 SIMULATION 和
虚拟世界 VIRTUAL WORLDS

基于数字游戏的学习一般被理解为通过数字游戏促成或支持的学习(deFrietas，2006；Van Eck，2006)。文献已经以一种相当一致的方式描述了游戏和数字游戏。Salen 和 Zimmerman(2003)在《游戏规则》一书中定义游戏为系统，其中"玩家参与一种人为设计的竞技，而该竞技有其规则决定并结束于一个可以计量的结局"。Gredler(2004)详细介绍了早在 17 世纪战争游戏在促进学习中的应用，并将游戏表述为"以赢为目标的竞争性演习，玩家必须努力运用主题或其他相关知识来推进游戏并取胜"(第571 页)。Suave、Renaud、Kaufman 和 Marquis(2007)确定了六个教育游戏至关重要的属性：玩家或玩家群、竞技、规则、预定的目标、游戏的人为性质和游戏的教学本质。

当研究人员和从业者探讨以基于数字游戏的学习时，他们使用几种方法对游戏进行分类，包括根据它们的目的和与学习相关的游戏特点。例如，最初为商业娱乐市场开发的游戏通常被称为"商业现成游戏"(Charsky & Mims，2006；Van Eck，2006)，并经常通过检查来发现它们是否可能被重新利用于教学和学习。专门为学习而设计和开发的游戏常常被称为"严肃游戏"(ABT，1970；Aldrich，2009；deFreitas，2006)。游戏还可以像文学和电影一样按流派被分类。Apperly(2006)描述了四个主要游戏流派：

1. *模拟*：模拟的特点构成了典型的经验，而且包括游戏元素(如那些由 Suave 等人所述，2007)。这一流派包括体育比赛、飞行模拟游戏和赛车游戏。

2. *战略游戏(包括实时和回合制策略)*：这些游戏具有宏观特征，以"神眼"来看游戏环境，玩家在游戏中组织和评价游戏里外的信息，并就操纵比赛的变量作出决定。

3. *动作游戏(包括第一人称射击者和第三人称游戏)*：这种游戏通过化身的眼睛或身体在玩家和游戏世界之间建立联系，玩家通过化身对游戏世界采取行动。

4. *角色扮演游戏*：在这些游戏中玩家需要扮演一个特定的角色，经常采用特定化身，然后通过该角色的行为进行引导，而且往往决定游戏的进程。这一流派包括一些非常流行的游戏形式，包括 MORPG(多人在线扮演角色游戏)与MMORPG 游戏(大型多人在线扮演角色游戏)。这其中的一个例子即流行的

魔兽世界游戏(Steinkuehler & Duncan,2008)。

　　一些创作学习游戏的研究人员和从业者基于对传统教学设计过程的改造,已经开始建议有效的战略和制定促进学习的游戏的最佳实践(Shelton & Scoresby,2011)。其他专注于嵌入式游戏和使用游戏技巧促进学习的发现可以指导对严肃游戏的设计。他们还分析这些与学习有关的游戏以普遍改进教学实践(Gee,2010;Hammer & Black,2009;Sardon & Devlin-Scherer,2010;Barab,Thomas,Dodge,Carteaux & Tuzun,2005)。最后,许多研究人员正在探索学习者创建数字游戏的情形,这往往是更广泛的学习经验的一部分(Hayes & Games,2008;Barbour,Reiber,Thomas & Rauscher,2009;Salen 2007)。

　　为了响应对于严格地分析学习数字游戏的益处和效果的需要(Clark,2007;Van Eck,2006),一些研究人员正在评估这些影响(Chuang & Chen,2009;Ke,2008),并且还在探索游戏在社会、设计和教育实践中的普遍作用(Squire,2007)。还有其他人员在研究策略以促进游戏在传统学习环境中的使用(Gunter,Kenny & Vick,2008;Kebritchi,2010),以及游戏在促进共享的学习、社区建设和交流等方面的能力(Steinkuehler,2008)。

Jason Underwood

(刘炬红　译)

参考文献

Abt,C. A.(1970). *Serious games*. New York,NY:Viking.

Aldrich,C.(2009). *The complete guide to simulations and serious games*. San Francisco,CA: Jossey-Bass/Pfeiffer.

Apperley,T.(2006). Genre and game studies:Towards a critical approach to videogame genres. *Simulation & Gaming:An International Journal of Theory Practice and Research*, *37*(1),6-23.

Barab,S.,Thomas,M.,Dodge,T.,Carteaux,R.,& Tuzun,H.(2005). Making learning fun:Quest Atlantis,a game without guns. *Educational Technology Research and Development*, *53*(1),86-107.

Barbour,M.,Reiber,L. P.,Thomas,G.,& Rauscher,D.(2009). Homemade PowerPoint games:A constructionist alternative to WebQuests. *Tech Trends*,*53*(5),54-59.

Charsky,D.,& Mims,C.(2008). Integrating commercial off the shelf video games into school curriculums. *Tech Trends*,*52*(6),38-44.

Clark,R. E.(2007). Learning from serious games? Arguments,evidence,and research suggestions. *Educational Technology*，47(3)，56 - 59.

Chuang, T. , & Chen, W. (2009). Effect of computer-based video games on children: An experimental study. *Educational Technology & Society*，12(2)，1 - 10.

deFreitas, S. (2006). Using games and simulations for supporting learning. *Learning，Media，and Technology*，31(4)，343 - 358.

Gee, J. (2007). *What video games have to teach us about learning and literacy*. New York: Palgrave MacMillan.

Gredler, M. E. (2004). Games and simulations and their relationship to learning. In D. H. Jonassen (Ed.)，*Handbook of research on educational communications and technology* (2nd ed. , pp. 571 - 582). Mahwah, NJ: Lawrence Erlbaum Associates.

Gunter, G. A. , Kenny, R. F. , & Vick, E. H. (2008). Taking educational games seriously: Using the RETAIN Model to design endogenous fantasy into standalone educational games. *Educational Technology Research and Development*，56(5 - 6)，511 - 537.

Hayes, E. R. , & Games, I. A. (2008). Making computer games and design thinking: A review of current software and strategies. *Games and Culture*，3(3)，309 - 332.

Hammer, J. , & Black, J. (2009). Games and preparation for future learning. *Educational Technology*，49(2)，29 - 34.

Ke, F. (2008). Computer games application within alternative classroom goal structures: Cognitive, metacognitive, and affective evaluation. *Educational Technology Research and Development*，56(5/6)，539 - 556.

Kebritchi, M. (2010). Factors affecting teachers' adoption of educational computer games: A case study. *British Journal of Educational Technology*，41(2)，256 - 270.

Salen, K. (2007). Gaming literacies: A game design study in action. *Journal of Educational Multimedia and Hypermedia*，16(3)，301 - 322.

Salen, K. , & Zimmerman, E. (2003). *Rules of play: Game design fundamentals*. Cambridge, MA: The MIT Press.

Sardon, N. , & Devlin-Scherer, R. (2010). Teacher candidate responses to digital games: 21st century skills development. *Journal of Research on Technology in Education*，42(4)，409 - 425.

Squire, K. D. (2007). Games, learning, and society: Building a field. *Educational Technology*，47(5)，51 - 55.

Suave, L. , Renaud, L. , Kaufman, D. , & Marquis, J. S. (2007). Distinguishing between games and simulations: A systematic review. *Educational Technology & Society*，10(3)，247 - 256.

Shelton, B. , & Scoresby, J. (2011). Aligning game activity with educational goals: Following a constrained design approach to instructional computer games. *Educational Technology Research and Development*，59(4)，1 - 26.

Steinkuehler, C. (2008). Massively multiplayer online games as an educational technology: An outline for research. *Educational Technology*，48(1)，10 - 21.

Steinkuehler, C. , & Duncan, S. (2008). Scientific habits of mind in virtual worlds. *Journal of Science Education and Technology*，17(6)，530 - 543.

Van Eck, R. (2006). Digital game-based learning: It's not just the digital natives who are restless. *EDUCAUSE Review*，41(2)，16 - 30.

数字游戏 Digital Games

请参见基于数字游戏的学习 DIGITAL GAME-BASED LEARNING

数字素养 Digital Literacy

请参见素养 LITERACY

数字化图谱 Digital Mapping

数字化图谱(也称为数字制图)是一个把信息编译和格式化变成虚拟图像的过程。这种技术主要用于创建一个特定区域的详细地图,并且可能包括主要道路和其他兴趣点的信息。该技术允许计算从一个地方到另一个地方的距离。除了物理现象,数字化图谱可以代表与地理方面必然相关联的社会、经济和文化数据。最近随着计算机硬件和软件技术方面的发展,以及高速互联网的接入和 Web 2.0 的问世,数字化图谱的改变,自专题制图技术问世以来,比任何其他技术发展都迅速(MacEachren,1996;Goodchild,2007)。这些技术创新对制图的目的产生了很大的影响,把它从一个单纯的空间交流工具转换成空间探索工具。

新的 3D 信息技术和 3D 动画的发展,使得人们可以对地图的特性进行探索,并且在"视觉上进入"虚拟中心(Adami & Guerra,2006)。如今,有了虚拟现实技术,人们便可以与地图进行互动。

地理或空间信息系统(GIS,或 SIS)是一种特殊类型的信息和通信技术(ICT),它集成硬件、软件以及数据和应用以获取、管理、分析和显示各种形式的地理参考信息,用以理解地理以及作出明智的决策。科学可视化的进展正在改变地图和其他图形工具在科学调查中的作用(Latu,2009)。

数字化图谱可以在各种计算机应用程序中找到,比如谷歌和全球定位系统,或在汽车导航系统中使用的 GPS 卫星网络导航系统。

Ileana P. Gutierrez

(刘炬红　译)

参考文献

Adami，A.，& Guerra，F.（2006）. 3D digital maps：New development in cartography for cultural heritage. *e-Perimetron*，*1*（2），164 - 169.

Goodchild，M. F.（2007）. Citizens as sensors：The world of volunteered geography. *GeoJournal*，*69*（4），211 - 221.

Latu，S.（2009）. Sustainable development：The role of GIS and visualization. *Electronic Journal of Information Systems in Developing Countries*，*38*（5），1 - 17. Retrieved from http://www.ejisdc.org/ojs2/index.php/ejisdc/article/viewFile/560/287.

MacEachren，A. M.（1996）. Introduction，Special issue on Geographic Visualization. *Cartography and Geographic Information Systems*，*19*（4），197 - 200.

数字土著和移民 Digital Natives and Immigrants

2001 年 Marc Prensky 在《在地平线上》杂志里发表的两篇文章中普及了"数字土著"和"数字移民"这两个术语（Prensky，2001a；Prensky，2001b）。Prensky 第一个为了呼吁采取行动改变学校的情境和教学方法,结合了"数字土著"和"数字移民"这两个术语。Prensky（2001a，2001b）使用"数字一代"这一术语来形容随着数字技术长大的一代人,即计算机、视频游戏、数字音乐播放器、摄像机、手机、电子邮件、即时通信和互联网作为他们成长环境的一个普遍存在的部分。Prensky 认为,数字土著们思考和处理信息不同于其前辈,数字土著的母语是数字语言,因为他们在整个生活中无处不在地接触数字技术并与其互动。

Prensky（2001a，2001b）使用"数字移民"来形容那些没有出生在数字世界的人,但是在他们一生中的某个点,接触了数字技术。Prensky 认为,数字移民保留着口音,这口音表明一个标记,标示他们虽然没有出生在数字世界但已经适应了它,这个口音还标示了数字移民的社会化不同于数字土著。Prensky（2001a，2001b）描述了数字移民可以打印和分发电子邮件或网站,或是拨打电话聊聊天,或听一个记录,或者主要依靠广播媒体。

在之后的文献中,Prensky（2012）肯定了 Douglas Rushkoff（1996）关于技术母语使用者概念,即他所谓的"读屏者",所指的是出生于通过电脑和电视等来接触文化的儿童与前几代儿童的交互模式相比有所不同。Jacobsen 和 Lock（2004）辩称,不像他们的老师,读屏者能流畅地介入诸如在线操作、数字环境和虚拟空间互动,迅速地参与火爆的、非线性的、混乱的、多感官的数字媒体世界,并发明电脑和网络的新用途;而成年人对这些新用途往往预期不到,无法欣赏,并时常误解。Prensky（2012）也认可 Barlow

(1996)的网络空间独立宣言,以及 Barlow 所描述的儿童是这个世界的土著而成年人却永远是该世界的移民。

自 2001 年以来,"数字土著"和"数字移民"已成为被大众逐渐接受的术语,且成为建立新概念的基础(Tapscott,2009);这些术语就其有效性和实用性还是受到了评判(比如,Bullen,Morgan & Qayyum,2011)。Prensky(2009)在《创新》杂志的一篇论文中还记述了从强调"数字移民"和"数字土著"概念到"数字智慧"概念的转变。在他的《教育数字土著:携手实学》一书中,他还概述了教育和支持数字土著进行有深度和引人入胜的学习的最佳策略(Prensky,2010)。

Michele Jacobsen

(刘炬红 译)

参考文献

Barlow, J. P. (1996). A declaration of the independence of cyberspace. Retrieved from: https://projects. eff. org/~barlow/Declaration-Final. html.

Bullen, M. , Morgan, T. , & Qzyyum, A. (2011). Digital learners in higher education: Generation is not the issue. *Canadian Journal of Learning and Technology*, 37 (1). Retrieved from: http://www. cjlt. ca/index. php/cjlt/article/view/550 PID: http://hdl. handle. net/10515/sy5wm1465.

Jacobsen, D. M. , & Lock, J. V. (2004). Technology and teacher education for a knowledge era: Mentoring for student futures, not our past. *Journal of Technology and Teacher Education*, 12(1),75 - 100.

Prensky, M. (2001a). Digital natives, digital immigrants. *On the Horizon*, 9 (5), 1 - 6. Retrieved from: http://www. scribd. com/doc/9799/Prensky-Digital-Natives-Digital-Immigrants-Part1 Archived at http://www. webcitation. org/5eBDYI5Uw.

Prensky, M. (2001b). Digital natives, digital immigrants, part 2: Do they really think differently? *On the Horizon*, 9 (6),1 - 6. Retrieved from: http://www. twitchspeed. com/site/Prensky% 20-% 20Digital% 20Natives,% 20Digital% 20Immigrants% 20-% 20Part2. htm Archived at http://www. webcitation. org/5eBDhJB2N.

Prensky, M. (2009). H. sapiens digital: From digital immigrants and digital natives to digital wisdom. *Innovate*, 5(3). Retrieved from: http://www. innovateonline. info/index. php?view = article&id = 705.

Prensky, M. (2010). *Teaching digital natives: Partnering for real learning*. Thousand Oaks, CA: Corwin.

Prensky, M. (2012). *From digital natives to digital wisdom: Hopeful essays for 21st century learning*. Thousand Oaks, CA: Corwin Publishing.

Rushkoff, D. (1996). *Playing the future: How kids' culture can teach us to thrive in an age of chaos*. New York: Harper Collins.

Tapscott, D. (2009). *Grown up digital: How the net generation is changing your world.* New York, NY: McGraw-Hill

数字故事创作 Digital Storytelling

数字故事创作是一种结合了故事与数字媒体的教育实践。Sadik(2008)报告说，学生被要求用真实世界的情况作为数字故事的基础。学生经常围绕自己生活的某些方面来雕凿故事(Heo, 2009)。这一策略为学生提供了一个真实背景(Maina, 2004)。

故事是人与人之间传递知识的重要载体。Thornburg(1999)讨论了共享故事的历史演变。他想象的故事从一个人传输到另一个人就好像从当地的水井传递水一样。正如古希腊和罗马的露天剧场为故事提供了正规场地，Guttenberg 为故事提供了移动型版本，它可以被印刷并被广泛传播。我们现在有电子邮件、博客、维基和其他 Web2.0 工具来进行故事传播。

终端用户工具的开发使文字故事里可以加入数字内容，进而改进故事传递的效果。用数字相机拍摄的背景照片及背景音乐可以很容易地下载到计算机中。微软公司的 Photo Story 和 Movie Maker 以及苹果公司的 iMovie 等软件都可以作为创建数字故事的工具。

David Carbonara

（刘炬红　译）

参考文献

Heo, M. (2009). Digital storytelling: An empirical study of the impact of digital storytelling on pre-service teachers' self-efficacy and dispositions towards educational technology. *Journal of Educational Multimedia and Hypermedia*, 18(4), 405-428.

Maina, F. (2004). Authentic learning: Perspectives from contemporary educators. *Journal of Authentic Learning*, 1(1). Retrieved September 21, 2011, from http://hdl.handle.net/1951/389.

Sadik, A. (2008). Digital storytelling: A meaningful technology-integrated approach for engaged student learning. *Educational Technology Research and Development*, 56(4), 487-506.

Thesen, A., & Kara-Soteriou, J. (2011). Using digital storytelling to unlock student potential. *New England Reading Association Journal*, 46(2), 93-102.

Thornburg, D. (1999). *Campfires in cyberspace*. San Carlos, CA: Starsong Publications.

直接教学 Direct Instruction

请参见教学 INSTRUCTION

探索—诠释式学习连续体 Discovery-Expository Learning Continuum

请同时参见探索学习 DISCOVERY LEARNING、通用性 GENERALITY 以及生成性和替代性教学策略 GENERATIVE AND SUPPLANTIVE INSTRUCTIONAL STRATEGIES

探索学习是程度的问题,因而,认为学习是一个探索—诠释的学习连续体是比较合适的说法,探索—诠释的学习连续体可以从纯粹的探索性学习到纯粹的诠释性学习(Reigeluth & Keller, 2009)。这个连续体与从以学习者为中心到以教师为中心的教学是紧密联系的(Reigeluth & Keller, 2009)。极端的探索学习是一个纯粹的感性方法,用这种方法,学习者必须自己找出概念的含义及其之间的关系或如何表现技能(例如,解决问题)。极端的诠释性学习是一个纯粹的演绎方法,用这种方法,含义和技能总是展示给学习者,因此类似演示和示范的教学方法普遍存在。

然而,大多数的教学既不是纯粹探索性的,也不是纯粹诠释性的,只是存在于连续体两端之间的一些点。例如,许多文献中描述的探索性学习方法包括一些诠释性的元素(Tuovinen, 2000)。而学生在进行探索学习的时候,比如基于问题的学习,教导演绎型教学方法可以以支撑的形式帮助学生在学习探究的过程中反思。这种有指导的探索性学习存在于连续的中间,在最近的整合分析(meta analyses)研究结果中被证明它比用最少的指导来教学更有效(例如,Strobel & Van Barneveld, 2009)。另外,在连续体上没有任何一点比其他点更好,而是要根据学习的情况和目的,找到连续体的某一点可能会比其他任何给定的点更合适。例如,当某教师有大量学生时,尤其当学习量很大的时候,诠释性的学习因为它的效率和有效性可以是优先的。

Dabae Lee

Yeol Huh

Charles M. Reigeluth

(刘炬红　译)

参考文献

Reigeluth, C. M. , & Keller, J. M. (2009). Understanding instruction. In C. M. Reigeluth & A. A. Carr-Chellman (Eds.), *Instructional-design theories and models*: *Building a common knowledge base* (Vol. 3, pp. 27 – 39). New York: Routledge.

Strobel, J. , & Van Barneveld, A. (2009). When is PBL more effective? A metasynthesis of meta-analyses comparing PBL to conventional classrooms. *Interdisciplinary Journal of Problem-based Learning*, 3(1),44 – 58.

Tuovinen, J. E. (2000). *Implications of discovery learning research for the design of flexible learning*. Paper presented at the ASET-HERDSA 2000 Conference, Toowoomba, Qld. http://www. ascilite. org. au/aset-archives/confs/aset-herdsa2000/procs/tuovinen. html.

探索学习 Discovery Learning

请同时参见探索—诠释式学习连续体 DISCOVERY-EXPOSITORY LEARNING、连贯 CONTINUUM 和开放教育 OPEN EDUCATION

探索学习,在一方面,指的是一种认识论的理论,描述人类如何通过积极地赋予意义而获得新的知识;这在 John Dewey 和 Jean Piaget 的作品里埋下了伏笔,在以 Bruner 为首的 20 世纪 50 年代的"认知革命"作品里达到极点——"竭尽全力建立意义作为心理学的核心概念",如同 Bruner 后来所记述的(1990：2):"这集中在人类在构建和了解世界以及他们自己时所使用的符号活动。"

探索学习也指一组教学策略,即学习者通过探索问题空间来创建、集成和推广新知识得到解决方案。这些策略与演绎的做法相反,是基于归纳的方式:学习者都沉浸在首次经验中,从中他们被引导来了解一些特定的概念、规则或认知策略。

探索学习与以探究为基础的教学的概念相重叠,尽管以探究为基础的教学的倡导者们觉得他们的概念不仅是要探索知识,"此时此刻,学习者系统地熟悉科学和逻辑规则并用它验证这些知识"(Massialas, 1985：1416)。

在 1959 年后卫星国会议(Post-Sputnik Conference)的数学和科学教育改革学术会议上,36 位科学家和教育家发表了他们的研究发现,在这些发现被发表之后,倡导探索学习便成为教育界的"运动"(Bruner, 1960)。之后的 20 年时间里出现了全国范围的课程项目,包括"新物理学"、"新化学"、"新数学"、"新社会研究"等等,都类似地倾向于更具归纳性和探究性的教学方法(Massialas, 1985)。通过制作实施这些课程所需的电影、游戏、模拟和其他交互式资源,把教育技术带到了认知革命中间(Molenda,

2008)。

从 20 世纪 60 年代起,对于探索学习方法的兴趣时有起伏,所以探索学习方法方面的研究产生不一致的结果也就不足为奇了。自 20 世纪 90 年代,倡导探索学习回归到建构主义学习环境的标题下(Jonassen,1999),建构主义学习环境的形式包括超媒体、微缩世界、基于问题的学习、基于案例的情景、计算机模拟、网络探索(WebQuest)以及其他格式,其特征是将问题的探索放置于丰富的事境。倡导者们声称探索学习方法激发求知欲,从而促进内在动机;探索学习方法赋予学生知识所有权,鼓励创造力以及解决问题。

最近的评论家们苛刻地指出没有辅助的探索学习的失败(Mayer,2004;Kirschner,Sweller & Clark,2006)。但最近一个重要的整合分析研究结果对一些探索学习方法给予了合理的支持(Alfieri,Brooks,Aldrich & Tenenbaum,2011)。他们的结论是:虽然"没有支持的探索"相比"直接教育"确实是效果差些,但"增强型探索方法比较于其他相应方法则导致更有效的学习"(第 7 页)。他们指出,以反馈、支撑和诱导式解释的形式作指引可以帮助克服没有支持的探索学习所容易导致的认知负荷和误解的障碍。这个结论把整个争论又转了个圆圈,回到了 Bruner 的最初建议(1961),他当时警告说,学生在探索学习活动中需要有所准备,而且在此过程中学生还需要引导。

Michael Molenda

(刘炬红　译)

参考文献

Alfieri, L. , Brooks, P. J. , Aldrich, N. J. , & Tenenbaum, H. R. (2011). Does discoverybased instruction enhance learning? *Journal of Educational Psychology*, *103*(1), 2011, 1 – 18.

Bruner, J. S. (1960). *The process of education*. Cambridge, MA: Harvard University Press.

Bruner, J. S. (1961). The act of discovery. *Harvard Educational Review*, *31*(1), 21 – 32.

Bruner, J. S. (1990). *Acts of meaning*. Cambridge, MA: Harvard University Press.

Jonassen, D. (1999). Designing constructivist learning environments. In C. M. Reigeluth (Ed.), *Instructional-design theories and models*, *volume II* (pp. 215 – 240). Mahwah NJ: Lawrence Erlbaum Associates.

Kirschner, P. A. , Sweller, J. , & Clark, R. E. (2006). Why minimal guidance during instruction does not work: An analysis of the failure of constructivist, discovery, problem-based, experiential, and inquiry-based teaching. *Educational Psychologist*, *41*(2), 75 – 86.

Massialas，B. G.（1985）. Discovery and inquiry-based programs. In T. Husen & T. N. Postlethwaite（Eds.），*The international encyclopedia of education*（pp. 1415 - 1418）. Oxford，UK：Pergamon Press.

Mayer，R.（2004）. Should there be a three-strikes rule against pure discovery learning? *American Psychologist*，*59*(1),14 - 19.

Molenda，M.（2008）. Historical foundations. In J. M. Spector，M. D. Merrill，J. Van Merriënboer & M. P. Driscoll（Eds.），*Handbook of research on educational communications and technology*（3rd ed.，pp. 3 - 20）. New York：Lawrence Erlbaum Associates.

论坛 Discussion Boards

请参见技术交流 TECHNOLOGICAL COMMUNICATION

远程教育和学习 Distance Education and Learning

请同时参见混合式学习 BLENDED LEARNING、互动 INTERACTION、移动学习 MOBILE LEARNING 和开放教育 OPEN EDUCATION

类似远程学习、远程教育、分布式学习、电子学习、网上学习和虚拟学校之类的术语经常互换使用，但它们之间还是有不同的。正如由 Moore 和 Kearsley(2012)所阐述的："当我们选择术语时，对其所表述的暗示，假设和价值观需要发展一种严谨的思考意识。"(第 289 页)例如，电子学习侧重通信技术，而分布式学习和远程学习则把重点放在学生所处的实际地理位置上（Moore & Kearsley，2012）。此外，远程学习，如 Moore 和 Kearsley(2012)所指出的，描述了学习者和老师在远距离的互动。不过，他们警告道："远程学习"重点是用在教学和学习上。因此，他们关注的教育"描述了具有两面性的关系，教师和学习者。"(第 2 页)

Simonson(2011)报告说，多年来，远程教育已从不同的角度被定义（如 Delling，1987；Garrison & Shale，1987；Holmberg，1985；Keegan，1986；Moore，1994；Perraton，1988；Peters，1988；Rumble，1995）。Simonson(2011)指出，远程教育的"远程"可以有多种含义，如包括：(1)"地理距离，时间距离以及甚至可能是学术距离"(第 79 页)；(2)"'远程教育'已经被应用到一个极其广阔的范围，以各种媒体来服务于众多观众"(第 80 页)；(3)"技术的迅速变化对传统的远程教育定义方式提出了挑战"(第 80 页)。

根据 Moore 和 Kearsley(2012)的远程教育是多维度的，他们将远程教育定义为：

"远程教育是教加之有计划的学习,通常教与学发生在不同的地方,需要通过技术沟通以及特殊的制度组织。"(第2页)同样,Simonson、Smaldino、Albright 和 Zvacek(2012)定义远程教育为"以教学机构为基础的正规教育,其学习小组是分离的,交互式通信系统用来连接学习者、资源和教师"(第32页)。在这个定义里,他们认为以下四个组成部分清楚地定义了远程教育:

1. 以教学机构为基础的——"不是一个自学或者非学术性的学习环境"(第32—33页)。

2. 教师和学生的分离——分离可以是地理、时间以及教师和学生之间的学术分离(Simonson et al.,2012:34)。

3. 交互式通信——通过同步和异步交互通信,在学习者之间、学习者和老师以及资源/内容之间的交互(Simonson et al.,2012:34)。

4. 连接学习者、资源和教师——教学设计组织资源以支持学习经验,并支持教师与学习者以及支持学习资源之间的交互(Simonson et al.,2012:34)。

Simonson 等(2012)指出,如果这些组件的一个或多个缺失了,"那么该事件就变成了不同的东西,哪怕只是微秒的差别,它也就不能称为远程教育"(第34页)。

Jennifer V. Lock

(刘炬红　译)

参考文献

Delling, R. M. (1987). Towards a theory of distance education. *ICDE Bulletin*, *13*, 21 - 25.

Garrison, D. R., & Shale, D. (1987). Mapping the boundaries of distance education: Problems in defining the field. *American Journal of Distance Education*, *1*(1), 7 - 13.

Holmberg, B. (1985). *The feasibility of a theory of teaching for distance education and a proposed theory* (ZIPPF Papiere 60). Hagen: Fern Universität, Zentrales.

Keegan, D. (1986). *The foundations of distance education*. London: Croom Helm.

Moore, M. (1994). Autonomy and interdependence. *American Journal of Distance Education*, *8*(2), 1 - 5.

Moore, M. G., & Kearsley, G. (2012). *Distance education: A systems view of online learning* (3rd ed.). Belmont, CA: Wadsworth, Cengage Learning.

Perraton, H. (1988). A theory for distance education. In D. Sewart, D. Keegan & B. Holmberg (Eds.), *Distance education: International perspectives* (pp. 34 - 45). New York: Routledge.

Peters, O. (1988). Distance teaching and industrial production: A comparative interpretation in outline. In D. Sewart, D. Keegan & B. Holmberg (Eds.), *Distance education*: *International perspectives* (pp. 95 - 113). New York: Routledge.

Rumble, G. (1995). Labour market theories and distance education I: Industrialisation and distance education. *Open Learning*, 10(1), 10 - 21.

Simonson, M. (2011). Distance education yesterday, today, and tomorrow. In G. J. Anglin (Ed.), *Instructional technology*: *Past*, *present and future* (3rd ed., pp. 79 - 104). Santa Barbara, CA: Libraries Unlimited.

Simonson, M., Smaldino, S., Albright, M., & Zvacek, S. (2012). *Teaching and learning at a distance*: *Foundations of distance education* (5th ed.). Boston, MA: Pearson.

分布式认知 Distributed Cognition

请同时参见协作学习 COLLABORATIVE LEARNING、互动 INTERACTION 和
技术支持的学习 TECHNOLOGY-ENABLED LEARNING

分布式认知是由认知心理学家和人类学家 Edwin Hutchins 开发的,当时是 20 世纪 90 年代,他在调查导航如何协调圣地亚哥(San Diego)地区的美国海军舰艇。从教育心理学的角度来看,Salomon(1993a:xiii)认为,"人们在思考的时候与其他人是有联系的并通过合作伙伴关系来进行,通常由一定文化背景提供的工具来实施"。Hutchins(1995:xiii)明白,从认知科学而来的分布式认知"重视发现和描述'知识结构',而该结构是在个人的'内部'鼓励我们忽略一个事实,即:人类认知总是位于一个复杂的社会文化世界,并且不能不受其影响"。

作为一个认知科学的分支,分布式认知的基本见解是:知识不仅受个人制约,而且其分布跨越一个人的社会和自然环境;这种认知最好应该理解为人类和机器之间的分布式处理(物理分布认知)(Norman, 1993; Perkins, 1993)或在认知代理之间(社会分布式认知)。分布式认知理论的关键部分包括信息的实施方案,嵌入在相互作用的表现中,协调表现代理之间的互动,并对一个认知生态系统作生态贡献。Salomon(1993b)指出分布式认知形成的系统由一个单独的代理、他或她的同窗、老师与社会文化形成的认知工具组成。

分布式认知的概念可以被用于描述分布的单元如何可以得到协调用来探索个人之间的互动、涉及的工具中介以及活动发生的物理环境。从分布式认知的角度来看,在认知过程中,资源以分散的方式分布,而且以一种社会方式共享,因此,个体的认知资源可得以延伸,从而促进个人单独作为所不能实现的成就。许多研究方法采用的是

分布式认知方法,其中包括对视频和现实生活事件录音的详细分析、神经网络模拟和实验室实验。

当用于分析人机交互以及分析在个人所处的社会和物理自然环境中的教学技术时,分布式认知是非常强大的。在这些情况下,分布式认知为真实工作情景中用技术处理问题提供了一个更加平衡的理论框架。

作为用信息和计算术语来描述人类工作制度的一个有用的描述性的理论框架,分布式认知提供了一个更强而又更清晰的替代模型来理解代表性媒体作为工具的中介角色和职能,并且对技术设计在各种活动中的应用富有意义。在计算机支持的协作学习、计算机支持的协同工作、人机交互、教学设计和远程学习方面,分布式认知都有很大的潜力。例如,Rogers 和 Ellis(1994)已经使用分布式认知作为一种可替代的框架来分析和解释不同类型的计算机支持环境中的协同工作。

Zheng Xudong

Xinmin Sang

(刘炬红 译)

参考文献

Hutchins, E. (1995). How a cockpit remembers its speeds. *Cognitive Science*, 19, 265 – 288.

Norman, D. A. (1993). *Things that make us smart: Defending human attributes in the age of the machine*. New York: Addison-Wesley.

Perkins, D. N. (1993). Person-plus: A distributed view of thinking and learning. In G. Salomon (Ed.), *Distributed cognitions: Psychological and educational considerations* (pp. 88 – 110). Cambridge: Cambridge University Press.

Rogers, Y., & Ellis, J. (1994). Distributed cognition: An alternative framework for analysing and explaining collaborative working. *Journal of Information Technology*, 9(2), 119 – 128.

Salomon, G. (1993a). Editor's introduction. In G. Salomon (Ed.), *Distributed cognitions: Psychological and educational considerations* (pp. xi-xxi). NY: Cambridge University Press.

Salomon, G. (1993b). No distribution with individuals' cognition: A dynamic interactional view. In. G. Salomon (Ed.), *Distributed cognitions: Psychological and educational considerations* (pp. 111 – 138). Cambridge: Cambridge University Press.

分布式学习 Distributed Learning

请参见远程教育和学习 DISTANCE EDUCATION AND LEARNING 和移动学习 MOBILE LEARNING

学习领域 Domains of Learning

请参见学习分类 LEARNING TYPES

双码理论 Dual Coding Theory

请同时参见图形 GRAPHICS、多渠道教学 MULTI-CHANNEL INSTRUCTION
和视觉和图像学习 VISUAL AND PICTORIAL LEARNING

双码理论最早由 Paivio 提出，然后根据新的研究提炼而成（Paivio，1971，1986，1991，2007）。Paivio 认为，工作记忆中有两个系统，一个专门用于处理语言信息，另一个专门用于处理非语言对象和事件。后来，Paivio（2007）将"logogen"和"imagen"这两个术语用来描述语言和非语言对象的代表性单位。这两个系统独立运行，也就是说，一个刺激源能激活任一系统，比如说狗这一刺激源能使观察者想起狗的图像或想起"狗"这个词。同样，这两个系统可以同时工作或同时处理图像信息（例如，图像）和语言信息。其概念性假说是一个相关处理的示例，将两个不相关的单位（例如，一个图像和一个单词）连在一起（Paivio，1971）。

Mayer 和他的同事（Mayer，2001；Mayer & Anderson，1991；Mayer & Moreno，2003；Moreno & Valdez，2005）扩展并修改了双码理论，将这个理论应用于基于电脑的教学（CBI）和多媒体教学。Mayer 的多媒体学习理论（Mayer，2001）是结合了双码理论（Paivio，1971）、认知负荷理论（Sweller，1999）和信息积极处理理论（Wittrock，1989）而产生的，这一理论被用于设计有效的多媒体教学。

近来，双码理论已被用于帮助教育技术研究，包括研究图表和缩短的视听教材（Pastore，2010）、动画概念（Doymus，Karacop & Simsek，2010）以及图片和文字的多媒体设计（Moreno & Valdez，2005）。研究表明，图片比具体的单词更容易帮助记忆，因此，双码理论对教学的设计和教育技术研究都会产生影响（Paivio，2007）。

Gary R. Morrison

Jennifer R. Morrison

（王　红　译）

参考文献

Doymus, K. , Karacop, A. , & Simsek, U. (2010). Effects of jigsaw and animation techniques on students' understanding of concepts and subjects in electrochemistry. *Educational Technology Research and Development*, 58 (6), 671 – 691. doi: 10. 1007/s11423-010-9157-2.

Mayer, R. E. (2001). *Multimedia learning*. New York: Cambridge University Press.

Mayer, R. E. , & Anderson, R. B. (1991). Animations need narrations: An experimental test of a dual-coding hypothesis. *Journal of Educational Psychology*, 83(4),484 – 490.

Mayer, R. E. , & Moreno, R. (2003). Nine ways to reduce cognitive load in multimedia learning. *Educational Psychologist*, 38,43 – 52.

Moreno, R. , & Valdez, A. (2005). Cognitive load and learning effects of having students organize pictures and words in multimedia environments: The role of student interactivity and feedback. *Educational Technology Research and Development*, 53(3),35 – 45. Doi: 10. 1007/bf02504796.

Paivio, A. (1971). *Imagery and verbal processes*. New York: Holt, Rinehart, & Winston.

Paivio, A. (1986). *Mental representations: A dual coding approach*. New York: Orford University Press.

Paivio, A. (1991). Dual coding theory: Retrospect and current status. *Canadian Journal of Psychology*, 45(3),255 – 287.

Paivio, A. (2007). *Mind and its evolution: A dual coding theoretical approach*. New York: Psychology Press.

Pastore, R. (2010). The effects of diagrams and time-compressed instruction on learning and learners' perceptions of cognitive load. *Educational Technology Research and Development*, 58(5),485 – 505. Doi: 10. 1007/s11423-009-9145-6.

Sweller, J. (1999). Instructional design in technical areas. *Australian Education Review*, No. 43 (pp. 168). Australia: Victoria.

Wittrock, M. C. (1989). Generative processes of comprehension. *Educational Psychologist*, 24,345 – 376.

E

教育设计研究 Educational Design Research

请参见基于设计的研究 DESIGN-BASED RESEARCH

教学媒体 Educational Media

请同时参见视听教学 AUDIOVISUAL INSTRUCTION、教育技术 EDUCATIONAL TECHNOLOGY 和媒体 MEDIA

　　媒体(Media,复数)或媒体(Medium,单数)这一概念,我们几乎可以将它看成技术的同义词,尽管后者关注一个更广义的过程、产品或系统,前者强调工具或产品。媒体,通常被认为是新闻的唯一领域,它在教育领域内逐渐流行,这特别受 Marshall McLuhan 的理论观点的影响,他认为媒体的广泛定义是"人的延伸"。他的格言"媒体即讯息"(McLuhan,1964:23)成为 20 世纪后半叶一个常常被引用的众所周知的引言。McLuhan 的格言,大多来自 20 世纪 60 年代,已被证实非常具有先见之明:它预示了地球村、网络浏览,甚至微博。

　　在教育领域,"教育媒体"这一术语扩大了早期(20 世纪 40 年代)"视听教育"的概念。"视听教育"本身是 20 世纪 20 年代的"视觉教育"概念上的扩展,它最终成为现今常用的"教育技术"一词。在美国,这种转变完成的标志是视听教学部于 1970 年更名为教育交流与技术协会。

　　"教育媒体"这一术语基本已被其他术语替代,但仍然出现在一些领域。最值得注意的是,国际教育媒体理事会于 1950 年成立,推动他们所谓的"教育媒体"宗旨。今天,它的会员遍及大约 30 个国家,其活动包括年会和"国际教育媒体"评审期刊。

　　与之稍微不同,"媒体生态"这一术语已经取得了一些突出地位。Neil Postman

(1985)是这个术语的主要发起人和倡导者之一,媒体生态强调媒体即环境的理念。

尽管"教育媒体"这一术语不再像其他具有竞争性的术语如信息通信技术(ICT)和教育技术流行,但它肯定是一个具有生命力的术语,继续出现于21世纪的教育技术文献(例如,请参见 Rabinowitz,Blumberg & Everson,2004;Flew,2002)。同样,Laurillard(2002)描述教育媒体"以支持学习活动的性质而言,它们具有叙事性、互动性、适应性、沟通性和多产性"(第6页)。然后,她指出这些媒体可以是"印刷、视听、计算机为基础的学习、远程会议和万维网访问"一系列的形式(第5页)。

当今的后现代哲学家 Jean Baudrillard(1983/1991)认为,"我们已很难识别媒体本身,正因为如此,媒体和信息的合并(McLuhan)是我们新时代首要的公式"(第468页)。

Denis Hlynka

(王　红　译)

参考文献

Baudrillard, J. (1991). Precession of the simulacra. In D. Hlynka and J. Belland (Eds.), *Paradigms regained: The uses of illuminative, semiotic and postmoderm criticism as modes of inquiry in educational technology* (pp. 441 - 480). Englewood Cliffs, NJ: Educational Technology Publications (Work originally published in 1983).

Flew, T. (2002). Educational media in transition: Broadcasting, digital media and lifelong learning in the knowledge economy. *International Journal of Educational Media*, 29(1),47 - 60.

Laurillard, D. (2002). *Rethinking university teaching: A conversational framework for the effective use of learning technologies*. London: Routledge.

McLuhan, M. (1964). *Understanding media: The extensions of man*. New York: McGraw Hill.

Postman, N. (1985). *Amusing ourselves to death: Public discourses in the age of show business*. New York: Penguin.

Rabinowitz, M., Blumberg, F., & Everson, H. (2004). *The design of instruction and evaluation: Affordances of using media and technology*. Mahwah, NJ: Lawrence Erlbaum.

教育技术 Educational Technology
请同时参见技术 TECHNOLOGY

教育技术的定义在几个方面存在问题。首先,这个术语在使用"教育"或"教学"两字之间来回改变。总的来讲,"教学"是一个比较狭义的术语,是"教育"的一个分支

（AECT 定义和术语委员会，1977）。另一方面，不同的解释与上下文有关，例如，"教育技术"一词在中小学更常见，而"教学技术"一词经常用于企业场合（Seels & Richey，1994）。从历史角度来看，"教育技术"这一术语的前身是 20 世纪 20 年代的"视听教育"概念。

第二，根据常识，这个定义暗示教育技术是一种物品、器械或工具。在这个意义上，我们将教育技术看成"学习所用的东西"（Armsey & Dahl，1973：21）。尽管这个比喻不十分准确，当代流行的用法继续将技术作为一种工具。

第三，"媒体"一词经常用来作为"技术"的同义词。因此，我们有"教育媒体"和"教学媒体"这些术语，尽管这些词语目前使用不如以前普遍。

第四，新术语，特别是"信息技术"（IT）、"信息及通信技术"（ICT）以及"数字技术"已在教育和商界普遍使用。奇怪的是，尽管这些术语一贯用于教学环境，它们却已不再与教育或教学有明确的联系。

第五，过去的"职业教育"已经重新命名为"技术教育"，但不要与"教育技术"一词混淆。这两个领域只是把名词和形容词顺序颠倒了！这两个领域并不相关，不知情的用户可能会用一个词替代另一个词，认为它们是同义词。

教育交流与技术协会（AECT）是为数不多的专业机构之一，继续努力给"教育技术"一个精确的定义。几十年来，这个定义继续不断发展演变。教育交流与技术协会 1977 年的定义侧重于系统："教育技术是集人、程序、思想、器械和组织于一体的复杂和综合的过程，用于分析问题和计划、执行、评估以及管理解决问题的方法，这些问题涉及人们学习的方方面面。"（AECT 定义和术语委员会，1977：1）1994 年定义选择形容词"教学（的）"而不是"教育（的）"，称这一概念为"理论与实践"："教学技术是集设计、开发、应用、管理以及评估学习过程和学习资源的理论与实践"（Seels & Richey，1994：1）。最新的 2008 年定义重新回到教育技术，明确增加了业绩技术，也重视道德的因素："教育技术是对促进学习和提高业绩的研究和道德实践，其手段是创建、使用和管理适当的技术过程与技术资源"（AECT 定义和术语委员会，2008：1）。

随着技术和教学法的发展，社交网络、全球化以及移动学习或远程教学策略变得越来越普遍，毫无疑问，学者们会试图描述教育技术其充满活力而又非常自由多变的本质，未来 10 年这一定义很可能被另一个新定义所取代。

Denis Hlynka

（王　红　译）

参考文献

Armsey, J. , & Dahl, N. (1973). *An inquiry into the uses of instructional technology*. Ford Foundation Report. New York：The Ford Foundation.

AECT Task Force on Definition and Terminology (1977). *Educational technology：Definition and glossary of terms*. Washington DC：Association for Educational Communications and Technology.

Definition and Terminology Committee of the Association for Educational Communications and Technology (2008). Definition. In A. Januszewski & M. Molenda (Eds.), *Educational technology：A definition with commentary* (pp. 1 - 14). New York：Lawrence Erlbaum Associates.

Seels, B. , & Richey, R. (1994). *Instructional technology：The definition and domains of the field*. Washington DC：Association for Educational Communications and Technology.

延伸排序 Elaboration Sequencing

请同时参见心智模型进展 MENTAL MODEL PROGRESSION、排序 SEQUENCING 和简化条件方法 SIMPLIFYING CONDITIONS METHOD

延伸排序是"延伸理论"提出的宏观层面的教学策略(Reigeluth, 1987;1999)。延伸理论认为,不同种类的延伸排序是专为不同类型的学习或专业知识所设计的。完成某项任务的专业知识(如工程)以目标为导向,由简化条件排序而推广(Reigeluth, 1999,2007；Reigeluth & Rodgers, 1980),而领域专业知识(如物理)不以目标为导向,由概念延伸排序(Reigeluth, 1999,2007；Reigeluth & Darwazeh, 1982)或理论延伸排序(Reigeluth, 1999,2007)而推广。另外,它也可以是一组延伸排序的结合(Beissner & Reigeluth, 1987,1994)。

简化条件下的排序是程序性延伸排序的一个延伸(Reigeluth & Rogers, 1980),这是"一个排序方法,从简单到复杂,又从复杂到更复杂的过程"(Reigeluth & Keller, 2009：38)。简化条件下的排序已被扩展用来指导设计启发式任务和程序性及启发性成分相结合的任务(Reigeluth, 2007)。

概念性的延伸排序"通过教学或发现最广义、最具包容性以及学习者还没有学到的普通概念开始,然后进入更狭义、少包容性以及更详细的概念,一直到提供必要的细节为止"(Reigeluth, 1999：438)。它以认知支持(Ausubel, 1968)或认知结构的概念为基础,图像理论也支持这一观点(Anderson, 1984),它可以用于探索式或说明式教学。

最后,理论性延伸排序用于教学,注重相互关系的原则,如侧重于生命周期的生物课。理论性延伸排序通过"教学最广义、最具包容性、最基本的,也就是最简单的原则开始,其中多数基本原则学习者还没有学过,这些原则是最简单的原则,通常首先由人发现。然后逐渐过渡到越来越窄、少包容性、更详细和更精确的原则,这些原则也更加复杂,通常是后来才被人所发现"(Reigeluth,1999:440)。

Dabae Lee

Charles Reigeluth

(王　红　译)

参考文献

Anderson, R. C. (1984). Some reflections on the acquisition of knowledge. *Educational Researcher*, 13(9),5 - 10.

Ansubel, D. P. (1968). *Educational psychology: A cognitive view*. New York: Holt, Rinehart, & Winston.

Beissner, K. L. , & Reigeluth, C. M. (1987). Multiple strand sequencing using the Elaboration Theory (ERIC Document Reproduction Service No. ED 314025).

Beissner, K. L. , & Reigeluth, C. M. (1994). A case study on course sequencing with multiple strands using the elaboration theory. *Performance Improvement Quarterly*, 7(2),38 - 61.

Reigeluth, C. M. (1987). Lesson blueprints based on the elaboration theory of instruction. In C. M. Reigeluth (Ed.), *Instructional theories in action: Lessons illustrating selected theories and models* (pp. 245 - 288). Hillsdale, NJ: Lawrence Erlbaum.

Reigeluth, C. M. (1999). The elaboration theory: Guidance for scope and sequence decisions. In Charles M. Reigeluth (Ed.), *Instructional-design theories and models: A new paradigm of instructional theory* (Vol. 2, pp. 425 - 453). Mahwah, NJ: Lawrence Erlbaum Associates.

Reigeluth, C. M. (2007). Order, first step to mastery: An introduction to sequencing in instructional design. In F. Ritter, J. Nerb, E. Lehtinen & T. O'Shea (Eds.), *In order to learn: How the sequence of topics influences learning* (pp. 19 - 40). New York: Oxford University Press.

Reigeluth, C. M. , & Darwazeh, A. (1982). The Elaboration Theory's procedure for designing instruction: A conceptual approach. *Journal of Instructional Development*, 5(3),22 - 32.

Reigeluth, C. M. , & Keller, J. B. (2009). Understanding instruction. In Charles M. Reigeluth & Alison A. Carr-Chellman (Eds.), *Instructional design theories and models: Building a common knowledge base* (Vol. III, pp. 27 - 39). New York, NY: Routledge.

Reigeluth, C. M. , & Rodgers, C. A. (1980). The Elaboration Theory of Instruction: Prescriptions for task analysis and design. *NSPI Journal*, 19(1),16 - 26.

延伸策略 Elaboration Strategies

请同时参见先行组织技巧 ADVANCE ORGANIZER、认知策略 COGNITIVE STRATEGIES 和延伸类型 ELABORATION, TYPES OF

作为一个具体的认知策略,延伸是一个过程,通过这个过程,学习者在将要学习的内容和先验知识之间建立稳定的内部联系。由于这种联系提高学习和记忆的效率,它减少了工作记忆的负荷。一般而言,延伸策略的目标是帮助学生使用学习内容的组成部分,并将其逐渐扩大。多元化的延伸策略已被开发来形成认知结构,帮助解决现实生活中的问题。这些策略包括意译、总结、类比、记笔记和质疑答案(McKeachie, Pintrich, Lin & Smith, 1986; Weinstein & Mayer, 1986; Pintrich, 2002)。

延伸策略是延伸理论框架中的最重要组成部分之一,延伸理论由 Charles Reigeluth 和他的同事于 20 世纪 70 年代提出,这一理论为教学设计决定范围和顺序提供了指导(Reigeluth, 1999)。作为一种教学设计理论,延伸理论认为,要学习的内容应该按照从简单的学习技能到复杂的思维过程的顺序来组织,并同时提供一个有意义的上下文背景,便于融会贯通。Abu 和 Flower(1997:2)指出,"阐述理论认为,学习的最有效手段之一是将内容解释给别人听"。此外,如 Slavin(1987)建议,延伸理论可以直接应用于合作性学习。

在 Reigeluth 提出延伸理论以前,美国教育心理学家 David Ausubel(1968)开发了几种延伸策略,成为他的有意义的学习理论的一部分。他使用"先行组织技巧"概念来描述学习如何发生,将它作为教学排序的基础而产生有意义的学习。

由于延伸策略帮助学生将以前学到的信息与将要学习的信息联为一体,它们可以用来作为教学和学习的有效工具。延伸策略已被广泛用于教学和学习。Bernt 和 Bugbee(1990)发现,在教育环境里 50%—75%不同成绩水平的学生使用延伸策略。在另一项研究中,Chuang 和 Chen(2002)研究了延伸策略在网络环境里所产生的影响,他们发现学生在学习事实和概念方面所取得的成绩,对照组和实验组之间的统计数据有明显差异。

Xudong Zhang

Xinmin Sang

(王 红 译)

参考文献

Abu, R., & Flower, J. (1997). The effect of cooperative learning methods on achievement, retention, and attitudes of home economics students in North Carolina. *Journal of Vocational and Technical Education*, 13(2), 1 - 9.

Ausubel, D. P. (1968). *Educational psychology: A cognitive view.* New York: Holt, Rinehart and Winston.

Bernt, F. M., & Bugbee, A. C. (1990). Study practices of adult learners in distance education: Frequency of use and effectiveness. Paper presented at the Annual Meeting of the American Educational Research Association, Boston, MA. ERIC Document Reproduction Service No. ED 323385.

Chuang, C. P., & Chen, W. F. (2002). The effect of elaboration strategies in a hypertext environment on learning. In P. Barker & S. Rebelsky (Eds.), *Proceedings of World Conference on Educational Multimedia, Hypermedia and Telecommuncations 2002* (pp. 295 - 296). Chesapeake, VA: AACE.

McKeachie, W. J., Pintrich, P. R., Lin, Y., & Smith, D. (1986). *Teaching and learning in the college classroom: A review of the research literature.* Ann Arbor, MI: National Center for Research to Improve Postsecondary Teaching and Learning, University of Michigan.

Pintrich, P. R. (2002). The role of metacognitive knowledge in learning, teaching, and assessing. *Theory into Practice*, 41(4), 219 - 225.

Reigeluth, C. M. (1999). The elaboration theory: Guidance for scope and sequence decisions. In C. M. Reigeluth (Ed.), *Instructional design theories and models: A new paradigm of instructional theory* (pp. 425 - 453). Mahwah, NJ: Lawrence Erlbaum Associates, Inc.

Slavin, R. E. (1987). Developmental and motivational perspectives on cooperative learning: A reconciliation. *Child Development*, 58, 1161 - 1167.

Weinstein, C. E., & Mayer, R. E. (1986). The teaching of learning strategies. In M. Wittrock (Ed.), *Handbook of research on teaching* (3rd ed., pp. 315 - 327). New York, NY: Macmillan.

延伸理论 Elaboration Theory

请参见延伸排序 ELABORATION SEQUENCING 和延伸策略 ELABORATION STRATEGIES

延伸类型 Elaboration, Types of

请同时参见延伸策略 ELABORATION STRATEGIES

Leshin、Pollock 和 Reigeluth(1992)认为"延伸提供详细信息,连接新概念与相关的先验知识"(第 206 页),它们对概念的学习特别有用。有五种类型的延伸关系:上级关系、同级关系、从属关系、经验关系和类比关系,而且每个类型都需要不同的教学策略(Leshin et al.，1992)。上级关系表示比新概念更高一层次的概念,更高层次的概念内容更广泛并更具包容性,提供新概念的上下文背景知识是合适的。同级关系表示同一层次的概念,它帮助学习者通过比较和对比了解已有知识和新概念之间的相似性和差异性。从属关系表示新概念的组成部分及不同种类,它帮助学习者分析新概念,将其解体成部分或种类。经验关系表示新概念的案例或实例,提供实例帮助学习者理解各种关系。类比关系表示新概念和所学内容以外的概念之间的相似性和差异性。类比关系与同级关系之间的差别在于比较的概念是否在所学内容范围以外或以内。像同级关系一样,类比关系最好通过比较和对比来教。

Dabae Lee

Yeol Huh

Charles M. Reigeluth

（王 红 译）

参考文献

Leshin, C.，Pollock, J.，& Reigeluth, C. M.（1992）. *Instructional design strategies and tactics*. Englewood Cliffs，NJ：Educational Technology Publications.

电子学习 e-Learning
请参见远程教育和学习 DISTANCE EDUCATION AND LEARNING 及移动学习 MOBILE LEARNING

电子业绩支持系统 Electronic Performance Support System
请同时参见工作指南 JOB AID 和及时培训 JUST-IN-TIME TRAINING

电子业绩支持系统(EPSS)是计算机传递的业绩提升措施,它引导并告知任务完成(Barker, van Schaik & Famakinwa, 2007)。电子业绩支持系统(EPSS)干预的显著特征是“在工作进行时同时发生,而不像培训那样在工作之前的某一个时间发生”(Nguyen & Klein, 2008：96)。电子业绩支持系统(EPSS)是及时的信息、资源及工具储存库,使执行者能够更好地在工作范围内执行具体的任务(Yuxin & Harmon,

2006)。总之,电子业绩支持系统是"一个高度复杂的技术工作指南"(McManus & Rossett,2006:8),它使工作人员能够提高"他们的业绩以及执行任务时掌握相关知识和技能"(Chen,C.,Hwang,Yang,Chen,S. & Huang,2009:421)。例如,教师可以使用电子业绩支持系统找到课程计划的活动;技术人员可以访问电子业绩支持系统找到修复程序;事件策划者也可以用它来为团队计划活动。

电子业绩支持系统适合于满足具体要求的任务。由于电子业绩支持系统通常需要高劳力的设计工作、无可挑剔的实施及昂贵的技术,它们最好用于涉及固定内容或程序的任务。这些任务通常由大量的有权访问电子传递系统的人执行。此外,一个单位必须有足够的资源,用于随着内容更改而创建、实施及维护系统的需要。

Kathryn Ley

（王　红　译）

参考文献

Barker, P., van Schaik, P., & Famakinwa, O. (2007). Building electronic performance support systems for first-year university students. *Innovationsin Education & Teaching International*, 44,243 – 255.

Chen, C., Hwang, G., Yang, T., Chen, S., & Huang, S. (2009). Analysis of a ubiquitous performance support system for teachers [Electronic version]. *Innovations in Education & Teaching International*, 46,421 – 433.

McManus, P., & Rossett, A. (2006). Performance support tools: Delivering value when and where it is needed. *Performance Improvement*,45(2),8 – 16.

Nguyen, F., & Klein, J. (2008). The effect of performance support and training as performance interventions [Electronic version]. *Performance Improvement Quarterly*, 21(1),95 – 114.

Yuxin, M., & Harmon, S. (2006). Integrating knowledge management systems, electronic performance support systems, and learning technologies: A conceptual model [Electronic version]. *Performance Improvement Quarterly*, 19(3),107 – 120.

情感 Emotion
请参见在线行为 ONLINE BEHAVIOR

赋权评估 Empowerment Evaluation
请参见评估模型 EVALUATION MODELS

企业 Enterprise
请参见学习分类 LEARNING TYPES

电子档案 e-Portfolio
请同时参见考核 ASSESSMENT

电子档案这个术语（e-Portfolio），是指一个人工作的数字集合体，通常用于支持个人发展、形成性和总结性评估以及与工作有关的个人简历（Tosun & Baris，2011）。20世纪90年代以来，基于个人访问多媒体创作技术的机会，电子档案可被用来补充传统档案的发展。"档案"这个词来自拉丁文："portare"（携带）和"folium"（论文，一般组装成一个基于标准的集合）。数字化的文档，帮助解决了储存量大的作品的储存问题，传播内容给更多的读者，以及重新修正内容以延长文档的使用。

关于文档的研究文献（Barrett，2010；Fox，Kidd，Painter & Ritchie，2006；Jafari & Kaufman，2006）十分丰富，它们的价值在于：

……建设、展示和反思文档的内容或证据。这不可避免地涉及到分类、收集和反思教学——考虑教课的内容，检查学生的作业样品，确定有效或失败的教学时刻，并阐明为什么这些因素对一个人的理念和实践十分重要。通过与同行和导师关于文档的交谈、文档证据的展现，以及通过这个过程从实践中学到的新知识，验证和理解也因之而产生（Lyons，1998：5）。

然而，实践表明有意义的反思证据十分有限，而注重高质量作品的选择往往重视产品而不是过程（Crichton & Kopp，2009）。Barrett（2010）是电子档案运动公认的领军人物，她提出研究已经开始着手解决这一问题，她强调了 eDOL：即电子学习文档（Smits，Wang，Towers，Crichton，Field & Tarr，2005）。电子学习文档（eDOL）试点使用博客作为"信息库，学生用它进行反思以及作为证据，支持电子文档的发展"（Crichton & Kopp，2009）。使用电子期刊有以下益处：（1）使对话和反思成为可能（Greenberg，2006）；（2）支持正在收集的毛坯状态的数字作品；（3）邀请讨论有关的作品；（4）统一跨课程或专业的活动；（5）帮助学生从支持学习的个人资料库里开发自己的电子文档。Barrett（2010）表示电子期刊丰富了电子文档文献，它们强调过程而不是产品。

电子档案"是一种网上收藏证据的方式，分享你的学习旅程，档案可以关于具体的学术领域或你一生的学习。证据可以包括写作样品、照片、视频、研究项目、导师和同行的观察以及反思性的思考"(Barrett,2010:292)。电子档案通常用于考核学习、叙述发现、回顾反思以及准备与工作相关的简历。

Susan Crichton

（王　红　译）

参考文献

Barrett，H. (2010). Balancing the two faces of ePortfolios. In S. Hirtz (Ed.)，*Education for a digital world 2. 0：Innovation in education*，*Volume 2* (pp. 291 - 310). Victoria，BC：Open School BC.

Crichton，S.，& Kopp，G. (2009). The value of eJournals to support ePortfolio development for assessment in teacher education. *Canadian Journal of Learning and Technology*，34(3). Retrieved October 24，2011，from http://www. cjlt. ca/index. php/cjlt/article/view/502/233.

Fox，R.，Kidd，J.，Painter，D.，& Ritchie，G. (2006). The growth of reflective practice：Teachers' portfolios as windows and mirrors. *The Teacher Educators Journal*. Available from http://www. ateva. org/blog/wp-content/uploads/2009/05/posting-fall-2006. pdf.

Greenberg，G. (2006). Can we talk：Electronic Portfolios as collaborative learning spaces. In Ali Jafari & Catherine Kaufman (Eds.)，*Handbook of research on ePortfolios* (pp. 558 - 566). Hershey，PA：IGI Global.

Jafari，A.，& Kaufman，C. (Eds.)(2006). *Handbook of research on ePortfolios*. Hershey，PA：IGI Global.

Lyons，N. (Ed.)(1998). *With portfolio in hand：Validating the new teacher professionalism*. New York，NY：Teachers College Press.

Smits，H.，Wang，H.，Towers，J.，Crichton，S.，Field，J.，& Tarr，P. (2005). Deepening understanding of inquiry teaching and learning with e-Portfolios in a teacher preparation program. *Canadian Journal of Learning and Technology*，31(3). Available from http://www. cjlt. ca/content/vol31. 3/smits. html.

Tosun，N.，& Baris，M. (2011). e-Portfolio applications in education. *The Online Journal of New Horizons in Education*，1(4),42 - 52.

有关此主题的更多信息,请参见"附加资源"

道德伦理 Ethics

请同时参见儿童互联网保护法 CHILDREN'S INTERNET PROTECTION ACT、儿童在线隐私保护法 CHILDREN'S ONLINE PRIVACY PROTECTION ACT、在线行为 ONLINE BEHAVIOR 和职业标准 PROFESSIONAL STANDARDS

教育交流与技术协会(AECT)颁布的最新的教育技术定义认识到道德伦理的重

要性：“教育技术是创建、使用并管理适当的技术过程和技术资源，来改进学习并提高业绩的研究和道德伦理实践。”（Yeaman，Eastrnond，Jr. & Napper，2008）《技术趋势》（*Tech Trends*）杂志早已刊载关于道德伦理的专栏：如"日道德伦理"（Ethics Today），"道德伦理专议"（Ethnically Speaking）和"职业道德伦理"（Professional Ethics），这些专栏被扩展，包括 Paul W. Welliver（2001）的"职业道德伦理守则"（A Code of Professional Ethics）。

道德伦理守则建立了职业行为和评估的框架。教育交流与技术协会（AECT）采用了 2001 年最新版的道德伦理守则。教育交流与技术协会的所有会员都必须遵守守则，它强调会员对个人、社会及职业的承诺与职责（教育交流与技术协会，2007）。教育交流与技术协会的道德伦理守则并不是诡辩，而旨在超越单纯的技术问题来讨论道德伦理问题。现有守则主要是针对教育技术专业研究生的课程传授和产品开发。

教育技术工作人员必须明白超越当地生产设施的道德伦理问题。互联网已经提出了独特的道德伦理挑战，特别是公众场合的隐私问题。近期立法试图平衡言论自由与不道德地使用信息（如，2000 年颁布的《儿童在线隐私法案》和 2001 年颁布的《儿童互联网保护法案》）。技术专业人员对自己工作中发出的所有信息负有责任。以往的道德伦理问题如知识产权和隐私问题，已经成为当今的法律问题。

Wendell G. Johnson

（王 红 译）

参考文献

Association for Educational Communications and Technology (2007). *Code of professional ethics*. Retrieved from http://aect. org/About/Ethics. asp.

Welliver, P. W. (2001). *A code of professional ethics：A guide to professional conduct in the field of educational communications and technology*. Bloomington. In：Association for Educational Communications and Technology.

Yeaman, A. , Eastmond, Jr. , J. , & Napper, N. (2008). Professional ethics and educational technology. In A. Januszewski & M. Molenda (Eds.), *Educational technology：A definition with commentary* (pp. 283 - 326). New York：Lawrence Erlbaum Associates.

评估 Evaluation

请同时参见教学设计模型 INSTRUCTIONAL DESIGN MODELS 和评估模型 EVALUATION MODELS

文献上有成千上万的关于评估的定义。有些侧重于社会科学的研究视角；有些侧重于对评估结果的使用；有些侧重于评估活动（Russ-Eft & Preskill，2001）。其他则侧重于评估影响（Guerra-Lopez，2007），强调以应用为重点的观点（Patton，2008）、业绩考核办法（Guerra-Lopez，2007）、培训评估（Phillips，1997）以及强调不同侧面的其他领域。评估用于教育、公共和非营利部门、商业和工业、卫生领域以及社会的其他领域。Michael Scriven 提供了最早的广泛使用的定义：

> 评估是指确定某种东西的优点、长处或者价值的过程……评估过程通常涉及确定优点、长处或者价值相关的标准；调查被评估对象基于这些标准的业绩（无论评估的是什么）；集成和综合结果，实现全面评估或进行一组相关的评估（Scriven，1991：139）。

无论观点怎样，无论重点如何，评估具有系统性、计划性及目的性，它是收集数据和作出决定的方式，是优势、长处及价值的融合（Russ-Eft & Preskill，2001）。

有三种类型的评估：形成性评估（formative evaluations）、总结性评估（summative evaluations）和验证性评估（confirmative evaluations）。形成性评估是"判断教学在其发展阶段的优势和劣势，其目的是为了改进教学，以提高有效性和吸引力。评估是通过收集来自多种来源的有关教学的数据，采用多种收集数据的方法和工具而进行的"（Tessmer，1993：11）。Fitzpatrick、Sanders 和 Worthen（2011）也赞同这种观点："评估的主要目的是提供信息以改进项目。"（第20页）它是在设计、发展及试验或现场测试过程中进行的。客户主要是设计团队成员、决策者及利益相关者。

总结性评估是在一个项目或过程结束时为了确定短期效果、即时反应或即时能力时进行的。"它提供信息，使决策者决定是否继续项目，或者消费者是否接纳这种产品。"（Fitzpatrick，Sanders & Worthen，2011：24）这种评估是在课程或项目全面执行或完成之后立刻进行的。

Dessinger 和 Moseley(2004)说,验证性评估"超越形成性和总结性评估,用以判断长期项目持续的优势、长处及价值"(第 204 页)。它用来确定实用性(我们还需要这个吗?)、有效性(这是否仍然有效?)和项目的业绩效率(这仍然是用最好的方法做这件事吗?)。时间范围在全面实施后从 3 至 12 个月不等或更长的时间,主要客户包括决策者、用户及设计团队成员。

Dessinger 和 Moseley(2010)提出全范围评估 (full-scope evaluation) 的概念,即在形成性评估、总结性评估和验证性评估基础上添加一个综合性评估 (meta-evaluation)。综合性评估在验证性评估后完成,并且它可以判断其他三种评估的有效性和可靠性。这种评估为评估专家提供洞察力,帮助提高评估的质量以及所学的经验教训。

James L. Moseley

(王 红 译)

参考文献

Dessinger, J. C. , & Moseley, J. L. (2004). *Confirmative evaluation*: *Practical strategies for valuing continuous improvement*. San Francisco: Pfeiffer/Wiley.

Dessinger, J. C. , & Moseley, J. L. (2010). Full-scope evaluation: Do you "really oughta, wanna"? In J. L. Moseley & J. C. Dessinger (Eds), *Handbook of improving performance in the workplace*, *Volume 3*: *Measurement and evaluation* (pp. 128 – 141). San Francisco: Pfeiffer/Wiley/ISPI.

Fitzpatrick, J. L. , Sanders, J. R. , & Worthen B. R. (2011). *Program evaluation*: *Alternative approaches and practical guidelines* (4th ed.). Boston: Pearson.

Guerra-Lopez, I. J. (2008). *Performance evaluation*: *Proven approaches for improving program and organizational performance*. San Francisco: Jossey-Bass/ Wiley.

Guerra-Lopez, I. J. (2007). *Evaluating impact*: *Evaluation and continual improvement for performance improvement practitioners*. Amherst, MA: HRD Press.

Patton, M. Q. (2008). *Utilization-focuse devaluation* (4th ed.). Los Angeles: Sage Publications.

Phillips, J. J. (1997). *Handbook of training evaluation and measurement methods* (3rd ed.). Houston, TX: Gulf Publishing Company.

Russ-Eft, D. , & Preskill, H. (2001). *Evaluation in organizations*: *A systematic approach to enhancing learning*, *performance*, *and change*. Cambridge, MA: Perseus Publishing.

Scriven, M. (1991). *Evaluation thesaurus* (4th ed.). Newbury Park, CA: Sage Publications, Inc.

Tessmer, M. (1993). *Planning and conducting formative evaluations*: *Improving the quality of education and training*. London: Kogan Page.

有关此主题的更多信息,请参见"附加资源"

评估模型 Evaluation Models

请同时参见评估 EVALUATION 和教学目标 INSTRUCTIONAL OBJECTIVES

评估是收集和分析关于组织、项目、过程或产品的数据的系统性过程。其目的是为了提高与组织、项目、过程或产品的有关继续或改善的决策。因此,总结性评估(summative evaluations)是在"项目完成后进行的,……其目的是为了局外的观众或决策者"(Scriven,1991:340),包括监测和审查、成果评估、影响评估和业绩测试。与之相反,检验性评估(formative evaluations)通常是"为了内部员工改进项目或产品的目的而进行"(Russ-Eft & Preskill,2009:18)。发展性评估(developmental evaluations)"描述某些与客户的长期伙伴关系,同时这些客户自己也不断开发项目"(第312页)。

各种模型和方法已被开发用于评估,我们只在这里描述几个例子。模型和方法往往在以下方面有所不同:(1)焦点问题;(2)调查结果的目标用户;(3)利益相关者参与程度;(4)一些基本假设;(5)主要方法。以下段落将重点介绍几个模型。

行为目的方式(Bloom et al.,1956;Mager,1962;Popham & Baker,1970;Tyler,1935)侧重于研究一个项目是否实现其目的或结果。管理人员被视为结果的主要使用者,利益相关者的参与有限。定量数据列为首选,主要使用成绩测试和业绩数据。

Kirkpatric 的四层评估分类法(Kirkpatrick,1959a,1959b,1960a,1960b,1994)着重考查以下一种结果或多种结果:反应、学习、行为及结果。就像行为目的的方法一样,管理人员被视为数据的主要用户,利益相关者参与有限,定量数据列为首选。然而,定量数据包括反应表、学习测试、行为调查或行为观察以及生产数据。

赋权或转化性的评估(Fetterman,1994;Fetterman & Wanderman,2004;House,1993;Mertens,1998,2009)侧重于需要促进社区成员改善和自主问题的信息。鉴于政治议程赋予利益相关者的权力,需要利益相关者大量参与。虽然可以使用混合方法,但这些评估多数使用定性数据。

理论指导的评估(Bickrnan,1987;Chen,1990,1994,2005;Donaldson,2007;Weiss,1997)侧重于项目应该如何运作及其基本假设是什么。主要因为利益相关者往往是政府机构,它们参与比较适当。虽然可以使用混合方法,但这些评估多数使用定量方法。

优势和成功案例的方法(Brinkerhoff,2003,2005,2006;Preskill & Catsambas,

2006)侧重于寻找成功项目和成功案例。目的是确定哪一部分成功及其成功的原因。主要利益相关者可以是管理人员或组织成员或两者兼而有之,利益相关者参与程度可低可高。定性方法是首选,用来描述成功及导致成功的因素。

以上描述的模型及其他模型和方法的详情,请参考 Russ-Eft 和 Preskill(2009)的作品。

DarleneF. Russ-Eft

(王 红 译)

参考文献

Bickman, L. (1987). The function of program theory. *Using Program Theory in Evaluation: New Directions for Program Evaluation*, No. 33. San Francisco: Jossey-Bass.

Bloom, B. S. , Englehart, M. D. , Furst, E. J. , Hill, W. H. , & Krathwohl, D. R. (1956). *Taxonomy of educational objectives: Handbook I. Cognitive domain*. New York, NY: David McKay.

Brinkerhoff, R. O. (2003). *The success case method: Find out quickly what's working and what's not*. San Francisco, CA: Berrett-Koehler.

Brinkerhoff, R. O. (2005). The success case method: A strategic evaluation approach to increasing the value and effect of training. *Advances in Developing Human Resources*, 7, 86 - 105.

Brinkerhoff, R. O. (2006). *Telling training's story: Evaluation made simple, credible, and effective*. San Francisco, CA: Berrett-Koehler.

Chen, H. (1990). *Theory-driven evaluation*. Newbury Park, CA: Sage.

Chen, H. (1994). Current trends and future directions in program evaluation. *Evaluation practice*, 15, 229 - 238.

Chen, H. (2005). *Practical program evaluation*. Thousand Oaks, CA: Sage.

Donaldson, S. I. (2007). *Program theory-driven evaluation science: Strategies and applications*. Mahwah, NJ: Lawrence Erlbaum.

Fetterman, D. M. (1994). Empowerment evaluation. *Evaluation Practice*, 15, 1 - 15.

Fetterman, D. , & Wandersman, A. (2004). *Empowerment evaluation principles in practice*. New York, NY: Guilford Press.

House, E. R. (1993). *Professional evaluation*. Newbury Park, CA: Sage.

Kirkpatrick, D. L. (1959a, November). Techniques for evaluating programs. *Journal of the American Society of Training Directors (Training and Development Journal)*, 13 (11), 3 - 9.

Kirkpatrick, D. L. (1959b, December). Techniques for evaluating programs — Part 2: Learning. *Journal of the American Society of Training Directors (Training and Development Journal)*, 13(12), 21 - 26.

Kirkpatrick, D. L. (1960a, January). Techniques for evaluating programs — Part 3: Behavior. *Journal of the American Society of Training Directors (Training and Development*

Journal），*14*（1），13 - 18.

Kirkpatrick, D. L. (1960b, January). Techniques for evaluating programs — Part 3：Behavior. *Journal of the American Society of Training Directors (Training and Development Journal)*，*14*（1），28 - 32.

Kirkpatrick, D. L. (1994). *Evaluating training programs：The four levels*. San Franscisco, CA：Berrett-Koehler.

Mager，R. F. (1962). *Preparing instructional objectives*. Palo Alto, CA：Fearon Press.

Mertens, D. M. (1998). *Research methods in education and psychology*. Thousand Oaks, CA：Sage.

Mertens, D. M. (2009). *Transformative research and evaluation*. New York, NY：Guildford Press.

Popham，W. J. ，& Baker，E. L. (1970). *Establishing instructional goals*. Englewood Cliffs, NJ：Prentice Hall.

Preskill，H. ，& Catsambas，T. T. (2006). *Reframing evaluation through appreciative inquiry*. Thousand Oaks, CA：Sage.

Russ-Eft, D. ，& Preskill, H. (2009). *Evaluation in organizations：A systematic approach to enhancing learning，performance，and change* (2nd ed.). New York, NY：Basic Books.

Scriven, M. (1991). *Evaluation thesaurus* (4th ed.). Thousand Oaks, CA：Sage.

Tyler，R. (1935). Evaluation：A challenge to progressive education. *Educational Research Bulletin，14*，9 - 16.

Weiss, C. H. (1997). Theory-based evaluation：Past，present，and future. *New Directions for Evaluation，76*，41 - 55.

有关此主题的更多信息，请参见"附加资源"

教学环节 Events of Instruction

请同时参见类比 ANALOGY、认知学习理论 COGNITIVE LEARNING THEORY、学习的条件 CONDITIONS OF LEARNING、反馈 FEEDBACK、生成性和替代性教学策略 GENERATIVE AND SUPPLANTIVE INSTRUCTIONAL STRATEGIES 和必备技能 PREREQUISITE SKILLS

正实例和反实例 Examples and Non-examples

请同时参见学习分类 LEARNING TYPES

　　使用正实例和反实例是微观层面的教学技巧，它与 Bloom 教育目标分类的应用有着高度联系（Bloom，Engelhart，Furst，Hill & Krathwohl，1956；Krathwohl，2002），具体说来，更与教学概念分类相关联（Merrill & Tennyson，1975）。

　　这个正实例和反实例的教学技巧被定义为"用能够说明概念关键属性的实例与不

说明这个概念关键属性的实例相对比,以帮助学习者区分这一概念的鲜明特征和范围"(Reigeluth & Keller, 2009:37)。因此,这一教学技巧通常与概念分类相连,被描述为同类的归纳和不同类别之间的区别(Mechner, 1965;Reigeluth, 1999a)。正如Gagné(1985)指出,概念十分重要,因为它们是多数认知能力的组成部分。

正实例和反实例被用于学习概念分类,其通常方法是:共性——例子——练习——反馈(Merrill & Tennyson, 1975;Reigeluth, 1999b)。在原型形成后(Tennyson, 1973),学习者应该学习一类概念的共性(关键特性),也学习如何使用共性区分属于同一类的概念及非概念。实现这一目标的一种方式是为他们提供这一类的实例。通过提供给他们尽可能彼此不同的例子,学习者需要学习这些例子如何在同一类别中彼此不同(可变特性)。这促进理解同类概念所有成员的共性,也帮助所有学习者区分同类成员与非成员之间的差异。

仅使用反实例而不使用正实例则不能有效地帮助理解概念(Bruner & Anglin, 1973;Bruner, Goodnow & Austin, 1953;Hovland & Weiss, 1953;Smoke, 1933),而在使用正实例的同时也使用反实例则能有效地促进概念分类(Cohen & Carpenter, 1980;Klausmeier, 1976;Tennyson, 1973)。

一个有关正实例和反实例的研究是关于如何将它们结合起来,并且已经发现,学生学习结合了"理性排序"的正实例和反实例的教学材料时(Klausmeier, 1976),学习增强,这包括至少两对例子,每对例子包括一个正实例以及一个相应的反实例,每次出现的实例对是不同的(Klausmeier & Feldman, 1975;McMurray, Bernard & Klausmeier, 1974;Tennyson, 1973)。

Yeol Hub

Dabae Lee

Charles Reigeluth

(王　红　译)

参考文献

Bloom, B. S., Engelhart, M. D., Furst, E. J., Hill, W. H., & Kratbwohl, D. R. (1956). *Taxonomy of educational objectives:The classification of educational goals. Handbook Ⅰ: Cognitive domain.* Harlow, Essex, England:Longman Group.

Bruner, J. S., & Anglin, J. M. (1973). *Beyond the information given:Studies in the psychology of knowing*. New York: Norton.

Bruner, J. S., Goodnow, J. J., & Austin, G. A. (1953). A *study of thinking*. New York: Wiley.

Cohen, M. P., & Carpenter, J. (1980). The effects of nonexamples in geometrical concept acquisition. *International Journal of Mathematical Education in Science and Technology*, *11*, 259 - 263.

Gagné, R. M. (1985). *The conditions of learning and theory of instruction* (4th ed.). New York: Holt, Rinehart & Winston.

Hovland, C. I., & Weiss, W. (1953). Transmission of information concerning concepts through positive and negative instances. *Journal of Experimental Psychology*, *45*(3), 175 - 182.

Klausmeier, H. J. (1976). Instructional design and the teaching of concepts. In J. R. Levin & V. L. Allen (Eds.), *Cognitive learning in children: Theories and strategies* (pp. 191 - 217). New York: Academic Press.

Klausmeier, H. J., & Feldman, K. V. (1975). Effects of a definition and varying number of examples and nonexamples on concept attainment. *Journal of Educational Psychology*, *67*, 174 - 178.

Krathwohl, D. R. (2002). A revision of Bloom's taxonomy: An overview. *Theory into Practice*, *41*(4), 212 - 218.

McMurray, N. E., Bernard, M. E., & Klausmeier, H. J. (1974). *Lessons designed to teach fourth grade students the concept equilateral triangle at the formal level of attainment* (Practical Paper No. 14). Madison: Wisconsin Research and Development Center for Cognitive Learning. (ERIC Document Reproduction Service No. ED 100 720).

Mechner, F. (1965). Science education and behavioral technology. In R. Glaser (Ed.), *Teaching machines and programmed learning: Data and directions* (Vol. II, pp. 441 - 505). Washington, D. C.: National Education Association.

Merrill, M. D., & Tennyson, R. D. (1975). *Teaching concepts: An instructional design guide*. Englewood Cliffs, NJ: Educational Technology Publications.

Reigeluth, C. M. (1999a). Instructional design theories site. Retrieved from http://www.indianna.edu/~idtheory/home.html.

Reigeluth, C. M. (1999b). *Instructional-design theories and models: A new paradigm of instructional theory*. Mahwah, NJ: Erlbaum.

Reigeluth, C. M., & Keller, J. B. (2009). Understanding instruction. In Charles M. Reigeluth & Alison A. Carr-Chellman (Eds.), *Instructional-design theories and models: Building a common knowledge base* (Vol. III, pp. 27 - 39). New York, NY: Routledge.

Smoke, K. L. (1933). Negative instances in concept learning. *Journal of Experimental Psychology*, *16*(4), 583 - 588.

Tennyson, R. D. (1973). Effect of negative instances in concept acquisition using a verbal learning task. *Journal of Educational Psychology*, *64*, 247 - 260.

专家系统 Expert System

请同时参见专长 EXPERTISE、知识管理 KNOWLEDGE MANAGEMENT 和模拟 SIMULATION

专家系统是一个模拟人类专家或积极支持一个人解决问题和作出决策,以协助这个人作为一个专家履行任务的计算机程序。专家系统首先开发于 20 世纪 60 年代,是当时的人工智能作为新兴学科的一部分,其历史可以追溯到 John McCarthy(1959)用机器智能及计算机语言解决复杂问题的工作(例如,ALGOL 语言和 LISP 语言)(另见 Nilsson,2010)。

20 世纪 60 年代由 Edward Feigenbaum 和 Joshua Lederberg 开发的 HEURIST DENDRAL 软件显示了具有大量可执行领域知识的计算机程序可以阐明复杂的化学化合物结构(Lindsay,Buchanan,Feigenbaum & Lederberg,1980)。这项 Dendral 项目的成功建立了几乎所有的专家系统都遵循的一条途径,即建立一个专家使用领域知识解决问题和作出决定的模型。领域模型需要一组或多组规则的形式,这是一个专家系统的知识库。专家系统还需要一个推理引擎,可以分析具体的情况或状态,并确定可以应用哪些规则,然后选择使用一个最有可能产生预期结果的规则(Biondo,1990;Hayes-Roth,1984)。有许多不同的方式来构建知识库、情况分析及推理主机。

专家系统技术用于不同的学习和教学环境。智能辅教系统是专家系统,模拟一个熟练的人类导师的行为,分析学生知道什么和不知道什么,诊断具体问题,然后在一个领域知识库搜索,选择适当的教学资源或学习活动(Psotka & Mutter,1988)。专家系统在教学中应用的最新发展涉及计算机模拟学生思维或认知辅导系统(Anderson,Corbett,Koedinger & Pelletier,1995)。

专家系统代表一种适应技术,可以用来支持个性化学习以及动态的诊断性评估的反馈(Pirnay-Dummer,Ifenthaler & Spector,2010;Savenye & Spector,2010)。一般情况下,教育技术领域内的专家系统和适应技术已经用来并且有可能继续支持教育技术专家、评估专家、教学设计师、教师和培训人员的能力,使他们即使在缺乏某些知识和经验的情况下仍能一贯地表现出专家水平(Spector,2008;Spector & Kim,2012)。

J. Michael Spector

(王 红 译)

参考文献

Anderson, J. R., Corbett, A. T., Koedinger, K. R., & Pelletier, R.(1995). Cognitive tutors: Lessons learned. *The Journal of the Learning Sciences*, 4(2),167 - 207.

Biondo, S. J.(1990). *Fundamental of expert systems technology: Principles and concepts.* Norwood, NJ: Ablex.

Hayes-Roth, F. (1984). The knowledge based expert system: A tutorial. *IEEE Computer*, 17 (9),11 - 28.

Lindsay, R. K. , Buchanan, B. G. , Feigenbaum, E. A. , & Lederberg, J. (1980). *Applications of artificial intelligence for organic chemistry: The Dendral project*. New York: McGraw-Hill.

McCarthy, J. (1959). Programs with common sense. *Proceedings of the Teddington Conference on the Mechanization of Thought Processes* (pp. 756 - 791). London: Her Majesty's Stationery. Retrieved from http://www-formal. stanford. edu/jmc/mcc59/mcc59. html

Nilsson, N. J. (2010). *The quest for artificial intelligence: A history of ideas and achievements*. Cambridge: Cambridge University Press.

Pirnay-Dummer, P. , Ifenthaler, D. , & Spector, J. M. (2010). Highly integrated model assessment technology and tools. *Educational Technology Research & Development*, 58(1), 3 - 18.

Psotka, J. , & Mutter, S. A. (1988). *Intelligent tutoring systems: Lessons learned*. Mahwah, NJ: Erlbaum.

Savenye, W. C. , & Spector, J. M. (2010). The future of adaptive tutoring and personalized instruction: Introduction to the special issue. *Technologies, Instruction, Cognition, & Learning*, 8(2),97 - 101.

Spector, J. M. (2008). Expertise and dynamic tasks. In H. Qudrat-Allah, J. M. Spector & P. I. Davidson (Eds.), *Complex decision making: Theory and practice*. Berlin: Springer-Verlag.

Spector, J. M. , & Kim, C. (2012). A model-based approach for assessment and motivation. *Computer Science and Information Systems*, 9(2). doi: 10. 2298/CSIS111226016S.

有关此主题的更多信息,请参见"附加资源"

专长 Expertise

请同时参见设计人员决策研究 DESIGNER DECISION-MAKING RESEARCH 和操练 PRACTICE

专长是对学习和认知范围内的一个具体区域的研究,专家在某些领域的表现与初学者或新手参与同样的活动进行研究对比。这个问题已经在各种技能方面得到研究,如运动成绩和其他活动技能(例如,打字,电报)、艺术创作(如音乐,写作)、游戏(如国际象棋)、科学及许多其他领域。

有段时间这样的业绩优势可能主要被解释为某些智力方面的优势;然而,这种解释似乎并不适用于某些领域(如,运动),其他一些领域与智力测试的相关性也并不十分突出。然而,即使是 Galton(1979/1869)的早期作品也承认先天因素以外的因素如动机和努力是实现个人卓越表现的必要因素。

在一个早期的研究里，Simon 和 Chase(1973)介绍了所谓的"十年规则"，因为没有人不经过十年紧张准备和下棋体验而达到国际象棋大师水平的。需要练习的这种程度由其他象棋大师所证实，并且已在许多其他领域得到观察证实。十年规则(10 000小时)说明了天分与努力、遗传与环境的相互作用。这并不是说经验本身一定能保证专家水平，但它是一个必要的因素，是一个渴望成功的人可以控制的重要因素。

今天的典型描述是将专家的优势归于多年的操练，这建立于适合某种任务或技能的一些先天遗传的能力(例如，Ericsson, Krampe & Tesch-Romer, 1993)。其结果是不同方式的信息处理、决策及专家业绩，这种优势仅限于某个具体领域(Ericsson, 1996; Ericsson, Charness, Feltovitch & Hoffman, 2006; Ericsson, 2009)。例如，我们发现新手以固定的规则和策略开始一项任务，有意识地监控自己的表现，而专家很少有意识地执行任务，表现出自动性。新手往往孤立地看待情况的方方面面，将其视为同等重要，而专家则处理更大的信息量。专家有更多的策略，更加灵活地根据成功的需要改变策略。新手更可能被外在因素如焦虑所干扰分心，而一个熟练的操作者比前者更能够保持注意力。

既然操练的重要性已被确认，当前的许多研究集中于"操练"的特征，有效地实现人的潜能。操练一定不只是重复，因此，我们应如何刻意将操练融入教育或培训系统？此外，我们将如何衡量练习的效果来记录专长的不断提高？

John Mueller

（王　红　译）

参考文献

Ericsson, K. A. (1996). *The road to excellence*. Mahwah, NJ: Lawrence Erlbaum.

Ericsson, K. A. (Ed.)(2009). *Development of professional expertise: Toward measurement of expert performance and design of optimal learning environments*. Cambridge, UK: Cambridge University Press.

Ericsson, K. A., Krampe, R. Th., & Tesch-Romer, C. (1993). The role of deliberate practice in the acquisition of expert performance. *Psychological Review*, *100*(3), 363 - 406.

Ericsson, K. A., Charness, N., Feltovitch, P. J., & Hoffman, R. R. (Eds.)(2006). *The Cambridge Handbook of Expertise and Expert Performance*. Cambridge, UK: Cambridge University Press.

Galton, F. (1979/1869). *Hereditary genius: An inquiry into its laws and consequences*. London, UK: Julian Friedman Publishers.

Simon，H. A. ，& Chase，W. G. (1973). Skill in chess. *American Scientist*，61，394 – 403.

学习的外部条件 External Conditions of Learning

请参见学习的条件 CONDITIONS OF LEARNING

外在认知负荷 Extraneous Cognitive Load

请参见认知负荷 COGNITIVE LOAD

外在动力 Extrinsic Motivation

请参见动力 MOTIVATION

F

事实 Fact
请参见学习分类 LEARNING TYPES

远转化 Far Transfer
请参见转化 TRANSFER

反馈 Feedback
请同时参见操练 PRACTICE、程序化教学 PROGRAMMED INSTRUCTION 和
提示 PROMPTING

　　反馈是"有关实现目标的信息,旨在……监测和评估……,实现预期成果的进展情况"(Spector, Merrill, van Merriënboer & Driscoll, 2008: 820)。反馈对学习至关重要(Hattie & Timperley, 2007),它几乎涉及教学设计的每一个方面。反馈的普遍性并不奇怪,事实上,它是教学系统设计(ISD)理论基础的主要元素(Richey, 1986)。正是反馈改进教学和提高学习的能力,使它成为设计的必要成分,使用于各种教学和非教学情景。

　　反馈,以教材检验性评估的形式出现时,是教学设计模型的主要内容。不管一个模型如何采用教材检验性评估或者如何以图像形式出现,教学系统设计的循环性都依靠信息改进过程(Dick, Carey & Carey, 2009)。设计师和开发人员使用内容专家评审、学习者试学以及试验来确定设计中的不足,提高项目的质量。反馈也是多数业绩提升体系的中心原则。Tosti(2006)认为,"单单通过教学雇员无法达到基本能力水平,工作的流畅性需要实践和反馈"(第5页)。业绩提升工具如360度评估、培训和业

绩考核系统,都应用反馈信息的纠正效应。

在教学方面,反馈侧重于纠正学习者的表现。Gagné 的教学环节开设了微观设计模型,其中第七项环节指导教师要"提供有关业绩正确性的反馈"(Gagné,Wagner,Golas & Keller,2005:105)。反馈强化学习,促使学习者调整和纠正自己的理解。在教学环境中,学习者通常被视为反馈的"接收器"。然而,Lee、Lim 和 Grabowski (2010)修改这种关系,培养学生为自己提供反馈。他们使用"元认知反馈"作为一项策略,提高学习者的自我调节能力。

有关什么是反馈、它指导教学的作用以及对学习带来的价值,分歧很小。然而,关于提供反馈的最好方法有一些争议(Shute,2008)。在线学习的增加使人们对诸如时间和反馈的具体性和形式这样的变量重新产生了兴趣。在在线学习的情景里,目前关于反馈的讨论涉及在线评估和技术为中介的反馈(Miller,Doering & Scharber,2010)以及在线反馈(Rigas & Alharbi,2011)。由于学习管理系统变得越来越复杂,教学设计师能够提供及时并有针对性的反馈,自动修正学习者的表现(Sabry & Barker,2009)。这些系统超越简单的"正确"与"不正确"的反应。详细的反馈信息可以根据学习者的预期反应事先加入系统程序。这种自动化的反馈可以包括连接回到相关教学内容、连接更多的资源加强学习或连接教学范围以外的内容来补救需要提高的技能(Wieting & Hofman,2010)。除了提高学习外,反馈的性质和及时性也影响学生的满意度(Espasa & Meneses,2010)。学习者在学习的各个阶段都需要反馈,教学设计师将继续寻找创新方法来设计及时、有针对性的反馈,满足学生对反馈的这种需要。

Lynn Wietecha

(王 红 译)

参考文献

Dick,W.,Carey,L.,& Carey,J. O. (2009). *The systematic design of instruction* (7th ed.). Upper Saddle River,NJ:Merrill.

Espasa,A.,& Meneses,J. (2010). Analyzing feedback processes in an online teaching and learning environment:An exploratory study. *The International Journal of Higher Education and Educational Planning*,59(3),277-292.

Gagné,R. M.,Wager,W. W.,Golas,K. C.,& Keller,J. M. (2005). *Principles of instructional design* (5th ed.). Belmont,CA:Wadsworth.

Hattie,J.,& Timperley,H. (2007). The power of feedback. *Review of Educational*

Research，77(1),81 - 112.

Lee, H. W. , Lim, K. Y. , & Grabowski, B. L. (2010). Improving self-regulation, learning strategy use and achievement with metacognitive feedback. *Educational Technology Research and Development*, 58(6),629 - 648.

Miller, C. , Doering, A. , & Scharber, C. (2010). No such thing as failure, only feedback: Designing innovative opportunities for e-assessment and technology-mediated feedback. *Journal of Interactive Learning Research*, 21(1),65 - 92.

Richey, R. C. (1986). *The theoretical and conceptual bases of instructional design*. London: Kogan Page.

Rigas, D. , & Alharbi, A. (2011). An investigation of the role of multimodal metaphors in e-feedback interface. *Interactive Technology and Smart Education*, 8(4),263 - 270.

Sabry, K. , & Barker, J. (2009). Dynamic interactive learning systems. *Innovations in Education and Teaching International*, 46(2),185 - 197.

Shute, V. J. (2008). Focus on formative feedback. *Review of Educational Research*, 78(1), 153 - 189.

Spector, J. M. , Merrill, M. D. , van Merrienboer, J. , & Driscoll, M. P. (Eds.) (2008). *Handbook of research on educational communications and technology* (3rd ed.). New York: Lawrence Erlbaum Associates, Publishers.

Tosti, D. T. (2006). What ever happened to feedback technology? *Performance Improvement*, 45(2),5 - 7.

Wieling, M. B. , & Hofman, W. H. A. (2010). The impact of online video lecture recordings and automated feedback on student performance. *Computers & Education*, 54(4),992 - 998.

场依赖性和独立性 Field Dependence and Independence

Witkin、Moore、Goodenough 和 Cox(1977)将认知风格的描述和测试看作一个人场依赖或独立的程度。场依赖性和独立性(FDI)已被定义为空间感觉的个体差异,是情感、个性和心理过程的普遍表达(Korchin, 2001)。与学习风格不同,认知风格影响空间学习(Rittschof, 2010)。场依赖性和独立性影响情绪、个性特质和心理过程(Korchin, 2010)。这种影响如此明显,场依赖性和独立性已作为一个概念包括在信息处理模型里(Tsitsipis, Stamovlasis & Papageorgiou, 2010)。

由于场依赖性和独立性的重要性,人们已作出努力来准确地测试它。一个例子是团体镶嵌图形测验(GEFT),它可以可靠地使用纸和铅笔测试人的场依赖性和独立性。测试表明,如果被测试者的认知方式主要通过视觉线索确定,那就是场依赖性;或主要通过肢体线索确定,那就是场独立性(Witkin et al. , 1977)。团体镶嵌图形测验(GEFT)被证明是测试视觉—空间工作记忆差异的方法,它提供的证据表明,场依赖性和独立性是可观察可测试的现象,它也可以预测学习成果。场依赖性和独立性,从历史角度看，与认知方式有联系，与学习方式联系不大，它继续促进研究，指导教学设计(Rittschof，2010)。场依赖性和独立性的研究人员今后研究的问题是，"开发互动式学习环境能够帮助评估和提高学生的视觉—空间工作记忆吗"(Rittschof，2010：111)。

Kathryn Ley

（王 红 译）

参考文献

Korchin，S. J. (2001). Witkin，Herman A. (1916 - 1979). In Craighead，W. E.，& Nemeroff，C. B. (Eds.) (2001)，*The Corsini encyclopedia of psychology and behavioral science* (3rd ed.). New York：John Wiley & Sons.

Rittschof，K. A. (2010). Field dependence-independence as visuospatial and executive functioning in working memory：Implications for instructional systems design and research. *Educational Technology Research and Development*，58(1)，99 - 114.

Tsitsipis，G.，Stamovlasis，D.，& Papageorgiou，G. (2010). The effect of three cognitive variables on students' understanding of the particular nature of matter and its changes of state. *International Journal of Science Education*，32(8)，987 - 1016.

Witkin，H. A.，Moore，C. A.，Goodenough，D. R.，& Cox，P. W. (1977). Field-dependent and field-independent cognitive styles and their educational implications. *Review of Educational Research*，47(1)，1 - 64。

遗忘 Forgetting

请参见记忆 MEMORY

形成性评估 Formative Evaluation[①]

请参见考核 ASSESSMENT、评估 EVALUATION、评估模型 EVALUATION MODELS 和反馈 FEEDBACK

4C 教学设计 Four-C Instructional Design

请参见教学设计模型 INSTRUCTIONAL DESIGN MODELS

---

① 见译序——译者注

四级评估模型 Four-Level Evaluation Model

请参见评估模型 EVALUATION MODELS

起始分析 Front-End Analysis

请参见分析 ANALYSIS

全范围评估 Full-Scope Evaluation

请参见评估 EVALUATION

G

基于游戏的学习 Game-Based Learning

请参见基于数字游戏的学习 DIGITAL GAME-BASED LEARNING

游戏设计 Game Design

请同时参见基于数字游戏的学习 DIGITAL GAME-BASED LEARNING、教学设计模型 INSTRUCTIONAL DEISGN MODELS 和虚拟世界 VIRTUAL WORLDS

教育技术文献从多个角度描述了"游戏设计",其中包括:

- 游戏创作的领域。
- 设计和应用游戏于学习的模型和框架。
- 对于教学和教学设计如何影响游戏设计,以及游戏设计如何影响教学和教学设计的研究。
- 对于学习者作为游戏设计师的研究。

要注意很重要的一点,一般来说,当作者描述"游戏设计"时,他们通常是指整个设计过程(包括,例如,开发和测试),与"教学设计"这一术语包括整个过程十分相似,而不像设计的狭义观点,只将它看作是一项规划性的工作。

在《游戏规则》一书中,Zimmerman 和 Salen(2004)描述设计一般是"由设计师创建一个情景的过程,参与者在这个情境中通过游戏过程逐渐找到其中的意义"(第 41 页)。Zimmerman(2008)在以后更详细的阐述中,描述游戏设计师为结构创作者,玩游戏者通过这种结构创作游戏体验,并在这种体验里明白意义。Henry Jenkins(2004)描述游戏设计师为"叙事建筑师"(第 118 页),创作讲述故事和储存记忆的世界,让玩游戏者既体验又创作游戏经验的故事。

一些有经验的教学设计师采取的一种方法是检查游戏设计和教学设计之间的重叠,描述具体的设计框架和模型,设计游戏以供学习(Echeverria et al.,2011;Mariaais,Michau & Jean-Phillipe,2012)。Dickey(2005)描述了传统的教学设计、投入学习原则和游戏设计之间的相似之处,特别强调了游戏设计中那些可以用以帮助设计其他互动式学习环境的元素。在这个领域的研究早期,Richard Duke(1980)提出了一个标准化的九步骤方法来设计严肃性游戏和模拟,包括传统教学设计模型的构成元素如书写具体内容和确定问题(分析)、选择构成元素和规划游戏(设计)、构建游戏(开发)以及测试和评估(实施和评估)等元素。最近,Gee(2006)从广义上在这方面进行探究。他考察在良好的视频游戏设计中所发现的学习原则,描述这些原则如何适用于其他类型的学习经历,无论是数字游戏或模拟,在校内或校外。

Rieber、Barbour、Thomas 和 Rauscher(2009)明确地将学习者看成游戏设计师,他们描述了学生通过用简单的工具如 PowerPoint 来学习主题和进行设计的经验。Games(2010)通过描述使学习者沉浸在游戏设计的语言和游戏设计的实践,将游戏玩法和游戏设计融合,从而发展创意表达、技术素养和"设计师思维"(第 31 页)。同样,Peppler 和 Kafai(2007)认为,学习者设计游戏反映了一种日益参与的媒体文化。

Jason Underwood

(王 红 译)

参考文献

Dickey, M. D. (2005). Engaging by design: How engagement strategies in popular computer and video games can inform instructional design. *Educational Technology Research and Development*, 53(2), 67 - 83.

Duke, R. (1980). A paradigm for game design. *Simulation & Games*, 11(3), 364 - 377.

Echeverria, A., Garcia-Campo, C., Nussbaum, M., Gil, F., Villalta, M., Amestica, M., & Echeverria, S. (2011). A framework for the design and integration of collaborative classroom games. *Computers & Education*, 57(1), 1127 - 1136.

Games, I. A. (2010). Gamestar mechanic: Learning a designer mindset through communicational competence with the language of games. *Learning, Media and Technology*, 35(1), 31 - 52.

Gee, J. P. (2006). *What video games have to teach us about learning and literacy*. New York: Palgrave Macmillan.

Jenkins, H. (2004). Game design as narrative architecture. In N. Wardrip-Fruin & P.

Harrigan (Eds.), *First person: New media as story, performance, and game* (pp. 118 - 130). Cambridge, MA: MIT Press.

Mariais, C., Michau, F., & Pernin, J. (2012). A description grid to support the design of learning role-play games. *Simulation & Gaming*, 43(1), 23 - 33.

Peppler, K., & Kafai, Y. (2007). From supergoo to scratch: Exploring creative digital media production in informal learning. *Learning, Media, and Technology*, 32(2), 149 - 166.

Rieber, L., Barbour, M., Thomas, G., & Rauscher, D. (2009). Learning by designing homemade PowerPoint games. In C. Miller (Ed.), *Games: Purpose and potential in education* (pp. 1 - 20). New York: Springer.

Zimmerman, E. (2008). Gaming literacy: Game design as a model for literacy in the twenty-first century. In B. Perron & M. Wolf (Eds.), *The video game theory reader 2* (pp. 23 - 31). New York, NY: Routledge.

Zimmerman, E., & Salen, K. (2004). *Rules of play: Game design fundamentals*. Cambridge, MA: The MIT Press.

游戏类型 Games, Types of

请参见基于数字游戏的学习 DIGITAL GAME-BASED LEARNING

差距分析 Gap Analysis

请参见分析 ANALYSIS 和需求分析 NEEDS ASSESSMENT

关口 Gateway

请参见信息把关人员 INFORMATION GATEKEEPER

通用性 Generality

请同时参见探索—诠释式学习连续体 DISCOVERY-EXPOSITORY LEARNING CONTINUUM

　　通用性是针对 Bloom 分类体系中(Bloom, Engelhart, Furst, Hill & Krathwohl, 1956; Krathwohl, 2002)应用学习的微观层面教学策略。我们知道,当提供学习者概论、实例和练习时,应用性的学习最有效果(Reigeluth & Darwazeh, 1982)。Merrill、Reigeluth 和 Faust (1979) 认为,"通用性是适用于多种情形的陈述。"(第29页)

　　通用性可以使用于概念、程序和因果关系的学习。在概念学习中,通用性是概念的定义(Merrill et al., 1979)。Merrill (1983)认为,一个概念的定义包括"概念的名称、高一级类别、一系列定义概念的相交属性,以及这些属性之间关系的性质"(第315页)。假设一个学习者试图应用概念,如哺乳动物。也就是说,学习者想应用他或她的知识,以便区分哺乳动物与非哺乳动物。使用解释性的方法,我们会给学习者关于哺乳动物的定义,如"有毛皮的脊椎动物"(和正实例、反实例,以及通过实践来学习使用通用性)。使用探索性的方法,我们会给学习者提供正实例和反实例来帮助他发现通用性(关键特性)。

在程序学习中,其通用性是一组步骤或算法(Merrill,1983)。Merrill (1983)认为程序的通用性包括"过程产生的目标或结果、程序的名称、确定涉及的每个步骤、某种设施暗示步骤的顺序、过程步骤和决策步骤之间的区别,以及程序中某个具体决定可能导致的一些替代性方法"(第315页)。分数加法的程序就是一个很好的例子(Reigeluth,1999)。

在因果关系的学习中,通用性是一个命题(Merrill,1983)。Merrill(1983)认为,命题包括"原理的名称、原理组成概念的某些标识以及因果关系的一些陈述"(第315页)。Reigeluth(1999)确定以供求定律作为一个例子,建议以三种方式来应用因果原则:预测、解释及解决。给定一个具体的因果事件,学习者预示会发生什么事时,预测就发生了。学习者说明某一特定事件(效果)的原因时,解释就发生了。学习者选择必要的行动(原因)带来想要的结果(一个解决的问题)时,解决方案就出现了。

Dabael Lee

Yeol Huh

Charles M. Reigeluth

(王 红 译)

参考文献

Bloom, B. S., Engelhart, M. D., Furst, E. J., Hill, W. H., & Krathwohl, D. R. (Eds.) (1956). *Taxonomy of educational objectives*: *The classification of educational goals*. *Handbook I*: *Cognitive domain*. Harlow, Essex, England: Longman.

Krathwohl, D. R. (2002). A revision of Bloom's taxonomy: An overview. *Theory into Practice*, 41(4),212-218.

Merrill, M. D. (1983). Component display theory. In C. M. Reigeluth (Ed.), *Instructional-design theories and models*: *An overview of their current status* (pp. 279-333). Hillsdale, NJ: Lawrence Erbaum Associates, Publishers.

Merrill，M. D.，Reigeluth，C. M.，&. Faust, G. W. (1979). The Instructional Quality Profile：A curriculum evaluation and design tool. In H. F. O'Neil, Jr. (Ed.), *Procedures for Instructional Systems Development* (pp. 165 - 204). New York：Academic Press.

Reigeluth，C. M. (1999). Instructional design theories site. Retrieved from http://www. indiana. edu/~idtheory/home. html.

Reigeluth，C. M.，&. Darwazeh, A. (1982). The elaboration theory's procedure for designing instruction. *Journal of Instructional Development*，5(3),22 - 32.

生成性和替代性教学策略 Generative and Supplantive Instructional Strategies

另同时请参见探索—诠释式学习连续体 DISCOVERY-EXPOSITORY LEARNING CONTINUUM 和以学习者为中心的教学 LEARNER-CENTERED INSTRUCTION

生成性和替代性教学策略的定义,出现于 Merlin Wittrock 和 Ernest Rothkopf 的开创性著作。这两位研究人员,基于他们的"萌发"(mathemagenic),即"促进学习",总结出有效的教学策略(Rothkopf，1970：325)。更具体地说,那些活动让学习者主动地建构知识(Wittrock，1974)。常被错误地认为只与替代性策略有关的萌发策略,意指"取决于教学环节发生时学习者所做事情的任何教学环节",包括公开的行为和隐蔽的心理活动(Rothkopf，1996：879)。在此基础上,Smith 和 Ragan(2005)将学习策略的连续性进行概念化,观其连续过程中学习者(纯粹的生成)或导师(纯粹的替代)在建立知识结构、将知识概念化以及延伸知识中所卷入的程度。

生成性教学策略通常被称为学习者产生的、学习者启动的、学习者提供的或主动的学习,因为学习者为中心的主动建设性的学习是其定义的特征。学习者通过建立心智模型来产生自己的理解,这种模型通过组织、概念、延伸和综合陈述而公开展示。相应的教学策略促使学习者创作这样的表述。

替代性教学策略通常被称为导师施教,因为它们的定义特征是以导师为中心、导师制作以及提供学习材料。导师选择和提供组织性、概念性、延伸性和综合性表述,用以支持学习者学习。这种教学通常被称为被动式教学,出现于阐释性教学(Richey，Klein &. Tracey，2011)。

Ragan、Smith 和 Curda (2008) 将基于条件的教学设计理论中的这些定义应用于 Gagné 的教学环节。他们认为,我们可以通过考虑"背景、学习者和学习任务"有策略性地选择采用生成、替代或某种组合的信息处理方式(第 392 页)。现有的时间、先验知识、认知优势、动力和任务的复杂性是我们决定选择生成性或替代性策略时需要考虑的具体因素。Lee、Lim 和 Grabowski(2008)增补了"知识生成过程中的自我调节技能",作为他们选择标准的一个附加因素(第 122 页)。

替代性教学通常被认为是被动的认知,因此,效果低于生成性教学。但是,Mayer(2009)提出了基于广泛研究基础的另一种观点。他简要介绍了两个层面,对理解有效地使用主动或被动的教学策略十分重要。一个层面代表学习者需要的公开行为活动的程度;另一层面代表认知活动的程度。通过这个框架,他反对得出这样的结论,即高行为活动(生成性)会自动导致较高的认知活动,或者说低行为活动(替代性)会自动导致比较差的结果。他认为,适当的高层次认知过程发生于较高或较低的行为活动时,都可以产生学习结果,但必须有适当的指导和反馈。他的作品强调在生成性或替代性之间策略地选择教学活动,这种选择基于 Smith 和 Ragan 的学习环境、学习者和学习任务三大因素。

Barbara L. Grabowski

(王 红 译)

参考文献

Lee, H. W., Lim, K. Y., & Grabowski, B. L. (2008). Generative learning: Principles and implications for making meaning. In J. M. Specter, M. D. Merrill, J. J. G. van Merrienboer & M. P. Driscoll (Eds.), *Handbook of research on educational communications and technology* (3rd ed., pp. 111 – 123). New York, NY: Taylor & Francis Group.

Mayer, R. E. (2009). Constructivism as a theory of learning versus constructivism as a prescription for instruction. In Tobias S. & Duffy, T. M. (Eds.), *Constructivist instruction: Success or Failure?* (pp. 184 – 200). New York: Routledge.

Ragan, R. J., Smith, P. L., & Curda, L. K. (2008). Objective-referenced, conditions-based theories and models. In J. M. Specter, M. D. Merrill, J. Van Merrienboer & M. P. Driscoll (Eds.), *Handbook or research on educational communications and technology* (3rd ed., pp. 383 – 399). New York: Lawrence Erlbaum Associates, Publishers.

Richey, R. C., Klein, J. D., & Tracey, M. W. (2011). *The instructional design knowledge base: Theory, research and practice*. New York: Routedge. Taylor and Francis Group.

Rothkopf, E. Z. (1970). The concept of mathemagenic activities. *Review of Educational Research*, 40, 325 – 36.

Rothkopf, E. Z. (1996). Control of mathemagenic activities. In D. Ionassen (Ed.), *Handbook of research for educational communication and technology* (pp. 879 – 897). New York:

Macmillan Library Reference.

Smith, P. L. , & Ragan, T. J. (2005). *Instructional design* (3rd Edition). Hoboken, NJ: Wiley.

Wittrock, M. C. (1974). Learning as a generative process. *Educational Psychologist*, 11, 87 – 95.

地理标签 Geotagging

请参见移动设备与功能 MOBILE DEVICES AND FUNCTIONS

相关认知负荷 Germane Cognitive Load

请参见认知负荷 COGNITIVE LOAD

千兆 Gigabit

请参见信息存储 INFORMATION STORAGE

全球化的教学 Globalized Instruction

请参见文化中立的设计 CULTURE-NEUTRAL DESIGN

全球定位系统 Global Positioning System

请参见移动设备与功能 MOBILE DEVICES AND FUNCTIONS

图形 Graphics

请同时参见视听教学 AUDIOVISUAL INSTRUCTION、交流 COMMUNICATION、双码理论 DUAL CODING THEORY、符号学 SEMIOTICS、视觉和图像学习 VISUAL AND PICTORIAL LEARNING 和视觉能力 VISUAL COMPETENCY

Schlosser 和 Simonson(2006)认为,"图形"这一术语被简单地定义为"二维或三维图像,通常是图片或者照片"(第 102 页)。Pierce(1906)区分了视觉图形与文本如何不同地表达信息。图形具有描绘性,而文字具有描述性。教学设计中的图形指的是一个静态的图案、原理图、图形或图表,它们往往用来帮助引导读者注意某些信息或将信息彼此联系起来。从海报和工作辅助到有图画的儿童书籍、地图以及汇编指令,精心创作的图画意在传达信息,常常用来促进学习。

图形已有其他一些名称。它们通常在教学设计的情景里被称为视觉辅助,被广泛认为十分有用(Levin, Anglin & Carney, 1987)。符号学理论确定一种作为标志的图形,称其为图标(Driscoll, 2005)。

在教学设计中使用图片是为了使学习者加强在认知过程中的信息处理,将新的信息与先验知识有意地联系起来。Paivio 的双码理论(Clark & Paivio, 1991;Paivio, 1986)认为,视觉信息的处理跨越文字和图形两个认知子系统,产生更长的信息保存时间。Mayer (2001)的多媒体学习模型提供了这么一个理论,用描绘性内容加上描述性内容进行的认知处理会产生不同的心智模型,学习者将两者融为单一的一个心智模型,便会产生更大程度的理解。

Mayer (2001) 提出具体的原则,指导如何在教材中使用图形以增加效果。这些原则鼓励使用图片和相应的单词,使用时在时间和空间上尽量一致,使用音频旁白而不是文字,限制无关和冗余的信息,认识到设计效果对学习者产生不同的影响。Schnotz(2002)指出,要理解图形的含义,而不仅仅是感知图形本身,这需要语义处理。只要所有的信息同时出现,且清楚明了,加之先验知识的激活和学习者足够的视觉素养,那么使用图形与文字或音频信息的组合被普遍视为是一种极其有效的教学方法。

Joann Flick

(王　红　译)

参考文献

Clark, J. M. , & Paivio, A. (1991). Dual coding theory and education. *Educational Psychology Review*, *3*, 149 – 210.

Driscoll, M. (2005). *Psychology of learning for instruction* (3rd ed.). Boston, MA: Pearson.

Levin, J. R. , Anglin, G. J. , & Carney, R. N. (1987). On empirically validating functions of pictures in prose. In Willows, D. M. & Houghton, H. A. (Eds.), *The psychology of illustration*, *Vol. 1* (pp. 51 – 86). New York: Springer.

Meyer, R. E. (2001). *Multimedia learning*. Cambridge, UK: Cambridge University Press.

Paivio, A. (1986). *Mental representations: A dual coding approach*. Oxford, England: Oxford University Press.

Pierce, C. S. (1906). Prolegomena to an apology for pragmaticism. *Monist*, *16*(4), 492 – 546.

Schlosser, L. A. , & Simmons, M. (2006). *Distance education: Definition and glossary of terms* (2nd ed.). Charlotte, NC: Information Age Publishing.

Schnotz, W. (2002). Towards an integrated view of learning from text and visual displays.

Educational Psychology Review，14（1），101.

恶意破坏 Griefing

请参见在线行为 ONLINE BEHAVIOR

引导发现式学习 Guided Discovery Learning

请参见探索—诠释式学习连续体 DISCOVERY-EXPOSITORY LEARNING CONTINUUM

H

分层排序 Hierarchical Sequencing

请参见排序 SEQUENCING

人力信息资源 Human Information Resources

请参见信息资源 INFORMATION RESOURCES

人力业绩改进 Human Performance Improvement

请参见业绩改进 PERFORMANCE IMPROVEMENT

人力业绩技术 Human Performance Technology

请参见业绩改进 PERFORMANCE IMPROVEMENT

混合学习 Hybrid Learning

请参见混合式学习 BLENDED LEARNING

I

图标 Icon
请参见符号学 SEMIOTICS

非良构问题 Ill-Structured Problem
请参见问题 PROBLEM

图像化 Imagery
请参见动画 ANIMATION 与认知策略 COGNITIVE STRATEGIES

索引 Indexing
请参见信息分类 INFORMATION CLASSIFICATION

个体建构主义 Individual Constructivism
请参见建构主义 CONSTRUCTIVISM

个体道德伦理 Individual Ethics
请参见道德伦理 ETHICS

个别化教学 Individualized Instruction

请同时参见以学习者为中心的教学 LEARNER-CENTERED INSTRUCTION、精熟学习 MASTERY LEARNING、开放教育 OPEN EDUCATION、程序化教学 PROGRAMMED INSTRUCTION 和自我导向式学习 SELF-DIRECTED LEARNING

长久以来，教育者已认识到学习者之间在很多方面存在个体差异，所以教学应为满足学习者的个性化需要与兴趣而进行定制化教学。人们已设计了多种程序，从教学步调、教学内容和教学策略与方法等方面提供适应于个体学习者的学习体验。这类程序的一般做法是，监控学生学习进程，并根据他们的学习完成情况指定后续的学习功课。

在教育技术领域，个别化这个概念在视听时期并不突出，当时不管在面对面教育情境还是在远程教育情境中，主要致力于如何将教育传播给更多的人。但是当教育技术发展到程序化教学时期，个别化成为关注的焦点，其主旨就是利用教程设备取代教师讲授，该设备能够接收学生的个性化需求并能够给学生以恰当的反馈。数字技术为将视听媒体远程传播给学生个体提供了很好的便利条件，远程教育得到了很好发展。当前，教育技术领域的许多研究与开发工作旨在改善远程教育质量，包括针对学生个体差异的适应性问题。

自大众教育在 19 和 20 世纪扩张以来，人们为了提高办学效率，教学更多采用群体化和标准化的形式，所以越来越远离个性化，教学效果也越来越差。为了打破这种群体教学模式，研究者和实践者也作出了一些引人注目的努力。1912 年，Frederick Burk 准备了自我导向式学习的课程内容，允许小学生按照自己的学习步调学习相关主题；几年以后，Carleton Washburne 实行温内卡特计划（Winnetka Plan），将这一理念与做法在整个学校课程中实施（Saettler，1990）。尽管如此，群体化教学还是一种常态。

个别化教学在 20 世纪 60 年代出现时，是一件教育大事，曾被作为 1962 年国家学校教育研究（NSSE-National Study of School Education）年鉴主题（Henry，1962），引起了教育研究者与改革者的注意。最早推行这一改革理念的是位于德卢斯市（Duluth）的 Congdon Park 小学，他们在 1964 年秋天采用个人学习课程推行持续进步计划

（Esbensen，1968）。就如一系列随之而来的做法，他们试图找到一款软件来支持不同的教学方法——提供针对具体教学目标的学习材料，多种媒体整合在一起，并且能够适应不同的能力水平（Esbensen，1968）。

在 20 世纪 60 年代中期之前，非营利性的 R&D 中心一直在进行个别化教学课程实验，包括：

- 个别处方教学（Individually Prescribed Instruction，IPI），提供学生自学的全套学习材料，主要特色为，一人一个"处方"，对学习情况实行过程性监控，按测试成绩进行升级（Scanlon，1973）。

- 按需学习程序（Program for Learning in Accordance with Needs，PLAN），该程序是一个计算机管理系统，该系统按照学生的学习完成情况等级分配独立学习任务、小组学习任务或者以教师引导的活动任务（Bishop，1971）。

- 个别指导教学（Individually Guided，Education，IGE），这是一个综合性的学校重组程序，不仅包括个别化教学，也包括团体教学。家校关系变得更加紧密，实施效果得以持续研究与改进（Klausmeier，1975）。

- 精熟学习（Learning for Mastery），根据预定的学习要求和期望，给予足够时间，使得所有学生都能够完成课程学习目标（Bloom，1968；Block，Efthim & Burns，1989）。

1965 年，在高等教育阵地，Keller 受 B. F. Skinner 的程序教学理论启发，根据学生持续的学习进步，开发了一门大学课程，内设各种独立的学习单元，其中包括现场讲座、演示和一位批阅试卷的助教，该助教在整个学期中按照教师的标准答案评阅试卷，给出成绩，使学生得到及时反馈，加强了师生互动，后来该类教学称为个别化教学系统（Keller，1974）。这一理论在美国学院和大学中得到了广泛采纳，被评价为那个时代最强有力的教学革新（Kulik，Kulik & Cohen，1979）。

20 世纪 70 年代，自我教学法激增，出现了学习中心（教学站）、学习包和基于业绩的学习模块。但是，在 20 世纪 70 年代末，人们的教学认识发生了改变，转向"回归教学根本"，并且用于个别化教学实验的资助也慢慢枯竭。更严重的是，人们对这类项目的价值提出了质疑，认为虽然这类项目允许学生自定步调学习，但常常只是孤军作战，项目本身几乎没有提供多样化的学习内容、学习策略与学习支持。

今天，个别化教学的关注点已往"个性化"方向发展（Keefe & Jenkin，2008），强调学习的社会性。大家认为早期的一些个别化教学，现在看来存在着局限性，表现在那些项目主要关注学习的认知层面,且学习目标过于具体狭窄,学习呈现静态化,还有主要采取基于测试的评估体系。个性化教学致力于为学习者提供一种系统完整的学习环境,其主要特色是,强化小组合作和真实性评估,使得师生之间、生生之间的联系更加紧密与频繁;但是,自从远程教育成为个别化教学最常见的应用领域以来,合作学习的理想就变得问题重重,因为在学习过程中,学习者希望自我控制学习步调的愿望与参与合作学习活动的机会之间常常存在着矛盾(Goodyear,2008)。

Michael Molenda

(刘名卓　译)

参考文献

Bishop, L. K. (1971). *Individualizing educational systems: The elementary and secondary school: Implications for curriculum, professional staff, and students*. New York: Harper & Row.

Block, J. H., Efthim, H. E., & Burns, R. B. (1989). *Building effective mastery learning schools*. New York: Longman.

Bloom, B. S. (1968). Learning for mastery. *Evaluation Comment*, 1(2), 1-5.

Esbensen, T. (1968). *Working with individualized instruction: The Duluth experience*. Belmont, CA: Fearon.

Goodyear, P. (2008). Flexible learning and the architecture of learning places. In J. M. Spector, M. D. Merrill, J. Van Merriënboer & M. P. Driscoll (Eds.), *Handbook of research on educational communications and technology* (3rd ed., pp. 251-257). New York: Lawrence Erlbaum Associates.

Henry, N. B. (Ed.) (1962). *Individualizing instruction, 61st Yearbook of the National Society for the Study of Education, Part I*. Chicago: University of Chicago Press.

Keefe, J. W., & Jenkins, J. M. (2008). *Personalized instruction: The key to student achievement* (2nd ed.). Lanham, MD: Rowman & Little field Education.

Keller, F. S. (1974). The basic system. In F. S. Keller & J. G. Sherman(Eds.), *The Keller Plan handbook* (pp. 6-13). Menlo Park, CA: W. A. Benjamin.

Klausmeier, H. J. (1975). IGE: An alternative form of schooling. In H. Talmadge (Ed.), *Systems of individualized education* (pp. 48-83). Berkeley, CA: McCutchan.

Kulik, J. A., Kulik, C. C., & Cohen, P. A. (1979). A meta-analysis of outcome studies of Keller's personalized system of instruction. *American Psychologist*, 34, 307-318.

Saettler, P. (1990). *The evolution of American educational technology*. Englewood, CO: Libraries Unlimited.

Scanlon, R. G. (1973). Individually Prescribed Instruction: A system of individualized instruction. In J. E. Duane (Ed.), *Individualized instruction — Programs and materials* (pp. 109-116). Englewood Cliffs, NJ: Educational Technology Publications.

个别指导教学 Individually Guided Instruction

请参见个别化教学 INDIVIDUALIZED INSTRUCTION

个别处方教学 Individually Prescribed Instruction

请参见个别化教学 INDIVIDUALIZED INSTRUCTION

信息学 Informatics

请参见信息把关人员 INFORMATION GATEKEEPER

信息 Information

请参见信息化学习 LEARNING WITH INFORMATION

信息访问 Information Access

请同时参见信息检索 INFORMATION RETRIEVAL 和信息存储 INFORMATION STORAGE

Chalmers(1999)讨论了四种信息访问方法,即信息检索、工作流、协同过滤和路径模型,这些方法已为大家所熟知。这些方法是按照相关性、及时性和推荐程度这些概念进行区分的。

信息检索主要关心对文件的检索,并没有考虑检索该文件的人过去是否检索过该文件,也没有考虑是在什么情境下检索该文件的(Chalmers,1999:1112)。虽然可以采用词频(Term Frequency,TF)乘以逆向文件频率(Inverse of the Document Frequency,IDF)的方法作为判断被检索文件的相关重要程度,但是这样计算出来的结果说服力不强,且会增加文件检索率的衡量度需求。

工作流是指文件与某个人工作业绩的相关性。通常,在组织中,当工作者需要的时候,会采取最有用的方式将文件呈现给工作者。在组织中,工作者扮演的角色是非常关键的。

协同过滤是指根据拥有相同兴趣人群形成的检索模式作为一种思维结构(Chalmers,1999:1115)。我们在亚马逊网站(Amazon. com)常常会看到这种应用策略。我们搜索到某本书之后，常常会看到一个内容区，其中显示了其他找到了同本书的人所搜索的其他书籍的列表。

路径模型跟踪用户搜索路径上的字词和网址，作为用户操作的历史。当用户在计算机屏幕上移动鼠标指针时，路径模型系统每隔一秒就记录一次离鼠标最近的字词。离鼠标最近的字词被认为是比较重要的，特别当用户悬停或者停止在某个词上时。显然，这会涉及用户稳私，因而若有人质疑，跟踪功能可能被关闭。然而，从学术意义上来说，查看人们在操控屏幕上的文本或图像时认为比较重要的字词也是一类引起人们极大兴趣的课题（Chalmers，1999）。

当信息访问受限制或者被阻止时，就可能缺乏透明度，甚至酿成悲剧。Gerber（2009）描述了使用音频作为传播媒介将信息传达给盲人的研究。在紧急情况下需要信息时，时间就变得特别重要，所以，在讲究时效的情形下信息的易获取性是非常重要的。

David Carbonara

（刘名卓　译）

参考文献

Chalmers，M.（1999）．Comparing information access approaches. *Journal of the American Society for Information Science and Technology*，50（12），1108 - 1118.

Gerber，E.（2009）．Describing tragedy：The information access needs of blind people in emergency-related circumstances. *Human Organization*，68（1），73 - 81.

信息与通信技术 Information and Communications Technology
请参见富信息环境 INFORMATION-RICH ENVIRONMENTS 和社交媒体 SOCIAL MEDIA

信息与通信技术通常被称为 ICT。有时，它被错误地称作"信息通信技术"，中间少了"与"字。同样，"communication"这个词比较确切地说，应是复数形式而不是单数形式。

在《牛津英语词典》（2012）中，是这样定义信息技术（IT）的："信息技术是有关信息传播、信息处理和信息存储的技术，特别是计算机技术。""通信技术"将这一概念进行了扩展，使之包括了网络和通信设备。对 ICT 这个术语的使用仍然在不断变化中，基本上它和 IT 同义，两者可以交互使用。

如上定义,ICT 不是一个独属于教学法研究范畴的术语。事实上,ICT 在大多数情况下并不包含教学法,而更像隶属于计算机科学类。从教学来说,一个更具操作性的定义,将 ICT 看作是由两部分组成的:信息技术和通信技术。最简单的重叠法,信息技术是指那些记录信息、存储信息和传播信息的技术总和(例如,书、胶带和数据库)。另一方面,通信技术中不包含任何信息,相对来说,它主要应用于短期交流(例如,笔、博客、社会网络和智能手机)。近期的通信技术主要是指以 Web 2.0 为代表的社交媒体,具有用户生成内容的功能特点。当然,信息和通信功能趋向融合。举例来说,人们普遍使用的智能手机能够存储书稿和文件内容(即信息),而且它也可以扮演信息接收器和发射器的角色,而不仅仅是一个存储信息的容器,因而成为通信设备,这些功能特性在某些方面类似 Harold Innis (1964)所提出的偏时间和偏空间媒介理论。偏时间媒介理论认为信息技术的发展趋向持久稳定,不受时间影响,因而可以说信息技术会克服时间的障碍,得以长久保存。另一方面,通信技术具有全球性、及时性和轻便的特点,不受空间的限制,因而可以说通信技术会克服空间障碍。

最后需要说明的是,要求将 ICT 和教与学整合的政策文件常常将 ICT 素养称作 ICT。

Denis Hlynka

(刘名卓　译)

参考文献

Information technology. (2012). In *Oxford English Dictionary online*. Retrieved from http://www.oed.com/view/Entry/273052.

Innis,H. A. (1964). *The bias of communication*. Introduction by Marshall McLuhan. Toronto:University of Toronto Press.

信息分类 Information Classification
请同时参见分类体系 TAXONOMY

分类体系用来在人工或机器环境中对知识进行分类和组织。分类理论将事物分为主要的两类:有某些同一特别属性的属于一类,而其他无这一特别属性的则属于另一类。同属一类的事物又有多种分组,每一事物只属一组,同一组的事物没有内容上的重叠,但在属性上则仅属于这一组。所以在同一组中,不遗漏任何相关项,且也不包含任何不相关项。Ranganathan(1965)建议将分类工作划分为三种:理念类(知识组织的概念基础),语言类(用于描述知识组织中的概念的文字)和符号类(将系统中的概念进行编码的决策)。符号类使终端用户得以使用分类系统,因为它显示了各组在系统中的位置以及各组间的相互关系。现在,美国的两家专业机构——知识组织国际学会(The International Society of Knowledge Organization)和美国信息科学与技术学会下的分类研究特殊兴趣小组[the Special Interest Group for Classification Research (SIG/CR) of the American Society for Information Science and Technology]负责管理分类活动事宜以及提供与知识分类有关的问题信息。

一般情况下,图书馆主要采纳 19 世纪建立起来的三种分类体系(适用于图书、网页或者音视频资料的分类):杜威十进制分类法(DDC);通用十进制分类法(UDC)和(美国)国会图书馆分类法(LOC)。杜威十进制分类法是由美国图书馆专家麦尔威·杜威发明的,首次发表于 1876 年(Dewey,1876)。这种分类法代表了一种自上而下的知识分类方法,并且采用了单纯符号的记忆系统。DDC 按照传统学科来分类,总共以 10 个主要的学科来囊括所有的知识体系。目前,DDC 已被全球超过 138 个国家的图书馆使用,其中 60 多个国家也用它来组织本国书目。在美国,采用 DDC 分类法的主要是公共图书馆和一些小型学术机构。专业化程度比较高的图书馆采用 UDC 分类法,这种方法是在 DDC 分类法的基础上研发出来的分类方法,此种分类方法(由数字和特殊符号组成,把涉及各种知识体系及学科的书籍予以分类)寻求解释人类知识输出不断增长的分类问题(Broughton,2010)。大型学术机构发现 DDC 分类法太局限,所以转向采用 LOC 分类法,这类方法是鉴于文学许可证而形成的分类方法(与 DDC 的静态分类相反,随着新需求的产生,文学许可证允许将新类别加入到分类表中)。实际上,LOC 分类法是一种文档的列举指南,而并不想成为一种包罗万象的知识分类法。人们对于 LOC 的批评主要体现在它太局限于美国的本土文化情境。

Wendell G. Johnson

(刘名卓 译)

参考文献

Broughton, V. (2010). Concepts and terms in the faceted classification: The case of UDC.

Knowledge Organization，37（4），270 - 279.

Dewey，M.（1876）. *A classification and subject index for cataloging and arranging the books and pamphlets of a library*. Amherst，MA：Case，Lockwood & Brainard.

Ranganathan，S. R.（1965）. *The colon classification*. New Brunswick，NJ：Graduate School of Library Service，Rutgers，the State University.

有关此主题的更多信息，请参见"附加资源"

信息熵 Information Entropy

请参见通信的数学模型 MATHEMATICAL MODEL OF COMMUNICATION

信息把关人员 Information Gatekeeper

信息把关人员常常采用非正式的方法促进组织内部的信息传播。Kurt Lewin（1947）首次把这个词（gate + keeper）组合在一起（以用于那位决定什么食物能够上晚餐桌的家庭成员）。Thomas Allen（1977）将这个概念应用到信息学领域，因为他发现在一个组织内部，经常有一小部分关键人物（他称之为"把关人"）承当了其他人的信息源和把关人的角色。根据 Allen 的观点，新的信息是通过这些把关人员带进组织内部的，这些人或者拥有第一手信息或者知道从哪里可以获取这些信息。信息把关人员决定哪些信息可以进入组织内部，哪些不能进入组织内部，然后将这些信息传播给组织内部的其他人。

信息把关人员不可以与"网关"概念混淆，"网关"提供了访问网络信息（包括博客、Wikis 和播客）的入口，通过"网关"入口的信息一般不受把关人员控制。这类由产生、上传和检索所产生的信息内容是由用户生成的，在这一点上，个人终端用户和信息把关人员一样成为信息的共同生产者和传播者。因而，信息把关人员此时的作用便成了同行评审人员，使流向组织内部的信息内容符合公司利益（Showmaker & Vos，2009）。在今天的环境里，信息把关人员在人与信息系统技术之间作平衡；在信息资源与服务的传播中呈现强烈的客户导向；分析组织机构或个人的信息需求，并且将这些需求与现成的信息资源作匹配，以及分析组织信息的结构、流向与应用（Carr，2003）。

Wendell G. Johnson

（刘名卓　译）

参考文献

Allen, T. (1977). *Managing the flow of technology, technology transfer and the dissemination of technological information within the R&D organization*. Cambridge, MA: MIT Press.

Carr, D. (2003). Information professions. In J. Feather & P. Sturgas (Eds.), *International encyclopedia of information and library sciences* (pp. 285 - 293). New York: Routledge.

Lewin, K. (1947). Frontiers in group dynamics: Concept, method, and reality in science: social equilibria and social change. *Human Relations*, 1(1), 5 - 40.

Shoemaker, P., & Vos, T. (2009). *Gatekeeping theory*. New York: Routledge.

信息素养 Information Literacy
请参见素养 LITERACY

信息对象 Information Object
请参见富信息环境 INFORMATION-RICH ENVIRONMENTS

信息处理理论 Information Processing Theory
请同时参见组块化 CHUNKING、认知学习理论 COGNITIVE LEARNING THEORY、信息论 INFORMATION THEORY 和记忆 MEMORY

信息处理理论(IPT)可以说源自于信息理论。该理论基于统计分析和概率方法,已形成多种关于信息传播、信息加工和信息存储的原则。信息理论有一个核心概念是"二进制位",又称为"比特",仅用数值 0 或 1 来表示某一数位的构成,这一理论非常注重信息的数理统计分析。然而,信息理论中的一些理念更多地成为了企业应用象征,而在工程和抽象的数学理论方面却关注很少,这在原有的"比特"概念基础上进一步拓宽了"信息"的含义。

20 世纪 50 年代,一些研究者开始研究注意力和直觉在人们处理刺激过程中的作用,他们是现代认知心理学发展的先驱。他们的研究主要关注人们认知体验和生活经历中心理活动的变化历程。这一时期产生了很多具有代表性的观点,比如 Donald Broadbent (1971)的过滤器理论、George Miller (1956)的神奇数字和 Colin Cherry (1953)的鸡尾酒晚会效应。鉴于信息理论一直以来主要集中于信息内容和其机械化表示的理论研究,信息处理理论更加强调事件理解当中人的因素。

这些做法及其他一些研究主要基于这样一种观点,对处理能力的理解并不是按照有多少"比特",而是按照有多少"块"来度量。一个"块"就是一个心理单元,即将一些更小的单元整合在一起形成一个较大的理解单元。例如,数字 4、0、3 可以被理解为三个无关联的数字单元,但是假如某人将它们看作是某个地区的电话区号,那么记忆负荷就可以从三个记忆块减少为一个记忆块,这样就会提高处理能力。认知块的数量以及如何在信息处理中运用它们,一直是一个不断探究的问题(例如,Cowan,2001)。

信息组块概念在信息处理理论的产生中扮演了关键角色,现在这一概念已被应用在学习心理、记忆和其他相关领域的研究中。起初,信息组块概念某种程度上受信息理论的影响,但是它的一般形式更多体现在概念层面而不是量化层面,有时或者被打上"认知心理学"的标签。这种做法传统上并不是依赖于形式化的数学发展,而是利用计算机来理解人类的学习、记忆、认知过程、决策、语言、智力和心理发展。

John Mueller

(刘名卓　译)

参考文献

Broadbent, D. (1971), *Decision and Stress*. New York: Academic Press.

Cherry, E. C. (1953). Some experiments on the recognition of speech, with one and with two ears. *Journal of Acoustic Society of America*, 25(5),975 - 979.

Cowan, N. (2001). The magical number 4 in short-term memory: A reconsideration of mental storage capacity. *Behavioral and Brain Sciences*, 24(1),87 - 114.

Miller, G. A. (1956). The magical number seven, plus or minus two: Some limits on our capacity for processing information. *Psychological Review*, 63(2),81 - 97.

有关此主题的更多信息,请参见"附加资源"

信息资源 Information Resources
请参见媒体 MEDIA

信息资源是指媒体(印刷类和数字类)和有能力支持学习的人力资源(Hannafin & Hill,2008)。举例来说,静态的信息资源(是指那些由原作者生成而终端用户无法修改的资源)包括印刷书籍和连续出版物(期刊和杂志)、音像材料、电子产品(订阅数据库和电子书)和网页;动态资源(用户可以修改的资源)包括维基、博客和播客等。

社会建构资源的运用引发了内容可信度和真实性问题(McPherson，2006)。因为动态资源也许不可靠，所以要求人力资源(教师或者图书管理员)进行同行评审和信息评估。教育技术给予了信息资源特别的用途，在基于资源的学习环境中，学生通过与印刷品、数字媒体和人之间的互动交流，进行学习的意义建构。基于资源的学习环境以学生为中心，教师看作是教学的促进者和引导者。人们用它作为培养学生信息素养和严谨思维的一种手段。

Wendell G. Johnson

(刘名卓　译)

参考文献

Hannafin, J. , & Hill, J. (2008). Resource-based learning. In J. M. Spector, M. D. Merrill, J. van Merriënboer & M. P. Driscoll (Eds.), *Handbook of research on educational communications and technology* (3rd ed. , pp. 525 - 536). New York：Lawrence Erlbaum Associates.

McPherson, K, (2006). Wikis and literacy development. *Teacher Librarian*, *34*(1),67 - 69.

信息检索 Information Retrieval

请同时参见信息访问 INFORMATION ACCESS 和信息存储 INFORMATION STORAGE

信息检索是利用计算机技术从数据库中获取所需信息的信息查询行为。信息可以通过搜索界面直接检索，或者通过中介(如图书馆员)间接进行检索。检索是指根据某些界定和索引字段，如标题、作者、主题等，进行搜索。信息必须用数据库的查询语言来表示：如果是基于文本的，用文献描述符；如果是数据，则作为元数据。使用布尔运算符(与,非,或)细化搜索词的关系，促进了信息的检索。"与"将两个或两个以上的搜索词合并进行同时搜索，以使搜索结果更集中；"非"是"与"的逆运算，只用一个搜索词而排除其他的搜索词；"或"根据每个搜索词分别进行查询，从而拓宽了检索的数据结果。终端用户利用布尔运算符，以确定所检索文件的相关性，并按时间降序排列。

近来各种形式的信息源(视频、图像和语音)和对 Web 2.0 教育应用的日益倚重，使得信息检索面临特殊挑战。信息检索趋向于联合或综合搜索，允许同时访问多个信息源(例如数据库和网页),而不需要连续搜索单个信息源。联合检索需要注意的是,信息源需要建立目录或索引才能加以获取。最近,教育技术已经将注意力转向基于查询的信息检索,即通过向在线信息库提交问题(Graesser,Chipman & King,2008)来进行检索。例如,信息搜索者可以使用自然语言向 Google 提交查询。Google 不会直接回答,但会返回包含答案的文件和网页。主流搜索引擎,如 Google,使用最佳匹配的信息检索,这种信息检索衡量的是召回率(相关文章检索量/数据库中相关文章的数量)和精确度(相关文章检索量/检索到的文章数量)(Järvelin,2003)。

Wendell G. Johnson

(闫寒冰 译)

参考文献

Graesser,A.,Chipman,P.,& King,B.(2008). Computer-mediated technologies. In J. M. Spector,M. D. Merrill,J. van Mrrienboer & M. P. Driscoll(Eds.),*Handbook of research in educational communications and technology*(3rd ed. pp. 211 - 231). New York:Lawrence Erlbaum Associates.

Järvelin,K.(2003). Information retrieval. In J. Feather & P. Sturges(Eds.),*International encyclopedia of information and library science*(2nd ed. pp. 293 - 295). London:Routledge.

有关此主题的更多信息,请参见"附加资源"

富信息环境 Information-Rich Environments

请同时参见信息与通信技术 INFORMATION AND COMMUNICATIONS TECHNOLOGY 和信息化学习 LEARNING WITH INFORMATION

"富信息环境是指在任何地点——无论是正式的或非正式的、真实的或虚拟的——都包含可以用于学习的任何形式的信息对象。"(Neuman,2011:18)这种环境包括实体设备、传统的广播媒体以及所有的数字化产品。这些环境中的信息对象是物理和虚拟实体,信息通过从简单的圆形数据图到复杂的模拟来进行传递。所有这些场所被视为"富信息环境",从中学习者聚焦于它们所提供的信息,而不是那用来传递信息的载体。与此同时,从"信息对象"的角度思考,使学习者仔细考虑特定对象所允许和限制的信息组织与呈现方式。

"富信息环境"和"信息对象"的概念,融合了教育技术和信息科学这两个相关领域的几个长期存在的观点。Salomon(1979)对媒体和认知的研究以及 Kozma(1991)根据"认知相关特性"划分的媒体格式类型学,从教育技术角度提供了基础理论;而 Dervin(1998)和 Kuhlthau(1993)则从信息科学的角度看待学习的相关理论。在《教育交流与技术研究手册》(Handbook for Research in Educational Communications and Technology)(2004,2008)的第二和第三版中,关于增强与约束学习的信息对象的设计与呈现,有多个章节提供了详尽的汇编(例如,Anglin, Vaez & Cunningham; Barron; Gredler; Hill, Wiley, Nelson & Han; McLellan; Rieber; Seels, Fullerton, Berry & Horn, 2004 版研究手册;Cannon-Bowers, Bowers & Pfaffman, 2008 版研究手册)。注重信息获取和使用方面的信息科学文献提供了一些启示,可以深入了解学生和其他使用信息资源的人在凭借这些以多种方式组织和呈现的资源来建构意义的过程中,是如何既得到帮助又受到约束的(见该领域的重点研究"信息化学习")。

随着信息时代的深入发展,尖端技术不时涌现,学习机会将随之不断丰富。从信息内容、组织方式和信息属性等方面看待技术的这种角度,为我们提供了一种方法去忽略"花里胡哨"的形式而将注意力聚焦于信息本身——这才是人类学习的基本建构单位。当学校越来越多地依赖商业技术构建学习场所的情况下,Jonassen、Peck 和 Wilson(1999)所描述的信息技术支持学习的五大角色为在这些富信息环境中最大限度地学习提供了指导。他们认为,学习者可以将技术作为"支持知识建构的工具……用以支持在建构学习中探索知识的信息媒介,……支持在做中学的环境……支持对话学习的社交媒体和支持反思学习的智能学伴"(第 13 - 14 页)。

Delia Neuman

(闫寒冰　译)

参考文献

Anglin, G. J. , Vaez, H. , & Cunningham, K. L. (2004). Visual representations and learning: The role of static and animated graphics. In D. H. Jonassen (Ed.), *Handbook of research on educational communications and technology* (2nd ed. , pp. 895 - 916). Mahwah, NJ: Erlbaum.

Barron, A. E. (2004). Audio instruction. In D. H. Jonassen (Ed.), *Handbook of research on educational communications and technology* (2nd ed. , pp. 949 - 978). Mahwah, NJ: Erlbaum.

Cannon-Bowers, J. A. , & Bowers, C. A. (2008). Synthetic learning environments. In J. M.

Spector, M. D. Merrill, J. van Merrienboer &. M. P. Driscoll (Eds.), *Handbook of research on educational communications and technology* (3rd ed., pp. 317 - 327). Mahwah, NJ: Erlbaum.

Dervin, B. (1998). Sense-making theory and practice: An overview of user interests in knowledge seeking and use. *Journal of Knowledge Management*, 2(2),36 - 46.

Gredler, M. E. (2004). Games and simulations and their relationships to learning. In D. H. Jonassen (Ed.), *Handbook of research on educational communications and technology* (2nd ed., pp. 571 - 581). Mahwah, NJ: Erlbaum.

Hill, J. R., Wiley, D., Nelson, L. M., &. Han, S. (2004). Exploring research on Internet-based learning: From infrastructure to interactions. In D. H. Jonassen (Ed.), *Handbook of research on educational communications and technology* (2nd ed., pp. 433 - 460). Mahwah, NJ: Erlbaum.

Jonassen, D. H., Peck, K. L., &. Wilson, B. G. (1999). *Learning with technology: A constructivist perspective*. Columbus, OH: Merrill Prentice Hall.

Kozma, R. B. (1991). Learning with media. *Review of Educational Research*, 61,179 - 211.

Kuhlthau, C. C. (1993). *Seeking meaning: A process approach to library and information services*. Norwood, NJ: Ablex.

McLellan, (2004). Virtual realities. In D. H. Jonassen (Ed.), *Handbook of research on educational communications and technology* (2nd ed., pp. 461 - 497). Mahwah, NJ: Erlbaum.

Neuman, D. (2011). Learning *in information-rich environments: I-LEARN and the construction of knowledge in the 21st century*. New York, Dordrecht, Heidelberg, London: Springer.

Pfaffman, J. (2008). Computer-mediated communications technologies. In J. M. Spector, M. D. Merrill, J. van Merrienboer &. M. P. Driscoll (Eds.), *Handbook of research on educational communications and technology* (3rd ed., pp. 225 - 231). Mahwah, NJ: Erlbaum.

Rieber, L. P. (2004). Microworlds. In D. H. Jonassen (Ed.), *Handbook of research on educational communications and technology* (2nd ed., pp. 583 - 603). Mahwah, NJ: Erlbaum.

Salomon, G. (1979). *Interaction of meaning, cognition, and learning: An exploration of how symbolic forms cultivate mental skills and affect knowledge acquisition*. San Francisco: Jossey-Bass.

Seels, B., Fullerton, K., Berry, L., &. Horn, L. J. (2004). Research on learning from television. In D. H. Jonassen (Ed.), *Handbook of research on educational communications and technology* (2nd ed., pp. 249 - 344). Mahwah, NJ: Erlbaum.

信息存储 Information Storage

请同时参见信息访问 INFORMATION ACCESS 和信息检索 INFORMATION RETRIEVAL

教育信息存储于图书馆、机构知识库和档案馆。图书馆所汇集的材料组织有序,易于识别和检索。图书馆围绕着一系列的核心功能进行运作：技术服务(材料的识别、获取和分类)、公共服务(参考咨询服务和图书馆用户指南)和管理(规划设计、财务管理和人力资源)。图书馆媒体中心是"在美国许多公立学校里所拥有的存储着实体教材和技术资源的资源库"(Neuman,2008：234)。研究表明,阅读素养和学校图书馆的使用有很强的相关性(Scott & Piourde,2007)。在学校图书馆的用户中,阅读量超过年级水平的学生往往是阅读量低于年级水平的学生的两倍。学校图书馆管理员或媒体中心专家的资质认证通常是通过教育技术部门获取的。

随着越来越多的信息以数字格式创建,高校正在建设机构知识库,允许使用者开放获取机构的研究和记录。开放档案信息系统(Open Archival Information Systems 或 OAIS,自 2002 年以来的 ISO 标准)往往是机构知识库的参考模型。知识库体系结构(architecture)管理内容和元数据,并通过受控的分层访问提供信息的存储和检索服务。机构知识库提供专有系统,用以替代学生评价系统如 LiveText 或课程管理系统如 Blackboard。关于机构知识库的两大主要问题是版权和知识产权(Zuccala,Oppenheim & Dhiensa,2008)。

档案馆是对各种格式(如印刷物或数字化物品以及视听记录)原始材料的历史收藏,在最广泛意义上保留了一个机构或个人的历史记录。以北伊利诺斯大学校园(Campus of Northern Illinois University)的布莱克威尔博物馆(Blackwell Museum)为例,该博物馆归档保存了 AECT 收集的 19 世纪和 20 世纪教育技术领域专家使用的工具和文档。在数字化时代,专业档案工作者在预算削减和空间有限的情况下面临着实体制品(如文件原稿)的保护问题(Bee,2008)。

Wendell G. Johnson

(闫寒冰　译)

参考文献

Bee，R. (2008)．The importance of preserving paper-based artifacts in a digital age. *Library Quarterly*，78(2),179 - 184.

Neuman，D. (2008)．K-12 Library Media Centers. In J. M. Spector，M. D. Merrill，J. van Merrienboer & M. P. Driscoll (Eds.)，*Handbook of research on educational communications and technology* (3rd ed.，pp. 233 - 240). New York：Lawrence Erlbaum Associates.

Scott, K. & Piourde, L. (2007). School libraries and increased student achievement: What's the big idea? *Education*, *127*(3), 419 – 429.

Zuccala, A., Oppenheim, C., & Dhiensa, R. (2008). Managing and evaluating digital repositories. *Information Research*, *13*(1). Retrieved from http://informationr. net/ir/13-1/infres131. html.

信息论 Information Theory

请同时参见组块化 CHUNKING 和信息处理理论 INFORMATION PROCESSING THEORY

信息论是一种量化信息的数学和统计理论。在信息论中,基本单位是"位",指的是一个二进制数字的概念,只能有 0 和 1(或出席、缺席,或真、假,或开、关,或其他类似的二分法)两个值。基于统计和概率,信息论开发了关于信息传输、处理和存储的各种原理,包括信息的压缩和解压设计。

信息论学科的直接背景要回溯到第二次世界大战期间对信号检测处理和代码破译的研究(如 Alan Turing 的研究),并且密码学仍然是当今信息理论应用的一个重要领域。从实践意义上来说,两值的"位"结构从 19 世纪晚期就已经开始应用,用的是早期穿孔卡片技术,而正是这种技术推动了计算机行业的发展(如 Herman Hollerith 的工作,此前 Charles Babbage 的工作);这种应用在 Vannevar Bush(1936) 早期的一本书中得到更新。Bush 的学生 Claude Shannon,因在一书中归综了各方有关信息(Shannon,1949)而通常被尊称为信息论的创始人。随着这些发展,信息论毫不奇怪地刺激了现在被称为认知科学、人工智能、机器人技术和控制论等领域。

此外,信息论的一些理念被外推到与工程和抽象数学理论化不很相关的领域。上世纪 50 年代,几个现在被认为是认知心理学家的人,包括 Donald Broadbent (1971)、George Miller (1956)和 Colin Cherry (1953),开始研究注意力和认识过程的角色。他们的研究工作往往是基于这样的想法,即对处理能力的解读不是以"位"而是以"块"为单位。一块是一个心理单位,由几个较小的单位整合成一个理解单位。

组块的概念化形成了信息处理理论的基础,该理论是用来描述学习、记忆和认知的心理研究的标签,它最初是受信息论的启发,但它的通常形式是概念化而非量化的。这种惯例和正规的数学发展关系不大,而是为了用计算机来打比方去理解认知过程与发展。

John Mueller

（闫寒冰　译）

参考文献

Broadbent，D. (1971). *Decision and stress*. New York：Academic Press.

Bush，V. (1936). Instrument analysis. *Bulletin of the American Mathematical Society*，*42* (10)，649－669.

Cherry，E. C. (1953). Some experiments on the recognition of speech，with one and with two ears. *Journal of Acoustic Society of America*，*25*(5)，975－979.

Miller，G. A. (1956). The magical number seven，plus or minus two：Some limits on our capacity for processing information. *Psychological Review*，*63*(2)，81－97.

Shannon，C. E. (1949). *The mathematical theory of communication*. Urbana Champaign，IL：University of Illinois Press.

有关此主题的更多信息，参见"附加资源"

创新 Innovation
请同时参见变革 CHANGE 与变革模型 CHANGE MODELS

创新既可以是一个技术产品，也可以是提供给特定人群的新颖做法或给为用户增加价值的实践。自 19 世纪后期以来，人类学家和社会学家就一直在研究创新的传播，但他们的研究并没有得到教育界的关注，直到 Everett Rogers 在《创新的普及》①（*Diffusion of Innovations*）(1962)中把它们收集并综合起来。

"创新"这一术语并没有出现在早期的教育技术词汇表中（Ely，1963；Association for Educational Communication and Technology，1977）。当学者们拓展了教学设计的框架，使其还要包括设计所产生的教学材料和教学系统的实施时，创新与教育技术的关联性才变得更为明显。

例如在 19 世纪 70 年代早期，印第安纳大学修订了教学计划，其中包括一个重点领域：创新的普及和采用。1980 年，AECT 的月刊更名为《教学变革者》（*Instructional*

---

① 中国已有 *Diffusion of Innovations* 一书的翻译版，名为《创新的扩散》。——译者注

Innovator），用以反映这个领域研究的新框架。

教育技术领域的使命是促进采用技术创新，以及在研究这一问题时，将创新普及理论作为研究框架，这是本领域的普遍认识（Dooley，1999；Dormant，1986；Ely，1999；Romiszowski，2004）。

Michael Molenda

（闫寒冰　译）

参考文献

Association for Educational Communications and Technology（1977）. *Educational technology：Definition and glossary of terms*, *volume 1*. Washington DC：Association for Educational Communications and Technology.

Dooley，K. E.（1999）. Towards a holistic model for the diffusion of educational technologies：An integrative review of educational innovation studies. *Educational Technology & Society*，2（4），35 - 45.

Dormant，D.（1986）. The ABCDs of managing change. *In Introduction to Performance Technology*, *volume 1*（pp. 238 - 256）. Washington DC：National Society for Performance and Instruction.

Ely，D. P.（1963）. The changing role of the audiovisual process in education：A definition and glossary of related terms. TDP Monograph No. 1. *AV Communication Review*，（11）1，iv-148.

Ely，D. P.（1999）. *New perspectives on the implementation of educational technology innovations*. ERIC document ♯ 427 775. Available online at http://www. eric. ed. gov/contentdelivery/servlet/ERICServlet?accno = ED427775. Retrieved June 30，2012.

Rogers，E. M.（1962）. *Diffusion of innovations*. Glencoe，IL：Free Press.

Romiszowski，A. J.（2004）. How's the E-learning baby? Factors leading to success or failure of an educational technology innovation. *Educational Technology*，44（1），5 - 27.

探询式学习 Inquiry-Based Learning

请同时参见以学习者为中心的教学 LEARNER-CENTERED INSTRUCTION、基于问题的学习 PROBLEM-BASED LEARNING 和基于项目的学习 PROJECT-BASED LEARNING

探询式学习是以真实方式了解和理解世界的动态过程，从而使学生了解到知识是如何产生且发挥作用的。它包含了提出问题、发现问题、收集信息、创造性地思考可能性、熟练地提供证据、作出决定、证明结论和学会质疑以构建并丰富某一研究主题或领域的知识。探询与探询式学习包含一系列的实践,其中包括基于项目的学习、基于问题的学习和基于设计的学习(Barron & Darling-Hammond,2008)。

探询不是一个普通的教学方法,它总是把某一特定的研究主题或领域及与该主题或领域需要了解的知识紧密地联系起来。探索主题和领域的开放即为探询空间的开放,在这个探询空间里,学生、老师和学科专家们可以相互协同,探询那些界定和引导了领域工作的要求与规则。与探询相关的教学行为包括培育某一主题或领域,确保令人震撼与深思的问题能够在其中出现,学生通过回答这些问题能够更好地理解这一主题或领域,并且提供给学生获取学科范围内的事实与知识的方法。"如果没有以这种方式进行探询,研究问题就不能获得应有的令人震撼与深思的热度。"(Clifford & Marinucci,2008:678)

在探询式学习的课堂上,老师是探询活动的积极参与者与贡献者。"课堂探询的技能包括仔细观察与理性分析、倾向于开放和探索的思维习惯、责任感以及对儿童学习的全身心投入。"(Darling-Hammond,2006:5)探询式学习课堂是一个充满多样性的学习环境,因为老师要清楚地知道如何使探询发生在一个生态空间中,在这个空间中要么已经存在复杂而潜在的关系,要么通过学生和教师共同创建主题而产生这种关系。(Jardine,Clifford & Friesen,2003,2006;Jardine,Friesen & Clifford,2008)

在课堂中进行的真实主题探询的包容性是很强的,所以每个人都能参与其中,老师、学生和学科专家可以就主题本身或他们对这个主题的理解找到一个方面作出有意义的贡献。探询教室在外观和感觉上更像是一个调查工作室。学生们根据探询工作的需要被安排,所有探询工作的进度通常是公开的。每个学生都知道其他学生正在做什么。除此之外,每个学生都可以目睹其他学生的思维过程。反过来,老师要使自己与学生正在进行的探询工作同步(Clifford & Marinucci,2008:684)。

Sharon Friesen

(闫寒冰 译)

参考文献

Barron, B., & Darling-Hammond. L. (2008). How can we teach for meaningful learning? The need for inquiry-based learning to support twenty-first century skills. In Darling-Hammond,

L. (Ed), *Powerful learning*: *What we know about teaching for understanding*. San Francisco, CA: Jossey-Bass.

Clifford, P. , & Marinucci, S. (2008). Testing the waters: Three elements of class-room inquiry. *Harvard Educational Review*, 78(4), 675 - 688.

Darling-Hammond, L. (2006). Constructing 21st-century teacher education. *Journal of Teacher Education*, 57(3), 300 - 314.

Jardine, D. , Clifford, P. , & Friesen, S. (2003). *Back to the basics of teaching and learning*: *Thinking the world together*. Mahwah, N. J. : Lawrence Erlbaum Associates.

Jardine, D. , Clifford, P. , & Friesen, S. (2008). *Back to the basics of teaching and learning*: *Thinking the world together* (2nd ed.). New York: Routledge.

Jardine, D. , Friesen, S. , & Clifford, P. (2006). *Curriculum in abundance*. New York: Routledge.

即时信息 Instant Messaging

请参见技术交流 TECHNOLOGICAL COMMUNICATION

制度伦理 Institutional Ethics

请参见道德伦理 ETHICS

机构知识库 Institutional Repositories

请参见信息存储 INFORMATION STORAGE

教学 Instruction

请同时参见学习的条件 CONDITIONS OF LEARNING

Instruction 是一个被广泛使用的术语,它至少包含两层含义。[1] 首先,它常作为指令或命令的同义词被使用。例如,Iwata 等人(2000)在临床医学行为的研究中考虑到注意力和指令（instruction）。在这个案例中 instruction 被定义为"执行任务时的一个口头指令,可以给补充提示,也可以不给"（第 184 页）。

在更广泛的意义上,instruction 似乎是指被设计过的外部活动,用于更好地支持

---

[1] 原文有误。Instruction（单数）为教学。原作者所讲的第一层含义,其英语为 instructions（复数）,可译为指令。请参见 *Webster's Encyclopedic Unabridged Dictionary of the English Language*。——译者注

学习者的学习过程，以达到学习目标。多年来，因强调的重点不同，关于 instruction 的定义在措辞上总有轻微的差异。Gagné、Briggs 和 Wager（1988）在《教学设计原理》第三版中将其定义为"教学可以看作是用来支持内部学习的一系列被特定安排过的外部事件"（第 11 页）。Driscoll（2005）也发表了同样的内容。她解释道："我可以通过教学对事件做一些特定的安排以促进学习者某些目标的达成。"（第 23 页）Smaldino、Lowther 和 Russell（2008）对外部事件的观点稍作修改，再次明确了其目标导向的形式。他们指出教学"是指一种通过特定的体验安排以激励学习的有目标的努力，这种努力是为了帮助学习者获得所要求的能力改变。教学应当引发学习"（第 25 页）。Reigeluth 和 Carr-Chellman（2009）在建构与教学间的关系探讨中认为任何学习都意味着知识建构，所以只有当教学促进知识建构的时候，它才是有效的。因此，他们限定"教学是为了促进学习而做的事"（第 6 页）。在关于教学的描述中，它的概念与"教"（teaching）①的概念非常相似。例如，Loewenberg Ball 和 Forzani（2009）将其定义为"深思熟虑的活动，以更好地帮助学生发展稳健的技能、学习与研究主题相关的知识，并与更大的教育目标相协调"（第 503 页）。

概括地说，似乎有一些关于"教学"的整体意义和作用的共识，但这一共识并没有延伸至教学的实际质量、目标指向的性质或可提供支持的活动者。讨论的核心是学习目标的性质及学习者控制的数量与质量。"教学"这一概念给人的感觉是"教师"的痕迹过重，为了避免这种感觉，强调学习者，多名学者主张使用"学习环境"而非"教学"这一概念（例如，Wilson，1995）。

Jan Elen

（闫寒冰　译）

参考文献

Driscoll, M. P.（2005）. *Psychology of learning for instruction*（3rd ed.）. International Edition. Boston, MA: Pearson.

Gagné, R. M., Briggs, L. J., & Wager, W. W.（1988）. *Principles of Instructional Design*（3rd ed.）. New York: Holt, Rinehart and Winston.

———————————

① Instruction 与 teaching 的差异在于 teaching 必定是由人教授的，而 instruction 的范围则更广，包括由各种媒体传递的教学内容。请参见 Smith & Ragan 的《教学设计》。——译者注

Iwata，B. A.，Wallace，M. D.，Kahng，SW，Lindberg，J. S.，Roscoe，E. M.，Conners，J.，Hanley，G. P.，Thompson，R. H.，& Worsdell，A. S.（2000）. Skill acquisition in the implementation of functional analysis methodology. *Journal of Applied Behavior Analysis*，*33*(2)，181 - 194.

Loewenberg Ball，D.，& Forzani，F. M.（2009）. The work of teaching and the challenge for teacher education. *Journal of Teacher Education*，*60*(5)，497 - 511.

Reigeluth，C. M.，& Carr-Chellman，A. A.（2009）. Understanding Instructional Theory. In C. M. Reigeluth & A. A. Carr-Chellman（Eds.），*Instructional-design theories and models：Building a common knowledge base*. Volume III（pp. 3 - 26）. New York：Routledge.

Smaldino，S. E.，Lowther，D. L.，& Russell，J. D.（2008）. *Instructional Technology and Media for Learning*（10th ed.，international ed.）. Boston，MA：Pearson.

Wilson，B. G.（1995）. Metaphors for instruction：Why we talk about learning environments. *Educational Technology*，*35*(5)，25 - 30.

教学代理 Instructional Agent

参见代理 AGENT

教学分析 Instructional Analysis

参见分析 ANALYSIS

教学情境 Instructional Context

参见情境 CONTEXT

教学设计 Instructional Design

参见教学设计模型 INSTRUCTIONAL DESIGN MODELS

多年以来,教学设计(ID)被以多种方式定义。这些定义要么倾向于强调过程,要么倾向于强调功能。然而,所有的定义都将教学设计描述为教学计划活动,并以其"所采用活动的准确性、友好性及专业性的水平"为特征(Smith & Ragan,2005：6)。

面向过程的定义的例子包括 Smith 和 Ragan(2005)对其所下的定义,他们将教学设计描述为"一种系统性的、审慎的思考过程,这个过程使学与教的规则转化为包括教学材料、活动、信息资源和评估在内的教学方案"(第 4 页)。这个定义强调教学设计的科学基础以及来自教学设计项目的产品的范围。然而,绝大多数面向过程的定义都与传统的教学系统设计(ISD)过程(即分析、设计、开发、实施和评估)密切相关。Dick、

Carey 和 Carey(2009)简单地认为教学设计就是教学系统设计。其他学者虽然没有那么直接,但他们基本上也同意这种观点(例子参见 Morrison,Ross,Kalman & Kemp,2011;Piskurich,2006;Seels & Glasgow,1998)。

有些教学设计的定义更强调功能而非过程。Gustafson 和 Branch (2007)认为"教学设计(ID)是一个系统的过程,它采用一致和可信的方式来开发教育和培训项目"(第11 页)。Piskurich(2006)认为教学设计根本上"就是一个帮助你以高效的方式来创建有效培训的过程"(第 1 页)。Reigeluth(1983)提出了另一个面向功能的教学设计定义。他认为教学设计是"为教学活动提出最优化处方的一宗学问,以使学生的学习成就与动力等达到预期效果"(第5页)。

Richey、Klein 和 Tracey(2011)结合过程与功能两种视角,将教学设计描述为"为开发、评估及维护用于促进学习与业绩的情境,而创建详细规范的科学与艺术"(第3页)。这个定义也与当前强调的业绩改进及设计者通常使用的非教学干预措施相兼容。

Rita C. Richey

(闫寒冰　译)

参考文献

Dick,W.,Carey,L.,& Carey,J. O. (2009). *The systematic design of instruction* (7th ed.). Upper Saddle River,NJ:Merrill.

Gustafson,K. L.,& Branch,R. M. (2007). What is instructional design? In R. A. Reiser & J. V. Dempsey (Eds.),*Trends and issues in instructional design and technology* (pp. 10 - 16). Upper Saddle River,NJ:Pearson/Merrill Prentice Hall.

Morrison,G. R.,Ross,S. M.,Kalman,H. K.,& Kemp,J. E. (2011). *Designing effective instruction* (6th ed.). Hoboken,NJ:John Wiley & Sons,Inc.

Piskurich,G. M. (2006). *Rapid instructional design:Learning ID fast and right* (2nd ed.). San Francisco,CA:Pfeiffer.

Reigeluth,C. M. (1983). Instructional design:What is it and why is it? In C. M. Reigeluth (Ed.),*Instructional-design theories and models:An overview of their current status* (pp. 3 - 36). Hillsdale,NJ:Lawrence Erlbaum Associates,Publishers.

Richey,R. C.,Klein,J. D.,& Tracey,M. W. (2011). *The instructional design knowledge base:Theory,research,and practice.* New York:Routledge.

Seels,B.,& Glasgow,Z. (1998). *Making instructional design decisions.* Upper Saddle River,NJ:Merrill.

Smith,P. L.,& Ragan,T. J. (2005). *Instructional design* (3rd ed.). Hoboken,NJ:John

教学设计模型 Instructional Design Models

参见反馈 FEEDBACK、游戏设计 GAME DESIGN、教学设计 INSTRUCTIONAL DESIGN、快速原型法 RAPID PROTOTYPING 和系统方法 SYSTEMS APPROACH

教学设计(ID)模型是对教学设计步骤的简要概述,通常是可视化的表现形式,例如,流程图规定了在设计项目中需要遵循的步骤。所有的模型都是"事实在某种结构和顺序上的再现",并通常展示了对项目的理想化观点(Richey,Klein & Tracey,2011:9),教学设计模型即是如此。

教学设计模型众多,其中大部分都描述了一个总体的设计项目。它们涵盖并描述了教学设计本身的发展。最早的 ID 模型来自于 20 世纪 60 年代密歇根州立大学(Michigan State University)的 John Barson(Gustafson & Branch,1967)。这一模型描述了高等教育教学设计的指南。然而,最早被广泛利用的模型则来自于 Dick 和 Cary(1978),他们的模型不断演进,至今仍被使用。这些都是基于系统方法,并被统称为 ADDIE 模型。ADDIE(分析、设计、开发、实施和评估)概述了系统的教学设计中五个关键阶段。

如今,教学设计相关文献中有许多其他的重要模型。例如,为了克服线性设计的教学设计模型无法反映真实的设计实践的额外难题,Morrison、Ross、Kalman 和 Kemp(2011)设计了一个循环模型。此外还有动力设计模型,例如 Keller(2010)的 ARCS 模型,这一模型强调注意力、相关性和自信心作为动力行为的基础,应被融入到传统的基于系统方法的教学设计之中。当前的另一个研究方法被称为 4C - ID 模型(van Merriënboer & Kirschner,2007),该模型分为十个步骤,以整合和协调构成复杂学习的技能为中心,针对真实或虚拟环境中的真实性学习,并采取策略促进学习者的认知学习策略、思维结构建构以及规则学习。

虽然人们依旧往往把教学设计模型看作是一种教学系统设计方向的体现,它们也的确反映教学设计过程的多种方法。例如,Cennamo 和 Kalk(2005)提出的教学设计模型源自建构主义,并包含了快速原型法的过程。这些过程需要使用社交谈判并从多维视角设计教学。

尽管人们对于教学设计模型的价值曾有疑虑,但它们仍然是教学设计实践的一个基本部分。它们"提供指南并确保某种程度的质量和一致性"(Brown & Green,2006：9)。此外,教学设计模型在为现实世界培养教学设计师的绝大多数专业中起到了关键作用。

Rita C. Richey

（徐　鹏　译）

参考文献

Brown, A., & Green, T. D. (2006). *The essentials of instructional design*. Upper Saddle River, NJ：Pearson.

Cennamo, K., & Kalk, D. (2005). *Real world instructional design*. Belmont, CA：Thomson/Wadsworth.

Dick, W., & Carey, L. (1978). *The systematic design of instruction*. Glenview, IL：Scott Foresman and Company.

Gustafson, K. L., & Branch, R. M. (1997). *Survey of instructional development models* (3rd ed.). Syracuse, NY：ERIC Clearinghouse on Information & Technology.

Keller, J. M. (2010). *Motivational design for learning and performance：The ARCS model approach*. New York：Springer.

Morrison, G. R., Ross, S. M., Kalman, H. K., & Kemp, J. E. (2011). *Designing effective instruction* (6th ed.). Hoboken, NJ：John Wiley & Sons, Inc.

Richey, R. C., Klein, J. D., & Tracey, M. W. (2011). *The instructional design knowledge base：Theory, research, and practice*. New York：Routledge.

van Merriënboer, J. J. G., & Kirschner, P. A. (2007). *Ten steps to complex learning：A systematic approach to four-component instructional design*. Mahway, NJ：Lawrence Erlbaum Associates, Publishers.

教学开发 Instructional Development
参见开发 DEVELOPMENT

教学媒体 Instructional Media
参见视听教学 AUDIOVISUAL INSTRUCTION 和经验锥 CONE OF EXPERIENCE

教学目标 Instructional Objectives

参见复杂学习 COMPLEX LEARNING、教学目标参照测试 CRITERION-REFERENCED MEASUREMENT 和评估模型 EVALUATION MODELS

教学目标是"描述在完成某项规定教学单元之后学生能学到什么的表述"（Kibler，Cegala，Barker & Miles，1974：2）。它们也被叫做"行为目标"、"业绩目标"、"学习目标"或简单地称为"目标"。无论使用哪种称谓，它们传统上被视为可观察和可测试的行为，并包含至少三个组成部分——行为、行为展示的条件和判断行为的标准（Mager，1962）。目标可以为各种教学和内容制定，也可以有各种各样的用途。最初的重点在于向学习者传达教学目的——通过教学你将可以做什么，并作为测验题目和学生评估构建的基础。然而，目标也是设计者的重要工具，它们实现了对于教与学活动的选择与排序，以及对于教学资源的选择和排序（Morrison，Ross，Kalman & Kemp，2011）。

如今，很多人将教学目标的使用和行为主义以及教学设计的系统方法相联系，然而教学目标的提出远远早于后二者。John Franklin Bobbitt（1918）早在 20 世纪早期就倡导将撰写目标作为他的课程开发科学方法的一部分。Tyler（1949）也概述了一项课程开发技术，此技术正是基于具体说明目标，选择并组织策略以达到目标，并评估目标是否被达成而展开的。

目前的绝大多数教学设计模型中仍在使用教学目标（参见 Dick，Carey & Carey，2009；Morrison，Ross，Kalman & Kemp，2011；Smith & Ragan，2005），但那些在教学和教学设计中倡导建构主义方式的人常常采用合作性更强和更为灵活的方法来设计目标，使社群成员和学生参与其中（Cennamo & Kalk，2005）。

Rita C. Richey

（徐　鹏　译）

参考文献

Bobbitt，J. F.（1918）. *The curriculum.* Boston，MA：Houghton Mifflin Company.

Cennamo, K., & Kalk, D. (2005). *Real world instructional design*. Belmont, CA: Thomson/Wadsworth.

Dick, W., Carey, L., & Carey, J. O. (2009). *The systematic design of instruction* (7th ed.). Upper Saddle River, NJ: Merrill.

Kibler, R. J., Cegala, D. J., Barker, L. L., & Miles, D. T. (1974). *Objectives for instruction and evaluation*. Boston, MA: Allyn and Bacon, Inc.

Mager, R. F. (1962). *Preparing instructional objectives*. Palo Alto: CA: Fearon Publishers.

Morrison, G. R., Ross, S. M., Kalman, H. K., & Kemp, J. E. (2011). *Designing effective instruction* (6th ed.). Hoboken, NJ: John Wiley & Sons, Inc.

Smith, P. L., & Ragan, T. J. (2005). *Instructional design* (3rd ed.). Hoboken, NJ: John Wiley & Sons, Inc.

Tyler, R. W. (1949). *Basic principles of curriculum and instruction* (originally published as *Syllabus for Education 305*). Chicago: The University of Chicago Press.

教学系统设计 Instructional Systems Design

参见教学设计和教学设计模型 INSTRUCTIONAL DESIGN AND INSTRUCTIONAL DESIGN MODELS

教学技术 Instructional Technology

参见教育技术 EDUCATIONAL TECHNOLOGY

教学电视 Instructional Television

参见技术支持的学习 TECHNOLOGY-ENABLED LEARNING

以教师为中心的教学 Instructor-Centered Instruction

参见生成性和替代性教学策略 GENERATIVE AND SUPPLANTIVE INSTRUCTIONAL STRATEGIES

整合的技术 Integrated Technologies

参见多媒体学习 MULTIMEDIA LEARNING

在《教学技术：领域的定义和范畴》中，开发领域中的教学技术被分为以下四类：印刷技术、视听技术、基于计算机的技术和整合技术(Seels & Richey, 1994)。基于认知科学和建构主义的原则，整合技术根据学习者的愿望以非连续性或直线型的传统方法呈现与现实学习相关的信息,以此在整合的环境中通过学习者、学习材料和技术之间的频繁互动促进以认知为中心的有意义学习。

通过整合技术,内容可以在学习者的经验情境中真实地呈现出来。基于高度的学习者互动性(Seels & Richey,1994)和以最佳方式适应需求的学习材料呈现的灵活性,整合技术比起传统的教学技术更具吸引力。

Tomei(2007)提出,整合技术的首要功能是促进有意义的学习,使学习者参与到新知识的建构和个人理解的扩展中去,以及在教育组织中提高职业生产力。Carver、Lehrer、Connell 和 Ericksen(1992)提出,从建构主义的角度来看,整合技术考虑到学生主动设计知识的价值,这在用媒体为真实听众设计演讲的情境之下尤为如此。

整合技术常常被许多机构用于为学习建立多媒体环境(Elmore,1992),特别是教师教育项目,例如"培养未来的能使用技术的教师项目",一般被称作 PT3 项目(Rhine & Bailey,2005)。在 20 世纪 90 年代,光碟机、DVD 机、计算机会议系统、编辑系统以及学习管理系统作为整合技术被广泛地应用于教学和学习实践中。近年来,最为流行的新型整合技术系统是 Web 2.0,这一系统使用互联网作为服务和应用的平台,包括网络资源、社交网络、虚拟学习环境(如 Second Life)以及即时通讯工具(如 Skype)。

由于整合技术在计算机的控制下包含多种形式的媒体,以多种方式为教学和学习生产并传递教学内容,它们对多媒体学习至关重要。这一概念由美国教育心理学家 Richard Mayer 在 20 世纪 90 年代提出。他假设,当视觉和听觉材料被同时呈现,最佳的学习就会出现(Mayer,2001)。

Xinmin Sang

Xudong Zheng

(徐 鹏 译)

参考文献

Elmore,G. C. (1992). Integrated technologies: An approach to establishing multimedia applications for learning. *Educom Review*,27(1),20‐26.

Carver,S. M.,Lehrer,R.,Connell,T.,& Ericksen,J. (1992). Learning by hypermedia design: Issues of assessment and implementation. *Educational Psychologist*,27(3),385‐404.

Mayer，R. E. (2001). *Multimedia learning*. New York：Cambridge University Press.

Rhine，S.，&. Bailey，M.（Eds.）（2005）．*Integrated technologies，innovative learning：Insights from the PT3 program*. Eugene，OR：International Society for Technology in Education.

Seels，B. B.，&. Richey，R. C. (1994). *Instructional technology：The definition and domains of the field*. Washington，DC：Association for Educational communications and technology.

Tomei，L. A.（2005）．*Taxonomy for the technology domain*. Hershey，PA：Information Science Publishing.

整合学习系统 Integrated Learning Systems

参见基于计算机的培训 COMPUTER-BASED TRAINING 和管理系统 MANAGEMENT SYSTEMS

关于这一主题,专家们认同整合学习系统(ILS)是计算机网络环境中基于计算机的课件与管理软件的混合体(Becker &. Hativa，1994；Brown，1997；Brush，1998)。系统的课件传递教学内容,并不断进行纠正和扩充;学习管理系统监控活动,记录过程并管理或告知过程中的下一个步骤。

尽管 ILS 的课程内容在每次实施中各有不同,但它们通常涵盖多个年级水平的学科包括阅读、语言、数学、科学、计算机技能和社会学科(Mills，1994；Kulik，2003)。ILS 课件内容的传递是基于计算机的,主要采用基于行为主义学习理论的方法如练习和操练以及辅导教程(Becker &. Hativa，1994；Wood，Underwood &. Avis，1999)。教学策略一般包括指导反馈和实践(Wood et al.，1999),以及内容重复和练习(O'Byrne，Securro，Jones &. Cadle，2006)。更为复杂的系统提供模拟(Kulik，2003)、多重完成路径以及一些解决问题和决策的机会(O'Byrne et al.，2006)。通过 ILS 常常可以获得在线(和离线)补充材料如工作手册、教具、第三方课件以及"工具"软件(如文字处理和数据库包)(Brush，1998；Mills，1994)。ILS 中的学生评估也是基于计算机的,依照可被计算机评估的设定标准来衡量成就(O'Byrne et al.，2006)。评估的"传统"本质往往局限于描绘学习者知识的模型。这一特点也在 ILS 支持的有限的学习目标和学习路径上得到了体现(Wood et al.，1999：103)。

正如 Mills(1994)所描述的,ILS 过程通常始于诊断性评估,将每名学生置于课件可用单元或模块的某一合适位置。当学生以适合自己的速度学习 ILS 上的教学内容时,管理系统对他们的活动、选择和过程进行记录。诊断性评估不间断地进行,使教师、学生和 ILS 可以监控学习过程(Becker & Hativa, 1994)。反馈是及时的,纠正策略与扩充教材可以嵌入系统(Brush, 1998)。学习依赖程度的控制可以通过教师、学生和 ILS 管理部分调节。例如,基于评估结果,教师和学习管理系统可以操控内容的难度、顺序和重复次数。在很多系统中,学生可以重试直到掌握知识,并控制他们想得到的帮助的数量和种类,生成带有不同示例的练习可以增强实践(O'Byrne et al. , 2006)。

尽管整合学习系统的设计是基于学习是"通过满足每个学习者的需求被最大限度地促进"的理论(Brush, 1998:5)之上的,一些研究者却提出 ILS 的设计与实施是为了支持更多通过社会建构的知识(Becker, 1992;Brush, 1998;Wood et al. , 1999)。只有为数不多的研究者应对了这一挑战(Kulik, 2003;Mevarech, 1994)。

Gail Kopp

(徐 鹏 译)

参考文献

Becker, H. J. (1992). Computer-based ILSs in the elementary and middle grades: A critical review and synthesis of evaluation reports. *Journal of Educational Computing Research*, *8*, 1–42.

Becker, H. J. , & Hativa, N. (1994). History, theory and research concerning integrated learning systems. *International Journal of Educational Research*, *21*(1),5–12.

Brown, J. (1997). When is a system an ILS? In J. Underwood & J. Brown (Eds.), *Integrated learning systems: Potential into practice* (*pp. 6–14*). London: Heinemann.

Brush, T. A. (1998). Embedding cooperative learning into the design of integrated learning systems: Rationale and guidelines. *Educational Technology Research and Development*, *46* (3),5–18.

Kulik, J. A. (2003). *Effects of using instructional technology in elementary and secondary schools: What controlled evaluation studies say.* Arlington: SRI International.

Mevarech, Z. R. (1994). The effectiveness of individualized versus cooperative computer-based integrated learning systems. *International Journal of Educational Research*, *21*(1),39–52.

Mills, S. C. (1994). Integrated learning systems: New technology for classrooms of the future. *Tech Trends*, *39*(1),27–31.

O'Byrne, B. , Securro, S. , Jones, J. , & Cadle, C. (2006). Making the cut: The impact of an integrated learning system on low achieving middle school students. *Journal of Computer Assisted Learning*, *22*(3),218–228.

Wood, D. , Underwood, J. , & Avis, P. (1999). Integrated learning systems in the classroom. *Computers & Education*, *33*(2–3),91–108.

整合目的 Integrative Goals
参见复杂学习 COMPLEX LEARNING 和学习分类 LEARNING TYPES

整合目标 Integrative Objectives
参见复杂学习 COMPLEX LEARNING

知识产权 Intellectual Property

简言之,知识产权可以被定义为"被联邦或州法律保护的一系列财产,包括版权、专利权、商标权和商业机密"(Lipinski, 2006: xxx)。一些知识产权学者认为它的定义里还应包括形象和隐私权、地理标识、工业和集成电路设计(Goldstein & Hugenholtz, 2010; Hirtle, Hudson & Kenyon, 2009)。然而,这样的增补并不常见,且更多地被包含在国际知识产权法中。

美国宪法(1787)中阐明"国会应有权……通过保障著作家和发明家对其著作和发明在限定期间内的专利权来促进科学和实用技术的发展"(Art. 1, Sec. 8)。这一陈述告诉我们著作家、发明家、设计师和作品的创始人有权利——至少在某一时间段内——拥有他们所创造的作品。这一部分的宪法"是现今美国知识产权的基础,必要时仍然会被继续修改"(Butler, 2011: 8)。接下来,我们将定义四项最为常见的知识产权类型。

版权是对于教育技术人员来说最为常见,也最为重要的知识产权,他们可能处于版权的任意一侧——既可以是使用者,也可以是某一作品的创作者或所有者。根据《美国法典》(2010),版权法保障所有者或创作者的权利,"适合于有形表达的媒介之上的任何原创作品的作者权"(第 102 页)。被版权保护的作品包括文章和书籍、活页乐谱、音频记录、计算机软件、游戏、照片、视频文件、博客、电子邮件、播客等(Butler, 2011)。

专利权一般授予新的或独创发明,是一项"美国专利和商标局颁布的对于发明人产权的授予……"。专利权不包括其他那些"制作、使用、标价出售、销售或进口某项发明的人"(Lamoureux, Baron & Stewart, 2009: 94 - 95),一般持续 20 年(Lamoureux et al.)。在教育技术中,专利的例子包括新型打印机和电脑软件的发明。

"商标可以是词、标语、设计、标记,或者颜色、气味、产品配置,也可以是这些的综合体,用以标明某一特定商品和服务的来源,并使之与其他商品和服务相区别。"
(Sherry,2008:78)例如苹果标志(软件和计算机,如苹果公司 Apple Corporation)和互
联网域名,如雅虎 yahoo. com。

商业秘密是使一个作品的所有者具有竞争力和战略优势的各类信息,可以包括
"……公式、模式、编译、程序、设备、方法、技术或过程"(Uniform Trade Secrets Act,
1985:1)。一项软件是如何加密的就可以是一项商业秘密。

Rebecca P. Butler

(徐　鹏　译)

参考文献

Butler,R. P. (2011). *Copyright for teachers & librarians in the 21st century*. New York:
　Neal-Schuman.
Goldstein,P. ,& Hugenholtz,B. (2010). *International copyright:Principles,law,and
　practice*. New York:Oxford University Press.
Hirtle,P. B. ,Hudson,E. ,& Kenyon,A. T. (2009). *Copyright & cultural institutions:
　Guidelines for digitization for U. S. libraries,archives & museums*. Ithaca,NY:Cornell
　University Library.
Lamoureux,E. L. ,Baron,S. L. ,& Stewart,C. (2009). *Intellectual property law &
　interactive media:Free for a fee*. New York:Peter Lang.
Lipinski,T. A. (2006). *The complete copyright liability handbook for librarians and
　educators*. New York:Neal-Schuman.
Uniform trade secrets act. (1985). Chicago,IL:National Conference of Commissioners on
　Uniform State Laws.
U. S. Code. (2010). *Circular 92:Copyright law of the United States of America and related
　laws*. Washington,DC:U. S. Copyright Office,Library of Congress.
United States Constitution. (1787). Article 1. Section 8.
Wherry,T. L. (2008). *Intellectual property:Everything the digital-age librarian needs to
　know*. Chicago,IL:American Library Association.

智力技能 Intellectual Skills
参见学习分类 LEARNING TYPES

智能辅导系统 Intelligent Tutoring Systems
参见专家系统 EXPERT SYSTEM

互动 Interaction

参见通信理论和模型 COMMUNICATION THEORY AND MODELS、远程教育和学习 DISTANCE EDUCATION AND LEARNING 和分布式认知 DISTRIBUTED COGNITION

Battalio（2007）提到，在文献中，并没有一个被持续使用的对于互动的公认定义。他补充说，通常的做法是把注意力集中于互动的实体，尤其是学习者和教学者，而不是术语本身。Wanstreet（2006）认为这些实体之间的互动类型包括学习者和教学者之间的互动、学习者和学习内容之间的互动以及学习者和学习者之间的互动。

Nuriddin（2011）把教学互动定义为"相互影响的学习者和学习环境之间的互惠教学环节"（第 32 页）。这一定义把环境看作是学生和教学者之外的第三互动实体。这一观点又引发了对于第四种互动类型的认可，那就是学习者和接口之间的互动（Wanstreet，2006）。

另一个常被使用的定义互动的方法是把互动放在它所产生的交流和协作类型的情境下进行考虑。同步交流是指实时发生的互动，学习者和教学者（亲自或者通过各种交流技术的使用）同时出现。非实时互动是指不受时间限制的互动。在非实时环境中，学习者和教学者通过使用技术在他们方便的时候进行参与，在信息的发送、接收和回复上产生时差（Simonson，Smaldino，Albright & Zvacek，2009）。

Simonson 等人（2009）提出，互动在远程教育中是"有必要的，且应该被提供"，但它"并不是学习的全部"（第 82 页）。他们补充道："被迫的互动和没有互动一样，都是对有效学习的巨大损害。"（第 82 页）Nuriddin（2011）也支持这一观点，认为"互动应被慎重设计，以便通过合作过程促进知识的建构"（第 33 页）。

Wanstreet（2006）提出，尽管互动仍没有一个公认的定义，但事实上"对于这一术语的概念上的定义已有广泛共识"（第 405 页）。互动是学习者和教学者、教学内容、教学接口以及其他学习者之间的交流，设计的目的是促进同步与非同步背景下的学习。

Nancy B. Hastings

（徐 鹏 译）

参考文献

Battalio，J. (2007). Interaction online：A reevaluation. *The Quarterly Review of Distance Education*，8(4),339 - 352.

Nuriddin，H. (2011). Building the right interaction. *T + D*, *65*(3),32 - 35.

Simonson，M. ，Smaldino，S. ，Albright，M. ，& Zvacek，S. (2009). *Teaching and learning at a distance* (4th ed.). Upper Saddle River，NJ：Pearson Education.

Wanstreet，C. (2006). Interaction in online learning environments，a review of the literature. *The Quarterly Review of Distance Education*，7(4),2006,399 - 411.

学习的内部条件 Internal Conditions of Learning

参见学习的条件 CONDITIONS OF LEARNING

内在认知负荷 Intrinsic Cognitive Load

参见认知负荷 COGNITIVE LOAD

内在动力 Intrinsic Motivation

参见动力 MOTIVATION

J

工作指南 Job Aid

参见电子业绩支持系统 ELECTRONIC PERFORMANCE SUPPORT SYSTEM 和及时学习 JUST-IN-TIME LEARNING

工作指南是"提升业绩的工具"（Tilaro & Rossett，1993：13）。它是关于如何完成某项任务或如何做计划执行一项任务的外部信息或指导来源（Rossett & Schaffer，2007）。工作指南作为外部工具，支持三项工作和活动功能：提供信息、支持程序和引导决策（Rossett & Gautier-Downes，1991）。至少有一个定义不同意将工作指南定义为员工职前或职中的辅助工具而将业绩指南看作是提供实时帮助的辅助工具（Rothwell，1996）。

如果工作是为了满足某些需求，工作指南可以作为首选的有效的非教学干预方式。如果工作复杂或并不常常实施，抑或失误的代价过高或对学习者的培训并不可行，那么工作指南可以作为可取的培训方式。工作指南是有效的教学策略，特别是在失误代价高昂，业绩复杂多变的情况下则更为有效（Spaulding & Dwyer，2001）。由于工作指南可以促进工作、学习以及信息的融合，实施相对容易，且包含与业绩相关的设计，所以它仍旧很受欢迎（Rossett & Schaffer，2007）。

Kathryn Ley

（徐　鹏　译）

参考文献

Rossett, A., & Gautier-Downes, J. (1991). *A handbook of job aids.* San Diego, CA: Pfeiffer & Company.

Rossett, A., & Schafer, L. (2007). *Job aids & performance support: Moving from knowledge in the classroom to knowledge everywhere*. San Francisco, CA: John Wiley & Sons, Inc.

Rothwell, W. J. (1996). *Beyond training and development: State-of-the art strategies for enhancing human performance*. New York, NY: Amacom.

Spaulding, K., & Dwyer, F. (2001). The effect of time-on-task when using job aids as an instructional strategy. *International Journal of Instructional Media*, 28, 437－447.

Tilaro, A., & Rossett, A. (1993). Creating motivating job aids. *Performance & Instruction*, 32(9), 13－20.

有关此主题的更多信息,参见"附加资源"

工作分析 Job Analysis

参见分析 ANALYSIS

及时学习 Just-in-Time Learning

参见工作指南 JOB AID

与传统的连续性学习不同,及时学习在本质上往往是非连续性的。传统的仓储式学习模型将技能和能力储存起来为将来所用,而及时学习则在学习者需要时为其提供必要的信息。Lave 和 Wenger(1991)提出有效学习在活动、情境和实践中发生。在这种环境中,学习在某一时间点发生,甚至可能是在无意中发生的。此类学习发生于某一既定情境,在其边缘性参与的过程中发生了(Lave & Wenger, 1991)。

实践社区为有着相似需求和兴趣的学习者们提供了互动和协作的机会(Lave & Wenger, 1991)。如果说工作指南和业绩支持可以在潜在的协作者不在场的情况下为及时学习提供支撑,那么最近在教育和培训环境中使用的社交网络工具和服务这一趋势则为学习者提供了在线实践社区。在传统教室中或通过学习管理系统进行教学的教育者们可能依然采用传统的顺序教学方式,然而在同样的环境中,他们也可以提供及时学习。

在教室环境下,课前活动中已在使用博客和维基来为及时学习的发生创造条件。Higdon 和 Topaz (2009)描述的框架鼓励学生在他们的博客帖子里分享未来学习内容中的问题以及有关学习内容的裨益或相互关联。这样的信息得到分享并汇聚在一项课程维基之中,以作为下一学习时段的基础。学生学习的具体问题在这一框架中通过及时学习得以解决。

Ostashewski、Moisey 以及 Reid（2011）将在线社交网络框架作为职业发展传送平台的三项益处描述为：在职业发展活动中对获取和参与的控制、增进同龄人关系以及社交网络中提供交流技术经验的学习机会。教师可以将研讨会中的学习经验扩展到真实的及时学习情景中去。这一框架的设计为及时学习提供支持和基础。

学习者控制的方法可以使学习者在需要时进行学习（Adams & Morgan，2007）。基于一项在线教程的研究，Brill 和 Park（2011）描述了第二代数字学习资源。尽管其内容在任何时间、任何地点都可取用，但它提供了第二个层面上的协作和灵活性。基于这一方法，"用户社群可以在知识生成、获取和分享中起到更为突出的作用，社交性或许可以成为未来数字学习中要考虑的一个新维度"（Brill & Park，2011：440）。

Byron Havard

（徐 鹏 译）

参考文献

Adams, J. , & Morgan, G. (2007). Second generation e-learning：Characteristics and design principles for supporting management soft-skills development. *International Journal on E-Learning*，6(2),157 – 185.

Brill, J. , & Park, Y. (2011). Evaluating online tutorials for university faculty, staff, and students：The contribution of just-in-time online resources to learning and performance. *International Journal on E-Learning*，10(1),5 – 26.

Higdon, J. , & Topaz, C. (2009). Blogs and wikis as instructional tools：A social software adaptation of just-in-time teaching. *College Teaching*，57(2),105 – 110.

Lave, J. , & Wenger, E. (1991). *Situated learning：Legitimate peripheral participation*. Cambridge, MA：Cambridge University Press.

Ostashewski, N. , Moisey, S. , & Reid, D. (2011). Applying constructionist principles to online teacher professional development. *The International Review of Research in Open and Distance Learning*，12(6),143 – 156.

K

知识管理 Knowledge Management

请同时参见专家系统 EXPERT SYSTEM、学习组织 LEARNING ORGANIZATION 和管理系统 MANAGEMENT SYSTEMS

随着认知科学的发展以及对人类学习和元认知的理解（参见 Ausubel，1963；Polanyi，1967；Novak & Gowin，2002），加上因全球化竞争的加剧而引发的在商业管理领域中的兴趣（Argyris，1991），一个较新的领域——知识管理（KM）在 20 世纪 90 年代开始形成。随之而来的一个结果就是各类组织机构认识到了智力资本的重要性，并在驱动商业创新和竞争优势方面，开始把人力资产的价值看得比物质资产更高（Werner & DeSimone，2012）。

目前大多数的 KM 定义反映了一种过程/结果的观点。KM 是在一个组织中为了赢得并保持竞争优势的一组收集、开发、共享和应用知识的活动和过程（Mihalca，Uta，Andreescu & Intorsureanu，2008；Peterson & Poulfelt，2002）。KM 在组织机构中得到很多关注，部分原因在于它可能是一种解决劳动力老龄化和人才流失问题的方案（Hoffman，Ziebell & Becerra-Fernandez，2008）。

KM 来自多个基础领域。专家系统为 KM 提供了一套实践性的知识启发策略和一个用于创建知识库的框架（Hoffman et al.，2008）。组织理论为 KM 带来了一个系统化的视角、对社会事实的尊重以及对组织文化的研究（Firestone，2008）。认知科学则提供了信息处理、控制论和组织学习的视角（Despres & Chauvel，1999）。

知识通常会被区别于数据和信息。数据表示通过某种方法衡量而得到的严谨的事实。信息是在一个应用情景中被赋予一定程度的意义的数据。知识属于一个更高的层次，是已经通过经验处理、传播处理和推断处理后的信息（Zack，1999）。

KM 面临的一个主要挑战是相对于显性知识的隐性知识管理。隐性知识是潜意识的,并且很难被清楚地表达;而显性知识是有意识的,并且能够被精确和正式地描述(Mihalca et al.,2008)。一种描述显性知识的常用分类方法是分为陈述性(例如,概念或说明)、过程性(例如,一些东西是如何做的)或因果性知识(例如,为什么有些事情会发生)。隐性知识的管理,特别是如何获取,是 KM 中的一个挑战。

KM 有很多方法。根据 Firestone(2008)的论述,最通用的方法是生态学方法。生态学方法是社会化驱动并以个人所属的一个社会网络、小组和更大组织的一个生态系统为基础。知识最终在个人层次上形成并被应用,并通过信息技术得到支持。对生态学方法的一种批评是其依赖于个人的动机来寻求和获取需要的知识,需要持续的交流和推广力度,而且很少和业务标准相捆绑。其他方法有决策制定法,如决策执行周期中断法(Decision Execution Cycle Interruption)(Firestone,2008)、技术人员/经济/行为(technocrat/economic/behavioral)"流派"法(Earl,2001)和个人化方法(personalization)与编码法(codification)(Hansen,Nohria & Tierney,1999)。

在实践中,知识管理作为一个领域的发展已经促进产生了新的工作岗位,如知识代理、知识工程师和首席知识官。KM 还促进了实践性方法的发展,如实践社区、概念图和知识获取。KM 的教育应用也从 2005 年开始起步(Uzunboylu,Eriş & Ozcinar,2011),例如一种 KM 的实施是通过将 KM 与教学工具和反馈机制结合,为教师教学提供一种支持机制(Bain & Swan,2011)。

KM 还面临很多问题,主要问题之一是缺乏对定义的共识,并最终影响到 KM 成效的可信度(Firestone,2008)。另外对 KM 和信息管理的边界也较混淆(Vasconcelos,2008)。从 KM 在组织中出现并应用以来,它的应用成效褒贬不一,这可能是因为它作为一个领域的不成熟性,不同实施方法的不一致性以及在学术界和实践者之间对什么是真正的 KM 缺少共识。

Willian L. Solomonson

(叶海松　译)

参考文献

Argyris, C. (1991). Teaching smart people how to learn. *Harvard Business Review*, *69*(3), 99 - 109.

Ausubel，D. P. (1963). *The psychology of meaningful verbal learning*. Oxford，England：Grune & Stratton.

Bain，A.，& Swan，G. (2011). Technology enhanced feedback tools as a knowledge management mechanism for supporting professional growth and school reform. *Educational Technology Research and Development*，59(5)，673 - 685. doi：10. 1007/s11423-011-9201-x.

Despres，C.，& Chauvel，D. (1999). Knowledge management (s). *Journal of Knowledge Management*，3(2)，110 - 120.

Earl，M. (2001). Knowledge management strategies：Toward a taxonomy. *Journal of Management Information Systems*，18(1)，215 - 233.

Firestone，J. M. (2008). On doing knowledge management. *Knowledge Management Research & Practice*，6(1)，13 - 22. doi：10. 1057/palgrave. kmrp. 8500160.

Hansen，M. T.，Nohria，N.，& Tierney，T. (1999). What's your strategy for managing knowledge? *Harvard Business Review*，77(2)，106 - 116.

Hoffman，R. R.，Ziebell，D.，Fiore，S. M.，& Becerra-Fernandez，I. (2008). Knowledge management revisited. *Intelligent Systems*，*IEEE*，23(3)，84 - 88. doi：10. 1109/MIS. 2008. 51.

Mihalca，R.，Uta，A.，Andreescu，A.，& Intorsureanu，I. (2008). Knowledge management in e-learning systems. *Informatica Economicăs*，2(46)，60 - 65.

Novak，J. D.，& Gowin，D. R. (2002). *Learning how to learn*. New York：Cambridge University Press.

Petersen，N. J.，& Poulfelt，F. (2002). Knowledge management in action：A study of knowledge management in management consultancies. In A. F. Buono (Ed.)，*Developing knowledge and value in management consulting. Volume 2：Research in management consulting* (pp. 33 - 60). Greenwich，CT：Information Age Publishing.

Polanyi，M. (1967). *The tacit dimension*. Garden City，NY：Anchor.

Uzunboylu，H.，Eriş，H.，& Ozcinar，Z. (2011). Results of a citation analysis of knowledge management in education. *British Journal of Educational Technology*，42(3)，527 - 538. doi：10. 1111/j. 1467-8535. 2009. 01018. x.

Vasconcelos，A. C. (2008). Dilemmas in knowledge management. *Library Management*，29 (4)，422 - 443. doi：10. 1108/01435120810869165

Werner，J. M.，& DeSimone，R. L. (2012). *Human resource development* (6th ed.). Mason，OH：South-Western.

Zack，M. H. (1999). Managing codified knowledge. *Sloan Management Review*，40(4)，45 - 58.

有关此主题的更多信息,请参见"附加资源"

知识库 Knowledge Object
请参见学习实体 LEARNING OBJECT

L

瘦媒体 Lean Media

请参见富媒体 RICH MEDIA

学习者分析 Learner Analysis

请参见分析 ANALYSIS

以学习者为中心的教学 Learner-Centered Instruction

请同时参见协作学习 COLLABORATIVE LEARNING、建构主义 CONSTRUCTIVISM、因材施教法 DIFFERENTIATED INSTRUCTION、生成性和替代性教学策略 GENERATIVE AND SUPPLANTIVE INSTRUCTIONAL STRATEGIES、个别化教学 INDIVIDUALIZED INSTRUCTION、开放教育 OPEN EDUCATION、基于问题的学习 PROBLEM-BASED LEARNING、基于项目的学习 PROJECT-BASED LEARNING 和自我导向式学习 SELF-DIRECTED LEARNING

术语"以学习者为中心"是指一种教学模式,而不是一种单独的教学方法。它是相对于以教师为中心的教学模式而言的。McCombs 和 Whisler(1997)定义其为"同时关注学习者个体和学习的观点"(第 9 页)。以学习者为中心的模式以建构主义(Hannafin & Land,1997)为基础,认为知识由学习者个体构建(Driscoll,2005),通常通过社会协商(Littleton & Hiikkinen,1999;Palincsar,1998;Vygotsky,1978),并且在有意义的情境中更容易习得(Brown, Collins & Duguid,1989)。在以学习者为中心的教学中,学习者可以并被鼓励在学习过程中主动参与学习,以构建他们自己的知识,而不是被动地接收由教师传递的知识。

美国心理学协会教育心理学的主席任务团队(1993)认定了 14 个与认知/元认知、动机/情感、发展/社会和个人差异等因素有关的以学习者为中心的心理学原则。以学习者为中心模式的最核心原则是把学习的控制权从教师转移到学习者身上。传统上，教师负责选择教学目标、内容和教学策略。而在以学习者为中心的模式中，学习者对他们自己的学习有更多的控制权，他们有更多的责任来选择学什么和如何学(Reigeluth & Moore，1999)。Bransford、Brown 和 Cocking (2000)也强调了学习者的个性，指出了对不同学习者定制教学和帮助学习者掌控他们自己的学习的重要性。

符合这些以学习者为中心的原则的教学方法包括诸如探询式学习、基于问题的学习、基于项目的学习、合作学习、协作学习、实境学习、主动学习、自我导向式学习、个性化学习、个别化学习和差异学习等。Reigeluth(1999)总结了符合以学习者为中心的教学设计理论。

近年来，以学习者为中心模式的研究关注于技术在学习者为中心的教学中所承担的角色。一些著名的教育技术界学者强调了技术在以学习者为中心的教学中所起的重要性(Bransford et al.，2000；Hannafin & Land，1997；Jonassen，2008；Reigeluth et al.，2008)，并多次尝试创建技术支撑的以学习者为中心的学习环境。

Dabae Lee

Yeol Huh

Charles M. Reigeluth

（叶海松　译）

参考文献

American Psychological Association Presidential Task Force on Psychology in Education. (1993). *Learner-centered psychological principles*：*Guidelines for school redesign and reform*. Washington, D. C.：American Psychological Association and the Mid-Continent Regional Educational Laboratory.

Bransford, J. D., Brown, A. L., & Cocking, R. R. (2000). *How people learn*：*Brain, mind, experience, and school*. Washington, D. C.：National Academies Press.

Brown, J. S., Collins, A., & Duguid, P. (1989). Situated cognition and the culture of learning. *Educational Researcher*，18(1)，32 - 42.

Driscoll, M. P. (2005). *Psychology of learning for instruction* (3rd ed.). Boston, MA：Allyn & Bacon.

Hannafin, M. J., & Land, S. M. (1997). The foundations and assumptions of technology-enhanced student-centered learning environments. *Instructional Science*, 25(3), 167 – 202.

Jonassen, D. H. (2008). *Meaningful learning with technology*. Upper Saddle River, NJ: Pearson Education, Inc.

Littleton, K., & Hiikkinen, P. (1999). Learning together: Understanding the processes of computer based collaborative learning. In P. Dillenbourg (Ed.), *Collaborative-learning: Cognitive and computational approaches* (pp. 20 – 30). Oxford: Elsevier.

McCombs, B. L., & Whisler, J. S. (1997). *The learner-centered classroom and school: Strategies for increasing student motivation and achievement*. San Francisco, CA: Jossey-Bass.

Palincsar, A. (1998). Social constructivist perspectives on teaching and learning. *Annual Review of Psychology*, 49(1), 345 – 375.

Reigeluth, C. M. (1999). *Instructional-design theories and models* (Vol. 2). Mahwah, NJ: Lawrence Erlbaum Associates.

Reigeluth, C. M., & Moore, J. (1999). Cognitive education and the cognitive domain. In C. M. Reigeluth (Ed.), *Instructional-design theories and models* (Vol. 2, pp. 51 – 68). Mahwah, NJ: Lawrence Erlbaum Associates.

Reigeluth, C. M., Watson, W. R., Watson, S. L., Dutta, P., Chen, Z., & Powell, N. D. P. (2008). Roles for technology in the information-age paradigm of education: Learning management systems. *Educational Technology*, 48(6), 32 – 39.

Vygotsky, L. S. (1978). *Mind in society: The development of higher psychological processes*. Cambridge, MA: Harvard University Press.

学习者的特征和特质 Learner Characteristics and Traits

请同时参见分析 ANALYSIS、动力 MOTIVATION 和必备技能 PREREQUISITE SKILLS

对学习者的分析是收集和分析学习者数据的过程,其目标是在设计教学之前确定学习者群体的特征和特质。学习者分析指导设计过程,让教学设计师能针对目标学习者的能力和偏好选择教学方法、策略和活动。Morrison、Ross、Kalman 和 Kemp (2011)提到了有"不计其数的特质可以区分学习者"(第 57 页)。有效的学习者分析的关键是关注与学习情景最相关的学习者特点和特质,要注意在多种条件限制下,有些我们感兴趣的相关信息可能是无法得到的。

学习者特征有很多分类方法。Heinich、Molenda、Russell 和 Smaldino (1999)提出了三大类型:普通特征、具体入门特征和学习风格。Morrison 等(2011)建议增加五个附加的类型:学术信息、个人和社会特征、文化多样化学习者、残疾学习者和成年学习者(第 57 页)。Dick、Carey 和 Carey (2009)使用了八个分类讨论了学习者特征。其前六个分类和 Heinich 等人与 Morrison 等人提出的分类一致,包括入门技能、已有知识、对内容的态度和期望的传递媒介、学术动机、教育和能力的水平以及一般学习偏好。他们还讨论了另外两个独特的分类:"对教学机构的态度和团队特征"(Dick, Carey & Carey, 2009:93)。这里,学习者的特征和特质将使用三种 Heinich 等(1999)提到的分类来组织。其他特征分类将作为这三种分类的子分类来看待。

一般特征通常指人口统计特征。他们包括年龄、性别、工作经历、教育和民族(Morrison et al., 2011)。文化差异、个人和社会特征,以及身体及学习障碍也可以被认为是一般特征。

入门特征是在开始教学前"学习者必须具备的必备技能和态度"(Morrison et al., 2011:58)。明确学习者对教学主题的了解程度可以让设计者保证针对目标学习者的教学恰到好处。入门特征还包括技术技巧。必备技巧必须要考虑技术能力,特别是设计在线学习的时候,要包括技术技能和自我导向式学习的能力。如果学习者缺乏任何一种能力,他们必须要在开始课程前接受辅导(del Valle & Duffy, 2007)。

学习风格指学习者偏好的或理想的学习方式。Sampson、Karagiannidis 和 Kinshuk(2002)提到"学习风格研究中得到的主要区别之一是视觉型/听觉型/感知型之间的区别"(第 27 页)。另一种通用的学习风格分类方法是通过识别个人的强项和弱项,比如 Myers-Briggs 的类型指标、多元智能调查表以及 Felder 和 Silberman 的学习风格指数(Sampson et al., 2002)。每种测量方法都通过学习者对学习风格的喜好来进行分类;不过,有一点很重要,虽然当教学与学习者喜欢的风格相一致时学习可能会更有效,但是要注意所有的学习者可以通过任何方式来学习,除非有身体或学习障碍。

学习者的特征和特质的确定能促进成效、效率和以学习者为焦点的教学设计。其挑战性在于确定哪些特征是和教学有关的、哪些数据是可用的,以及如何在针对同质和异质学习者群体的教学设计中应用这些数据。

Nancy B. Hastings

(叶海松　译)

参考文献

del Valle, R., & Duffy, T. (2009). Online learning: Learner characteristics and their approaches to managing learning. *Instructional Science*, 37(2), 129 - 149. doi: 10. 007/

s11251-007-9039-0.

Dick, W., Carey, L., & Carey, J. O. (2009). *The systematic design of instruction* (7th ed.). Upper Saddle River, NJ: Pearson.

Heinich, R., Molenda, M., Russell, J., & Smaldino, S. (1999). *Instructional media and technologies for learning* (6th ed.). Englewoods Cliffs, NJ: Prentice Hall.

Morrison, G. R., Ross, S. M., Kalman, H., & Kemp, J. E. (2011). *Designing effective instruction* (6th ed.). Hoboken, NJ: John Wiley & Sons.

Sampson, D., Karagiannidis, C., & Kinshuk (2002). Personalised learning: Educational, technological and standardisation perspective. *Interactive Educational Multimedia*, 4, 24 - 39.

学习 Learning

请同时参见认知过程 COGNITIVE PROCESSES、建构主义 CONSTRUCTIVISM、信息化学习 LEARNING WITH INFORMATION 和情境认知 SITUATED COGNITION

学习在教育技术文献中是一个非常基本的概念以至于其概念有时被假设了。相反,学习理论则常被讨论,因为"教学设计(ID)的主要目的是促进学习和提高业绩。因此,学习理论与设计者和 ID 领域的知识基础是绝对相关的"(Richey, Klein & Tracey, 2011:51)。

作为一个例子,Morrison 和他的同事(Morrison, Ross, Kalman & Kemp, 2011)专注于学习理论。他们强调这些理论能帮助设计者为特定教学情景选择教学策略时更为一致。学习理论为人们如何学习提供了一个基于研究的解释(Mayer, 2009),而且它们的应用增强了有成效和有效率学习的可能性。但是 Morrison 等人(2011)从没有定义学习本身。我们不得不通过教学设计过程及其应用的问题类型来归纳学习的含义。

同样,在 Spector (2008) 对学习心理学演变的评论中提到,在我们对人类行为、认知和情感的理解发生改变时,研究者和开发者也改变了他们对教学的思索。虽然学习理论一直在演变,学习的定义却保持相对不变,而且它们的重点在于两个方面:什么是学习和学习如何发生。

"什么是学习"是指学习的结果。学习是"获取知识和技能"(Donovan & Bransford, 2005:1)。学习是"学习者性格和能力的改变"(Gagné as cited by Gagné, Wager, Golas & Keller, 2005:3)。学习是"人的业绩或业绩潜能的一种持久变化"

（Driscoll，2005：9）。学习是"一种知识的改变"（Mayer，2009：59）。这些定义都指出同一事实：学习者在学习发生后，多少在认知和动手能力上较学习前有所不同。学习者自己也会感到不一样，就像 Gagné（1985）把气质或态度也作为学习结果的一种独特类型。

"学习如何发生"是指给学习者带来变化的过程。这里也有共识，无论是在一个精心设计的学习环境中（Mayer，2009），还是简单地与外界发生交互（Driscoll，2005；Donovan & Bransford，2005），学习来自一个学习者的体验。"学习需要体验，但是什么体验是最基本的，以及这些体验是如何帮助学习的，这些问题构成了每个学习理论的重点。"（Driscoll，2005：9）即使教学设计师使用不同观点的学习理论来指导他们的工作，他们在三个基本原则上有着广泛的一致性。学习者已掌握的知识很重要，它们必须被运用在新的学习中。事实性知识和概念框架是发展能力的基础，同时，学习过程的自我监控也很重要（Donovan & Bransford，2005）。

Marcy P. Driscoll

（叶海松　译）

参考文献

Donovan, M. S., & Bransford, J. D. (2005). *How students learn*. Washington, D. C.：The National Academies Press.

Driscoll, M. P. (2005). *Psychology of learning for instruction* (3rd ed.). Boston, MA：Pearson Education, Inc.

Gagné, R. M. (1985). *Conditions of learning* (4th ed.). New York：Holt, Rinehart, & Winston.

Gagné, R. M., Wager, W. W., Golas, K. C., & Keller, J. M. (2005). *Principles of instructional design* (5th ed). Belmont, CA：Wadsworth/Thomson Learning.

Mayer, R. E. (2009). *Multimedia learning* (2nd ed.). New York：Cambridge University Press.

Morrison, G. R., Ross, S. M., Kalman, H. K., & Kemp, J. E. (2011). *Designing effective instruction* (6th ed.). Hoboken, NJ：John Wiley & Sons, Inc.

Richey, R. C., Klein, J. D., & Tracey, M. W. (2011). *The instructional design knowledge base：Theory, research and practice*. New York：Routledge.

Spector, J. M. (2008). Theoretical foundations. In J. M. Spector, M. D. Merrill, J. Van Merrienboer & M. P. Driscoll (Eds.), *Handbook of research on educational communications and technology* (3rd ed., pp. 21 - 28). New York：Lawrence Erlbaum Associates.

寓学于做 Learning by Doing

请同时参见基于问题的教学 PROBLEM-BASED INSTRUCTION、基于项目的教学 PROJECT-BASED INSTRUCTION 和自我导向式学习 SELF-DIRECTED LEARNING

寓学于做的方法因为基于业绩的教学（Schank，Berman & MacPherson，1999）和建构主义学习的兴起而受到关注。基于案例的推理理论提供了寓学于做的理论基础（Schank et al.，1999）。这个理论假设人们通过对经验的推理过程来学习。这个过程包括"目标、计划、预期结果、对错误的预期和对错误的解释"（第 70 页）。他们在记忆"库"中保存这些经验并进行检索，当某一情况需要他们来完成一项新任务时，他们从记忆库中取出一个类似的案例来完成任务（Schank et al.，1999）。情境、目标和从经历中学到的经验变成取用相关记忆的线索（Schank，1982）。因此，教学应该提供一个机会能让学习者在目标技能的实践中建立相关且有意义的经验。

寓学于做的教学方法有很多，比如基于项目的学习（Blumenfeld et al.，1991），基于问题的学习（Norman & Schmidt，1992），行动学习（Revans，2011），基于目标的情境学习（Schank et al.，1999），等等。我们来讨论其中的两种方法：案例教学和主题式教学。

基于案例的教学（Merseth，1991；Williams，1992）或案例教学法（Patterson，1951)让学习者积极参与分析和讨论一个能提供相关情境和有意义问题的案例（Merseth，1991；Williams，1992）。根据 Merseth（1991）的理解，案例教学法的目的是"将特定的决策推广到对原则方面更广义的理解"（第 243 页）。因此，基于案例的教学适合于那些学习者需要理解抽象关系的教学情景（Savery，2009）。

Christopher Langdell 首创了案例教学法，他在 1870 年成为哈佛法学院院长（Patterson，1951）。因其对培养律师和企业家的思维能力和知识的优势，这一教学法被广泛地应用于法律和商业教育（Patterson，1951）。近来，基于案例的教学在教师教育中也倍受欢迎（Andrews，2002；McNaughton，Hall & Maccini，2001）。

一个结构良好的案例应该包括详细目标、计划和所期待的结果（Schank et al.，1999）。基于案例的教学不像基于问题的学习那样具有开放式的多种结论，它会引导学习者达到一个预先决定的结论（Savery，2009），并且教师应该引导学生得到这个结论。在探索过程中,学习者要解释他们的思考过程和得出结论的理由。

基于主题的教学(Beatty,2009)或整合主题式教学(Kovalik & Olsen,1997)让学生通过探询来完成任务(Kovalik & McGeehan,1999)。Beatty(2009)将基于主题的教学定义为"一种把不同领域的学习整合起来以支持一个统一的主题来帮助学习的方法"(第278页)。基于主题的教学方法的特点是将课程融入到一个统一的主题环境中。这个主题环境为学习提供真实世界的情境以激发学习者的动力和兴趣,并帮助学习者建立主题环境中各个组成部分和不同话题之间的内在联系(Beatty,2009)。

主题式教学能跨越学习领域,并常在学校级别上被实施。在选定一个跨度为一年的主题后,课程和教学都围绕这个主题组织起来。举例来说,一个学校在学年开始选择了一个主题,比如 power。然后,各个学科的教师,如数学、科学或社会学科,选择与power 主题相关的话题。科学教师可以选择一个电能的话题,社会学老师可以选择一个人们如何创造和改变权势、权威和统治结构的话题。交叉学科教学也可因此产生,比如,把选举作为 power 主题下的一个小话题,这样,统计学和社会学便可整合起来一起讲授。这种方法可使学习者体验把目标技能和知识应用到真实生活中的案例,并且能理解这些话题和情境之间的内在联系。

Dabae Lee

Yeol Huh

Charles M. Reigeluth

(叶海松　译)

参考文献

Andrews,L.(2002). Preparing general education pre-service teachers for inclusion: Web-enhanced case-based instruction. *Journal of Special Education Technology*,17(3),27 - 35.

Beatty,B. J.(2009). Fostering integrated learning outcomes across domaians. In C. M. Reigeluth(Ed.), *Instructional-design theories and models*(Vol. 3, pp. 275 - 299). New York: Routledge.

Blumenfeld,P. C.,Soloway,E.,Marx,R. W.,Krajcik,J. S.,Guzdial,M.,& Palincsar, A.(1991). Motivating project-based learning: Sustaining the doing, supporting the learning. *Educational Psychologist*,26(3 - 4),369 - 398.

Kovalik,S. J.,& McGeehan,J. R.(1999). Integrated thematic instruction: From brain research to application. In C. M. Reigeluth(Ed.), *Instructional-design theories and models*(Vol. 2, pp. 371 - 396). Mahwah,NJ: Lawrence Erlbaum Associates.

Kovalik，S. J. ，& Olsen，K. (1997)．*ITI：The model* (3rd ed.)．Kent，WA：Susan Kovalik & Associates.

McNaughton，D. ，Hall，T. E. ，& Maccini，P. (2001)．Case-based instruction in special education teacher preparation：Practices and concerns of teacher educator/researchers. *Journal of the Teacher Education*，24(2)，84 - 94.

Merseth，K. K. (1991)．The early history of case-based instruction：Insights for teacher education today. *Journal of Teacher Education*，42(4)，243 - 249.

Norman，G. ，& Schmidt，H. G. (1992)．The psychological basis of problem-based learning：A review of the evidence. *Academic Medicine*，67(9)，557 - 565.

Patterson，E. W. (1951)．Case method in American legal education：Its origins and objectives. *Journal of Legal Education*，4(1)，1 - 24.

Revans，R. (2011)．*ABC of action learning*．Burlington，VT：Gower Publishing Company.

Savery，J. R. (2009)．Problem-based approach to instruction *Instructional-design theories and models* (Vol. 3，pp. 143 - 165)．New York：Routledge.

Schank，R. C. (1982)．*Dynamic memory*．New York：Cambridge University Press.

Schank，R. C. ，Berman，T. R. ，& MacPherson，K. A. (1999)．Learning by doing. In C. M. Reigeluth (Ed.)，*Instructional design theories and models：A new paradigm of instructional theory* (Vol. 2，pp. 161 - 181)．Mahwah，NJ：Lawrence Erlbaum Associates.

Williams，S. M. (1992)．Putting case-based instruction into context：Examples from legal and medical education. *Journal of The Learning Sciences*，2(4)，367 - 427.

学习契约 Learning Contract
请参见行为主义 BEHAVIORISM

学习分层 Learning Hierarchy
请同时参见必备技能 PREREQUISITE SKILLS 和排序 SEQUENCING

1968 年，Robert Gagné 发表了文章"学习分层"，这是他影响深远的文章中的一篇。在这篇文章中，Gagné 用图表勾画了学习结果的排序，并阐述了各层之间以及和必备知识之间的关系，此贡献为教学设计和课程开发奠定了基础(Richey，2000)。学习分层认为智力技能存在着层与层之间的关系，并且为要获得高层次学习的成功，学习者必须先成功地完成所有低于其层次的学习(Reiser，2001)。

学习分层常被用于排列智力技能的学习结果，它应用在 ID 领域的多个方面(Fields，2000)。教学设计师通过评估来分析学习者的入门知识和技巧，然后在学习者已有知识的基础上计划教学环节。设计师通常会基于学习分层来安排内容呈现的顺序。由于必备知识的重要性，它在学习新技能中的作用已开始得到研究

（Woodward & Galagedera,2006）。对智力技能分层安排的研究已经影响了知识结构领域中的新研究（Ifenthaler,2011）。知识结构的研究又影响了知识结构关联性方面的努力（Chong,2009；Hay & Kinchin,2008），其结果是改善了课程的设计。

一些学者发现学习分层对指导顺序教学是一个不完善的工具（Reigeluth,1979）。另外一些学者认为学习分层对必备知识的强调可能会误导设计师使用一种非学习者为中心的方法去进行设计。但是,学习分层和学习任务分析的结合保证了教学设计对学习者需求的针对性。学习分层的作用还在继续影响多个领域中的研究,比如概念教学和解决无定规可循的复杂问题（Jonassen,2006）。随着在线教学的发展,学习分层正被用以提出在线教学中必备技能的欠缺问题,并且指导如何在虚拟教学传递情景中来排序内容丰富的学习实体（Laverde,Ciguentes & Rodrigeuz,2007）。

Lynn Wietecha

（叶海松　译）

参考文献

Chong, C. (2009). Instructional effect of knowledge mapping on south Australian matriculation biology achievement in Malaysian students. *Teaching Science*, 55(3),54 - 57.

Fields, D. C. (2000). The impact of Gagne's theories on practice. In R. C. Richey (Ed), *The Legacy of Robert M. Gagne* (pp. 183 - 209). Syracuse, NY: ERIC Clearinghouse on Information & Technology.

Gagne, R. M. (1968). Learning hierarchies. *Educational Psychologist*, 6,1 - 9.

Hay, D. , & Kinchin, I. (2008). Using concept mapping to measure learning quality. *Education & Training*, 50(2),167 - 182.

Ifenthaler, D. (2011). Identifying cross-domain distinguishing features of cognitive science. *Educational Technology Research and Development*, 59(6),817 - 840.

Jonassen, D. H. (2006). On the role of concepts in learning and instructional design. *Educational Technology Research and Development*, 54(2),177 - 193.

Laverde, A. C. , Cifuentes, Y. S. , & Rodriguex, H. Y. (2007). Toward an instructional design model based on learning objects. *Educational Technology Research and Development*, 55(6),671 - 681.

Reigeluth, C. M. (1979). In search of a better way to organize instruction: The elaboration theory. *Journal of Instructional Development*, 2(3),15.

Reiser, R. A. (2001). A history of instructional design and technology: Part II: A history of instructional design. *Educational Technology Research and Development*, 49(2),57 - 68.

Richey, R. C. (2000). The future role of Robert M. Gagne in instructional design. In R. C. Richey (Ed), *The Legacy of Robert M. Gagne* (pp. 255 - 281). Syracuse, NY: ERIC Clearinghouse on Information & Technology.

Woodward, G. , & Galagedera, D (2006). Does prior mathematics knowledge really lead to variation in elementary statistics performance? Evidence from a developing country. *International Journal of Educational Development*, 26(6),639.

学习管理系统 Learning Management System

请参见反馈 FEEDBACK、整合学习系统 INTEGRATED LEARNING SYSTEMS 和管理系统 MANAGEMENT SYSTEMS

学习实体 Learning Object

文献给予了学习实体很多定义。Wiley（2000）提出了一个很广泛的定义："Learning Object 被定义为一个实体,数字的或非数字的,可以在技术支持的学习中被使用、重复使用或引用的实体。"（第 4 页）很多作者（如，Parrish, 2004；Wiley, 2008）指出了这个定义的通用性。任何事物都可以是一个学习实体。面对文献中这些定义的多样性,很多学者已经尝试分类不同定义并形成一个具有足够包容性和约束性的定义。

比如,Rossano、Joy、Roselli 和 Sutinen（2005）尝试在一次 ICALT 会议上的大量文章中寻找学习实体用过的定义。他们认为不同的含义来自于从实用角度（寻求具体的解决方案）、技术角度（面对创建学习实体的技术方案）或教学论角度（从学习方面考虑）出发的不同理解。McGreal(2004)通过区分众多定义中的两个维度解决了这种多样化的定义。第一个相关维度是是否只有数字元素才能作为学习实体。第二个维度是关于是否只有具体的学习应用才能包括在这个定义中的问题。第二个维度关系到"学习实体"这个概念。例如,Merrill(1999)倾向于使用"知识对象"这个概念。如McGreal(2004)提议的实用定义：

> 学习实体可以被定义为任何可重复使用的数字资源,被封装在一节课或组合成教学单元、模块、课程,甚至是课程项目的多节课。一节课可以被定义为一个教学片段,通常包括一个或多个学习目标。（第 28 页）

McGreal 的定义避免了任何事物都可以被称为学习实体的问题。但是,这个定义还是显得很宽泛。因此,在学习实体的具体研究中,其定义会直接与研究问题相关联。比如,Kay 和 Knaack(2009)想要阐述并验证一个"针对学生的学习实体评估量表"。为此,他们用更具体的形式定义了学习实体,"在本研究中,学习实体被定义为基于网络的,能通过增强和/或引导学习者的认知过程来支持学习具体概念的交互式工具"(第 147 页)。可以预期的学习实体的定义可以是更具体化的或更多样化的。

Jan Elen

(叶海松　译)

参考文献

Kay, R. , & Knaack, L. (2009). Assessing learning, quality and engagement in learning objects: The Learning Object Evaluation Scale for Students (LOES-S). *Educational Technology Research and Development*, 5(2),147 - 168.

McGreal, R. (2004). Learning objects: A practical definition. *International Journal of Instructional Technology and Distance Learning*, 1(9),21 - 32.

Merrill, M. D. (1999). Instructional Transaction Theory (ITT): Instructional design based on knowledge objects. In C M Reigeluth (Ed.), *Instructional-design theories and models: A new paradigm of instructional technology* (pp. 397 - 424). Mahwah, NJ: Lawrence Erlbaum.

Parrish, P. (2004). The trouble with learning objects. *Educational Technology Research and Development*, 52(1),49 - 67.

Rossano, V. , Joy, M. , Roselli, T. , & Sutinen, E. (2005). A taxonomy for definitions and applications of LOs: A meta-analysis of ICALT papers. *Educational Technology & Society*, 8(4),148 - 160.

Wiley, D. A. (2000). Connecting learning objects to instructional design theory: A definition, a metaphor, and a taxonomy, in *The instructional use of learning objects: Online version* [Online, last retrieved on April 20, 2011]. http://reusability. org/read/chapters/wiley. doc.

Wiley, D. A. (2008). The Learning Objects Literature. In M. Spector, D. Merrill, J. van Merriënboer & M. Driscoll (Eds.), *Handbook of Research on Educational Communications and Technology* (3rd ed. , pp. 346 - 353). Mahwah, NJ: Lawrence Erlbaum.

学习组织 Learning Organization

请同时参见知识管理 KNOWLEDGE MANAGEMENT 和业绩改进 PERFORMANCE IMPROVEMENT

学习组织作为一个概念被定义为"一个能让人们不断地拓展他们的能力来创造他

们真正期待的结果,能以全新和全面的模式思考,有自由的集体志向,能不断学习如何共同学习的组织"(Senge,1990:1)。从策略发展的角度看,一个学习组织帮助其所有成员进行学习(Garvin,1993)。从组织业绩的角度看,King(2001)认为一个学习组织是"一个能专注于开发和使用它的信息和知识能力去创造更高价值的信息和知识,改变行为和提高基本业绩的组织"(第14页)。一个学习组织应该通过关注问题的根本原因,着眼于长期的可持续性发展而非短期的业绩成就(Müller,2011)。按 Samad(2010)所说,三个可能影响学习组织的主要的因素包括:

- 能影响学习过程的人,如讲师和管理人员。
- 能引导政策的使命及其执行过程。
- 能制订组织行动的文化或共同的价值观。

在强调职场人力资源开拓的环境时,Kontoghiorghes、Awbrey 和 Feurig(2005)指出了下列在实施层面上学习组织的特点:

- 开放的通讯;
- 风险的承担;
- 对学习的支持和认可;
- 完成工作的资源;
- 团队;
- 学习奖励;
- 培训和学习的环境;
- 知识管理。

从当前学习组织的观点来看,Watkins 和 Marsick(1993,1996)提出了"整体化观点",把所有层面的学习,包括个人的、团队的和组织的学习合并成一个组织的使命和业绩;它指出"一个学习组织会不断学习和转变自己……会积极地用一种整合的方法利用学习来支持和催化个人、团队、整个组织和相关学校与社区的成长"(第8页)。这个关于学习组织的整体化观点包括七个维度:持续学习、探询和对话、团队学习、嵌入系统、权利赋予、系统连接和策略领导。Merriam 和 Caffarella(1999:44)总结了学习组织的含义以支持成人的学习原则:

> ……在学习组织中,学习——无论是由个人、集体或作为整体的组织来完成——是组织的主要的、有价值的,而且不可分割的一个组成部分。学习组织的

核心是允许它们的雇员和其他利益相关者来质疑它们的运作过程,然后创建和检验解决组织问题和运作方式的新方法。这个过程需要组织中各层次的人员愿意在一个系统框架中思考,同时强调集体研究、对话和行动。无论是在正式的还是非正式的学习环境中,创建学习组织可以让成人教育者建立一种学习社群,一种拥抱变化和创新实践活动的学习社群。

Wenhao Huang

Tristan Johnson

Sun Joo Yoo

(叶海松　译)

参考文献

Garvin, D. (1993). Building a learning organization. *Harvard Business Review*, 71(4), 78 - 92.

King, W. R. (2001). Strategies for creating a learning organization, *Learning Organizations*, 18(1), 12 - 20.

Kontoghiorghes, C. , Awbrey, S. M. , & Feurig, P. L. (2005). Examining the relationship between learning organization characteristics and change adaptation, innovation, and organizational performance. *Human Resource Development Quarterly*, 16(2), 185 - 211.

Merriam, S. B. , & Caffarella, R. S. (1999). *Learning in adulthood* (2nd ed.). San Francisco: Jossey-Bass.

Müller, C. (2011). *Ebay's approach towards organizational learning: How ebay has adopted principles of the learning organization*. Norderstedt, Germany: Books on Demand GmbH.

Samad, S. (2010). The role of creative organizational climate on learning organization-A key component of knowledge management. *Proceedings of 2010 Second International Conference on Computer Engineering and Applications (ICCEA)*, 2, 404 - 409. doi: 10. 1109/ICCEA. 2010. 229

Senge, P. (1990). *The fifth discipline: The art and practice of the learning organization*. New York: Doubleday.

Watkins, K. E. , & Marsick, V. J. (1993). *Sculpting the learning organization: Lessons in the art and science of systemic change*. San Francisco: Jossey-Bass.

Watkins, K. E. , & Marsick, V. J. (1996). *In action: Creating the learning organization*. Alexandria, VA: American Society for Training and Development.

学习路径 Learning Path

学习路径可以被定义为一组完整一致的,对学习者或学习代理有意义的学习活动

（Poell & Van der Krogt，2010）。学习路径会在学习者或学习代理看到多种学习机遇时出现。通常，学习路径被描述为被选择的路径顺序，在这个路径顺序上，由学习者或学习代理进行一系列学习活动，这些学习活动能使他们逐步地构建知识（Scott，1991）。Niedderer 和 Goldberg(1995)定义学习路径为从学习起点到目标的中间步骤的顺序。这个学习路径概念的核心是一个特定学习者或学习代理的学习体验。学习路径的概念帮助我们把学习看作一个完整的过程而不是一个单独的活动，并让我们能另辟蹊径来解决在教学和培训过程中效率和成效的问题，在降低成本的同时提高业绩（Williams & Rosenbaum，2004）。学习路径的研究帮助我们探询和解释学习过程中的人类行为。

学习路径与知识构建相关联，知识的结构是学习路径的结果。因为学习路径是学习过程中从起始到结束状态的路径，它由知识结构中的一系列连接来呈现（Nakamura，Tsuji，Seta，Hashimoto & Albert，2011）。Clement(2000：1043)认为，"这样的一个路径能同时提供一个教学的理论和一个供教师与课程开发者使用的指南"。

E-learning 的研究着重于为每个学习者自动构建学习路径。Yangs、Liu 和 Huang(2010)研究了语义图如何能帮助学习者根据他们的学习风格来构建他们的个性化学习路径。在他们的实践中，学习者和代理能通过语义图用不同的方法构建他们自己独特的学习路径，辨认并排序核心的学习活动和经历。另外，Jih(1996)讨论了一个学习路径在多媒体计算机辅助学习中对学习成绩的影响，并提供了一个基于网络的教学系统的原型来执行个性化的课程安排，这一原型同时考虑课程的难易度、学习者能力和学习中连贯的学习路径。Kong、Ge 和 Luo(2007)介绍了在基于网络的 e-learning 环境中描述和实施学习路径的可用技术并为学习路径的创建开发了一个过程控制模型。

Xinmin Sang

Xudong Zheng

（叶海松　译）

参考文献

Clement, J. （2000）. Model based learning as a key research area for science education. *International Journal of Science Education*，22(9)，1041 - 1053.

Jih，H. J. (1996). The impact of learners' pathways on learning performance in multimedia computer-aided learning. *Journal of Network and Computer Applications*，19(4)，367–380.

Kong，W.，Ge，L.，& Luo，J. (2006). Process control model in web-based e-learning. In W. Liu，Q. Li & R. Lau (Eds.)，*ICWL 2006 Proceedings of the 5th International Conference on Advances in Web-Based Learning* (pp. 276–289). Heidelberg，Germany：Springer.

Nakamura，Y.，Tsuji，H.，Seta，K.，Hashimoto，K.，& Albert，D. (2011). Visualization of learner's state and learning paths with knowledge structures. Paper presented at the 15th International Conference，KES 2011，Kaiserslautern，Germany，September 12–14，2011.

Niedderer，H.，& Goldberg，E. (1995). Learning pathway and knowledge construction in electric circuits. Paper presented at the First European Conference on Research in Science Education，Leeds，UK，April 7–11，1995.

Poell，R. F.，& Van der Krogt，F. J. (2008). The role of social networks in managing organizational talent，knowledge and employee learning. In V. Vaiman & C. Vance (Eds.)，*Smart talent management* (pp. 99–118). London：Edward Elgar.

Scott，P. H. (1991). Conceptual pathways in learning science：A case study of the development of one student's ideas relating to the structure of matter. In R. Duit，F. Goldberg & H. Niedderer (Eds.)，*Research in physics learning：Theoretical issues and empirical studies* (pp. 203–224). Kiel：IPN.

Williams，J.，& Rosenbaum，S. (2004). *Learning paths increase profits by reducing the time it takes employees to get up-to-speed*. San Francisco，CA：Pfeiffer.

Yang，J.，Liu，H. T.，& Huang，Z. X. (2010). Smap：To generate the personalized learning paths for different learning style learners. *Edutainment*，2010，13–22.

学习风格 Learning Style

请参见场依赖性和独立性 FIELD DEPENDENCE AND INDEPENDENCE 和学习者的特征和特质 LEARNER CHARACTERISTICS AND TRAITS

学习分类 Learning Types

请同时参见复杂学习 COMPLEX LEARNING

学习有很多种分类法。心理学家从学习是如何发生的角度来考虑,如,刺激—反映学习或机械学习。教育者从帮助学习的教学方法的角度来考虑,如多媒体学习或精熟学习。但是,学习分类在教学设计和技术领域中的一个通用解释则是从内容的角度来考虑的,如学习结果的分类。在这点上,学习分类可作为课程建设和教学设计的基础。

从内容角度来确定学习分类的最早的尝试之一发生在 1949 年和 1953 年之间,一组学者试图在认知、情感和心理运动范畴上定义教育目标分类。这就是我们今天熟知的 Bloom 分类体系。每个范畴都包括按照复杂程度排列的内容目标和目标的子分类（Richey, Klein & Tracey, 2011）。比如在认知范畴,包括六个主要分类:知识、理解、应用、分析、综合和评价(Bloom, 1956)。

虽然受到 Bloom 和他的同事的重大影响,但是 Gagné 开发了另一种学习任务的结构。他关于学习范畴的观点多年来得到了进一步发展。这些学习范畴包括言语信息、智力技能(包括具体概念、规则和被定义的具体概念、高级规则和问题解决)、认知策略、行动技能和态度(Gagné, 1965；Gagné, 1972/2000；Gagné, Wager, Golas & Keller, 2005)。

Merrill 和 Boutwell(1973)以及 Merrill(1983)也是从内容的角度提出了另外一种学习分类的观点。他们将学习任务用矩阵来表示,结合了内容分类(事实、概念、过程和原理)和当学生完成教学目标时的行为(记忆、使用或找到)。这是对 Gagné 工作的进一步扩展。

Gagné 和 Merrill(1990)一起扩展了他们的学习分类结构以包含整合的目标,让多目标和多学习任务分类达到一个相同的目的。通常,这些学习任务组成一个大而复杂的活动,称为企业级活动(enterprise)。

所有这些面向内容的学习分类观点支持了"有多于一种的学习分类并且可能有多于一种的记忆结构"(Merrill, 1983:300)的假设。因此,学习和教学设计中,特别是那些与策略选择相关的步骤中,会有一些内部条件应根据学习任务的分类来改变。

Rita C. Richey

(叶海松　译)

参考文献

Bloom, B. S. （Ed.）（1956）. *Taxonomy of educational objectives：The classification of educational goals, Handbook I：Cognitive domain.* New York：David McKay Company, Inc.

Gagné, R. M.（1965）. *The conditions of learning.* New York：Holt, Rinehart and Winston, Inc.

Gagné, R. M.（1972/2000）. Domains of learning. *Interchange, 3,* 1 - 8. Reprinted in R. C. Richey (Ed.), *The Legacy of Robert M. Gagné.* Syracuse, NY：ERIC Clearing house on Information & Technology.

Gagné, R. M., & Merrill M. D.（1990）. Integrative goals for instructional design. *Educational Technology Research and Development, 38*（1）,23 - 30.

Gagné, R. M., Wager, W. W., Golas, K. C., & Keller, J. M. (2005). *Principles of instructional design* (5th ed.). Belmont, CA: Wadsworth/Thomson Learning.

Merrill, M. D. (1983). Component display theory. In C. M. Reigeluth (Ed.), *Instructional-design theories and models: An overview of their current status* (pp. 279 - 333). Hillsdale, NJ: Lawrence Erlbaum Associates, Publishers.

Merrill, M. D., & Boutwell, R. C. (1973). Instructional development: Methodology and research. In F. N. Kerlinger (Ed.), *Review of research in education*, Vol. 1 (pp. 95 - 131). Itasca, NY: Peacock.

Richey, R. C., Klein, J. D., & Tracey, M. W. (2011). *The instructional design knowledge base: Theory, research, and practice.* New York: Routledge.

信息化学习 Learning with Information

请同时参见富信息环境 INFORMATION-RICH ENVIRONMENTS 和学习 LEARNING

"信息化学习"的概念假设了信息本身是人类学习的基石。信息在 Anderson 和 Krathwohl(2001)的定义中是真实的、概念化的、过程性的和元认知的知识。基于"对访问、评估和使用信息的专业技能开拓是现代教育寻求促进的真实学习"(American Association of School Librarians and Association for Educational Communications and Technology,1998：2)这一理念,人们认识到不同的组织和呈现信息的方法会促成也可限定学习。

Marchionini(1995)把信息定义为"能改变一个人的知识的任何东西",并提到它"包括生活中的事物、从人或事物转换到一个人的认知系统的内容……和人类思想的内部知识"(第5页)。信息科学家对"信息"的定义与认知科学家对当代"学习"的定义很类似。事实上,从 Marchionini 的定义出发,学习的定义可以被理解为：学习包括"改变(一个人)的知识",这是通过接触"生活中的事物"建立结构,转变它们成为个人"认知系统",并铸造成"内部知识组件"而达到的。所以,学习基本上是基于信息来构建结构。它是使用信息来产生意义的过程和结果。

虽然"学习"和"信息"之间的互补作用似乎很明确,唯一欠缺的是从教学设计和信息科学这两个最有直接关联的领域中结合理论进行研究。Eisenberg 和 Small (1993),Large、Beheshti、Breuleux 和 Renaud (1994,1995)以及 Neuman (1993,1995)的研究是一些最早针对这个问题的研究；Mayer(1999)的教学设计模型虽然没有明确地提到学习和信息应用的联系,但它是基于信息的。

最近,Cromley 和 Azevedo(2008),Hill 和 Hannafin(2001),Lee、Lim 和 Grabowski (2008)以及 Neuman(2011a,2011b)继续在这个领域中探索;Kuhlthau、Maniotes 和 Caspari(2007)对"引导式探询"的推广也认为信息是学习的核心。《教育和信息技术》 (*Education and Information Technologies*),最初出现在 1996 年,是该领域对此课题 的唯一学术杂志;Ford 在 2008 年对宣称的"教育信息学"(educational informatics)这 一领域把教学设计和信息科学拉得更近。

很多当前的研究建议研究者和实践者要对学习和信息应用有一个更深层的理解。 其中最有影响力的是 Common Core State Standards 的倡议,其"设计要点"包括了:

> 要准备在一个技术社会中的大学学习、工作和生活,学生需要获取、理解、评 估、综合和汇报信息与思想,进行原创的研究以回答问题或解决问题,并分析和创 建大规模与扩展的,以新、旧媒体的形式呈现的印制和非印制信息的能力。当今 的教学课程需要进行研究,并开发和使用媒体。(Common Core State Standards Initiative,2010:4)

Delia Neuman

(叶海松　译)

参考文献

American Association of School Librarians and Association for Educational Communications and Technology. (1998). *Information power: Building partnerships for learning.* Chicago: ALA Editions.

Anderson, L. W., & Krathwohl, D. R. (Eds.) (2001). *A taxonomy for learning, teaching, and assessing: A revision of Bloom's Taxonomy of Educational Objectives.* New York: Addison Wesley Longman.

Common Core State Standards Initiative. (2010). *Common core state standards for English language arts and literacy in history/social studies, science, and technical subjects.* Available at www. corestandards. org/assets/CCSI_ELA%20Standards. pdf.

Cromley, J., & Azevedo, R. (2009). Locating information within extended hypermedia. *Educational Technology Research & Development, 57*(3),287 - 313.

Eisenberg, M. B., & Small. R. V. (1995). Information-based education: An investigation of the nature and role of information attributes in education. *Information Processing & Management, 29*(2),263 - 275.

Ford, N. (2008). Educational informatics. *Annual review of information science and technology, 42,*497 - 546.

Hannafin. M. J., Hannafin, K., & Gabbitas, B. (2009). Re-examining cognition during student-centered, web-based learning. *Educational Research and Technology*, 57(6), 767 – 785.

Hannafin, M. J., & Hill, J. R. (2008). Resource-based learning. In J. M. Spector, M. D. Merrill, J. van Merrienboer &. M. P. Driscoll (Eds.), Handbook *of research on educational communications and technology* (3rd ed., pp. 525 – 536). Mahwah, NJ: Erlbaum.

Hill, J. R., & Hannafin, M. J. (2001). Teaching and learning in digital environments: The resurgence of resource-based learning. *Educational Technology Research & Development*, 49(3), 37 – 52.

Kuhlthau, C. C., Maniotes, L. K., & Caspari, A. K. (2007). *Guided inquiry: Learning in the 21st century*. Westport, CN: Libraries Unlimited.

Large, A. Beheshti, J., Breuleux, A., & Renaud, A. (1994). Multimedia and comprehension: A cognitive study. *Journal of the American Society for Information Science*, 45(7), 515 – 528.

Large, A. Beheshti, J., Breuleux, A., & Renaud, A. (1995). Multimedia and comprehension: The relationship between text, animation, and captions. *Journal of the American Society for Information Science*, 46(5), 437 – 448.

Lee, H. W., Lim, K. Y., & Grabowski, B. L. (2008). Generative learning: Principles and implications for making meaning. In J. M. Spector, M. D. Merrill, J. van Merrienboer & M. P. Driscoll (Eds.), *Handbook of research on educational communications and technology* (3rd ed., pp. 111 – 124). Mahwah, NJ: Erlbaum.

Lim, C. P., & Tay, L. Y. (2003). Information and communication technologies (ICT) in an elementary school: Students' engagement in higher-order thinking. *Journal of Educational Multimedia and Hypermedia*, 12(4), 525 – 451.

Marchionini, G. (1995). *Information seeking in electronic environments*. Cambridge, MA: Cambridge University Press.

Mayer, R. (1999). Designing instruction for constructivist learning. In C. M. Reigeluth (Ed.), *Instructional-design theories and models*, *Vol. II: A new paradigm of instructional design theory* (pp. 141 – 159). Mahwah, NJ: Erlbaum.

Neuman, D. (1993). Designing databases as tools for higher-level learning: Insights from instructional systems design. *Educational Technology Research & Development*, 41(4), 25 – 46.

Neuman, D. (1995). High school students' use of databases: Results of a national Delphi study. *Journal of the American Society for Information Science*, 46(4), 284 – 298.

Neuman, D. (2011a). *Learning in information-rich environments: I-LEARN and the construction of knowledge in the 21st century*. New York, Dordrecht, Heidelberg, London: Springer.

Neuman, D. (2011b). Constructing knowledge in the twenty-first century: I-LEARN and using information as a tool for learning. *School Library MediaResearch*. Available at http://www. ala. org/aasl/aaslpubsandjournals/slmrb/slmrcontents/volume14/contents/neuman.

图书馆 Libraries

请参见信息存储 INFORMATION STORAGE

线 Line

请参见视觉信息设计 VISUAL MESSAGE DESIGN

素养 Literacy

请同时参见视觉能力 VISUAL COMPETENCY

一个传奇故事描述了伦敦的市长 William Curtis(1752—1829)在一个学校的晚宴上的祝酒词(大约于 1825 年),在祝酒词中他使用了这么一个表达:"阅读、写作和算术。"这个短语后来被用在 1906 年的一首流行歌曲中(Edwards & Cobb,1906):

School days, school days,	学校啊,学校的日子
Dear and golden rule days,	是可亲的黄金法则的日子
Readin', 'ritin, and 'rithmetic,	阅读、写作和算术
Taught to the tune of a hickory stick.	伴着教鞭的音律回旋而驻

讽刺的是"阅读、写作和算术"成为了素养的通用定义,但是在大多数教育者的心目中这却是现代素养定义的对立面。虽然对立,但从符号学来看,阅读可以解释为解码,而写作可以解释为编码。这样,老的定义在今天来说还是很贴切的。不仅是这个术语可以被引用到任何编码/解码环境中,而且还把"算术"这个代表数学和科学素养的词作为有素养的基本组成部分。

联合国教科文组织,UNESCO(United Nations Educational, Science and Cultural Organization),提供了一个被认可的"素养"的标准定义:

……识别、理解、解释、创造、沟通、计算和使用与各种情境相关联的印制和书写材料的能力。素养包括不断地学习使个人达到他或她的目标,开发他或她的知识和潜力,并完全地融入整个社会(UNESCO,2008:18)。

"素养"的含义和范围已经有了很大的扩展。相关术语,如视觉素养、媒体素养、电视素养、电子素养、数字素养和 21 世纪素养都尝试重新定义"素养"或把"素养"的含义扩展到交流的其他模式(Hoechsmann Poyntz,2012)。当然,术语"素养"的扩展不仅仅是一个 21 世纪现象,因为视觉素养、电影素养、收音机素养和电视素养都在 20 世纪产生。

当前 Web2.0 技术已帮助"读"和"写"的概念从经典模式——只有一小部分精英

人士能成为作家、制作人和编辑的模式,转化为一个更民主的形式——任何人都可以成为读者和作家。我们的社会无法预料到当每个人既是读者又是作家,而编辑的角色消失时,可能出现的所有情况。

对大部分学者而言,当他们寻求更广范围的素养定义时,都在谈论这个一直在扩展的定义。一些术语,如"多模态"(Kress,2010)和"全媒体素养",都体现了这个扩展。第二个术语被定义为能"通过多种平台进行的读、写和交互能力。工具和媒体包括从手语到口语,到书写、打印、电视、收音机和电影,再到数字社交媒体"(Ipri,2010:4)。

同样地,美国中北区教育实验室(North Central Regional Educational Laboratory)定义了八种数字时代素养,包括基本、科学、经济、技术、视觉、信息、多文化和全球素养(NCREL,2003)。在他们的列表上缺少的是"政治素养",它的缺失影响着持续不断的区域性和全球性危机。

Denis Hlynka

Karen Smith

(叶海松　译)

参考文献

Edwards, G. , & Cobb, W. (1907). *School Days*. Popular song.

Hoechsmann, M. , & Poyntz, S. (2012). *Media Literacies: A critical introduction*. Wiley-Blackwell.

Ipri, T. (2010). Introducing transliteracy: What does it mean to academic libraries? *College & Research Libraries News*, 71(10),532 - 567. Retrieved from http://crln. acrl. org/content/71/10/532. full.

Kress, G. (2010). *Multimodality: A social semiotic approach to contemporary communication*. London: Routledge.

NCREL (2003). *21st century skills for 21st century learners*. Retrieved from www. metiri. com/21/meteri-NCREL21st Skills. pdf.

UNESCO (2008). *The global literacy challenge: A profile of youth and adult literacy at the mid-point of the United Nations Literacy Decade, 2003 - 2012*. Available online at http://unesdoc. unesco. og/images/0016/001631/163170e. pdf.

本地化教学 Localized Instruction
请参见特定文化的设计 CULTURE-SPECIFIC DESIGN

控制源 Locus of Control

请参见归因理论 ATTRIBUTION THEORY

潜水 Lurking

请参见在线行为 ONLINE BEHAVIOR

M

管理系统 Management System
请同时参见知识管理 KNOWLEDGE MANAGEMENT

根据国际化标准组织（2011）的定义，管理系统"指的是一个组织所做的事，以管理它的过程或活动，以让它的产品或服务达到它自己制定的目标，比如满足客户的质量要求、遵守规章，或满足生态环境的目标"（Management System section，第3段）。因此，管理系统是更好地帮助组织达到它们的目标的积极主动的方法。

管理系统在产业和教育中到处可见，尤其可能在废料部、生态环境部、能源部、风险部和质量部等部门最常见。在管理系统的这个高层面上，通过创建一个"将领域内专家已经一致认可的特征作为国际最高水平"（International Organization for Standards，2011，Management System Standards section，第4段）的模型来制定标准，这些标准在管理系统开发中成为很重要的角色。这些标准在单个领域中的更微观的层面上推动了管理系统的特性发展。比如，管理质量的发展已经带来了质量改进方法的运用，如六西格玛（Six Sigma）、精益生产（lean manufacturing）①、质量圈（quality circles）和全面质量管理（total quality management）。

与教育技术特别相关的特定的管理系统是组织中那些与学习功能相关的系统。比如，学习管理系统（LMS）、课程管理系统（CMS）和知识管理（KM）。

学习管理系统已经成为在线教育的必需组件，以辅助对全球和组织的问题、管理、教学、成本、认证、测评、招生和进展灵活性的管理（Virkus，2004）。另一种观点由Watson、Lee和Reigeluth（2007）提出。他们定义了LMS的主要和次要角色。主要角

---

① 是一种在生产中减少消耗资源以增加价值的方法。——译者注

色是记录、计划、教学和测评。次要角色是沟通、学生数据、学校人事信息和 LMS 管理。

课程管理系统是提供创建课程的 Web 站点,控制注册学生和访问权限,以及提供教学支持工具,如论坛、测试和评分工具的 Web 应用程序(Cole & Foster,2007)。这些应用程序通常是教育机构,如高等院校,使用的一个完整的产品,典型的如 Blackboard 或 Moodle。

知识管理系统是在组织中收集、开发、共享和应用知识以达到并保持竞争力的活动和过程(Mihalca,Uta,Andreescu & Intorsureanu,2008;Petersen & Poulfelt,2002)。KM 已经增进了实践方法学,如实践社区、概念图和知识习得。KM 的教育应用从 2005 年起开始发展(Uzunboylu Eriş & Ozcinar,2011),一种 KM 的实施例子是通过将 KM 与教学工具和反馈机制结合,作为支持教师教学的一种机制(Bain & Swan,2011)。

William L. Solomonson

(叶海松　译)

参考文献

Bain, A. , & Swan, G. (2011). Technology enhanced feedback tools as a knowledge management mechanism for supporting professional growth and school reform. *Educational Technology Research and Development*, 59(5),673 – 685. doi:10.1007/s11423-011-9201-x.

Cole, J. , & Foster, H. (2007). *Using Moodle: Teaching with the Popular Open Source Course Management System*. O'Reilly. Retrieved from http://books.google.com/books?hl = en&lr = &id = wfPPb1m0G6EC&oi = fnd&pg = PR5&dq = course + management + system&ots = vQzhDc2CJE&sig = 0IoraXV0lGI4rs8jqGlcR7F6r3U♯v = onepage&q = course%20management%20system&f = false.

International Organization for Standards. (2011). Management and leadership standards— understand the basics. Retrieved from http://www.iso.org/iso/iso_catalogue/management_ and_leadership_standards/management_system_basics.

Mihalca, R. , Uta, A. , Andreescu, A. , & Intorsureanu, I. (2008). Knowledge management in e-learning systems. *Informatica Economică*, 2(46),60 – 65.

Petersen, N. J. , & Poulfelt, F. (2002). Knowledge management in action: A study of knowledge management in management consultancies. In A. F. Buono (Ed.), *Developing knowledge and value in management consulting. Volume 2: Research in management consulting* (pp. 33 – 60). Greenwich, CT: Information Age Publishing.

Uzunboylu, H. , Eriş, H. , & Ozcinar, Z. (2011). Results of a citation analysis of knowledge management in education. *British Journal of Educational Technology*, 42(3),527 – 538.

doi：10. 1111/j. 1467-8535. 2009. 01018. x.

Virkus, S. (2004). Review of：Online education and learning management systems：global e-learning in a Scandinavian perspective, by M. F. Paulsen. *Information Research*，9（2）. Retrieved from http://informationr. net/ir/reviews/revs126. html.

Watson，W. R.，Lee，S.，& Reigeluth，C. M. (2007). Learning management systems：An overview and roadmap of the systemic application of computers to education. In F. M. M. Neto & F. V. Brasileiro（Eds.），*Advances in computer-supported learning*（pp. 66 - 96）. London：Information Science Publishing.

有关此主题的更多信息，请参见"附加资源"

混搭 Mashups
请参见社会化电脑应用 SOCIAL COMPUTING 和 WEB2. 0

大型多人在线游戏 Massively Multiplayer Online Games
请参见基于数字游戏的学习 DIGITAL GAME-BASED LEARNING

精熟学习 Mastery Learning
请同时参见个别化教学 INDIVIDUALIZED INSTRUCTION

精熟学习认为提供合适的学习条件、高质量教学和足够的时间，几乎所有的学生都可以达到一个高水平的成绩（Bloom，1976；Carroll，1963；Guskey，2010）。Bloom（1976）认为"花在学习上的大量时间是提高学习层次的原因"（第 51 页）。他进一步提到学习所需要的时间"会受到学生的天资和语言能力及课内外所受教学的质量的影响"（第 51 页）。

Carroll（1989）定义了影响精熟学习的五个变量——资质，为一个学习者学习一个任务所需要的时间量；机遇，为可以用来学习的时间量；毅力，为学生愿意用在学习上的时间；教学质量；学习者理解教学的能力。Carroll（1963）提到如果花在学习上的时间等于或多于学习所需要的时间，精熟学习就会发生。不过，他认为时间是由资质、教学质量和学习者理解教学的能力这三个变量决定的。

Zimmerman 和 Dibenedetto（2008）讨论了基于个体学习标准的精熟学习。他们建议使用一个基于学习者个体的进步而不是和其他学生相比较来评估成绩的精熟标准模型。Zimmerman 和 Dibenedetto（2008）解释道："一个标准精熟模型是以测量学生学业进步为目的,而不是学生之间的稳定个体差异。"(第 207 页)他们的方法,像 Carroll 和 Bloom 的一样,重视个体学习者的能力以及学习所需要的时间、学习可用的时间和教学质量之间的关系。

Nancy B. Hastings

(叶海松　译)

参考文献

Bloom, B. S. (1976). *Human characteristics and school learning*. New York, NY: McGraw Hill Company.

Carroll, J. B. (1963). A model of school learning. *Teachers College Record*, 64(8),723 - 733.

Carroll, J. B. (1989). The Carroll model: A 25-Year retrospective and prospective view. *Educational Researcher*, 18(1),26 - 31.

Guskey, T. R. (2010). Lessons of mastery learning. *Educational Leadership*, 68(2),52 - 57.

Zimmerman, B. J., & Dibenedetto, M. K. (2008). Mastery learning and assessment: Implications for students and teachers in an era of high-stakes testing. *Psychology in Schools*, 45(3),206 - 216.

通信的数学模型 Mathematical Model of Communication
请同时参见通信理论和模型 COMMUNICATION THEORY AND MODELS

通信理论起源于点对点的电报和电话传输问题。问题是从 A 点到 B 点传输每个信息位还是在保证质量的同时传输较少信息位。Harry Nyquists 1924 年的文章描述了电报的速度问题,Ralph Hartley(1928)将术语信息看作是可测量的量。尽管这些理论早于 Claude E Shannon, Claude E Shannon 在 1948 年提出了"数学的通信理论",并将此概念称为信息熵。基于概率论和决定性概念,信息理论旨在测量传输中的不确定量。这不确定性可能是由发送者、接收者或两者间的传输媒体而引起的。二战后,Bell 实验室铺设了欧洲和北美之间横跨大西洋的电话线。Shannon 的工作是减少完成两个大陆之间通话的线缆数量。信息熵被研制来计算传输中的不确定量。如果不确定量可以被确认,那么电话公司就能调节线缆的数量来保证通话。较少的不确定量意味着较少的用于传输电话通话所需要的线缆股。

Shannon (1951)后来发表了一份关于文化认知和概率性认知之间的关联的手稿。

Moser（1971）开始使用信息理论来研究科学课程中学生间的对话。他发现信息熵的应用可能是一个测量对话中的不确定量的有用工具。然后，他对 Shannon 的熵的概念进行了一系列的扩展，并拓展了信息（通信）理论的观念（Moser，1972）。

David Carbonara

（叶海松　译）

参考文献

Hartley，R. (1928). Transmission of information. *Bell Systems Technical Journal*，7(3)，535 – 564.

Moser，G. W. (1971，March). *An information theoretic interpretation of science interaction dialogues*. Paper presented at the meeting of the National Association for Research in Science Education，Silver Spring，Maryland.

Moser，G. W. (1972，April). *An information theoretic model for the human processing of cognitive tasks*. Paper presented at the meeting of the National Association for Research in Science Education，Chicago，IL.

Nyquists，H. (1924). Certain factors affecting telegraph speed. *Bell Systems Technical Journal*，3(2)，324 – 346.

Shannon，C. E. (1948). A mathematical theory of communication. *Bell Systems Technical Journal*，27(3)，379 – 423.

Shannon，C. E. (1951). Prediction and entropy of printed English. *Bell System Technical Journal*，30(1)，50 – 64.

媒体 Media
请同时参见信息资源 INFORMATION RESOURCES、多媒体学习 MULTIMEDIA LEARNING 和富媒体 RICH MEDIA

教育技术中对媒体的经典解释，也是引用最多的，是 Clark（1983）的观点。他认为，"当前最有力的证据是媒体只是传递教学的工具，其对学生成绩的影响不会比使用卡车运输食物而引起的影响变化更多"（第 446 页）。媒体元素通常被定义为呈现文字和图形的音频和视频技术。媒体元素包括文本、音频解说、音乐、静态图片、动画、照片和视频。媒体元素，结合有效的教学方法，能引导学生进行有效的知识处理并理解新的知识和技术（Clark & Mayer，2008）。

计算机数字媒体技术提供了把媒体元素合成为多媒体的能力，这些技术让媒体通过 Internet 传递,或使用移动设备如智能手机和平板电脑来访问。作为多媒体的最基本形式,Mayer(2009)定义为使用文本和图片来呈现材料的表现形式。

新媒体这个术语是指 Web 2.0 环境下的交互媒体。新媒体的最大特征是通过控制格式和情境来让学习者或观众直接和媒体进行交互的能力,以及通过元数据层和标记来实时改变媒体消息的能力。

Timothy C. Boileau

(叶海松 译)

参考文献

Clark,R. C. , & Mayer, R. (2008). *e-Learning and the science of instruction: Proven guidelines for consumers and designers of multimedia learning* (2nd ed.). San Francisco, CA: Pfeiffer.

Clark,R. E. (1983). Reconsidering research on learning from media. *Review of Educational Research*, *53*(4),445 – 459.

Mayer,R. (2009). *Multimedia learning* (2nd ed.). New York: Cambridge University Press.

媒体计划 Media Planning
请参见媒体应用 MEDIA UTILIZATION

媒体应用 Media Utilization
请同时参见媒体 MEDIA、技术支持的学习 TECHNOLOGY-ENABLED LEARNING 和技术强化的学习环境 TECHNOLOGY-ENHANCED LEARNING ENVIRONMENT

媒体选择的决定发生在教学设计中,与方法决策同时发生,是在学习环境的情境中基于学习的有效性、可行性和实践性而作出的。媒体的应用提供了一种学习顺序,增加了学习的交互,并为学习提供了情感和美感的组成部分(Seels,2011)。因此有效的媒体应用应该通过让学习者探索、扩展和增强他们自己的能力来刺激知识的创建。有效的媒体应用也在 Merrill(2009)的首要教学原则中得到讨论,特别是在示范原则中提到"使用与内容相关的媒体,学习者能从演讲中学到更多"(第 44 页)。

教学媒体的有效计划和应用的通用指南由 Merrill（2009：46—47)总结得到下列的基本原则：

- 同时包含文本和图形,只要图形能传递所要教授的信息而不仅仅是装饰。
- 将有关联的文本和图形放在一起。
- 把文本用旁白的方式来呈现,而不显示在屏幕上。
- 同时提供屏幕文本和旁白会干扰学习。
- 增加趣味性的,但不是必需的材料会干扰学习。

Clark 和 Lyons(2004)提供了更多的教学媒体的计划和应用准则。人们很自然地会问从一种媒体学到的会不会比用另一种媒体学到的更多。在媒体比较研究中,主要的自变量是用于传递内容的媒体,主要的因变量与学习结果相关。从几百个媒体对比研究的结果中,Clark(2001)总结出此类媒体对比不是研究的一种有效形式。原因是教学方法导致学习的产生,而不是媒体。Mayer(2009)归纳了这个原则,表明书本媒体教学中的有效教学方法在计算机教学中同样有效。

总而言之,我们知道媒体决策与设计有效教学的方法选择相关联。其他如学习者特点和环境因素也应该考虑在内。本定义为实践者提供了媒体应用的准则和附加资源。

Timothy C. Boileau

（叶海松　译）

参考文献

Clark，R. E. (2001). Media are mere vehicles. In R. E. Clark（Ed. ），*Learning from media：Arguments，analysis，and evidence*（pp. 1 - 12）. Greenwich，CT：Information Age Publishing，Inc.

Clark，R. C. ，& Lyons，C.（2004）. *Graphics for learning：Guidelines for planning，designing，and evaluating visuals in training materials*. New York：Pfeiffer.

Mayer，R. E.（2009）. *Multimedia learning*（2nd ed. ）. New York：Cambridge University Press.

Merrill，D. M.（2009）. First principles of instruction. In C. M. Reigeluth & A. A. Carr-Chellman（Eds. ），*Instructional-design theories and models：Building a common knowledge base*（pp. 41 - 68）. New York：Routledge.

Seels，B. (2011). From Dale to delivery systems：The problem of media selection theory. In G. J. Anglin（Ed. ），*Instructional technology：Past，present，and future*（3rd ed. ，pp. 55 - 68）. Santa Barbara，CA：ABC-CLIO，LLC.

记忆 Memory

请同时参见信息处理理论 INFORMATION PROCESSING THEORY、助记法 MNEMONIC 和思维结构理论 SCHEMA THEORY

关于人类记忆的研究主题可以有很多方向,包括心理学和生理学。这个术语本身是用来统指过去经验的存储、维护和获取。进一步来说,要记住的内容必先经过学习,也就是说,经验被感官和认知分析后才能被存储。不同的理论家着重研究了这些相关过程的具体方面(如 Ashcraft & Radvansky, 2009;Baddeley, Eysenck & Anderson, 2009)。

一个共同的特征主要集中在三个阶段上。第一,经验必须被编码,这包括感觉、感知和分析,使经验变得有意义。这通常发生在一个有限容量的处理系统——工作记忆中,一个粗略的比喻是即时意识或在计算机桌面上。

第二,一些工作记忆中的经验会被存储到一个更持久的记忆形式中。对概念化这类人类记忆在几个世纪中有着多种比喻,典型的有用于存储信息的当代技术,比如,蜡版、纸笔、开关板、图书馆、文件柜以及计算机磁盘和硬盘。

一个关键的问题是存储的格式,具体来说它是否是以字面意义来如实记录的,也就是说,是经验的一个完整复制,或者是以经验思维结构的总结来记录的。最近相当多的证据认为它表现为思维结构的呈现。

第三,记忆必须显示在一段时间后能有意识或无意识地成功获取信息。记忆的成功获取可以被解释为重现经验的复制,就像从一本书中选择一张照片,并且完全重新体验原来的认知(事实上是再认知)。然而,很多证据表明获取过程常常是一个重新构建的过程,通过生成对存储的记忆进行回访来获取所需的细节(比如,Loftus & Palmer,1974)。

从 Ebbinghaus(1885/1913)的开创性研究的 100 多年来,记忆已经成为一个很大的研究领域。有些研究关注在记忆丢失问题上,就是说,为什么会遗忘,同时其他研究则关心记住的内容。这些主题研究的样本包括各种不同的记忆,如从一个共享的语言文字派生出来的语义记忆与从个人经验而来的情境记忆(比如,Tulving,1972),我们可以刻意访问的外显记忆和自动发生的内隐记忆(有时叫陈述性记忆和程序记忆,比如,Schacter & Tulving,1994)以及与未来相关的前瞻性记忆和追溯过去的回顾性记忆(比如,McDaniel & Einstein,2007)。此外,还有一些特别的主题,如与情感(经验)相关的自传式记忆和闪光灯记忆。再有,有很多主题与记忆增强有关,包括助记法和元记忆。最后,根据最近的脑功能成像技术的发展,神经心理学家已经更新了他们的研究方向。

John Mueller

(叶海松　译)

参考文献

Ashcraft, M. H. , & Radvansky, G. A. (2009). *Cognition*. Upper Saddle River, NJ: Prentice Hall.

Baddeley, A. D. , Eysenck, M. , & Anderson, M. C. (2009). *Memory*. London, UK: Psychology Press.

Ebbinghaus, H. (1885/1913). *Memory: A contribution to experimental psychology*. New York: Teachers College, Columbia University.

McDaniel, M. A. , & Einstein, G. O. (2007). *Prospective memory: An overview and synthesis of an emerging field*. Thousand Oaks, CA: Sage Publications.

Loftus, E. F. , & Palmer, J. C. (1974). Reconstruction of automobile destruction: An example of the interaction between language and memory. *Journal of Verbal Learning and Verbal Behavior*, *13*, 585 - 589.

Schacter, D. L. , & Tulving, E. (Eds.)(1994). *Memory systems*. Cambridge, MA: The MIT Press.

Tulving, E. (1972). Episodic and semantic memory. In E. Tulving & W. Donaldson (Eds.), *Organization of memory* (pp. 381 - 403). New York: Academic Press.

有关此主题的更多信息,请参见"附加资源"

心智努力 Mental Effort
请参见认知负荷 COGNITIVE LOAD

心智模型进展 Mental Model Progression
请同时参见延伸排序 ELABORATION SEQUENCING 和排序 SEQUENCING

　　心智模型发展可以被认为是一种宏观层次的教学策略或中观层次的排序策略

（van Merrienboer，1997）。心智模型发展是"一种中观层次排序的方法，其案例类型或问题分类和解决实例，都基于不断扩展的支持性知识（概念模型、因果模型、目标—计划模型或心智模型）的版本"（van Merrienboer，1997：37）。

由于一个序列的案例分类（单元或模块）通常是按照从简单到复杂的顺序来排列的，这个心智模型发展的途径与 Reigeluth 的延伸理论和他的总体——部分（whole-part）方法紧密相关（Reigeluth，1987）。放大和缩小全貌能帮助学习者逐渐达到所期望的学习深度和广度。

这个序列中的案例类型（单元或模块）以不断进步的心智模型版本为基础（van Merrienboer，1997）。心理模型发展起始于一个最简单的、具有代表性的、基础的和具有具体理念的模型。之后，后续模型在先前的模型中加入更多复杂性或细节使其扩展。这个扩展或发展的过程会持续进行直到学习者达到所需的行为要求。模型通常是因果模型，但是也可以是目标—计划层级模型或概念模型。

White 和 Frederiksen(1990)提供了一个电路设计和故障排除领域的心智模型发展的例子（参见 Table 1）。

Yeol Huh

Dabae Lee

Charles Reigeluth

（叶海松　译）

表 1　基于心智模型发展推导的案例类型（White & Frederiksen, 1990）

延伸程度	案例
一阶段模型：电压推理	
1.1　零阶模型 零阶电路原理 传导类型	1. 要求理解电压和电流的转化
1.2　一阶模型 电子电路中的反馈 模拟电路	2. 要求发现和理解电子电路中的反馈
1.3　定量化模型 基尔霍夫电压定律 分压器	3. 要求学习者计算电路各处电压值

延伸程度	案例
二阶段模型：电流推理	
2.1　零阶模型 基本电流原理 电流和电阻	4. 要求推理并联电路电流
2.2　一阶模型 相关电压、电流和电阻 晶体管电路传播	5. 要求直观推理并联电路和串联电路中电流的变化
2.3　定量化模型 欧姆定律 基尔霍夫电流定律	6. 要求代数计算解方程

参考文献

Reigeluth，C. M. (1987). Lesson blueprints based on the elaboration theory of instruction. In C. M. Reigeluth (Eds.)，*Instructional theories in action：Lessons illustrating selected theories and models* (pp. 245 - 288). Hillsdale, NJ：Lawrence Erlbaum.

van Merrienboer，J. J. G. (1997). *Training complex cognitive skills*. Englewood Cliffs，NJ：Educational Technology Publications.

White，B. Y.，& Frederiksen，J. R. (1990). Causal model progressions as a foundation for intelligent learning environments. *Artificial Intelligence*，*42*，99 - 157.

信息设计 Message Design

请同时参见组块化 CHUNKING、认知负荷 COGNITIVE LOAD 和视觉信息设计 VISUAL MESSAGE DESIGN

Fleming 和 Levie (1978) 将信息定义为"一组形式的信号（包括文字和图片），其所产生的目的是为了改变人的认知、情感或运动心理行为"（第 ix 页）。他们进一步把信息定义为"一个周密的分析和整合过程，以一个 tongx 问题开始，结束于提出一个执行解决方案的计划"（第 ix 页）。最后，Fleming 和 Levie 总结教学信息设计是"对一组形式的符号和标志进行设计来提供学习的条件的过程"（第 ix 页）。

我们使用新技术来创造更复杂生动的教学信息的能力促进了信息处理和多媒体学习理论领域的重要研究。这带来了信息设计的新原则，而不是简单地改变了原来的定义。Morrison、Ross、Kalman 和 Kemp (2011)把信息设计定义为"创造一种学习内容与学习者之间的恰当接口"(第 180 页)的过程。Seels 和 Richey(1994)注明恰当的接口并不是恒定不变的，而是以传播媒体和学习任务为基础的。

信息处理和认知负荷研究对建构教学信息有非常重大的影响。Farrington(2011)提到最近的研究表明工作记忆在给定的时间内只能处理 3 至 4 个单独的或分块的信息。超过此限制会导致教学信息认知超载，从而限制学习。Farrington(2011)进一步说明认知负荷可以通过改变信息设计来减少，"以合适的方法呈现信息来改变传统教学任务的本质"(第 115 页)。Kalyuga(2011)建议通过"选择相对学生的专业知识来说不是太复杂的学习任务"(第 3 页)来改变信息。

Nancy B. Hastings

（刘 维 译）

参考文献

Farrington, J. (2011). From the research: Myths worth dispelling, Seven plus or minus two. *Performance Improvement Quarterly*, 23(4), 113 – 116.

Fleming, M., & Levie, W. H. (1978). *Instructional message design: Principles from the behavioral sciences*. Englewood Cliffs, NJ: Educational Technology Publications.

Kalyuga, S. (2011). Cognitive load theory: How many types of load does it really need? *Educational Psychology Review*, 23, 1 – 19.

Morrison, G. R., Ross, S. M., Kalman, H. K., & Kemp, J. E. (2011). *Designing effective instruction* (6th ed.). Hoboken, NJ: John Wiley & Sons, Inc.

Seels, B. B., & Richey, R. C. (1994). *Instructional technology: The Definition and domains of the field*. Washington, DC: Association for Educational Communications and Technology.

元认知 Metacognition

请同时参见认知过程 COGNITIVE PROCESSES、认知策略 COGNITIVE STRATEGIES 和自我调节 SELF-REGULATION

元认知是"个体对自己的认知过程的认识"(Thiede, 2003: 1470)；这是"对思想的监控"(Martinez, 2006)。Flavell(1979)开创性地定义元认知为关于个人自己认知过程的知识和理解，它包括认知管理和评估以及三类知识要素——自我知识、任务知识和策略知识。最近的定义又扩展包括了自我调节。元认知包含了理性和感性的认知过程——前者用于问题的解决和严谨思维，后者用于自我调节(Martinez, 2006)。同样,其他人把元认知定义为自我调节的认知部分,包含"情感、动力和社会性的成分"（Whitebread et al.，2009：64）。元认知（即学生如何处理、建构以及理解学习材料）是认知管理,与其对应的是动力管理,也就是"学生对处理信息……建构意义或者……持续学习的意愿"（Wolters，2003：192）。

一些定义困扰于元认知是否是自我调节一个组成部分的问题（Schunk，2008）。更深一步来说,尽管元认识的操作型定义或组件结构的组合很独特,但是在文献中元认知经常会和自我调节及自我控制的学习交替使用（Dinsmore，Alexander & Loughlin，2008）。自2006年以来发表的关于元认知定义的39篇研究中,有大约一半的研究包含了三个核心成分,即监视、控制和调节（Dinsmore et al.，2008）。

Kathryn Ley

（刘 维 译）

参考文献

Dinsmore，D. L.，Alexander，P. A，& Loughlin，S. M. (2008). Focusing the conceptual lens on metacognition, self-regulation, and self-regulated learning. *Educational Psychology Review*, *20*(4),391 – 409.

Flavell，J. H. (1979). Metacognition and cognitive monitoring: A new area of cognitive developmental inquiry. *American Psychologist*, *34*(10),906 – 911.

Martinez，M. E. (2006). What is metacognition? *Phi Delta Kappan*, *87*(9),696 – 699.

Schunk，D. H. (2008). Metacognition, self-regulation, and self-regulated learning: Research recommendations. *Educational Psychology Review*, *20*(4),463 – 467.

Thiede，K. (2002). Learning to learn and metacognition. In J. W. Guthrie (Ed.), *Encyclopedia of Education* (Vol. 4, pp. 1470 – 1472). New York: Macmillan Reference USA. Retrieved from http://go. galegroup. com/psli. do? id = GALE%7C CX3403200371 & v = 2. 1 &u = txshracd2589&it = r&p = GVRL&sw = w.

Whitebread，D.，Coltman，P.，Pasternak，D. P.，Sangster，C.，Grau，V.，Bingham，S.，& Almeqdad，Q. (2009). The development of two observational tools for assessing metacognition and self-regulated learning in young children. *Metacognition and Learning*, *4*(1),63 – 85.

Wolters，C. (2003). Regulation of motivation: Evaluating an underemphasized aspect of self-regulated learning. *Educational Psychologist*, *38*(4),189 – 205.

元评估 Meta-Evaluation

请参见评估 EVALUATION

微传播 Microcast

请参见技术通信 TECHNOLOGICAL COMMUNICATION

混合模式学习 Mixed-Mode Learning

请参见混合式学习 BLENDED LEARNING

大型多人在线角色扮演游戏 MMORPGs

请参见虚拟世界 VIRTUAL WORLDS

助记法 Mnemonic

请同时参见认知策略 COGNITIVE STRATEGIES 和记忆 MEMORY

助记法或助记策略是 Bloom 学习目标分类中记忆级别上微观层面的策略（Bloom，Engelhart，Furst，Hill & Krathwohl，1956；Krathwohl，2002）。根据 Bellezza(1981)，"助记策略被认为是组织和编码信息的一种策略，其唯一的目标是使得信息更容易被记忆"（第252页）。例如，为了记住彩虹的颜色，颜色中的每一个单词的首字母可以被组织成更容易记忆的短语，"Richard Of York Gave Battle In Vain"。助记策略通常会配有视觉图像来帮助记忆保留（Bower，1970）。

人们设计了许多助记策略方法。比较广泛使用的方法包括字钩法、首字母重新编译法、故事助记法、韵律和歌曲等。Bellezza(1981)对助记法进行了总结和分类。

在20世纪60年代到70年代，人们设计和测试了许多记忆策略，结果显示出了记忆保持的显著改善（文献综述，参见 Bellezza，1981）。尽管成效显著，人们对于助记策略的兴趣还是减少了，因为助记策略只关注死记硬背，而不是概念的理解。尽管如此，助记策略在一些领域已经被频繁和广泛地使用，在这些领域里，记忆是重要的一步，比如像外语教育中的词汇学习或是医学教育中的身体部位学习（比如，Gu & Johnson，1996）。

Dabae Lee

Yeol Huh

Charles M. Reigeluth

（刘　维　译）

参考文献

Bellezza, F. S. (1981). Mnemonic devices: Classification, characteristics, and criteria. *Review of Educational Research*, *51*(2), 247–275.

Bloom, B. S., Engelhart, M. D., Furst, E. J., Hill, W. H., & Krathwohl, D. R. (1956). *Taxonomy of educational objectives: The classification of educational goal. Handbook 1: Cognitive domain*. Harlow, Essex, England: Longman Group.

Bower, G. H. (1970). Analysis of a mnemonic device: Modern psychology uncovers the powerful components of an ancient system for improving memory. *American Scientist*, *58*(5), 496–510.

Gu, Y., & Johnson, R. K. (1996). Vocabulary learning strategies and language learning outcomes. *Language Learning*, *46*(4), 643–679.

Krathwohl, D. R. (2002). A revision of Bloom's taxonomy: An overview. *Theory into Practice*, *41*(4), 212–218.

移动设备与功能 Mobile Devices and Functions
请同时参见移动学习 MOBILE LEARNING

移动设备可根据设备物理特性和功能来定义;其主要特征是可移动性,主要目的是随时随地可访问数据。通常的移动设备有手机、可上网的智能手机、个人数字助手(PDA)、媒体播放器、呼叫器、个人定位设备、电子阅读器设备、数码相机、应答器(clickers)、掌上游戏机、超轻型笔记本电脑和平板电脑(Chuang, 2009;El-Hussein & Cronje, 2010;Park 2011)。

移动设备在设备尺寸和无线功能上都支持移动。大多数移动设备支持输出,比如显示器和声音。通常来说,可通过键盘、输入笔或触摸显示器进行输入。根据最近皮尤因特网与美国生活(Pew Internet & American Life)报告(Horrigan, 2009;Smith, 2011),手机目前是最流行的移动设备,83%的美国成人拥有一部手机,35%的美国成人拥有的是一部智能手机。此外,25%的智能手机用户主要通过手机而不是传统的计算机来访问因特网。移动技术的普及强调了教育采用移动学习的重要性(Jeng, Wu, Huang, Tan & Yang, 2010;Kukulska-Hulme, Shaples, Milrad, Arnedillo-Sanchez & Vavoula, 2009;Shih, Chu, Hwang & Kinshuk, 2011)。

移动设备具有多样功能,包括社交网络、工作、通信、娱乐和因特网使用。一些移动设备还具有数据采集技术,比如无线射频识别技术(RFID)、条形码、光学字符识别(OCR)、地理标记和智能卡。数据采集技术或"嵌入式智能"提供了让学生能与环境相互作用的学习机会(Laine，Vinni，Sedano & Joy，2009：4)。比如,学生可以使用无线射频识别技术识别植物种类,匹配艺术家及其画作,或是识别常用物体的另一种语言表达。数据采集技术创造出与情境相关的学习环境和积极主动的学习(Liu & Hwang，2010)。移动设备的便携性和功能性为学习者提供的控制感可吸引用户;此外,移动设备也可以将学习融入到学习者的课外生活中(Jones & Issroff，2007；Traxler，2009；Wali，Winters & Oliver，2008)。

Elizabeth K. Anderson

（刘　维　译）

参考文献

Chuang, K. -W. (2009). Mobile technologies enhance the e-learning opportunity. *American Journal of Business Education*, 2(9),49 - 54.

El-Hussein, M. O., & Cronje, J. C. (2010). Defining mobile learning in the higher education landscape. *Educational Technology & Society*, 13(3),12 - 21.

Horrigan, J. (2009, March). *The mobile difference：Wireless connectivity has drawn many users more deeply into digital life. In The Pew Internet & American Life Project* (Rep. No. 202 - 419 - 4500, pp. 1 - 129). Retrieved from http://pewinternet. org/Reports/2009/5-The-Mobile-Difference--Typology. aspx.

Jeng, Y. -L. , Wu, T. -T. , Huang, Y. -M. , Tan, Q. , & Yang, S. J. (2010). The add-on impact of mobile applications in learning strategies：A review study. *Educational Technology & Society*, 13(3),3 - 11.

Jones, A, & Issroff, K. (2007). Motivation and mobile devices：Exploring the role of appropriation and coping strategies, *Association for Learning Technology Journal*, 15(3), 247 - 258.

Kukulska-Hulme, A, Sharples, M. , Milrad, M. , Arnedillo-Sánchez, I. , & Vavoula, G. (2009). Innovation in mobile learning：A European perspective. *International Journal of Mobile and Blended Learning*, 1(1),13 - 35.

Laine, T. H. , Vinni, M. , Sedano, C. I. , & Joy, M. (2010). On designing a pervasive mobile learning platform. *Research in Learning Technology*, 18(1),3 - 17.

Liu, G. -Z. , & Hwang, G. -J. (2010). A key step to understanding paradigm shifts in e-learning：Towards context-aware ubiquitous learning. *British Journal of Educational Technology*, 41(2), El-E9. doi：10. 1111/j. 1467-8535. 2009. 00976. x.

Park, Y. (2011). A pedagogical framework for mobile learning：categorizing educational applications of mobile technologies into four types. *International Review of Research in Open and Distance Learning*, 12(2),78 - 102.

Shih, J. -L. , Chu, H. -C. , Hwang, G. -J. , & Kinshuk, D. (2011). An investigation of attitudes of students and teachers about participating in a context-aware ubiquitous learning activity. *British Journal of Educational Technology*, 42(3),373 - 394.

Smith，A. (2011，July 11). Smartphones. In *Pew Internet & American Life Project*（Rep. No. 202 - 419 - 4500）. Retrieved from http://pewinternet. org/Reports/2011/Smartphones. aspx.

Traxler，J. (2009). Learning in a mobile age. *International Journal of Mobile and Blended Learning*，1(1)，1 - 12.

Wali，E.，Winters，N.，& Oliver，M. (2008). Maintaining，changing and crossing contexts：an activity theoretic reinterpretation of mobile learning. *Research in Learning Technology*，16 (1)，41 - 57.

移动学习 Mobile Learning
请同时参见远程教育和学习 DISTANCE EDUCATION AND LEARNING 和移动设备与功能 MOBILE DEVICES AND FUNCTIONS

移动学习(m-learning)的定义还在发展,根据定义者的目的,它强调了多种不同属性(Belshaw，2010；Peng, Su, Chou & Tsai, 2009)。过去十多年的文献综述表明,定义已经从以技术为中心发展到以情境为中心,再到以学习者为中心。一个包含了这些特点的单一的定义可能包括"在考虑到技术移动性、学习者移动性和学习移动性的这样一种学习环境和空间中发生的任何学习"(El-Hussein & Cronje, 2010：20)。最后,在迈向移动学习的统一定义过程中,一个新名词频频出现在文献中：即无所不在的学习(ubiquitous learning)或 u 学习(u-learning)(Jeng, Wu, Huang, Tan & Yang, 2010；Peng et al. , 2009)。

移动学习的最早定义之一把移动学习放在更广义的电子学习之下,区别是通过使用移动设备(Chuang, 2009；Park, 2011；Traxler, 2009；Shih, Chu, Hwang & Kinshuk, 2011；Wali, Winters & Oliver, 2008)。传统电子学习的一个限制是由于固定的计算设备而导致对学习的访问限制。移动学习可以扩展学习者的经验,提供在任何时间和任何地方都可访问的资源(Dyson, Litchfield, Lawrence, Raban & Leijdekkers, 2009；Laine, Vinni, Sedano & Joy, 2010)。在这个以技术为中心的观点中,重点是放在工具上,通过使用便携式移动设备,按需提供现有的学习环境和材料。

其他定义根据物理位置和社会状况,强调以情境为中心,包括非正式学习(Traxler, 2007；Wali et al. , 2008)。Sharples、Taylor 和 Vavoula (2007)表明通信是移动学习的重心,因此情境应作为主要依据来定义移动学习。从这个角度来说,移动学习包含"通过人与人之间和个人互动技术之间跨越多个情境的对话而达到理解的过程"(第 12 段)。以情境为中心的定义强调移动学习能够辅助学习者以学习为目的来连接各种生活情境(Kukulska-Hulme, Sharples, Milrad, Arnedillo-Sanchez & Vavoula, 2009；Park, 2011)。

个人移动设备的快速发展和变化带来了技术的普及(El-Hussein & Cronje, 2010；Sharples et al. , 2007)。移动技术的普及使用在教育研究文献中已有提及,而且因为最新的移动学习的定义方向,这种普及性似乎越来越有影响力(Liu & Hwang, 2010),并被称之为无所不在的学习或 u 学习。无所不在的学习通过传感技术为移动学习的定义增加了互动,如 RFID 读取器、标签和全球定位系统。如同其他模型,无所不在的学习强调了移动技术的"任何时间、任何地点"的优势,同时与学习者的日常生活无缝整合(Chuang, 2009；Looi et al. , 2010；Yang, Okamoto & Tseng, 2008)。无所不在的学习鼓励分布式学习,学生促进自己在课堂外的学习,通过随处可见的技术访问以及创建相关而丰富的内容(Jeng et al. , 2010；Shih et al. , 2011)。在这个定义中,重点是更多地关注连接性而非移动性,而且移动的是学习者而不是设备(Belshaw, 2010；Liu & Hwang, 2010；Woodill, 2010)。

Elizabeth K. Anderson

（刘　维　译）

参考文献

Belshaw, D. (2010, November 29). *Mobile and wireless technologies*. Retrieved from JISC website: http://www. jiscinfonet. ac. uk/mobile/jisc-mobile-review. pdf.

Chuang, K. -W. (2009). Mobile technologies enhance the e-learning opportunity. *American Journal of Business Education*, 2(9),49 - 54.

Dyson, L. E. , Litchfield, A. , Lawrence, E. , Raban, R. , & Leijdekkers, P. (2009). Advancing the m-learning research agenda for active, experiential learning: Four case studies. *Australasian Journal of Educational Technology*, 25(2),250 - 267.

El-Hussein, M. O. , & Cronje, J. C. (2010). Defining mobile learning in the higher education landscape. *Educational Technology & Society*, 13(3),12 - 21.

Jeng, Y. -L. , Wu, T. T. , Huang, Y. -M. , Tan, Q. , & Yang, S. J. (2010). The add-on impact of mobile applications in learning strategies: a review study. *Educational Technology & Society*, 13(3),3 - 11.

Kukulska-Hulme, A. , Sharples, M. , Milrad, M. , Arnedillo-Sanchez, L, & Vavoula, G. (2009). Innovation in mobile learning: A European perspective. *International Journal of Mobile and Blended Learning*, 1(1),13 - 35.

Laine, T. H. , Vinni, M. , Sedano, C. I. , & Joy, M. (2010). On designing a pervasive mobile learning platform. *Research in Learning Technology*，18（1），3 - 17.

Liu，G. Z.，& Hwang，G. J. (2010). A key step to understanding paradigm shifts in e-learning：Towards context-aware ubiquitous learning. *British Journal of Educational Technology*，41（2），E1-E9. doi：10. 1111/j. 1467-8535. 2009. 00976. x.

Looi，C. K.，Seow，P.，Zhang，B.，So，H. J.，Chen，W.，& Wong，L. H.（2010）. Leveraging mobile technology for sustainable seamless learning：A research agenda. *British Journal of Educational Technology*，41（2），154 - 169. doi：10. 1111/j. 1467-8535. 2008. 00912. x.

Park，Y.（2011）. A pedagogical framework for mobile learning：categorizing educational applications of mobile technologies into four types. *International Review of Research in Open and Distance Learning*，12（2），78 - 102.

Peng，H.，Su，Y. J.，Chou，C.，& Tsai，C. C.（2009，May）. Ubiquitous knowledge construction：mobile learning re-defined and a conceptual framework. *Innovations in Education and Teaching International*，46（2），171 - 183.

Sharples，M.，Taylor，J.，& Vavoula，G.（2007）. A theory of learning for the mobile age. In R. Andrews & C. Haythomthwaite（Eds.），*The SAGE handbook of e-learning research*（pp. 221 - 248）. London：SAGE Publications Ltd. doi：10. 4135/9781848607859. n10.

Shih，J. L.，Chu，H. C.，Hwang，G. L.，& Kinshuk，D.（2011）. An investigation of attitudes of students and teachers about participating in a context-aware ubiquitous learning activity. *British Journal of Educational Technology*，42（3），373 - 394.

Traxler，J.（2007）. Defining，discussing，and evaluating mobile learning：The moving finger writes and having writ. *International Review of Research in Open and Distance Learning*，8（2），1 - 12.

Traxler，J.（2009）. Learning in a mobile age. *International Journal of Mobile and Blended Learning*，1（1），1 - 12.

Wali，E.，Winters，N.，& Oliver，M.（2008）. Maintaining，changing and crossing contexts：an activity theoretic reinterpretation of mobile learning. *Research in Learning Technology*，16（1），41 - 57.

Woodill，G.（2010）. *The mobile learning edge：Tools and technologies for developing your teams*. New York，NY：McGraw-Hill.

Yang，S. H.，Okamoto，T.，& Tseng，S. S.（2008）. Context-aware and ubiquitous learning. *Educational Technology & Society*，11（2），1 - 2.

面向对象的多用户网络游戏 MOOs

请参见虚拟世界 VIRTUAL WORLDS

动力 Motivation

请同时参见归因理论 ATTRIBUTION THEORY、情境 CONTEXT、学习者的特征和特质 LEARNER CHARACTERISTICS AND TRAITS、自我效能 SELF-EFFICACY 和自我调节 SELF-REGULATION

动力是一个已经在教育领域中被深入研究的概念，可被定义为"一组相互关联的，能影响和引导行为的信念和情绪"(Martin & Dowson，2009：328)。动力也被简单地定义为"为什么人们会如此思考和行为"(Graham，Lepper，Henderlong & Pintrich，2002：1690)，因此它采用了外部和内部状态或条件来启动、指导和吸引一个人进行某些思想、行为或活动。更具体地来说，学习者动力已被定义为通过努力和持久而表现出来的内在特性(Klein，Spector，Grabowski & de la Teja，2004)。动力具有个性、主动性、激励性和目的性；它是一个内部过程，能激励学习者的行动以及促进持久性以实现学习者的目标(Mayer，2011)。

　　教育研究人员通过结合多种对动力概念的解释以形成模型来定义动力。虽然简洁的操作式定义通常提到学习者的态度、持久性和可观察到的行为，但是动力模型通常使用过程和相互关联的因素来描述动力。这些模型包括自我效能、归因、控制、评估、目标导向、自我决定、成就需要、自我价值和自我调节(Martin，2007)。其中一个更具包容性的模型是Vallerand(2011)情境中的多级个性模型，建立于多重社会心理和人格因素；这些因素包括外在和内在的因素，存在于整体、情境和环境各级水准。

　　教学环境包括用来描述动力的独特情境和环境。然而，当外在因素不能充分说明动力时，学习者对这些因素的解释和看法就要被用来解释学习动力(Hamachek，1987)。动力作为一个单一的概念结构被测量以解释对特定任务的动力。这方面的一个例子就是在许多支持计算机自我效能对学习者的行为和认知过程的影响的研究中，动力作为一个单一的概念结构被测量(Moos & Azevedo，2009)。

　　动力被认为是设计过程中的重要组成部分(Cheng & Yeh，2009；Small，2011)。教学设计和技术的使用可促成或阻碍动力的前因和结果(Chen，Jang & Branch，2010；Guthrie，Wigfield & VonSecker，2000；Mayer，2011)。Keller(1987，2010)把教学动力属性提炼到了教学设计的ARCS模型中，强调了动力的四个方面——注意力(attention)、相关性(relevance)、自信心(confidence)和满意度(satisfaction)，它们可以用自我报告的方法来测试。这个自我报告与已经测试过的作为激励措施的具体教学策略相对应(Bolliger，Supanakorn & Boggs，2010；Huett，Young，Huett，Moller & Bray，2008)。

Kathryn Ley

（刘　维　译）

参考文献

Bolliger, D. U., Supanakorn, S., & Boggs, C. (2010). Impact of podcasting on student motivation in the online learning environment. *Computers & Education*, *55*(2),714 – 722.

Chen, K. C., Jang, S. J., & Branch, R. M. (2010). Autonomy, affiliation, and ability: Relative salience of factors that influence online learner motivation and learning outcomes. *Knowledge Management & E-Learning: International Journal*, *2*(1),30 – 50.

Cheng, Y. C., & Yeh, H. T. (2009). From concepts of motivation to its application in instructional design: Reconsidering motivation from an instructional design perspective. *British Journal of Educational Technology*, *40*(4),597 – 605.

Graham, S., Lepper, M. R., Henderlong, J., & Pintrich, P. R. (2002). Motivation. In J. W. Guthrie (Ed.), *Encyclopedia of Education* (Vol. 5, pp. 1690 – 1701). New York: Macmillan Reference USA.

Guthrie, J. T., Wigfield, A., & VonSecker, C. (2000). Effects of integrated instruction on motivation and strategy use in reading. *Journal of Educational Psychology*. *92*(2),331 – 341. doi: 10. 1037/0022-0663. 92. 2. 331.

Hamachek, D. E. (1987). Humanistic psychology: Theory postulates, and implications for educational processes. In J. A. Glover & R. Ronning (Eds.), *Historical foundations of educational psychology* (pp. 159 – 180). New York: Plenum.

Huett, J. B., Young, J., Huett, K. C., Moller, L., & Bray, M. (2008). Supporting the distant student: The effect of ARCS-based strategies on confidence and performance. *Quarterly Review of Distance Education*, *9*(2),113 – 126.

Keller, J. M. (1987). Development and use of the ARCS model of instructional design. *Journal of Instructional Development*, *10*(3),2 – 10.

Keller, J. M. (2010). *Motivational design for learning and performance: The ARCS model approach*. New York: Springer.

Klein, J. D., Spector, J. M., Grabowski, B., & de la Teja, I. (2004). *Instructor competencies: Standards for face-to-face, online, and blended settings*. Greenwich, CT: Information Age Publishing.

Martin, A. J. (2007). Examining a multidimensional model of student motivation and engagement using a construct validation approach. *British Journal of Educational Psychology*, *77*(2),413 – 440.

Martin, A. J., & Dowson, M. (2009). Interpersonal relationships, motivation, engagement, and achievement: Yields for theory, current issues, and educational practice. *Review of Educational Research*, *79*(1),327 – 365.

Mayer, R. E. (2011). Towards a science of motivated learning in technology-supported environments. *Educational Technology Research and Development*. *59*(2),301 – 308. doi: 10. 1007/s11423-011-9188-3.

Moos, D. C., & Azevedo, R. (2009). Learning with computer-based learning environments: A literature review of computer self-efficacy. *Review of Educational Research*, *79*(2),576 – 600.

Small, R. (2011). Motivation and new media: An introduction to the special issue. *Educational Technology Research & Development*, *59*(2),177 – 180. doi: 10. 1007/s11423-011-9189-2.

Vallerand, R. J. L. (2011). The MPIC Model: The perspective of the hierarchical model of intrinsic and extrinsic motivation. *Psychological Inquiry*, *22*(1),45 – 51. doi: 10. 1080/ 1047840X. 2011. 545366.

动力设计模型 Motivation Design Models

请参见教学设计模型 INSTRUCTIONAL DESIGN MODELS

多用户地牢游戏 MUDs

请参见虚拟世界 VIRTUAL WORLDS

多点传播 Multicast

请参见技术通信 TECHNOLOGICAL COMMUNICATION

多渠道教学 Multi-Channel Instruction

请同时参见认知负荷 COGNITIVE LOAD、双码理论 DUAL CODING THEORY 和多媒体学习 MULTIMEDIA LEARNING

Richey、Klein 和 Tracey(2011)将多渠道教学定义为"通过一种以上的媒体,通常包括音频和视频的教学和学习活动"(第 192 页)。Krippel、McKee 和 Moody(2010)的多渠道通信理论同意"当信息由一个以上的渠道呈现时,便会额外地加强促进学习的记忆保持和改进"(第 62 页)。众多的理论强调了多渠道教学的优点和局限性。它们包括双码理论、提示总和理论和认知负荷理论。

Paivio 的双码理论尝试去"解释头脑如何处理信息"(Akbiyik & Akbiyik,2010:332)。Akbiyik 和 Akbiyik(2010)解释了这个理论,提出人类的记忆分为两个渠道,一个处理语言信息,另一个处理非语言信息。要注意的是 Paivio 并不区分视觉和听觉。他声称,书面的和口头的言辞是由语言信息渠道进行处理的。Akbiyik 和 Akbiyik(2010)进一步解释说,双码理论指出,比起仅由一个渠道处理过的信息,学习者学习由两个渠道所处理过的信息更为有效。因此,双码理论支持使用多渠道教学。

针对多渠道教学和提示总和理论之间的关系,Moore、Burton 和 Myers(2004)指出"提示总和学习理论预测通过增加提示或刺激可以提高学习"(第 984 页)。Dwyer(1978)支持该观点,认为"学习会因为学习情境中提示的次数增加而变得更完整"(第 6 页)。要注意的是提示总和所带来的益处与教学中采用的提示类型有直接的关系。使用多个互补的或冗余的提示已被证明能提高学习,使用多个不兼容的提示则显示出具有相反的效应(Moore et al.，2004)。提示总和学习理论认为只有在兼容提示被采用时，多渠道教学才有效。

Chang、Hsu 和 Yu (2011)认为有必要回顾"认知负荷理论，来了解多渠道处理对认知结构可能产生的影响"(第 188 页)。认知负荷理论建筑在有限的信息处理资源这个基础上。Sweller (1999)解释说明"教学的设计应尽量减少对工作记忆的任何不必要的负担"(第 37 页)。他补充道："一个教学设计如果要求学习者参与不相关的认知过程，那么该设计便是有缺陷的。"(第 37 页)就像双码理论和提示总和理论一样，认知负荷理论并不反对使用多渠道教学，它支持多渠道教学的益处，但是仅在有目的的情况之下，多渠道教学的应用才是有益处的。

技术的进步已经并将继续增强教学设计师在学习环节中使用多渠道教学的能力。我们面临的挑战是如何在多渠道展示的教学内容达到最丰富的同时，其要求接受的信息不超出学习者的信息处理能力。只有当多渠道教学是增强而不是分散转移教学信息内容的时候，多渠道教学才应该被使用。

Nancy B. Hastings

（刘　维　译）

参考文献

Akbiyik, C. , & Akbiyik, G. A. (2010). Different multimedia presentation types and students' interpretation achievement. *World Academy of Science*，*Engineering and Technology*，*66*，332 – 335.

Chang, T. -W. , Hsu, J. -M. , & Yu, P. -T. (2011). A comparison of single- and dual-screen environment in programing language：Cognitive loads and learning effects. *Educational Technology & Society*，*14*(2)，188 – 200.

Dwyer, F. M. (1978). *Strategies for improving visual learning*. State College, PA：Learning Services.

Krippel, G. , McKee, A. J. , & Moody, J. (2010). Multimedia use in higher education：Promises and pitfalls. *Journal of Instructional Pedagogies*，*2*，61 – 68.

Moore, D. M. , Burton, J. K. , &Myers, R. J. (2004). Multiple-channel communication：The theoretical and research foundations of multimedia. In D. H. Jonassen(Ed.)，*Handbook of research on educational communications and technology* (*2nd ed.*，pp. 979 – 1006). New York：Routledge/Taylor & Francis Group.

Richey, R. C. , Klein, J. D. , & Tracey, M. W. (2011). *The instructional design knowledge base：Theory, research and practice*. New York：Routledge.

Sweller, J. (1999). *Instructional design in technical areas*. Camberwell, Victoria, Australia：

Acer Press.

多媒体 Multimedia

请参见媒体 MEDIA

多媒体学习 Multimedia Learning

请同时参见整合的技术 INTEGRATED TECHNOLOGIES、媒体 MEDIA、多渠道教学 MULTI-CHANNEL INSTRUCTION 和视觉和图像学习 VISUAL AND PICTORIAL LEARNING

多媒体学习在过去的几十年中被多方面地定义。Clark 和 Fledon(2005)认为一件重要的事是重申多媒体的定义以了解"多媒体"这一个词与学习相关联时的意义。

Mayer(2005)介绍了对于"多媒体"这个词的理解可能有的三种情况：在屏幕上投影的图像与通过扬声器播放的音乐或声音；坐在电脑前,电脑提供的图形和扬声器播放的语音(在线学习)；或边观看 PowerPoint 演示文稿,边听到扬声器的讲解。这三种情况强调了 Mayer 对多媒体的宽泛定义涵括了对"多媒体"这个术语的所有可能的解释；因此,多媒体能呈现文字(如口语或印刷文字)和图像(如插图、照片、动画或视频)。

Mayer(2005)认为学习是建构知识的能力。当多媒体这个术语被应用到学习环境中时,它让人联想到几种可能的理解。由此,人们可以推断,在学生结合文本和图像来学习时,多媒体学习便发生了。

Mann(2006)指出,用多媒体进行学习开始于"当一个成人或儿童观看图形或动画,听解说、音乐或声音效果,读文本,专注注意力去学习并在长期记忆里获取或储存数据"(第 1 段)的时候。Wiley 和 Ash(2005)在他们关于历史和多媒体学习的文章中写道,多媒体学习通常与 CD－ROM 或互联网这些多媒体载体相关,从这些载体中学习者能找到文字、图片、电影以及其他能提供信息的媒体组合。

Mayer(2003)认为多媒体学习的潜力是通过文字和图像的组合来实现的。然而为了让学习发生,学习者必须通过三个必需的过程来组织文字和图像：选择(图像或文字到言语信息的转换)、组织(言语和图像模型的呈现)和整合(把学习者看到的和听到的与他们的既成知识相联系)。

正是多媒体环境中材料的组合增强实现了"激励学习者学习"(Moos &

Marroquin，2010：265)，因此，多媒体学习是一个视觉、文字和声音的组合；学习者通过选择、组织和整合这个组合以获取知识。

Pamela W. Wicks

（刘　维　译）

参考文献

Clark，R. ，& Fledon，D. (2005)．Five common but questionable principles of multimedia learning. In Mayer，R. （Ed.)，*The Cambridge Handbook of Multimedia Learning* （97 - 116). Cambridge：Cambridge University Press.

Mann，B. L. (2006)．Making your own materials，part 2：Multimedia design for learning. *International Journal of Instructional Technology and Distance Learning*，3(10)，17 - 28.

Mayer，R. (2003)．The promise of multimedia learning：using the same instructional design methods across different media. *Learning and Instruction*，13(2)，125 - 139.

Mayer，R. (2005)．Introduction to Multimedia Learning. In Mayer，R. （Ed.)，*The Cambridge Handbook of Multimedia Learning* （pp. 1 - 16). Cambridge：Cambridge University Press.

Moos，D. ，& Marroquin，E. (2010)．Multimedia，hypermedia，and hypertext：Motivation considered and reconsidered. *Computers in Human Behavior*，26，265 - 276.

Wiley，J. ，& Ash，I. (2005)，Multimedia learning in history. In R. Mayer （Ed.)，*The Cambridge handbook of multimedia learning* （pp. 375 - 391). Cambridge，UK：Cambridge University Press.

研究、教授和学习的多媒体呈现 Multimedia Representations of Research，Teaching，and Learning

近年来对用多媒体来呈现研究、教授和学习中的研究结果的关注有所增加，因为传统的文本式的表达方式远远达不到在数字化和全球化时代中的传播和共享需求(Goodyear，2005；Sharpe，Beetham & Ravenscroft，2004)。在这种情况下，研究、教授和学习的多媒体呈现正在兴起以弥合这种差距，从而使得学术研究人员、教育工作者和学习者能更好地获取和使用来自研究、教授和学习中的研究结果。多媒体的主要功能是呈现。从某种意义上说，"没有呈现就没有多媒体"(Davis，Russell，Baudin & Kedar，1994：181)。

研究、教授和学习的多媒体呈现可以被看作知识呈现研究和应用的一个分支，它借用了包括心理学、人工智能和信息技术等领域的很多思路、方法和工具。其目的是利用各种符号来呈现研究、教授和学习中的知识,并以此来帮助这些知识元素的推理,通过多媒体展示向利益相关者传播并与其分享知识,并建立新的知识元素。

一般来说,把研究、教授和学习的研究结果呈现给大范围观众的最直接方式是通过大众媒体传播。根据 Davis、Shrobe 和 Szolovits(1993)的知识呈现概念,研究、教授和学习的多媒体呈现可以被理解为一个代理、一组本体论信念、一种智能推理的片断理论、一种高效计算的媒体和人类通过多媒体表达的媒介。作为一套本体论信念,研究、教授和学习的多媒体呈现的显著问题包括我们如何更加智能化地通过多媒体来呈现成果和经验,如何评估以及如何避免曲解(Hammersley,2003)。

关于教授和学习的多媒体呈现,其中一种最流行的方法是传统的教学设计,最近出现了智能辅导系统(ITS)学习设计及其他通过多媒体来显示的形式(Agostinho,2011)。自 2000 年以来,越来越多的研究者开始关注学习实体在基于语义网络和社交网络的多媒体中的本体化呈现(见 Bick,Pawlowski & Veith,2001;Qin & Finneran,2002;Sànchez-Alonso & Frosch-Wilke,2005;Ng,2005)。

Xudong Zheng

(刘 维 译)

参考文献

Agostinho, S. (2011). The use of a visual learning design representation to support the design process of teaching in higher education. *Australasian Journal of Educational Technology*, 27(6),961 – 978.

Bick, M., Pawlowski, J., & Veith, P. (2001). The Essen learning model-A step towards a representation of learning objectives. In C. Montgomerie & J. Viteli (Eds.), *Proceedings of World Conference on Educational Multimedia*, *Hypermedia and Telecommunications 2001* (pp. 145 – 150). Chesapeake, VA: AACE.

Davis, M., Russell, D., Baudin, C., & Kedar, S. (1994). No multimedia without representation. In *Proceedings of Second ACM International Conference on Multimedia* (pp. 181 – 182). San Francisco, CA: ACM Press.

Davis, R., Shrobe, H, & Szolovits, P. (1993). What is a knowledge representation? *AI Magazine*, 14(1),17 – 33.

Goodyear, P. (2005). Educational design and networked learning: Patterns, pattern languages and design practice. *Australasian Journal of Educational Technology*, 21(1),82 – 101.

Hammersley, M. (2003). Media representation of research: The case of a review of ethnic minority education. *British Educational Research Journal*, 29(3),327 – 343.

Ng, L. (2005). *Ontological model representation of learning objectives* (Unpublished master's thesis). Simon Fraser University, Burnaby, B. C. , Canada.

Qin, J. , &Finneran, C. (2002). Ontological representation of learning objects. In *Proceedings of the Workshop on Document Search Inteiface Design and Intelligent Access in Large-Scale Collections*, July 18, Portland, OR. http://xtasy. slis. indiana. edu/jcdlui/uiws. html.

Sánchez-Alonso, S. , & Frosch-Wilke, D. (2005). An ontological representation of learning objects and learning designs as codified knowledge. *The Learning Organization*, 12(5),471 - 479.

Sharpe, R. , Beetham, H. , & Ravenscroft, A. (2004). Active artifacts: Representing our knowledge of learning and teaching. *Educational Developments*, 5(2),16 - 21.

多人游戏 Multiplayer Games

请参见基于数字游戏的学习 DIGITAL GAME-BASED LEARNING

N

近转化 Near Transfer

请参见转化 TRANSFER

需求 Need

请同时参见需求评估 NEEDS ASSESSMENT

需求是一个技术术语,被定义为结果所反映的一种差距(Kaufman & Thiagarajan,1987);是现状和目标间的差距。因为需求被定义为现状和目标状态之间的比较,因此明确说明在这个可测量的差距两边的状态就很关键(Dick,Carey & Carey,2009)。在教学设计中,"需求"这个术语往往是指学习结果的差距(Kaufman & Thiagarajan,1987);或者在组织或业绩分析方面,需求可以被定义为在一些组织内部或组织外部层次上的差距(Kaufman,Rojas & Mayer,1993;Rossett,1987)。一个基于数据的既成的结果上的差异定义了需求的基本属性。需求,一旦确定,便可以通过最有效的教学或非教学手段来解决以减少差距。

在一个系统化设计过程中,需求是以数据为基础的一种可衡量的结果差距。量化业绩间的差距,即一个需求评估,可以节省时间、金钱,并能保证受训者的需求与培养目标相一致(Lucier,2008)。需求和情境驱动了干预手段的决策,选择最合适的手段来解决或改善现状与预期结果间的差距。教学或非教学干预手段能解决个人或组织在结果或业绩上的差距。每个差距定义了一个需求。

Kathryn Ley

(刘 维 译)

参考文献

Dick, W., Carey, L., & Carey, J. O. (2009). *The systematic design of instruction* (7th ed.). Upper Saddle River, NJ: Pearson.

Kaufman, R., Rojas, A. M., & Mayer, H. (1993). *Needs assessment: A user's guide*. Englewood Cliffs, NJ: Educational Technology Publications.

Kaufman, R., & Tbiagarajan, S. (1987). Identifying and specifying requirements for instruction. In R. M. Gagne (Ed.), *Instructional Technology: Foundations* (pp. 113 - 140). Hillsdale, NJ: Lawrence Erlbaum.

Lucier, K. H. (2008). A consultative training program: Collateral effect of a needs assessment. *Communication Education*, 57, 482 - 489.

Rossett, A. (1987). *Training needs assessment*. Englewood Cliffs, NJ: Educational Technology Publications.

有关此主题的更多信息,请参见"附加资源"

需求分析 Needs Analysis

请参见分析 ANALYSIS 和考核 ASSESSMENT

需求评估 Needs Assessment

请同时参见分析 ANALYSIS、需求 NEED 和业绩改进 PERFORMANCE IMPROVEMENT

　　需求评估是确定目前和期望结果之间的差距的过程,并且要对解决差距所需成本和忽略差距所付出的代价相比较并进行优化。这些差距被称为需求,需要被解决的需求也被称为"问题"(Kaufman,2000;2006)。需求评估方法里作为主要贡献者经常被引用的关键人物包括 Roger Kaufman、Joe Harless、Tom Gilbert、Ron Zemke 和 Bob Mager(Rossett,1987)。

　　需求评估过程的变体也被称为业绩分析(Pershing,2006),或被认为是起始分析的组成部分(Harless in Geis,1986),或解决问题(figuring things out,FTO)的研究(Zemke & Kramlinger,1982)。然而,Kaufman(2000)告诫避免把评估与分析相混淆,因为一个旨在找出结果差距,另一个则试图理解差距的根源和基本要素。如果我们查找《韦氏词典》关于"分析"这个词的定义,会发现分析被描述为研究事物性质或决定其基本特征及其相互关系的过程。在这个意义上,需求评估和需求分析是任何学习和业绩改进过程中的重要起始步骤。

　　需求评估提供了有关结果间差距的数据,由此得到了在评估减少这些差距的解决方案时所用的评估框架(Guerra-López，2008)。然后需求分析提供了为什么产生这些差距的数据，从而为采用什么解决方案来减少差距提供了关键依据。

还值得一提的是，以业绩为基础的需求评估和培训的需求评估之间的区别。培训的需求评估的目的是识别"在培训前我们必须知道的事情……"(Rossett，1987：4)，这表明我们已经知道培训是业绩问题的解决方案。从业绩角度来看，需求评估可以在组织的不同层次实施，包括战略上的(外部冲击)、战术上的(整体组织成果)和操作上的(内部可交付的成果)独立于任何预先设定的解决方案。

在教学情景中，需求评估可以根据学习者的水平为基准来进行实施，可以依照知识差距或者先选择学习者的业绩和行为的差距，然后在此基础上再寻求确定与知识有关的差距，以便更好地确定教学目标。这也是 Dick、Carey 和 Carey(2009)提到的，他们建议在教学设计中进行需求评估可以从学习者必须能够做什么或执行什么开始，而不是从他们必须知道什么开始。

Ingrid Guerra-Lopez

（刘　维　译）

参考文献

Dick，W.，Carey，L.，& Carey，J. O. (2009). *The systematic design of instruction* (7th ed.). Upper Saddle River，NJ：Merrill.

Geis，G. L. (1986). Human performance technology：An overview. In M. E. Smith (Ed.)，*Introduction to performance technology* (Vol. 2，pp. 185 - 209). Washington，D. C：National Society for Performance and Instruction.

Guerra-López，I. (2008) *Performance evaluation：Proven approaches for improving program and organizational performance*. San Francisco：Jossey Bass.

Kaufman，R. A. (2000). *Mega planning：Practical tools for organizational success*. Thousand Oaks，CA：Sage Publications.

Kaufman，R. A. (2006). *Change，choices and consequences：A guide to mega thinking and planning*. Amherst，MA：HRD Press Inc.

Pershing，J. (Ed.) (2006). *Handbook of Human Peiformance Technology：Principles，practices，potential*. San Francisco，CA：John Wiley & Sons.

Rossett，A. (1987). *Training needs assessment*. Englewood Cliffs，N. J.：Educational Technology.

Zemke，R.，& Kratnlinger，T. (1982). *Figuring things out：A trainer's guide to needs and task analysis*. Reading，MA：Addison Wesley Publishing Company.

有关此主题的更多信息，参见"附加资源"

负强化 Negative Reinforcement

请参见强化 REINFORCEMENT

新媒体 New Media

请参见媒体 MEDIA

非打印信息资源 Nonprint Information Resources

请参见信息资源 INFORMATION RESOURCES

标准参照测试 Norm-Referenced Measurement

请参见考核 ASSESSMENT 和教学目标参照测试 CRITERION-REFERENCED MEASUREMENT

O

目标 Objective

请参见教学目标 INSTRUCTIONAL OBJECTIVES

在线行为 OnLine Behavior

在线行为是一个基于 Web 的概念,用来形容人在网络空间的活动。在线行为有很多种,包括网络冲浪(surfing)、潜水(lurking)、网欺(spoofing)、传送性意味的信息(sexting)、恶意破坏(griefing)、暴力(raging)、假饵拖钓(trolling)、网络过激行为(flaming)、垃圾邮件(spamming)和发送表情符号(sending emotions)。这些行为可能是或可能不是无法被接受的、不可取的、不适当的,甚至是不合法的。

冲浪是指浏览万维网(World Wide Web)。潜水指的是旁观网络对话而不参与回应的活动。网欺是在网上冒充别人,然后发送电子邮件给受害者的行为。传送性意味的信息,是单词"性"(sex)和"短信"(text messaging)的结合,指的是传送性意味的信息或图片。恶意破坏指的是故意制造令人烦恼的行动。暴力指的是玩家由愤怒而引起的行动。类似于暴力,假饵拖钓指的是发送攻击性或过量的消息来故意引发别人回复的行为。网络过激行为,也被称为抨击(bashing),是一种互联网用户之间的敌意和侮辱性的互动行为。垃圾邮件是个人或公司发送不需要的邮件给其他人。表情符号也广泛应用于在线交流。它们是由标点符号和字母组成的图形表示法,用以表达人的情绪。

虽然在线行为与现实世界有很大的差异,但是它们和现实世界的习惯是关联的(Singleton,2010)。在线行为受多种因素影响,比如在线和线下途径的价格(Devaraj,Fan & Kohli,2002)、参与成本(Chen & Hitt,2002)、年龄、性别和文化。

道德伦理对在线和线下行为都是一个重要的问题。有许多重要的道德伦理问题与在线行为有关。Johnson(1997)列出了形成在线社会行为的三个基本原则：

- 了解并遵循通信的规则。
- 尊重他人的隐私和财产。
- 表现出自己的礼貌和礼数。

许多研究方法可用于研究在线行为的动态。例如，以计算机为媒介的话语分析是一种有效的方法(Herring，2004)。行为研究者可以通过分析即时消息(IM)、社交网络和其他社交媒体来跟踪在线行为现象的数据(Gosling & Johnson，2010)。然而，在许多教和学的研究中，研究者发现在线行为对认知发展的影响是非常复杂的(Dawley，2007；Preece，Nonnecke & Andrews，2004；Johnson，Code & Zaparyniuk，2007)，而确定如何提高网络空间中学习者的体验是在线学习行为标准化的关键。设计和开发从业人员应努力利用这些研究成果增强学习者在在线社群环境里的体验。对教学技术的专业人士来说，这是一个巨大的挑战。

Xinmin Sang

Xudong Zheng

（刘　维　译）

参考文献

Chen，P.-Y.，& Hitt，L. M.（2002）. Measuring switching costs and the determinants of customer retention in internet-enabled businesses：A Study of the online brokerage industry. *Information Systems Research*，13(3)，255-274.

Dawley，L.（2007）. *The tools for successful online teaching*. Hershey，PA：Information Science Publishing.

Devaraj，S.，Fan，M.，& Kohli，R.（2002）. Antecedents of B2C channel satisfaction and preference：Validating e-commerce metrics. *Information Systems Research*，13(3)，316-333.

Gosling，S. D.，& Johnson，J. A.（Eds.）(2010）. *Advanced methods for conducting online behavioral research*. Washington，DC：American Psychological Association.

Herring，S. C.（2004）. Computer-mediated discourse analysis：An approach to researching online behavior. In S. A. Barab，R. Kling & J. H. Gray（Eds.），*Designing for virtual communities in the service of learning*（pp. 338-376）. New York：Cambridge University Press.

Johnson，D. G.（1997）. *Ethics On-Line*. Communications of the ACM，40(1)，60-9.

Johnson，G.，Code，J.，& Zaparyniuk，N.（2007）. Online behavior and cognitive development.

In C. Montgomerie & J. Seale (Eds.), *Proceedings of World Conference on Educational Multimedia*, *Hypermedia and Telecommunications 2007* (pp. 3279 - 3288). Chesapeake, VA: AACE.

Preece, J., Nonnecke, B., & Andrews, D. (2004). The top 5 reasons for lurking: Improving community experiences for everyone. *Computers in Human Behavior*, *2*, 201 - 223.

Singleton, A. D. (2010). Virtual geodemographics: Consumer insight in online and offline spaces. In B. Daniel (Ed.), *Handbook of research on methods and techniques for studying virtual communities: Paradigms and phenomena* (pp. 233 - 247). Hershey, PA: IGI Global.

在线学习 On-line Learning

请参见远程教育和学习 DISTANCE EDUCATION AND LEARNING

开放课件 Open Courseware

请参见知识产权 INTELLECTUAL PROPERTY

开放教育 Open Education

请同时参见探索学习 DISCOVERY LEARNING、远程教育和学习 DISTANCE EDUCATION AND LEARNING、个别化教学 INDIVIDUALIZED INSTRUCTION、以学习者为中心的教学 LEARNER-CENTERED INSTRUCTION 和自我导向式学习 SELF-DIRECTED LEARNING

开放教育是一个宽泛和广义的概念,它包括各个阶段的正式与非正式教育,并以学习者为中心和灵活的学习方法为共同要素。

在美国,开放教育最常被用来描述一套小学教学实践,这组实践受到了 Plowden Report(1967)中所描述的英国小学教育改革的启发。这些改革基于 Piaget 的认知发展理论,其目的是为了建立更适合主动学习和探索式学习过程的学校环境。美国对开放教育的适应性调整倾向于开放计划的体系结构、多年龄分组和团队教学——都是为了推动主动学习环境下的个人进展(Giaconia,1985)。Walberg 和 Thomas(1972)确定了更具体的特点:灵活的分组、尊重学习者、个性化需求诊断、基于诊断的教学、对大范围学生作品记录的评估和以孩子为中心的温馨学习环境。

在英国和加拿大,开放教育往往泛指那些提供中学后教育和成人教育的教学机构,它们的限制要比传统的高校少。这些称自己"开放"的机构对学生来说更易进入,它们不凭正式教育资历来录取学生,让学生在自己最方便的时间和地点进行学习,以及尽可能降低学生的学习成本(Paul,1993)。因为学生通常需要证明自己教育程度的某种学历或凭证,因此开放学校和大学会以此为目的进行考试。许多考试强调"基于能力"的方法,无论学生是否有过正式的学习,他们只要通过能力测试即可获得学分。

开放教育并不是远程教育的同义词。后者指的是教师和学生在地点上甚至可能是时间上有分离的教育形式。在远程教育中,教导式的学习资源代替了传统的课堂交流。现在的开放教育通常在很大程度上意味着远程教育,但它们也可能包括面对面的课堂教学,虽然那些教室可能位于校园之外,并且上课的时间在非常规的时间。术语"开放学习"已被提议作为一个总称,涵盖所有那些通过减少访问障碍来增加学习机会,能结合一系列教学—学习策略,以及允许灵活的学习时间和空间的远程或面对面的教育项目(Rowntree,1992;Kember,1995)。

各种形式的开放教育依赖教育技术来提供灵活学习的方法,以自我教学包以及网络辅导教程等形式来替代以教师为主导的教学。技术的进步,尤其是视听资料数字传输技术的进步,已经极大地扩大了开放教育的可能性。

Michael Molenda

(刘 维 译)

参考文献

Giaconia,R. M. (1985). Open versus formal instruction. In T. Husen & T. N. Postlethwaite (Eds.), *The international encyclopedia of education*:*Research and studies* (pp. 3670 - 3682). Oxford UK:Pergamon.

Kember,D. (1995). *Open learning courses for adults*. Englewood Cliffs NJ:Educational Technology Publications.

Paul,R. H. (1993). Open universities — the test of all models. In K. Harry, J. Magnus & D. Keegan (Eds.), *Distance education*:*New perspectives* (pp. 114 - 125). New York:Routledge.

Plowden,Lady B. et al. (1967). *Children and their primary schools*:*A report of the Central Advisory Council for Education*. London:Her Majesty's Stationery Office.

Rowntree,D. (1992). *Exploring open and distance learning*. London:Kogan Page.

Walberg,H. J. , & Thomas, S. C. (1972). Open education:An operational definition and validation in Great Britain and United States. *American Educational research Journal*,9(2), 197 - 208.

开放教育资源 Open Educational Resources

开放教育资源(OER)是一种数字材料,这种材料的制作和授权使得它们在教学和研究中的使用相比传统的版权限制更为自由。这些资源包括软件工具、教育内容和行政支持。软件工具支持内容的设计和传送,内容的组织,包括搜索和学习管理系统的操作。教育内容包括学习实体——文本的、图像的和动画的自我教学单元,完整课程以及其他材料的集合(Atkins, Brown & Hammond, 2008)。

虽然这些数字材料的性质不同,但关键是他们是否能在教学、学习和研究中自由而开放地被使用(Hylen, 2007)。Downes(2011)指出,让开放教育资源不同的是其支持的功能而不是一个特定资源的任何特征。这些功能包括获取、使用、修改和共享资源的能力。

Caswell、Hension、Jensen 和 Wiley(2008)把开放课件(OCW)联盟的增长作为OER 获得成功的一个故事。2007 年,这个联盟的成员有 28 所大学而且拥有超过1 800 门课程。根据开放课件联盟网站的数据,截至 2012 年有数以百计的机构参与其中,拥有数千个教育资源。尽管有这种增长,Wiley 和 Hilton(2012)认为 OER 对中小学教育的影响还没有达到他们之前的预期。他们认为缓慢而官僚式的教材选择过程是一个主要问题,同时也提到能证实 OER 优势的实证研究显得相对不足。

联合国教科文组织(UNESCO)通过其国际教育规划机构,提供了国际支持,将OER 作为促进教育获取、公平教育和教育质量的手段。2012 年开放教育资源世界协会在联合国教科文组织总部巴黎召开会议,发表了支持开放教育资源的声明。该声明强调了教育是一项人权这一主张,并号召所有参与的国家去鼓励对 OER 的更多研究、更好的访问及其采用。

Rovy Branon

(刘 维 译)

参考文献

2012 Paris OER Declaration. (2012). Retrieved July 6, 2012, from http://www. unesco. org/new/fileadmin/MULTIMEDIA/HQ/CI/CI/pdf/Events/Paris OERDeclaration_01. pdf.

Atkins, D., Brown, J., & Hammond, A. (2008). *A review of the open educational resources (OER) movement: Achievements, challenges, and new opportunities*. The William and Flora

Hewlett Foundation. Retrieved from http://www.hewlett.org/uploads/files/ReviewoftheOE
RMovement.pdf.

Caswell, T., Henson, S., Jensen, M., & Wiley, D. (2008). Open educational resources:
Enabling universal education, *International Review of Research in Open and Distance Learning*, 9(1), 1 - 11.

Downes, S. (2011). *Open Educational Resources: A Definition*. Retrieved July 6, 2012, from
http://halfanhour.blogspot.corn/2011/07/open-educational-resources-definition.html.

Hylén, J. (2007). *Giving knowledge for free: The emergence of open educational resources*.
Paris: OECD Publishing.

Wiley, D., & Hilton, J. L. (2012). A preliminary examination of the cost savings and learning
impacts of using open textbooks in middle and high school science classes. *The International Review of Research in Open and Distance Learning*, 13(3), 262 - 276. Retrieved from
http://www.irrodl.org/index.php/irrodl/article/view/1153/2259.

开放式考核 Open-Ended Assessment

请参见考核 ASSESSMENT

开放学习 Open Learning

请参见开放教育 OPEN EDUCATION

开源软件 Open Source Software

请参见开放教育资源 OPEN EDUCATION RESOURCES

开放大学 Open Universities

请参见开放教育 OPEN EDUCATION

组织分析 Organizational Analysis

请参见分析 ANALYSIS

组织变革 Organizational Change

请同时参见变革 CHANGE、变革模型 CHANGE MODELS 和业绩改进
PERFORMANCE IMPROVEMENT

变革发生在个人、组织和社会中。各种因素(即全球化、工作场所的多样性、技术、

社会和经济因素等)(Robbins & Judge，2010)可能会促使组织从当前状态转换到一个新的适宜状态(U. S. Legal, Inc.，2012)以提高业绩和生产力等(Brown，2011)。随着变革而来的是该组织本身及其成员自然而然的对变革的排斥(Robbins & Judge，2010)。

组织变革是与组织发展相关的，往往被描述为规划和管理变革(Brown，2011；Spector，2012)。当组织中不同层面的人们参与到确认、启动、实施和管理变革的需要中，有规划的变革就产生了。转型变革是对于组织环境中主要变革的响应，这需要彻底修改一个组织的视角、战略环境、流程以及文化。连续的变革延伸为转型变革，使战略制定、组织发展和实施变革成为一个恒定动态的过程(Cummings & Worley，2008)。

执行和管理变革的人被称为变革的推动者。根据变革的幅度(Robbins & Judge，2010)，变革推动者可以是机构内部或外部顾问(Spector，2012)。

常见的规划和管理变革的方法包括：Lewin 的三步模型、Kotter 的八步计划以及行动研究与积极模型(Cummings & Worley，2008；Robbins & Judge，2010)。最早的 Lewin 的三步模型确定了机构的两个主要力量：试图维持现状(抑制力)和试图推动变革(驱动力)(Cummings & Worley，2008；Robbins & Judge，2010)。如果两个力相等，组织规范和行为会保持在"准静态平衡"(Cummings & Worley，2008：23)的状态。成功组织变革的过程分为三个步骤：解冻，减少维持现状抑制力量；移动，转移该组织到一个新的水平；再冻结，一段时间内维持该组织在一个新的平衡状态。无论是驱动力增加或抑制力下降，都会发生变革。降低抑制力是一种有效的策略，因为这样会有较少的紧张态势和阻力(Cummings & Worley，2008)。Robbins 和 Judge (2010)提供了结合这两种方法的第三种替代方案。

Kotter 的八步计划是根据 Lewin 的模型克服变革开始时的问题。顺序的步骤包括：(1)建立紧迫性的感觉；(2)形成一个指导性的联盟；(3)创建新视角和战略；(4)传达新视角(类似于解冻)；(5)广泛授权给他人采取行动；(6)取得短期胜利(类似移动)；(7)巩固改进，重新评估和调整组织变革；(8)在组织文化中加强和定位改变(Cummings & Worley，2008；Robbins & Judge，2010)。

在行动研究中，变革是一个循环的过程，最初的研究提供信息来指导行动，其次是评估，为新的行动获得进一步的信息等等。它允许变革的推动者和客户合作学习。其主要步骤包括：(1)发现问题；(2)与行为科学专家会诊；(3)数据收集和初步诊断；(4)反馈给一个关键的客户或小组；(5)问题的联合诊断；(6)联合行动计划；(7)采取行动;(8)行动后的数据收集。行动研究仍然是一个主要的方法(Cummings & Worley，2008)。

基于肯定式探询方法的积极模型相对比较新(Cummings & Worley，2008；Robbins & Judge，2010)。它与其他变革模型不同，其重点是关注机构做得好或正确的地方。目的是识别变革组织的优势和独特的功能。通过组织成员共享的意义和他们对变革的接受，可以规划和管理积极的变革。

组织变革以工业/组织心理学为基础(Spector，2012)，与组织发展、人力资源开发/管理领域(Burke，2001)和人类业绩技术领域(Stolovitch，Keeps & Rodrigue，1999)相关联。

Gayle V. Davidson-Shivers

（刘　维　译）

参考文献

Brown, D. R. (2011). *An experiential approach to organization development* (8th ed.). Boston: Pearson Education/Prentice Hall.

Burke, W. W. (2001). The broad band of organization development & change: An introduction by W. Warner Burke. In L. Carter, D. Giber, M. & Goldsmith, M. (Eds.), *Best practices in organization development and change: Culture, leadership, retention, performance coaching* (pp. 3 – 10). San Francisco: Jossey-Bass/Pfeiffer.

Cummings, T. G., & Worley, C. G. (2008). *Organization development & change* (9th ed.). Mason, OH: South-Western Cengage Learning.

Robbins, S. P., & Judge, T. A. (2010). *Essentials of organizational behavior* (10th ed.). Upper Saddle River, NJ: Pearson Education/Prentice Hall.

Spector, P. E. (2012). *Industrial and organizational psychology: Research and practice* (6th ed.). Hoboken, NJ: John Wiley & Sons, Inc.

Stolovitch, H. D., Keeps, E. J., & Rodrigue, D. (1999). Skill sets, characteristics, and values for the human performance technologist. In H. D. Stolovitch & E. J. Keeps (Eds.), *Handbook of human performance technology: Improving individual and organizational performance worldwide* (pp. 651 – 697). San Francisco: Jossey-Bass/Pfeiffer.

U. S. Legal, Inc. (2012). Managing Organizational Change Law & Legal Definition. Retrieved from http://definitions. uslegal. com/rn/managing-organizational-change/.

定向情境 Orienting Context

请参见情境 CONTEXT

P

部分任务操练 Part-Task Practice

请参见操练 PRACTICE

模式 Pattern

请参见视觉信息设计 VISUAL MESSAGE DESIGN

教学代理 Pedagogical Agent

请参见代理 AGENT

教学法 Pedagogy

请同时参见技术教学法内容知识 TECHNOLOGICAL PEDAGOGICAL CONTENT KNOWLEDGE

　　单词"教学法"源于希腊文,意思是引导一个孩子。教师通过构建和教授课程来引导学生。课程包括了学生必须学习的知识和技能以及如何评估和评价其学习。Myers(2003)讨论了句子结构的教学法,而 Webb(2002)探讨了信息、计算机和技术领域的教学法。我们可以看到,不同的主题有不同的教学方法。

　　最近的文献论述了教授技术的教学法。Harris、Mishra、Koehler(2009)和Schmidt、Baran、Thompson、Mishra、Koehler、Shin(2009)讨论了如何使用不同的策略和技术来教授不同主题。TPCK 是代表技术教学法内容知识(technological pedagogical content knowledge)的研究的缩写。回顾 Lee Schulman、Harris、Mishra 和 Koehler (2009)的早期文章,可以总结出教师教学法知识随着时间的推移而增长。这方面领域的知识涉及学生如何学习,如何创造和传递教学策略以及如何评估学生的知识习得。

David Carbonara

（刘 维 译）

参考文献

Harris, J. , Mishra, P. , & Koehler, M. (2009). Teachers' technological pedagogical content knowledge and learning activity types: Curriculum-based technology integration reframed. *Journal of Research on Technology in Education*, 41(4),393 - 416.

Myers, S. A. (2003). Remembering the sentence. *College Composition and Communication*, 54 (4),610 - 628.

Schmidt, D. A. , Baran, E. , Thompson, A. D. , Mishra, P. , Koehler, M. J. , & Shin, T. S. (2009). Technological pedagogical content knowledge (TPACK): The development and validation of an assessment instrument for preservice teachers, *Journal of Research on Technology in Education*, 42(2),123 - 149.

Webb, M. E. (2002). Pedagogical reasoning: Issues and solutions for the teaching and learning of ICT in secondary schools, *Education and Information Technologies*, 7(3),237 - 255.

感知模式 Perceptual Modality
请同时参见视觉能力 VISUAL COMPETENCY

感知模式是一个意识的物理结构模型以及该意识呈现给大脑的信息。每个意识有它自己的模式,包括各种生理机构的、神经系统的以及象征性的结构和活动。

J. J. Gibson (1966)在他的著作中认为感知即感觉系统。视觉系统、听觉系统和运动系统各自呈现给大脑不同的信息环境。Howard Gardner(1993)提出了术语"多元智能"。这将研究的基础扩大到了一系列的感官方式,而不是先前所用的一个整体智商的模型。他的理论成为以学习者独特的感知范围引发出个人不同学习方式的基础。

感觉模式具有符号承受能力。在详细了解了每个信息的感知类型的具体品质后,象征功用能通过感觉评估而得到解释。感知的象征性成分可被各自的文化假设和用于分析感知的系统所影响。比如,De Saussure (1915/1959)解释了在不同的文化中用来描述一棵树的不同词语。每一个词都与其周围的环境相关,体现了通过感官传送象征意义的能力。

感知模式可以用来分析不同学习策略的效能。例如,Cockerline 和 Yearwood

（2009）评估了有关基于网络学习的感知模式。McCurry（1996）的 Delphi 研究考察了对市场营销教育中不同的感知方式和学习材料。关于感知模式的研究概述，可参考牛津大学（University of Oxford）出版物年度总结网站（参见"附加资源"）。

Diane R. Voss

（刘　维　译）

参考文献

Cockerline，G．，& Yearwood，D．（2009）．Perceptual modalities：The interface between the students and Web-based learning. *Proceedings of EDULEARN09 Conference*．Barcelona，Spain：ERIC．*faculty. ksu. edu. sa/7338/pdf/69. pdf*．

De Saussure，F．（1959）．*Course in general linguistics*（C. Bally，A. Sechehaye，Eds. & W. Baskin，Trans.）．New York：Mc-Graw Hill Book（Original work published 1915）．

Gardner，H．（1993）．*Multiple intelligences*．New York：Basic Books．

Gibson，J. J.（1966）．*The senses considered as perceptual systems*．Boston，MA：Houghton Mifflin．

McCurry，P．（1996）．A Delphi study for perceptual modality classification of effective instructional activities in Tennessee marketing education. *Proceedings of the Annual Meeting of American Educational Research Association*．New York：ERIC. Retrieved from http://www. eric. ed. gov/ERlCWebPortallcontentdelivery/servlet!ERlCServlet?accno = ED393975.

有关此主题的更多信息，请参见"附加资源"

业绩分析 Performance Analysis
请参见分析 ANALYSIS

业绩情境 Performance Context
请参见情境 CONTEXT

业绩改进 Performance Improvement
请同时参见胜任力建模和发展 COMPETENCY MODELING AND DEVELOPMENT、情境 CONTEXT、电子业绩支持系统 ELECTRONIC PERFORMANCE SUPPORT SYSTEM、反馈 FEEDBACK、学习组织 LEARNING ORGANIZATION 和组织变革 ORGANIZATIONAL CHANGE

　　术语"业绩改进"（PI）被领域里的很多人等同于"人类业绩技术"（HPT）。但是，一些人更喜欢术语"业绩改进",因为 PI 关注的是结果而不是工具(参见 Stolovitch,2007年对术语的进一步讨论)。PI 关注的是可衡量的业绩以及在注重结果的系统中如何组织各种元素(Stolovitch & Keeps,1999)。PI 用来改进组织、流程和个人的业绩(Rummier & Brache,1995)。它通过以系统化的方式解决业绩问题来扩展教学设计(ID)。

已有一些用来改进组织、流程和个人业绩问题的模型被开发。最全面的 PI 模型最初是由 Deterline 和 Rosenberg(1992)提出的,并已被 PI 国际协会 International Society for Performance Improvement (ISPI) 采纳。如 Stolovitch(2007:142)所述,在所有 PI 模型中这个模型"可能是全球最流行的"。它包括五个[1]相互联系的要素——业绩分析、原因分析、干预选择、设计和开发、实施和变更管理以及评估(Van Tiem,Moseley & Dessinger,2004)。

定义 PI 的方法之一是研究专业领域的人士如何看待业绩。根据 Rosenberg、Coscarelli 和 Hutchison (1999)的研究,"人们普遍认为人类业绩技术建立于多个行为心理学家的工作之上"(第 26 页)。因此,早期提高业绩的方法主要集中在个人和用来完成一个任务或工作的流程上。一些持这种看法的人专注于子系统的业绩(Swanson,1999)。虽然仍关注个人成就,但是现在的 PI 更专注于整个系统的改进——组织业绩在本领域成为焦点(Rummier & Brache,1995;Swanson,1999)。此外,本领域也出现了较新的框架,这些较新的框架集中在业绩改进的社会文化方面包括复杂的群体和组织结构(Schwen,Kalman & Evans,2006)。

James D. Klein

(刘 维 译)

参考文献

Deterline, W. A. , & Rosenberg, M. J. (1992). *Workplace productivity*:*Performance technology success stories*. Washington,DC:International Society for Performance Improvement.
Rosenberg, M. J. , Coscarelli, W. C. , & Hutchison, C. S. (1999). The origins and evolution of the field. In H. Stolovitch & E. Keeps (Eds.), *Handbook of human performance technology* (2nd ed. , pp. 24 - 46). San Francisco:Jossey-Bass.

---

① 原文有误,以下提到的有六个要素。——译者注

Rummier, G. A. , & Brache, A. P. (1995). *Improving performance: How to manage the white space on the organization chart* (2nd ed.). San Francisco: Jossey-Bass.

Schwen, T. M. , Kalman, H. K. , & Evans, M. A. (2006). A framework for new scholarship in human performance technology. *Performance Improvement Quarterly*, 19(2),5 - 26.

Stolovitch, H. (2007). The development and evolution of human performance improvement. In R. A. Reiser & J. V. Dempsey (Eds.), *Trends and issues in Instructional Design and Technology* (2nd ed. , pp. 134 - 146). Upper Saddle River, NJ: Merrill/Prentice-Hall.

Stolovitch, H. D. , & Keeps, E. J. (1999). What is human performance technology? In H. Stolovitch & E. Keeps (Eds.), *Handbook of human performance technology* (2nd ed. , pp. 3 - 23). San Francisco: Jossey-Bass.

Swanson, R. A. (1999). The foundations of performance improvement and implications for practice. In R. J. Torraco (Ed.), *Performance improvement: Theory and practice* (pp. 1 - 25). Baton Rouge, LA: Academy of Human Resource Development.

Van Tiem, D. M. , Moseley, J. L. , & Dessinger, J. C. (2004). *Fundamentals of performance technology: A guide to improving people, process, and performance* (2nd ed.). Silver Springs, MD: International Society for Performance Improvement(http://www. ispi. org).

业绩测试 Performance Measurement

请参见考核 ASSESSMENT、胜任力建模和发展 COMPETENCY MODELING AND DEVELOPMENT、教学目标参照测试 CRITERION-REFERENCED MEASUREMENT、电子档案 e-PORTFOLIO、评估模型 EVALUATION MODELS 和业绩改进 PERFORMANCE IMPROVEMENT

个人数字助理 Personal Digital Assistant

请参见移动设备与功能 MOBIL DEVICES AND FUNCTIONS

个性化教学系统 Personalized System of Instruction

请参见行为主义 BEHAVIORISM

视角 Perspective

请参见视觉信息设计 VISUAL MESSAGE DESIGN

播客 Podcast

请参见技术通信 TECHNOLOGICAL COMMUNICATION

正强化 Positive Reinforcement

请参见强化 REINFORCEMENT

后现代主义 Post-Modernism

请参见符号学 SEMIOTICS

操练 Practice

请同时参见复杂学习 COMPLEX LEARNING、专长 EXPERTISE 和强化 REINFORCEMENT

操练是一种教学技巧,指学习者针对指定的一部分或全部技能进行反复的操练。要使操练达到效果,必须伴随对操练业绩的反馈。

虽然原因不同,但大部分教学理论都很重视操练。行为主义认为,学习者必须展示一些可观察性的反应来得到强化刺激以增强学习行为;学习周期由反复反应加上根据强化时间表执行的强化刺激组成。认知信息加工(CIP)理论提出学习者通过"大量而多变的操练"把新知识转化成长期记忆(Driscoll,2005:105)。由于建构主义的主要原则就是学习需要复杂、现实以及相关的环境(Driscoll,2005),所以操练应采取活动的形式,最好是在协作和以问题为基础的学习环境中发生。

根据 Kamradt 和 Kamradt(1999)的说法,态度的学习可以通过结构化的操练来促进,关键的教学技巧会触发学习者趋向目标态度的反应。

以操练作为最主要的教学技巧的领域是运动学习领域,在田径、音乐表演以及工作场所中操练无所不在。Romiszowski(1999)提出了掌握新的物理技能的五阶段法,其主要教学技巧就是重复的操练和反馈。

根据最近、最权威的学习研究总结,"一个最简单的规则就是*操练增强学习*,复杂环境里经验量和大脑结构变化量之间存在对应关系"(Bransford,Brown & Cocking,1999:第 10 段)。

在使用操练中的一个主要问题是对整体任务还是部分任务进行操练。在运动技能领域答案是清晰的,即,简单地重复常规整体动作不会带来很大的专业技能提高。相反,如 Ericsson(2006)所说,技能通过"刻意操练"而得到发展:

刻意操练最初展示给练习者的任务会超过他们的业绩能力，然而通过关键点的集中操练，并通过反馈后的重复来逐步改善业绩，就能在几个小时内掌握目标技能。（第694页）

此外，维持高水平的技能需要不断地重复操练技能的组成部分，如篮球运动中的罚球投篮操练。

对于那些可能融合概念、程序，甚至是物理技能的高度复杂的学习任务，则建议进行整体任务的操练。首先，Reigeluth（2004）的延伸理论提出一种任务排序，由能代表最终复杂任务的最简化整体任务开始；然后，学习者操练一个更复杂的任务版本，依此类推，直到达到期望的复杂水平。第二，认知负荷理论（Cognitive Load Theory，CLT），除了支持 Reigeluth 的方法外，还提出了在整体任务训练中加入"学习支架"——整合在教学系统中的业绩支持，用以提示和辅导学习者（van Merriënboer，Kirschner & Kester，2003）。

Michael Molenda

（刘 维 译）

参考文献

Bransford, J. D. , Brown, A. L. , & Cocking, R. R. (Eds.)(1999). *How people learn：Brain，mind，experience，and school*. Washington DC：National Academy Press. "Executive Summary" retrieved October 13, 2003, from http://www. nap. edu/html/howpeople1/es. html.

Driscoll, M. P. (2005). *Psychology of learning for instruction* (3rd ed.). Boston：Pearson Allyn and Bacon.

Ericsson, K. A. (2006). The influence of experience and deliberate practice on the development of superior expert performance. In K. A. Ericsson, N. Charness, P. J. Feltovich & R. R. Hoffman (Eds.), *The Cambridge handbook of expertise and expert performance* (pp. 685 - 705). New York：Cambridge University Press.

Kamradt, T. F. , & Kamradt, E. J. (1999). Structured design for attitudinal instruction. In C. M. Reigeluth (Ed.), *Instructional-design theories and models：A new paradigm of instructional theory*, vol. II (pp. 563 - 590). Mahwah, NJ：Lawrence Erlbaum.

Reigeluth, C. M. (2004). Elaboration theory of instruction. In A. Kovalchick & K. Dawson (Eds.). *Education and technology：An encyclopedia* (pp. 248 - 261). Santa Barbara, CA：ABC-CLIO.

Romiszowski, A. J. (1999). The development of physical skills：Instruction in the psychomotor domain. In C. M. Reigeluth（Ed.）, *Instructional-design theories and models：A new paradigm of instructional theory*, vol. II（pp. 460 – 481）. Mahwah, NJ：Lawrence Erlbaum.

van Merriënboer, J. J. G., Kirschner, P. A., & Kester, L.（2003）. Taking the load off a learner's mind：Instructional design for complex learning. *Educational Psychologist*, 38（1）, 5 – 13.

必备技能 Prerequisite Skills

请同时参见分析 ANALYSIS、学习者的特征和特质 LEARNER CHARACTERISTICS AND TRAITS、学习分层 LEARNING HEIRARCHY 和排序 SEQUENCING

Smith 和 Ragan(2005)定义必备条件为"在学习其他内容之前学习者需要知道或能够做的事情"(第76—77页)。他们进一步指出,虽然有些设计师把必备技能分析等同于高度结构化和层次化的教学策略开发,而事实上它对任何方法都至关重要,他们提道,"无论何种策略,只要能构建达到目标的知识模型就是好的教学"(第77页)。

入门能力或者称之为入门特性是学习者在教学开始之前必须具备的知识、技能和态度。Morrison、Ross、Kalman 和 Kemp(2011)注意到,这些能力的分析在设计过程中有两个至关重要的点。第一点发生在教学设计之前的学习者分析过程中。在这个阶段确定学习者必备技能决定了教学从什么水平开始。同时,也为了确定在动力和态度的培养方面可能需要的外部支撑。Morrison 等(2011)确定了设计过程中必备技能分析对教学起始至关重要的第二个点。他们建议对学习者使用入门测试以确定其是否具有预期的必备技能。如果一个或多个学习者低于预期,那么他们可被引导先去完成必备技能的课程,然后再继续课程。

Richey、Klein 和 Tracey(2011)定义必备技能为"从属于预期的教学目标,且在教学开始前就需要掌握的知识和技能"(第193页)。与 Morrison 等人(2011)和 Smith、Ragan(2005)不同,这个定义并不局限在关注入门或课前的知识和技能,而认识到必备条件存在于两个层面:那些教学开始时必须具备的技能,以及在教学中发展出来的,并且在学习者进展到下一个阶段前必须掌握的技能。后者必备技能指的是首先将学习内容仔细分层排序,然后在完成每一小部分的学习时,确保在下一步相关教学内容开始前学习者必须掌握的必备技能(Richey et al., 2011)。

必备技能也会影响内容传递策略。Smith 和 Ragan(2005)指出,学生"基于学生们自己在长期记忆中的相关内容知识、价值观、信念和策略"(第 129 页)来理解教学。如同 Gagné 的九大教学环节所示,教学设计者应利用学习者的必备技能来促进这一认知进程。Richey 等人(2011)补充说,背诵作为认知学习理论的一个重要组成部分,其目标"是把学习者以前的经验和知识(存储在长期记忆中)与工作记忆中的新信息相联系"(第 59 页)。

鉴定必备技能有助于设计人员确定教学中应包含的内容。在不同阶段学到的知识和技能之间的从属关系影响着教学内容的排序决策。此外,在课程中识别学习者的必备知识和技能并将其与新学知识相联系能够促进学习。

Nancy B. Hastings

(刘 维 译)

参考文献

Morrison, G. R., Ross, S. M., Kalman, H., & Kemp, J. E. (2011). *Designing effective instruction* (6th ed.). Hoboken, NJ: John Wiley & Sons.

Richey, R. C., Klein, J. D., & Tracey, M. W. (2011). *The instructional design knowledge base: Theory, research and practice*. New York, NY: Routledge.

Smith, P. L., & Ragan, T. J. (2005). *Instructional design* (3rd ed.). Hoboken, NJ: John Wiley & Sons.

印刷型信息资源 Print Information Resources

请参见信息资源 INFORMATION RESOURCES

既成经验 Prior Experience

请参见学习者的特征和特质 LEARNER CHARACTERISTICS AND TRAITS

既成知识 Prior Knowledge

请参见学习者的特征和特质 LEARNER CHARACTERISTICS AND TRAITS 和必备技能 PREREQUISITE SKILLS

问题 Problem

请同时参见基于问题的学习 PROBLEM-BASED LEARNING 和问题解决策略
PROBLEM SOLVING STRATEGIES

问题有两个关键属性。首先,问题在某种环境下是不可知的,也就是说,在某种情境下存在着一些未知的事情。在 Newell 和 Simon(1972)看来,所有的问题都有一个初始状态和一个目标状态,这两种状态决定了问题的空间。为了解决问题,人们探寻问题空间以求找到从初始状态通往目标状态的高效途径。其次,对于这些未知的寻求与解答必定会具有社会、文化或智力价值,换句话说,人们认为这是值得去做的事情。如果人们对于未知没有察觉,或是对于确定未知没有需求,就不会注意到问题。探寻未知的过程就是问题解决的过程。

问题具有一些可变的属性,其中最重要的是介于良构问题与非良构问题之间的连续统一体(Jonassen,1977,2000;Voss & Post,1988)。正规教育中遇到的多数问题是良构问题。良构问题通常会表征问题的所有元素,这类问题使有限数量的规则与原理结合在一起,而这些规则与原理则是通过那些兼具预测性与规范性的解决办法组织起来的;良构问题拥有正确的和趋于一致的答案,有一套首选的和规范性的解决过程。

非良构问题是那些在日常实践中所遇到的各种问题。非良构问题会有很多界定不清或者目标及限制条件都很模糊的替代解决方案,有着多种解决途径,甚至存在多重评估标准,因此这些问题更加难以解决。学习在复杂体系中排疑解难,学习如何作决策,以及学习修改账目的技巧,这些都属于非良构问题。

问题也因复杂程度而相异。问题的复杂程度与解决问题所需知识的宽度、既成知识水平、问题解决过程的复杂性以及问题的关系复杂性(在问题解决过程中需要并行处理的关系数量)密切相关(Jonassen & Hung,2008)。非良构问题往往更复杂,然而生活中也存在许多高度复杂的良构问题,比如下棋或编写计算机程序。

问题还会因为处于静态到动态的连续统一体中而有所不同。课本中遇到的静态问题,其元素与条件不会发生变化。而在动态问题中,变量或因素间的关系常常会随着时间的推移而改变。一个因素的改变可能会引起其他因素的多样变化,这样一来,往往会因为动态问题的难度增加而从根本上改变问题的性质。交互越复杂,问题解决方案的确定就越困难。与良构问题相比,非良构问题更具动态性。

基于以上这些可变的特征,Jonassen (2000)将问题的类型确定为 11 种,包括逻辑问题[①]、算法问题、故事问题、规则运用问题、决策问题、故障排除问题、诊断解决问题、策略执行问题、政策分析问题、设计问题和两难问题。沿循良构至无定规可循问题这个连续统一体,不同类型的问题会显示出其差异。

David H. Jonassen

(王凯丽 译)

参考文献

Jonassen, D. H. (1997). Instructional design model for well-structured and illstructured problem-solving learning outcomes. *Educational Technology: Research and Development*, 45(1),65–95.

Jonassen, D. H. (2000). Toward a design theory of problem solving. *Educational Technology Research & Development*, 48(4),63–85.

Jonassen, D. H., & Hung, W. (2008). All problems are not equal: Implications for problem-based learning. *Interdisciplinary Journal of Problem-based Learning*, 2(2),6–28.

Newell, A., & Simon, H. A. (1972). *Human problem solving*. Englewood Cliffs, NJ: Prentice Hall.

Voss, J. F., & Post, T. A. (1988). On the solving of ill-structured problems. In M. T. H. Chi, R. Glaser & M. J. Farr (Eds.), *The nature of expertise*. Hillsdale, NJ: Lawrence Erlbaum Associates.

问题分析 Problem Analysis
请参见分析 ANALYSIS

基于问题的学习 Problem-Based Learning
请同时参见真实环境中的学习活动 AUTHENTIC ACTIVITY、建构主义方式 CONSTRUCTIVIST APPROACH、以学习者为中心的教学 LEARNER-CENTERED INSTRUCTION、寓学于做 LEARNING BY DOING、问题 PROBLEM 和问题解决策略 PROBLEM SOLVING STRATEGIES

基于问题的学习(PBL)是课程开发的方法,也是教与学的方法。这一方法将人置

[①] 在英文原文中,一共提到 10 种类型,并未提到逻辑问题,参考 Jonassen 之前的文献,在这里加上了原文遗漏的逻辑问题。——译者注

于真实的、复杂的和带有挑战性的问题之中，而这些问题在某一学科领域实践中是具有代表性的。PBL 是 20 世纪 70 年代加拿大麦克马斯(McMaster)大学医学院发起的教学方法，初衷是解决"学生无法将课堂上学到的知识应用于临床实践"的问题。PBL 使学生直接面对真实的、复杂的问题，这是胜任医学临床操作所需要的。

在中小学教育中应用 PBL 经历了相对缓慢的过程(Hung, Jonassen & Liu, 2008；Januszewski & Pearson, 1999)。然而，从 20 世纪 90 年代到 21 世纪的今天，学习研究方面所取得的成果以及对课程、教学及评估等方面新方法的诉求(Bransford, Brown & Cocking, 2000；Sawyer, 2006；Schwartz & Fischer, 2003,2006)，使得教育研究者和实践者对于 PBL 的关注不断增加。

从理论上讲，PBL 立足于建构主义的学习理论，是一种通过参与真实的无定规可循的复杂问题而形成深度理解的探询式方法(Barrows & Tamblyn, 1980；Bereiter & Scardmalia, 2010；Clifford & Friesen, 1993；Clifford & Marinucci, 2008；Hung, Jonassen & Lui①, 2008；Savery & Duffy, 1995；Scaradmalia & Bereiter, 2003,2006；Vardi & Ciccarelli, 2008)。在 PBL 中，理解是通过对问题、议题和疑问的探询而获得的(Darling-Hammond et al., 2007；Savery & Duffy, 1995)。

当 PBL 延伸到不同学科和语境中时，它的多种特征也得到了发展。然而在不同的学科与语境中，PBL 的以下特质都会有所体现：

1. 要求学生探究多种解决途径的非良构问题。

2. 以学习者为中心，因为学生在解决问题过程中根据需要来获得知识。在这一过程中，他们提取关键问题，界定知识缺口，习得缺失的知识，借鉴他人观点，提出依据，甚至对整体知识的提升都负有责任。

3. PBL 所研究问题的真实性不仅通过问题在多学科专业实践领域中的定位来体现，而且体现在"要求学生在问题情境所处的文化中学习"方面。

4. PBL 中，讲授是一种参与性的尝试，而所有参与者作为群体是实现知识进步的真正贡献者(Barrows, 1985, 2002；Hmelo & Evensen, 2000；Hmelo-Silver & Barrows, 2006；Januszewski & Pearson, 1999；Hung, Jonassen & Lui②, 2008；Scardamalia, 2001；Walker & Leary, 2009)。

从 1970 年到 1992 年，具有评估性质的研究将 PBL 与更多的医学教育传统方法作

①② 原文有误。根据所列参考文献，应该是 Liu ——译者注

了比较,发现 PBL 在促进学生临床表现方面具有明显的优势(Vernon & Blake,1993)。一些 PBL 的批评者认为,对于初学者来说,PBL 是一种不那么有效的方法,因为它会明显地加重认知负荷(Sweller,2006)。尽管 Hattie (2009)也认为 PBL 是教育的一个败笔,但要记得重要的是:PBL 作为一种相对较新的方法,在 K-12 教育中还缺乏足够的实证研究。最近的一项综合分析研究表明,PBL 在许多情境中都促进了学习者的学习(Walker & Leary,2009)。

有一点可能没有充分强调:PBL 不仅仅是常规实践中问题的某个层面或某种补充,更主要的是,PBL 要求在课程的设计、教学和评估中采用新的方法。

Sharon Friesen

(王凯丽　译)

参考文献

Barrows, H. (1985). *How to design a problem-based curriculum for the preclinical years*. New York: Springer.

Barrows, H. (2002). Is it truly possible to have such a thing as dPBL? *Distance Education*, *23* (1),119-122.

Barrows, H., & Tamblyn, R. (1980). *Problem-based learning: An approach to medical education*. New York: Springer Publishing Company.

Bereiter, C., & Scaradamalia, M. (2010). Can children really create knowledge? *Canadian Journal of Learning and Technology*, *36*(1). Retrieved from http://www. cjlt. ca/index. php/cjlt/article/view/585.

Bransford, J., Brown, A., & Cocking, R. (Eds.)(2000). *How people learn: Brain, mind, experience and school*. Washington, DC: National Academy Press.

Clifford, P., & Friesen, S. (1993). A curious plan: Managing on the twelfth. *Harvard Educational Review*, *63*(3),339-358.

Clifford, P., & Marinucci, S. (2008). Testing the waters: Three elements of classroom inquiry. *Harvard Educational Review*, *78*(4),675-688.

Darling-Hammond, L., Barron, B, Pearson, P, Schoenfeld, A., Stage, E., Zimmerman, T., Cervetti, G., & Tilson, J. (2008). *Powerful learning: What we know about teaching for understanding*. San Francisco, CA: Jossey-Bass.

Dumont, H., Istance, D., & Benavides, F. (Eds.)(2010). *Nature of learning: Using research to inspire practice*. Paris, FR: OECD.

Friesen, S. (2009). *Teaching effectiveness: A framework and rubric*. Toronto, ON: Canadian Education Association.

Hattie, J. (2009). *Visible learning*. London, UK: Routledge.

Hmelo, C., & Evensen, D. H. (2000). Problem-based learning: Gaining insights on learning interactions through multiple methods of inquiry. In Evenson, D. H. & Hmelo, C. E.

(Eds.). *Problem-based learning : A Research perspective on learning interactions* (pp. 1 – 18). New York: Routledge.

Hmelo-Silver, C. (2004). Problem-based learning: What and how do students learn? *Educational Psychology Review*, *16(3)*,235 – 266.

Hmelo-Silver, C. E., & Barrows, H. S. (2006). Goals and strategies of a problem-based learning facilitator. *The interdisciplinary Journal of Problem-based Learning*, *1(1)*,21 – 39.

Hung, W., Jonassen, D., & Liu, R. (2008). Problem-based learning. In Spector, J. M., Merrill, M. D., Van Merriënboer, J. & Discoll, M. (Eds.), *Handbook of research on educational communications and technology* (3rd ed., pp. 485 – 506). New York: Lawrence Erlbaum Associates.

Januszewski, A., & Pearson, R. (1999). Problem-based learning: A historical analysis. In K. E. Sparks & M. Simonson (Eds.), *21st annual proceedings of selected research and development papers presented at the 1999 national convention of the Association for Educational Communications and Technology* (pp. 371 – 376). Columbus, OH: RTS & Associates, Inc.

Savery, J. R., & Duffy, T. M. (1995). Problem based learning: An instructional model and its constructivist framework. *Educational Technology*, *35(5)*,31 – 38.

Sawyer, R. K. (Ed.)(2006). *The Cambridge handbook of the learning sciences*. New York, NY: Cambridge University Press.

Scardamalia, M. (2001). Getting real about 21st century education. *The Journal of Educational Change*, *2*,171 – 176.

Scardamalia, M., & Bereiter, C. (2003). Knowledge building. In *Encyclopedia of Education* (2nd ed.). New York: Macmillan Reference, USA.

Scardamalia, M., & Bereiter, C. (2006). Knowledge building: Theory, pedagogy, and technology. In R. K. Sawyer (Ed.), *The Cambridge handbook of the learning sciences*. New York: Cambridge University Press.

Schwartz, M., & Fischer, K. (2003). Building vs. borrowing. *Liberal Education*, *89(3)*, 22 – 29.

Schwartz, M. S., & Fischer, K. W. (2006). Useful metaphors for tackling problems in teaching and learning. *About Campus*, *11(1)*,2 – 9.

Sweller, J. (2006). The worked example effect and human cognition. *Learning and Instruction*, *16(2)*,165 – 169.

Vardi, I., & Ciccarelli, M. (2008). Overcoming problems in problem-based learning: A trial of strategies in an undergraduate unit. *Innovations in Education and Teaching International*, *45(4)*,345 – 354.

Vernon, D., & Blake, P. (1993). Does problem-based learning work? A meta-analysis of evaluative research. *Journal of the Association of American Medical Colleges*, *68(7)*,550 – 563.

Walker, A., & Leary, H. (2009). A problem-based learning meta-analysis: Differences across problem types, implementation types, disciplines, assessment levels. *Interdisciplinary Journal of Problem-Based Learning*, *3(1)*,12 – 43.

问题解决策略 Problem Solving Strategies

请同时参见问题 PROBLEM 和思维结构理论 SCHEMA THEORY

传统的问题解决模型,即阶段模型(如 Bransford & Stein, 1983)提出用以下的步骤来解决所有问题:(1)确定问题;(2)生成各种可解决的方案;(3)评估这些解决方案;(4)实施所选择的解决方案;(5)对解决方案的有效性作出评估。这些过程涉及到一系列的策略。

问题求解者经常应用领域中立、可推广的和可能适用于解决任何类型问题的策略。这些策略被称为弱效策略。例如有一种"手段—目的"分析策略是通过问题求解算子来减少问题当前状态与目标状态之间差距的。问题求解者将系统要达成的目标一一分离,然后系统地选择方法(手段)来实现其中每一个目标(Ernst & Newell, 1969)。目标分离后,求解者要选出最重要的区别并且选择一种手段去减少差距,接着进行到下一个最重要的区别,直至制定出一个完整的问题解决方案。"手段—目的"分析是一个识别差距的递归过程,当然也要有计划地减少差距。

将一个问题分解为子问题被认为是很可取的普遍策略(Polson & Jeffries, 1985)。在这一策略中,学习者把问题划分成为更小的子问题,之后再对子问题进行应用分解,直到问题小到可以促成一个显而易见的解决方案。如果学习者了解到可以通过更少的步骤达到某一个子目标状态,那么可能的解决路径的数目会减少,使得问题更容易解决。与大多数的一般化策略相似,分解过程要求学习者在技能上以及在问题解决领域具有完备的知识。

最没有结构、同时也是最弱的产生解决方法的方式是"生成—检验"模式。从本质上讲,问题求解者绞尽脑汁想出合适的解决方案,方案会因其解决问题的可能性大小而被评估。对于未经训练的问题求解者来说,这个策略也许是最常见的,它依赖于生成方案的人的一般智力。

问题求解者是否使用弱效策略(比如跨领域应用的"手段—目标"分析策略)来解决问题通常不会带来差别。专家会有效地使用强效策略,并且有一些研究已表明,缺乏经验的问题求解者也能够学会运用这些策略(Singley & Anderson, 1989)。

各种更强效的问题解决策略会关注对领域知识的理解和应用,认为问题解决是一个领域相关的过程。Rumelhart 和 Ortony (1977) 引入了思维结构的概念,将其作为知识结构的一种形式,用于识别求解问题的类型。问题思维结构包含了与解决这一类型问题的过程相关的语义信息和情境信息。让学习者关注于将要解决的问题的类型可生成问题解决的技巧。

在 Polya（1957）看来,回顾先前已经解决的问题并且将解决方案应用到当前问题上,是问题解决过程中很自然的步骤,通常也是人们首选的方法。当面临一个问题的时候,我们自然会问自己是否遇见过类似的问题。使用类推方法让学习者辨别出先前问题与当前问题之间的相似性,并且要求学习者能够回想起先前问题的解决方法。回顾先前解决的问题是案例推理法的样例。

类比编码是将一个类似问题映射到一个有待解决的问题上的策略,这一过程需要强调二者的结构均独立于表面目标(Gentner,1983)。尽管类比问题可能具有不同的表面特征,但高阶的、结构化的关系必须是在源问题和目标问题之间的一对一为基础的比较。类比编码支持问题思维结构的归纳。

学习者使用很多手段来表述待解决的问题。在理科中,方程式是最常见的。然而,用构造图解来定性地表述问题也同样很重要,如概念图、因果图、受力图、图片等等。这些方法和类比编码法类似,都支持问题思维结构的归纳。

David H. Jonassen

（王凯丽　译）

参考文献

Bransford, J. , & Stein, B. S. (1983). *The IDEAL problem solver: A guide for improving thinking, learning, and creativity*. New York: W. H. Freeman.

Ernst, G. W. , & Newell, A. (1969). *GPS: A case study in generality and problem solving*. New York: Academic Press.

Gentner, D. (1983). Structure-mapping: A theoretical framework for analogy. *Cognitive Science*, 7,155 - 170.

Polson, P. , & Jeffries, R. (1985). Instruction in problem solving skills: An analysis of four approaches. In J. W. Segal, S. F. Chipman, & R. Glaser (Eds.), *Thinking and learning skills* (Vol. 1, pp. 417 - 455). Hillsdale, NJ: Lawrence Erlbaum Associates.

Polya, G. (1957). *How to Solve It*. Garden City, NY: Doubleday.

Rumelhart, D. E. , & Ortony, A. (1977). The representation of knowledge in memory. In R. C. Anderson, R. J. Spiro, R. J. , & W. E. Montague (Eds.), *Schooling and the acquisition of knowledge* (pp. 99 - 135). Hillsdale, NJ: Lawrence Erlbaum Associates.

Singley, M. K. , & Anderson, J. R. (1989). *The transfer of cognitive skill*. Cambridge, MA:

Harvard University Press.

程序学习 Procedural Learning

请参见通用性 GENERALITY

过程性学习支架 Procedural Scaffold

请参见学习支架 SCAFFOLDING

重过程的教学 Process-Oriented Instruction

请参见教学 INSTRUCTION

生产 Production

请同时参见开发 DEVELOPMENT、教学设计 INSTRUCTIONAL DESIGN 和快速原型法 RAPID PROTOTYPING

在教学设计过程中,术语"生产"是指由学习者将创新艺术及工艺生成真实材料的应用过程"(Molenda & Boling, 2008:81)。将生产活动结合到大型的开发阶段,它就是"将设计蓝图转化为实物产品的过程"(Seels & Richey, 1994:35)。开发与生产经常被一并提及,因为事实上,生产任务已经在开发阶段完成了;开发与生产是关注点从强调功能——即设计、测试与原型分析(开发)到强调形式——即原型创建或一个成型的产品(生产)的转移。

开发与生产经常采用快速原型(Tripp & Bichelmeyer,1990)策略。快速原型策略最初生成的是符合设计蓝图的预想形式,之后的开发始于生成低精度的原型,对原型可以测试、修改,并且再次测试。原型在经历了这一螺旋形测试和修正过程之后,通过内部代理以及外部资源提升了精度。开发与生产阶段的输出是在目标用户中经过测试、不断修改,最后为了大规模实施而批量生产的最终产品或程序。过去的几十年中,教育技术人员推广的各种媒体发生了改变——从照片及手绘幻灯片到无声电影短片、无线直播收音、有声电影、网络文档、数字静态与动态装置,以及复杂的交互模拟和结合了以上种种的游戏,几十年里唯一没有被改变的是矩形媒体图像与音频,有时我们还在用。20世纪初,幻灯片的分辨率相当于2千万像素的相机,现场乐队或剧院风琴师为无声电影的演奏超过了 CD 音频的质量,然而发生变化的是今天用来创建这一切可用的技术。例如,创建颜色的通用技术在过去的 20 年里成倍地提高,由最初依靠彩色铅笔、颜料或者粉笔在纸上或画布上描画到如今正转换为数字媒体,不再是生成苹果 2E 电脑的 16 位颜色,而是今天呈现在电脑上的百万种颜色。然而,"更多"或"数字化"并不总是等同于"更好"。与 Photoshop 这样的工具比起来,在纸上调色的水彩画有可能生成更有吸引力的画面,尽管前者的下拉菜单上有着 1 600 万种颜色选项、无数的工具和过滤器。

形成一个成功产品的出路在于教学设计专家和各种技术工艺专家之间活跃的对话,例如,对于如何处理移动媒体的速度、连续性、屏幕方向和相机角度的交流 (Mascelli, 1998)。话说回来,再多的技术专长或再精妙的工具也不可能替代教学专家和工艺专家在生产过程中的创造力。

Robert Appelman

(王凯丽　译)

参考文献

Mascelli, J. V. (1998). *The five C's of cinematography: Motion picture filming techniques*. Los Angeles, CA: Silman-James Press.

Molenda, M., & Boling, E. (2008). Creating. In A. Januszewski & M. Molenda (Eds.), *Educational technology: A definition with commentary* (pp. 81 – 139). New York: Lawrence Erlbaum.

Seels, B. B., & Richey, R. C. (1994). *Instructional technology: The definition and domains of the field*. Washington DC: Association for Educational Communications and Technology.

Tripp, S. D., & Bichelmeyer, B. (1990). Rapid prototyping: An alternative instructional design strategy. *Educational Technology Research and Development*, 38(1), 31 – 44.

职业道德伦理 Professional Ethics
请参见道德伦理 ETHICS

职业标准 Professional Standards
请同时参见胜任力 COMPETENCY 和道德伦理 ETHICS

职业标准是由专业组织开发并正式采纳(通常是在国家层面)以用来为一般从业人员建立规范。职业标准包括行为准则、履行义务的总体指导和反映组织使命的声明(美国国家科学教师协会，2010）。职业标准强调专业知识（包括教育要求）、专业关系（从业人员如何处理同事和学生的关系）和专业实践（个人在本领域中需要做什么以及如何做）。例如全美教师教育认证理事会在评估候选教师时将其分为"不可接受型"（对该领域了解不足）、"可接受型"（大体了解本领域）或"目标型"（对该领域有全面了解）（NCATE，2007）。

为教育技术设置的有两套职业标准：一套为国际教育技术协会（ISTE，2011）标准，用以衡量为中小学培养教师取得教育技术硕士学位的素质。另一套为美国教育交流与技术协会（AECT）标准，用以衡量为高等教育培养人才取得教育博士/哲学博士以及为工商界培养人才取得学位的素质。AECT 的标准（AECT，2007）反映了组织对个人的承诺（成员"应如实地代表其所属的机构或组织，适当地注意区分个人与机构或组织的观点"）、对社会的承诺（成员"应如实地代表其所属机构或组织，适当地注意区分个人与机构或组织的观点"），还有对职业的承诺（成员"应当不断努力提高专业知识和技能并乐于帮助用户和同事取得职业成就"）。

Wendell G. Johnson

（王凯丽　译）

参考文献

Association for Educational Communications and Technology (2007). *AECT：Code of professional ethics*. Retrieved from http://www. aect. org/About/Ethics. asp.

International Society for Technology in Education(2011). *Standard*. Retrieved from http://www. iste. org/standards/nets-for-teachers. aspx.

National Science Teachers Association (2010). *NSTA position statement：Principles of professionalism for science educators*. Retrieved from http://www. nsta. org/about/positions/professionalism. aspx.

NCATE(2007). *Unit standards in effect 2008*. Retrieved from http://www. ncate. org/Standards/NCATEUnitStandards.

程序化教学 Programmed Instruction

请同时参见行为主义 BEHAVIORISM、反馈 FEEDBACK、个别化教学 INDIVIDUALIZED INSTRUCTION、强化 REINFORCEMENT 和自我导向式学习 SELF-DIRECTED LEARNING

程序化教学是一种教学方法，20 世纪 50 年代中期因 B. F. Skinner(1954,1958)

数篇论文的发表而在教育领域崭露头角。据 Skinner 所述,这一方法的主要特征包括:(1)将教学分割成极小的步骤或信息块(时常只有一个或两个句子),称为"帧";(2)在每一帧完成后,要求学生回答问题,通常是填空或各类简答题;(3)在每一帧结束后,为学习者提供即时反馈,列出正确的回答。这一教学方法背后的重要观点是,如果学习者必需的必备技能是由每个极小步骤的教学来提供的,则他们很可能会正确地回答那些用来评估其回忆知识能力的问题,或者会应用刚刚为他们所展示的技能,并且在他们应答后收到的立即回馈将对其正确回答起到正向强化的作用。

上面所描述的教学方法被认为是一种"线性"的程序化教学方法,因为尽管学生各自拥有自己的学习步调(这也是程序化教学的另一重要特性),所有的学生仍将通过同一教学顺序进行学习。然而,其他各类的程序化教学材料也在 20 世纪 50 年代开始盛行,这些可供选择的方法中最流行的是"内在"(也称为"分支")程序化教学,最初由 Norman Crowder(1960)提出。分支程序化教学,如线性变化,向学习者分步展示教学,要求他们在每一步骤之后回答问题,然后为他们提供反馈。然而,分支中的步骤内容通常更多些(经常为一个或几个段落),学习者被问的题型通常是各种多重选择题,学习者收到的各种反馈取决于他们回答问题的选项。在印刷材料中,根据学习者在每一步骤所做的多重选择题答案将其引向不同的页面。这类程序化教学的反馈意在为那些答案正确的学习者提供正向的强化,也为那些答案错误的学习者提供补救教学(通常指的是"教学反馈")、附加的练习和反馈。

程序化教学在 20 世纪 50 年代中期到 20 世纪 60 年代中期最受欢迎。在这段时间内大多数程序化教学材料通过印刷物或"教学机"呈现,后者是一种机械装置,可为学生呈现教学框架、问题和反馈。

到 20 世纪 60 年代中期,人们对于程序化教学材料的热情开始减退。正如 Saettler(1990)所述,这种热情递减的原因之一是缺乏足够的证据表明学生通过程序化教学的学习优胜于传统教学法的效果。此外,学生常常称程序化教材特别是线性的教材让人感到很枯燥。捍卫程序化教学的 Skinner(1986)指出,程序化教学没有发挥太多效用的主要原因是那些开发程序化教材的人经常不遵循学习的原理,而这些原理原本是构成教学方法的基础。

如今,虽然已经很少使用"程序化教学"这一术语来描述教学程序了,但有一些学者指出,程序化教学的主要成分仍以一种改良的形式(如以更大步骤呈现的教学)构成了现今商业和军事领域中许多培训项目的基础(Jaehning & Miller, 2007;Molenda,

2008)。

（王凯丽　译）

Crowder，N. A. (1960). Automatic tutoring by intrinsic programming. In A. A. Lumsdaine & R. Glaser (Eds.)，*Teaching machines and programmed learning*：*A Source Book* (pp. 286 - 298). Washington，D. C.：Department of Audio-visual Instruction，National Education Association.

Jaehning，W.，& Miller，M. L. (2007). Feedback types in programmed instruction：A systematic review. *The Psychological Record*，57，219 - 232.

Molenda，M. (2008). The programmed instruction era：When effectiveness mattered. *Tech Trends*，52(2)，52 - 58.

Saettler，P. (1990). *The evolution of American educational technology*. Englewood，CO：Libraries Unlimited.

Skinner，B. F. (1954). The science of learning and the art of teaching. *Harvard Educational Review*，24，86 - 97.

Skinner，B. F. (1958). Teaching machines. *Science*，128，969 - 977.

Skinner，B. F. (1986). Programmed instruction revisited. *Phi Delta Kappan*，68(2)，103 - 110.

基于项目的学习 Project-Based Learning

请同时参见协作学习 COLLABORATIVE LEARNING、以学习者为中心的教学 LEARNER-CENTERED INSTRUCTION 和寓学于做 LEARNING BY DOING

基于项目的学习是一种综合的、动态的教学方法，学生（通过探索、协作和使用认知工具，如计算机实验室、超媒体、图形应用程序和远程通信等）试着回答一个基于现实世界中的驱动性问题，从而使知识在学习社群成员之间共享和散播（Blumenfeld et al.，1991；Bransford & Stein，1993）。不同于传统探询，基于项目的教学强调学生通过自身的建构来呈现其所学的内容；基于项目的教学也因为关注合作与协作学习而不同于基于探询的活动。在基于项目的学习中，学生参与拓展的探询来应对复杂的提问、问题以及挑战。协作项目给学生以自主权，然而其决策则是由教师计划、激励并评估的，从而帮助学生学习重要的学术性内容。合作、沟通、解决问题、严谨思维、高质量的创新以及现实的产品及演示等 21 世纪的技能是严谨、有意义和有效的基于项目的学习所具有的特征。

　　一个由联邦政府资助的实验研究,在 66 所高中对 76 名教师执教的 7 000 名 12 年级学生进行,其结果表明,实验组的学生在问题解决技能以及在应用于现实世界经济挑战方面所取得的成绩高于那些接受比较传统的教学方法的学生的成绩。教师在教学材料和方法上的满意度得分也高于对照组(Finkelstein,Hanson,Huang,Hirschman & Huang,2010)。

Ileana. P. Gutierrez

(王凯丽　译)

参考文献

Blumenfeld, P. C. , Soloway, E. , Marx, R. W. , Krajcik, J. S. , Guzdial, M. , & Palincsar, A. (1991). Motivating project-based learning: Sustaining the doing, supporting the learning. *Educational Psychologist*, 26 (3 & 4),369 - 398.

Buck Institute for Education (2012). What is PBL? Retrieved in 2012, from http://www. bie. org/about/what_is_pbl/.

Bransford, J. D. , & Stein, B. S. (1993). *The IDEAL problem solver* (2nd ed.). New York: Freeman.

Finkelstein, N. , Hanson, T. , Huang, C. -W. , Hirschman, B. , & Huang, M. (2010). *Effects of problem based economics on high school economics instruction* (NCEE 2010 - 4002). Washington, DC: National Center for Education Evaluation and Regional Assistance, Institute of Education Sciences, U. S. Department of Education.

项目管理 Project Management

　　术语"项目管理"(PM)描述的是项目团队按照预算及各参与方的期望,使得项目能够按时完成的一系列活动(Crawford & Pollack,2007;van Rooij,2010)。项目管理模型涵盖那些传统的注重于管理项目交付成果的模型,直至那些把项目管理看得更广泛、更包容的带有迭代与协作性的模型。后面提到的这些模型,包括敏捷或极限项目管理模型,将所有的利益相关者更充分地带入到模型的结构中。而这些模型面向三个主要领域,包括传统的可交付成果管理、团队管理要素以及所有利益相关者之间的有效沟通。敏捷项目管理会使用更适合动态项目需要的迭代方法,比如在教育技术领域中就不难发现。

可交付成果管理历来被认为是项目管理的重点,因为它包含了对项目的规划与监控,目的是确保项目能够按照事先的约定而按时完成。大量的工具和策略已经被开发出来帮助促进这一过程的展开,这当中包括 PM 软件、可视图像(如甘特图)和决策策略(如关键路径分析);这些工具和策略的焦点仍停留在及时交付产品这一方面,而很少强调团队及沟通。

敏捷项目管理突出一个理念:项目的进行依靠个体组成的团队,个体必须与他人有效地合作来完成项目。一个运转良好的团队有助于确保该项目顺利前行。"高业绩团队"等术语用于表明团队运行到最佳业绩水平的状态。运转良好的团队由和谐共事的成员组成,他们知道什么时候应该做什么,并且有能力做好。

在敏捷项目管理框架中,所有利益相关者之间的沟通是一个必不可少的过程。团队成员和客户需要在任何特定的时间节点知晓项目所处的状态,以确定该项目的顺利运行。沟通可以实现迭代过程,这个过程通过对项目进行更小并且更易于管理的调整,来帮助项目流程作微调。

Bullen(2006)曾提出,管理学术项目(如数字化学习项目)需要足够灵活的项目管理策略作为沟通学术社团文化和传统项目管理文化的桥梁。Doherty(2010)指出,敏捷项目管理风格最适合应对 Bullen 所说的挑战(2010)。教学设计者习惯的做法也表明,比起传统做法,敏捷实践更为适用。对教学设计人员通常所执行任务的一份评估发现,他们的工作通常包括项目管理、沟通和团队监督/协作/建设(Kenny,Zhang,Schwier & Campbell,2005)。

Brad Johnson

(王凯丽 译)

参考文献

Bullen,M. (2006). When worlds collide: Project management and the collegial culture. In B. L. Pasian & G. Woodill (Eds.), *Plan to learn: Case studies in elearning project management* (pp. 169 – 176). Dartmouth, Nova Scotia: Canadian e-Learning Enterprise Alliance.

Crawford, L. , & Pollack, J. (2007). How generic are project management knowledge and practice? *Project Management Institute*, 38(1),87 – 96.

Doherty, I. (2010). Agile project management for e-learning developments. *Journal of Distance Education*, 24(1),91 – 106.

Kenny, R. , Zhang, Z. , Schwier, R. , & Campbell, K. (2005). A review of what instructional designers do: Questions answered and questions not asked. *Canadian Journal of Learning and Technology*. Retrieved from http://www.cjlt.ca/index.php/cjlt/article/view/147/140.

Van Rooij, S. (2010). Project management in instructional design: ADDIE is not enough. *British Journal of Educational Technology*, 41(5),852-864.

提示 Prompting

请同时参见反馈 FEEDBACK 和学习支架 SCAFFOLDING

提示是一种微观层次的教学策略,其最初是为 Bloom 教学目标分类中的第一层学习类型:知识和记忆(Bloom, Engelhart, Furst, Hill & Krathwohl, 1956; Krathwohl, 2002)而设计的,后来也被用于技巧发展(包括低级和高级技巧)。

在 Bloom 教学目标分类中的第一层,提示主要用于练习和操练教学模式中,以教授那些较死板的任务(Reigeluth, 1999)。记忆主要有两种程度:辨认和回忆;提示策略通常在这两种记忆学习中使用。提示策略常和组块、重复和助记法同时使用,作为学习较难记忆的内容的一种方法。

提示与暗示(hints)和线索提供(cues)同义。Doenau(1987)提到使用线索提供和提示策略来暗示学习中的重要信息对提高辨认、回忆或帮助学习者加深理解和开发技巧是很有帮助的。此外,如果学习者在他们的最近发展区内学习,那么他们通常需要线索提供或者提示(或其他类型的学习支架)以帮助他们达到学习要求(Huitt, Monetti & Hummel, 2009)。

提示通常也和反馈策略同时应用,用于反思过程(如,元认知和意会)或评估。比如,Davis(2003)在中学的科学课程中研究了一般提示和导向性提示对学生有效反思的效果。Kauffman、Ge、Xie 和 Chen(2008)研究了元认知形式的提示对在提升大学生自我监督和问题解决技巧上的使用。提示被看作是一种刺激反思或自我评估的方法,一种深层的反馈(如,提供暗示或提示让学生思考为什么一个问题的答案是正确的或是错误的),并且可以让学习者回顾教学重点。提示要避免直接提供正确答案(Shute, 2008)。

Yeol Huh

Dabae Lee

Charles Reigeluth

(王凯丽　译)

参考文献

Bloom, B. S. , Engelhart, M. D. , Furst, E. J. , Hill, W. H. , & Krathwohl, D. R. (1956). *Taxonomy of educational objectives：The classification of educational goals. Handbook 1：Cognitive domain.* Harlow, Essex, England：Longman Group.

Davis, E. (2003). Prompting middle school science students for productive reflection：Generic and directed prompts. *Journal of the Learning Sciences*, 12(1),91 - 142.

Doenau, S. (1987). Structuring. In M. J. Dunkin (Ed.), *International encyclopedia of teaching and teacher education* (pp. 398 - 407). Oxford：Pergamon.

Huitt, W. G. , Monetti, D. M. , & Hummel, J. H. (2009). Direct approach to instruction. In C. M. Reigeluth & A. A. Carr-Chellman (Eds.), *Instructional-design theories and models：Building a common knowledge base* (Vol. 3, pp. 73 - 97). New York, NY：Routledge.

Kauffman, D. F. , Ge, X. , Xie, K. , & Chen, C. (2008). Prompting in web-based environments：Supporting self-monitoring and problem solving skills in college students. *Journal of Educational Computing Research*, 38(2),115 - 137.

Krathwohl, D. R. (2002). A revision of Bloom's taxonomy：An overview. *Theory into Practice*, 41(4),212 - 218.

Reigeluth, C. M. (1999). *Instructional-design theories and models：A new paradigm of instructional theory.* Mahwah, NJ：Erlbaum.

Shute, V. J. (2008). Focus on formative feedback. *Review of Educational Research*, 78(1), 153 - 189.

Vygotsky, L. (1978). *Mind in society.* Cambridge, MA：Harvard University Press.

专利软件 Proprietary Software

请参见知识产权 INTELLECTUAL PROPERTY

原型 Prototype

请参见快速原型法 RAPID PROTOTYPING

公共领域 Public Domain

请参见知识产权 INTELLECTUAL PROPERTY

推送和提取信息 Push and Pull Messaging

请参见技术通信 TECHNOLOGICAL COMMUNICATION

R

快速原型法 Rapid Prototyping
请同时参见生产 PRODUCTION

原型(Prototype)一词源自希腊文 prototypon,意为最初的形态,它由词前缀 protos 和词后缀 typos 构成,其字面的意思为第一印象,原型指的是一个新设计或一个新系统或系统的一部分的最初模型。通过原型,人们可以知道新系统的模样(Beyer & Holtzblatt, 1998)。一个具有交互功能的技术系统设计蓝图可以用诸如屏幕草图、故事情节板、复杂软件、纸板磨具、任务视频模拟和 3D 模型等来做原型(Preece, Rogers & Sharp, 2007)。原型的制作就是通过提供一个产品的初步样式来展示其设计的可行性、合理性和/或其功能性(Preece, Rogers & Sharp, 2007)。

在以用户为中心的设计中,在产品大规模生产和应用前,人们会在不同阶段用原型来进行用户测试和完善计算机的界面、过程、产品或系统等内容。在任务、过程或用户分析阶段,有关新设计的要求会被明确,设计者用框架、草图或者计算机辅助设计方案制作了许多小样或原型,用以呈现交互产品的大致模样(Schneiderman,2002; Schneiderman, Plaisant, Cohen & Jacobs, 2010)。Snyder(2003)描述过一种纸上原型法,它被 IBM 和微软等多家知名公司所采用,它通过头脑风暴、设计、创作、测试和沟通等步骤来明确一个用户界面的许多细节问题。视系统的复杂程度而定,不同的产品会通过设计、构建和测试数量不等的系列原型来检测设计是否或如何才能达到要求。原型既方便开发团队成员之间的沟通,也方便开发团队和目标用户群体的沟通(Snyder, 2003)。相对于说明书,原型可以提供更好的用户体验(Preece, Rogers & Sharp,2007)。

快速原型法就是指基于设计思路和要求进行快速和迭代开发,并通过用户测试和全程即时反馈来完善设计模型。快速原型法背后的基本想法是节省用于用户测试的时间和费用。Nielsen（1993）提出了低保真度原型的概念，他主张可用性测试是一种完善用户界面设计的既便捷又经济的方法。低保真度的原型少了最终系统的许多特征和功能，它是一个仅用于少量用户测试的工作模型（比如用了简化算法、幕后操作人、低保真度媒介、模拟的数据或内容、纸样机和文字描述的场景等）。虽然它和最终产品很不一样，但 Preece、Rogers 和 Sharp（2007）认为低保真度原型是一种简单、廉价、便捷和有效的验证概念的方法。相比较而言，高保真度原型制作成本更昂贵，交互性更强，包含了最终系统的更多特征和功能，它是一个主要用于现场测试或应用的工作模型（其中包括了复杂算法、高保真度媒介、真实的数据或内容、真实的工作场景和市场营销工具等内容）（Preece，Rogers & Sharp，2007）。

　　制作原型的过程将用户引入设计流程，因此改变了设计流程。用户数据和持续反馈为设计者和用户提供了共同设计系统的机会。使用原型法作为以用户为中心的设计过程的一部分，其目的是产生连续迭代，完善和拓展设计（Beyer & Holtzblatt，1998；Nielsen，1993）。

Michele Jacobsen

（李　艳　译）

参考文献

Beyer，H.，& Holtzblatt，K.（1998）. *Contextual design：Defining customer-centered systems.* San Francisco，CA：Morgan Kaufmann Publishers.

Nielsen，J.（1993）. *Usability engineering.* San Francisco，CA：Morgan Kaufman Publishers.

Preece，J.，Rogers，Y.，& Sharp，H.（2007）. *Interaction design：Beyond human-computer interaction*（2nd ed.）. New York：John Wiley & Sons，Inc.

Schneiderman，B.（2002）. *Leonardo's laptop：Human needs and the new computing technologies.* Cambridge，MA：MIT Press.

Schneiderman，B.，Plaisant，C.，Cohen，M.，& Jacobs，S.（2010）. *Designing the user interface：Strategies for effective human-computer interaction*（5th ed.）. Boston，MA：Addison-Wesley.

Snyder，C.（2003）. *Paper prototyping：The fast and easy way to design and refine user interfaces.* San Francisco，CA：Morgan Kaufmann Publishers.

简易信息聚合 Really Simple Syndication
请同时参见博客 BLOG 和云计算 CLOUD COMPUTING

简易信息聚合(Really Simple Syndication,简称 RSS)可被定义为一种访问互联网上内容的方法或标准。1997 年,当 RSS 首次被提出时,RSS 被界定为是一种"用于推动博客更新"和"使用定期更新数据流创造用户个人主页"的技术(O'Reilly, 2005:3)。RSS 使用可扩展标记语言(Extensible Markup Language,简称 EML)技术将内容从作者端传递到读者/观众端(Beldarrain, 2006)。读者/观众订阅作者的 RSS 源,因此可以接收到更新过的内容。

自 1997 年以来,RSS 经历了多次更名。除了"简易信息聚合"这一叫法外,RSS 一度被冠名为"RDF 站点总结"、"富站点总结"以及"实时简易聚合"(Glotzbach, Mordkovich & Radwan, 2008)。在 2003 年,RSS 2.0 标准/协议出台,RSS 的定义也因此得以修正。Dan Winer 和 Adam Curry 用 RSS 创造了 RSS2.0 和播客,一种将音频文档传递给用户的 iPods(如 MP3 播放器)(Cebeci & Tekdal, 2006)。Hendron(2008)将 RSS 2.0 定义为一种"可以让内容制作者在 RSS 新闻源文档中添加多媒体附件的新形式"(第 6 页)。有了 RSS 2.0 协议,MP3 拥有者可以直接向作者订阅信息,由此可以索要自己想要的新音频文档。Atom,RSS 2.0 的一种替代协议,提供了类似 RSS 2.0 的功能,不过,Atom 和 RSS 也存在一些显著的差异(例子见 Rowse, 2006)。

聚合软件是 RSS 的一个重要部分。聚合软件是"收集并呈现 RSS 源的应用软件"(Martindale & Wiley, 2005:56)。一个关键特征是它有"从不同的博客中收集 RSS 源并将它们集中统一呈现的能力"(第 56 页)。例如,一个用户之前在因特网上是通过浏览不同的新闻网站来查看相关新闻内容的,现在他/她可以通过订阅这些网站的 RSS 源将相关新闻内容送到一个页面中。

在教育领域,研究者们(Glotzbach et al., 2008;Maag, 2006;West, Wright, Gabbitas & Graham, 2006)已经研究了 RSS 如何改变教师、学生和课程内容之间的交互模式。虽然 RSS 被认为是对学生有用的(Glotabach et al., 2008)、使用便捷的(Maag, 2006),学者 West 等(2006)还是发现了一些在课程中使用 RSS 的阻碍因素,这些阻碍因素包括教师缺乏在课程中使用 RSS 的动机(认为教学第一,技术第二),学生缺乏使用 RSS 源和聚合软件的技能,学生缺乏对为什么以及如何在未来实践中使用 RSS 源的理解(West et al.,2006)。

如今,RSS 被预测为是"去中心化现代数字化教育系统"的重要工具(Kim,2008:1344)。RSS 和云计算相结合就可以使许多 RSS 聚合软件和设备同步进行,也因此将变革我们订阅信息的方式。

Michael M. Rook

(李 艳 译)

参考文献

Beldarrain, Y. (2006). Distance education trends: Integrating new technologies to foster student interaction and collaboration. *Distance Education*, 27(2),139-153.

Cebeci, Z., & Tekdal, M. (2006). Using podcasts as audio learning objects. *Interdisciplinary Journal of Knowledge and Learning Objects*, 2,47-57.

Glotzbach, R., Mordkovich, D., & Radwan, J. (2008). Syndicated RSS feeds for course information distribution. *Journal of Information Technology Education*, 7,163-183.

Hendron, J. G. (2008). *RSS for educators: Blogs, newsfeeds, podcasts, and wikis in the classroom*. Washington, D.C.: International Society for Technology in Education.

Kim, H. N. (2008). The phenomenon of blogs and theoretical model of blog use in educational contexts. *Computers & Education*, 51,1342-1352.

Maag, M. (2006). iPod, uPod? An emerging mobile learning tool in nursing education and students' satisfaction. *In Proceedings of the 23rd Annual Ascilite Conference: Who's learning? Who's Technology?* (pp. 483-492). Sydney, Australia. Retrieved from www.ascilite.org.au/conferences/sydney06/proceeding/pdf_papers/p92.pdf.

Martindale, T., & Wiley, D. (2005). Using weblogs in scholarship and teaching. *Tech Trends*, 49(2),55-61.

O'Reilly, T. (2005, Sept. 30). What is web 2.0: Design patterns and business models for the next generation of software. Retrieved from http://tim.oreilly.com/pub/a/oreilly/tim/news/2005/09/30/what-is-web-20.html.

Rowse, D. (2006, March 30). RSS vs. atom: What's the big deal? [Web log]. Retrieved from http://www.problogger.net/archives/2006/03/30/rss-vs-atom-whats-the-big-deal/.

West, R. E., Wright, G., Gabbitas, B., & Graham, C. R. (2006). Reflections from the introduction of blogs and RSS feeds into a preservice instructional technology course. *Tech Trends*, 50(4),54-60.

实时策略游戏 Real-Time Strategy Games

请参见基于数字游戏的学习 DIGITAL GAME-BASED LEARNING

背诵 Rehearsal

请参见认知策略 COGNITIVE STRATEGIES 和操练 PRACTICE

强化 Reinforcement

请同时参见行为主义 BEHAVIORISM、反馈 FEEDBACK、操练 PRACTICE 和程序化教学 PROGRAMMED INSTRUCTION

根据心理学行为主义学派的观点,强化指的是在一个行为之后通过一些合适的加强方式来提高该行为的多个方面——它的频率(如更频繁地下棋)、它的时间长度(如持续完成填字游戏)、它的强度(如更用力地击打出气筒)和它的回应时间(如更快地完成上述活动)。

操作性条件反射指的是被强化的行为会得到加强(频率、持久性、强度和回应时间),没有被强化的行为会被弱化,其中,强化是一个核心的概念。B. F. Skinner(1953)指出,该理论最重要的观点是"操作性条件反射指的是我们通过让一个反应更频繁地发生来加强一个操作"(第65页)。什么是强化? 如何对不同类型的强化进行分类? 如何在学习环境中使用强化? 关于这些问题已经有许多讨论和实验性研究(Driscoll,2005)。行为主义学派认为任何形式的刺激——任何物品(例如食物)和任何活动(例如微笑)——如果可以提高行为发生的频度,它就是一种强化,如果不能,它就不是强化。

强化理论是20世纪60年代教育技术领域的一个主导性理论。Skinner(1968)已经通过研究证明了将强化原则应用到教学机中的可行性,教学机要求学习者在学习过程中作出反应(例如写答案或按按钮)和接收反馈。对于有些类型的学习任务,如程序性教学,反应—强化可以内嵌在其教材中。他称这样的设计方法是"教学的技术"(1965),Skinner有很多追随者。事实上,第一本名为《教育技术》(DeCecco,1964)的书就是有关程序性教学的论文选集。

在20世纪60年代,学者们将研究焦点从视听教育转向了教学机和程序化教学,并将该领域的名称改为教育技术。Torkelson(1977)分析了杂志《视听通信评论》(*AV Communication Review*)[杂志《教育技术研究与发展》(*Educational Technology Research and Development*)的前身]的内容,发现在1963—1967期间发表的论文大多在讨论教学机和程序化教学的相关内容。

　　近些年来，认知导向的教学理论受到追捧，根据 Tennyson（2010）的观点，当代教学设计者追求"强调综合与整合知识和技能的教学理论"（第 13—14 页）。然而，20 世纪 60 年代有关在学习环境中植入反馈与强化观念的实践和研究在一定程度上引发了教育技术领域转向积极的、强调参与和强调个性化学习系统的革命。

Michael Molenda

（李　艳　译）

参考文献

DeCecco，J. P.（1964）. *Educational technology：Readings in programmed instruction*. New York：Holt，Rinehart，and Winston.

Driscoll，M. P.（2005）. *Psychology of learning for instruction*（3rd ed.）. Boston：Pearson，Allyn and Bacon.

Skinner，B. F.（1953）. *Science and human behavior*. New York：Simon and Schuster.

Skinner，B. F.（1968）. *The technology of teaching*. New York：Appleton-Century-Crofts.

Tennyson，R. D.（2010）. Historical reflection on learning theories and instructional design. *Contemporary Educational Technology*，1（1），1 - 16.

Torkelson，G. M.（1977）. AVCR—One quarter century：Evolution of theory and research. *AV Communication Review*，25（4），317 - 358.

重复 Repetition

请同时参见认知策略 COGNITIVE STRATEGIES

　　重复是与 Bloom 分类中第一层次（知识/记忆）相关的一种微观教学策略（Bloom，Engelhart，Furst，Hill & Krathwohl，1956；Krathwohl，2002）。它是一种特定信息或行为的循环，以此帮助记忆。van Merrienboer 和 Pass（2003）指出，重复是一种通过汇聚刺激（将任务的各部分合成一个单一行为）和强化（使任务各部分之间的认知联系得到加强）使得架构自动化的教学方法。

　　一方面，重复经常被用来完成需要记住事实信息或常规程序的固定任务，完成这些固定任务既不需要理解，也不需要处理异常情况，根据 Ausubel（1968）的观点，这些任务只需要死记硬背。虽然死记硬背的方法在教育领域没有好名声，但在许多时候它还是很重要的，如果没有记忆，高级的学习方式也几乎不可能发生（Reigeluth，1999）。

另一方面,重复也被用于学习复杂技能。van Merrienboer(2003)在解释用部分任务的方法来学习复杂任务时,强调了重复部分任务的重要性。

重复有多种目的。Craik 和 Lockhart(1972)曾经发现两种类型的重复:维持和扩展。维持性重复指的是重复一种行为,并不需要进入深层次的信息加工,比如,不断重复学习新的外语词汇。不过,扩展性重复需要在重复中通过提供冗余信息和新信息来对信息进行深度加工,通过特别相关的和熟悉的信息的重复,短时记忆中的内容得以扩展和更新,与已编码知识的连接得以加强。

Yeol Huh

Dabae Lee

Charles Reigeluth

(李 艳 译)

参考文献

Ausubel, D. P. (1968). *Educational psychology: A cognitive view*. New York: Holt, Rinehart, & Winston.

Bloom, B. S., Engelhart, M. D., Furst, E. J., Hill, W. H., & Krathwohl, D. R. (1956). *Taxonomy of educational objectives: The classification of educational goals, Handbook 1: Cognitive domain*. Harlow, Essex, England: Longman Group.

Craik, F. I. M., & Lockhart, R. S. (1972). Levels of processing: A framework for memory research. *Journal of Verbal Learning and Verbal Behavior*, 11,671 - 684.

Krathwohl, D. R. (2002). A revision of Bloom's taxonomy: An overview. *Theory into Practice*, 41(4),212 - 218.

Reigeluth, C. M. (1999). *Instructional-design theories and models: A new paradigm of instructional theory*. Mahwah, NJ: Erlbaum.

van Merrienboer, J. J. G., & Paas, F. (2003). Powerful learning and the many faces of instructional design: Towards a framework for the design of powerful learning environments. In E. De Corte, L. Verschaffel, N. Entwistle & J. J. G. van Merrienboer (Eds.), *Powerful learning environments: Unraveling basic components and dimensions* (pp. 3 - 20). Oxford: Elsevier Science.

研究道德伦理 Research Ethics

请参见道德伦理 ETHICS

基于资源的学习 Resource-Based Learning

请参见信息资源 INFORMATION RESOURCES

富媒体 Rich Media

请同时参见媒体 MEDIA 和技术支持的学习 TECHNOLOGY-ENABLED LEARNING

媒体丰富性理论提供了一个框架来评估特定媒体有关减少信息不确定性和模棱两可方面的能力(Daft & Lengel, 1984)。不确定性的产生是由于完成一项任务所需要的信息有所缺损,而模棱两可的产生是因为信息在某情境中被使用时遭遇不同的诠释。富媒体使用的一个重要目的是解决在给定情境中信息模棱两可的问题。

模棱两可意味着模糊性,它与媒体的丰富程度有关。Daft 和 Lengel(1984;1986)曾经在他们的研究中提出过一个评估媒体丰富性的等级。其分级标准是"(a)有无即时反馈;(b)媒体传递多种细节信息(如肢体语言、语气语调和音调变化)的能力;(c)自然语言的运用;(d)媒体对个人的关注"(Banerji & Ghosh, 2010:281)。基于这一理论,媒体可以被分为不同的等级:面对面的交流是最丰富的媒体环境,而静态的文本是最缺乏丰富性的媒体。媒体越丰富,它就越能传递准确的和有意义的信息,促进思想交流,减少模棱两可性(Havard, Du & Xu, 2008)。Havice、Davis、Foxx 和 Havice(2010)将富媒体定义为"文本、音频、视频和动态动作的混合"(第 54 页)。

包含高不确定性的信息往往需要富媒体来传递,而包含很少或不包含不确定性的信息只需要瘦媒体传递即可。Liu、Liao 和 Pratt(2009)的研究指出一个媒体的丰富程度会影响学习者的专注度。他们在一门软件开发课程中所做的实验发现:与音频—文本媒体和音频—视频媒体环境作比较,音频—文本—视频媒体环境可以让学生保持更好的注意力。学生的专注度和他们对技术使用的接受度和意愿之间具有正相关关系。在这项研究中,考虑到课程内容的详细性质,选择富媒体是合适的。如果一门课程中包含的信息没有很多模棱两可的内容,教师可以考虑选择瘦媒体。

瘦媒体对学习也有积极作用。选择何种丰富程度的媒体取决于信息的潜在模棱两可程度。选择富媒体并不意味着一定能更好地理解所要学的内容。Du、Hao、Kwok 和 Wagner(2010)曾做过一项有关学生使用 PDAs 进行课程小测试、练习、师生交流和生生交流的研究。PDAs、即时信息和电话短信一般被视为瘦媒体（Du et al.，2010），在本研究中，与没有使用 PDAs 的学生相比，使用了 PDAs 的学生对课程内容理解得更好些，他们的课程满意度也更高。两组学生所接收的课程讲解内容都是一样的，PDAs 的使用为学习创设了一个丰富的媒体环境。

Byron Havard

（李　艳　译）

参考文献

Banerji，A.，& Ghosh，A. M.（2010）. *Multimedia technologies*. New Delhi：India. Tata McGraw Hill.

Daft，R. L.，& Lengel，R. H.（1984）. Information richness：A new approach to managerial information processing and organization design. In B. Staw & L. Cummings（Eds.），*Research in organizational behavior*（Vol. 6，pp. 191 - 233）. Homewood，IL：JAI Press.

Daft，R. L.，& Lengel，R. H.（1986）. Organizational information requirements，media richness and structural design. *Management Science*，*32*(5)，554 - 571.

Du，H.，Hao，J.，Kwok，R.，& Wagner，C.（2010）. Can a lean medium enhance largegroup communication? Examining the impact of interactive mobile learning. *Journal of the American Society for Information Science and Technology*，*61*(10)，2122 - 2137.

Havard，B.，Du，J.，& Xu，J.（2008）. Online collaborative learning and communication media. *Journal of Interactive Learning Research*，*19*(1)，37 - 50.

Havice，P. A.，Davis，T. T.，Foxx，K. W.，& Havice，W. L.（2010）. The impact of rich media presentations on a distributed learning environment：Engagement and satisfaction of undergraduate students. *Quarterly Review of Distance Education*，*11*(1)，53 - 60.

Liu，S.，Liao，H.，& Pratt，J. A.（2009）. Impact of media richness and flow on e-learning technology acceptance. *Computers & Education*，*52*(3)，599 - 607.

角色扮演游戏 Role Playing Games
请参见基于数字游戏的学习 DIGITAL GAME-BASED LEARNING

死记硬背 Rote Learning
请参见重复 REPETITION

RSS 2.0
请参见简易信息聚合 REALLY SIMPLE SYNDICATION

三分构图法 Rule of Thirds
请参见视觉信息设计 VISUAL MESSAGE DESIGN

S

学习支架 Scaffolding

请同时参见认知师带徒 COGNITIVE APPRENTICESHIP、复杂学习 COMPLEX LEARNING 和提示 PROMPTING

学习支架的概念来自于认知师带徒理论,该理论强调学习的社会情境以及专家和学习者之间的交互(Brown, Collins & Duguid, 1989；Collins, Brown & Newman, 1989),它根植于 Vygotsky(1978)的最近发展区概念。作为一种教学策略,学习支架强调为学习者学习任务中比较困难的部分提供临时的支持。这种支持可以是建议或直接的帮助,设计学习支架时为学习者提供指南、指示和反馈是重要的(Quintana et al., 2004)。学习支架也可以为学习者提供有指导的探询支持,如让学习者通过观看分步骤教学、现场演示和视频/音频了解专家的实践做法(Jonassen, Mayes & McAlesse, 1993；Williams, 1992),之后,教师监控学习者的学习进步情况,提供合适的干预,在关键时刻调节提供支持的多少。

在传统意义上,教师是调节提供学习支撑的主动者。近些年来,技术提供的学习支架可以自动完成一些不重要的任务,以此减少认知要求、模拟问题解决活动的架构以及协调学习者之间的合作(Manlove, Lazonder & De Jong, 2009；Quintana et al., 2004)。学习支架同样支持学习者为学习新任务作好准备,并将他们的注意力集中在重要的任务或问题要素中(Reiser, 2004)。

Hannafin、Land 和 Oliver(1999)曾提出过四种不同的支持探询、反思、自我管理、模拟和任务完成的学习支架策略类型。例如,过程性学习支架可以是一个超链接,通过它,学习者可以接触完成任务的更多信息或指导。技术在这里提供了一种手段,通过它,学习者可以及时接触到学习支架(如元认知提示,问题解决的关键步骤),由此提高他们的问题解决能力。

对学习的支撑应该逐渐减少或渐渐撤退（Collin，Brown & Newman，1989；McNeill，Lizotte，Krajcik & Marx，2006；Pea，2004）。只有这样，学习者才能学会逐渐依靠自己，而不是靠学习支架的帮助来完成活动或任务。

Wei-Chen Hung

（李　艳　译）

参考文献

Brown, J. S., Collins, A., & Duguid, P. (1989). Situated cognition and the culture of learning. *Educational Researcher*, *18*(1), 32 – 41.

Collin, A., Brown, J. S., & Newman, S. E. (1989). Cognitive apprenticeship: Teaching the craft of reading, writing, and mathematics. In L. B. Resnick (Ed.), *Knowing, learning, and instruction: Essays in honor of Robert Glaser* (pp. 453 – 494). Hillsdale, NJ: Lawrence Erlbaum Associates, Inc.

Hannafin, M., Land, S., & Oliver, K. (1999). Open learning environments: Foundations, methods, and models. In C. M. Reigeluth (Ed.), *Instructional-design theories and models*, *Volume II: A new paradigm of instructional theory* (pp. 115 – 140). Mahwah, NJ: Lawrence Erlbaum Associates.

Jonassen, D., Mayes, T., & McAleese, R. (1993). A manifesto for a constructivist approach to uses of technology in higher education. In T. M. Duffy, J. Lowyck & D. H. Jonassen (Eds.), *Designing environments for constructive learning* (pp. 232 – 247). Berlin, Germany: Springer-Verlag.

Manlove, S., Lazonder, A. W., & De Jong, T. (2006). Regulative support for collaborative scientific inquiry learning. *Journal of Computer Assisted Learning*, *22*(2), 87 – 98.

McNeill, K. L., Lizotte, D. J, Krajcik, J., & Marx, R. W. (2006). Supporting students' construction of scientific explanations by fading scaffolds in instructional materials. *The Journal of the Learning Sciences*, *15*(2), 153 – 191.

Pea, R. D. (2004). The social and technological dimensions of "scaffolding" and related theoretical concepts for learning, education and human activity. *The Journal of the Learning Sciences*, *13*(3), 423 – 451.

Quintana, C., Reiser, B. J., Davis, A. E., Krajcik, J., Fretz, E., Duncan, G. R., Kyza, F., Edelson, D., & Soloway, E. (2004). A scaffolding design framework for software to support science inquiry. *The Journal of the Learning Sciences*, *13*(3), 337 – 386.

Reiser, B. J. (2004). Scaffolding complex learning: The mechanisms of structuring and problematizing student work. *The Journal of the Learning Sciences*, *13*(3), 273 – 304.

Vygotsky, L. S. (1978). *Mind in society: The development of higher psychological processes*. London: Cambridge University Press.

Williams, S. M. (1992). Putting case-based instruction into context: Examples from legal and medical education. *The Journal of the Learning Sciences*, *2*(4), 367 – 427.

思维结构理论 Schema Theory

请同时参见先行组织技巧 ADVANCE ORGANIZER、认知失调理论 COGNITIVE DISSONANCE THEORY、认知学习理论 COGNITIVE LEARNING THEORY 和记忆 MEMORY

"思维结构"一词在现代心理学里指的是一种抽象的心理结构,是对我们与周围环境交互的行为进行高度浓缩后的一种表达。虽然古代和现代哲学家们都对这种假想的知识结构进行过思考,例如在康德(1781/1990)的分类中,他指出经验是一些之前学到的东西。然而,现代心理学里提到的思维结构概念一般会认为是由英国心理学家 Sir Frederic Bartlett 和法国儿童心理学家 Jean Piaget 提出的。

Bartlett(1932)指出,我们并不是将我们经历中的所有细节如数拷贝在脑子里(如同一张完整的快照),而是构建了一个心理表征,即思维结构。对于 Bartlett 而言,学习是具有建构性的,记忆是重建,而不是拷贝。也就是说,回忆包括取回思维结构,然后如果需要,或含蓄或明确地再生一些细节。

Piaget(1926)将儿童发展的不同阶段形成理论。为了更好地理解在环境中的经历,孩子们构建了思维结构,而后续的经历还会通过两种方式来改变这些思维结构。在有些情况下,新的经历会同化在现有思维结构中,因为它们是一个很好的补充内容;在另外一些情况下,新的经历会改变现有的思维结构。智力发展需要思维结构的形成,逻辑推理能力的提高需要利用这些思维结构以及这些思维结构之间的互动。在过去,学习和记忆被更多地看成是刺激与反应之间静态联系的形成以及通过一些环境提示将反应自动化,Bartlett 和 Piaget 的观点因此被忽视多年。不过在如今,思维结构的概念在多个领域得到广泛传播(虽然用的名字不一样,如脚本、故事情节、计划、主题、轮廓、叙述、框架、节点、心智模式、刻板印象、核心、要领、概念图和图形组织技巧等),表明了用相互作用的心理架构网络来代表环境经历这一做法的有用性。

以上有些概念产生于课堂教学环境。例如 Ausubel(1960,1968,1978)曾提出"先行组织技巧"这一概念,它指的是一种激活已有思维结构,由此促进新的学习活动的方法,它又被称之为"包含理论"。相较于死记硬背的试验室学习方式,"包含"是课堂学习的一个特色,它并不包括开发新的认知结构,而是重构现有结构,将新内容整合进来。

"思维结构理论"是由教育心理学家 Richard Anderson 在阅读教学中发展起来的

一个应用性理论。Anderson(1977,1994)指出,阅读理解和知识的保留是读者建构在先前已有的思维结构或世界知识之上的一种功能。这一思维结构方法对于阅读的功用得到了大量的研究,虽然近些年里相关研究有些减少。研究者 McVee、Dunsmore 和 Gavelek(2005)最近重新思考阅读中思维结构法的运用问题,他们尤其关注社会文化方法,包括 Vygotsky(1986)的理论,虽然这一观点并没有得到普遍的认同(Krasny, Sadoski & Paivio, 2007)。

这些未解决的议题与思维结构的起源有关,也和它们为何以及如何改变有关,还和哪种课堂实践能在过去学习和现在学习之间建立最有效的联系有关,也包括技术工具如何促进这种交互。

John Mueller

(李 艳 译)

参考文献

Anderson, R. C. (1977). The notion of schemata and the educational enterprise. In R. C. Anderson, R. J. Spiro & W. E. Montague (Eds.), *Schooling and the acquisition of knowledge* (pp. 415 - 431). Hillsdale, NJ: Lawrence Erlbaum Associates.

Anderson, R. C. (1994). Role of reader's schema in comprehension, learning, and memory. In R. Ruddell & M. Ruddell (Eds.), *Theoretical models and processes of reading* (4th ed., pp. 469 - 482). Newark, DE: International Reading Association.

Ausubel, D. P. (1960). The use of advance organizers in the learning and retention of meaningful verbal material. *Journal of Educational Psychology*, 51,267 - 272.

Ausubel, D. P. (1968). *Educational psychology: A cognitive view.* New York: Holt, Rinehart & Winston.

Ausubel, D. (1978). In defense of advance organizers: A reply to the critics. *Review of Educational Research*, 48,251 - 257.

Bartlett, F. C. (1932). *Remembering: A study in experimental and social psychology.* Cambridge, England: Cambridge Press.

Kant, I. (1781/1990). *Critique of pure reason* (J. M. D. Meiklejohn, Trans.). Amherst, NY: Prometheus.

Krasny, K. A., Sadoski, M., & Paivio, A. (2007). Unwarranted Return: A Response to McVee, Dunsmore, and Gavelek's (2005) "Schema Theory Revisited". *Review of Educational Research*, 77,245 - 248.

McVee, M. B., Dunsmore, K., & Gavelek, J. R. (2005). Schema theory revisited. *Review of Educational Research*, 75, 531 - 566.

Piaget, J. (1926). *The child's conception of the world.* London, England: Routledge and Kegan Paul.

Vygotsky, L. S. (1986). *Thought and language.* Cambridge, MA: MIT Press.

有关此主题的更多信息,请参见"附加资源"

屏幕少年 Screenager
请参见数字土著和移民 DIGITAL NATIVES AND IMMIGRANTS

屏幕设计 Screen Design
请参见视觉信息设计 VISUAL MESSAGE DESIGN

第二人生 Second Life
请参见虚拟世界 VIRTUAL WORLDS

自我导向式学习 Self-Directed Learning
请同时参见个别化教学 INDIVIDUALIZED INSTRUCTION、以学习者为中心的教学 LEARNER-CENTERED INSTRUCTION、开放教育 OPEN EDUCATION、程序化教学 PROGRAMMED INSTRUCTION 和自我调节 SELF-REGULATION

自我导向式学习可以被看作是一种愿望中的目标——在这种状况中人们可以自己选择和完成他们制定的学习目标——这也是一种教学技巧,这种教学技巧使得学习者在尽少取得教师的帮助下来达到学习目标。

自我导向式学习的概念最早出自于 Tough(1971)的研究,该研究发现人们在日常生活中通常会发生大量的非正式学习活动,按时间计算的话,大约每年有上百个小时。Malcolm Knowles(1975)将自我导向式学习纳入其成人教育理论,指出成人能力提升后,需要在学习中进行自我导向式学习,由此将"自我导向式学习"这一概念进行了推广。

Knowles 的人文理想吸引了成人教育者,由此产生了大量与此相关的文献著作,在 20 世纪 80 年代达到了顶峰,21 世纪初有所回落。在成人教育领域,大多文献出自哲学层面的思考,认为自我导向式学习的目的是引导学习者进行严谨反思和解放思想(Mezirow,1985;Merriam & Caffarella,1999)。研究没有过多地关注成人学习者个性特征对自我导向式学习的效用以及个体是否愿意在学习中更多地自我掌控和自我负责等问题(Brookfield,1985)。

这一理论的发展恰巧与快速发展的自学方式发生在同一时期。程序化教学运动和个别化教学运动各自都产生了既新颖又有效的教学形式,例如,纸质出版或者音像出版的程序化教材、学习站以及自学模块。自我导向式学习倡导者们通过这些软件化的教学内容在正规教育和企业培训中实施他们的倡议。教学设计和独立学习资源的使用将自我导向式学习带进了教育技术领域。

企业领域引入自我导向式学习有其更为务实的基础,企业培训中各种形式的自主教学的原动力来自于 20 世纪八九十年代的生产率运动。为了尽量减少培训的无效率,企业分析师们将员工培训活动中所需时间作为一个需要严格审查的要素,自我导向式学习概念的出现使得管理者们可以建议减少集体的课堂培训,让员工自己去找时间进行自我导向式学习,甚至可能利用他们自己的休息时间。Piskurich(1993)提出的企业应用指南中将自我导向式学习定义为基于特定教学目标和教学顺序的最新自学材料包——这与 Knowles 最初有关自我导向式学习的观点有所不同。

如今,在远程教育领域,与自我导向式学习相关的议题一直引人关注。Garrison (2003:165)曾中肯地指出,在认知的自主性以及"测试个人理解和重构社会知识的机会"之间有一种哲学的内在张力,前者是自我导向式学习概念的核心,后者是建构主义和理想学习环境中合作观念的核心。

Michael Molenda

(李　艳　译)

参考文献

Brookfield, S. (1985). Self-direct learning: A critical review of the research. In S. Brookfield (Ed.), *Self-directed learning: From theory to practice. New directions for continuing education*, no. 25 (pp. 5 - 16). San Francisco: Jossey-Bass.

Garrison, D. R. (2003). Self-directed learning and distance education. In M. G. Moore & W. G. Anderson (Eds.), *Handbook of distance education* (pp. 161 - 168). Mahwah, NJ: Lawrence Erlbaum Associates.

Knowles, M. S. (1975). *Self-directed learning: A guide for learners and teachers*. New York: Association Press.

Merriam, S. B., & Caffarella, R. S. (1999). *Learning in adulthood* (2nd ed.). San Francisco: Jossey-Bass.

Mezirow, J. (1985). A critical theory of self-directed learning. In S. Brookfield (Ed.), *Self-Directed Learning: From theory to practice. New directions for continuing education*, no. 25 (pp. 17 - 30). San Francisco: Jossey-Bass.

Piskurich, G. M. (1993). *Self-directed learning: A practical guide to design, development,* and implementation. San Francisco: Jossey-Bass.

Tough, A. (1971). *The adult's learning projects: A fresh approach to theory and practice in adult learning*. Toronto: Ontario Institute for Studies in Education.

自我效能 Self-Efficacy

请同时参见动力 MOTIVATION

自我效能,或称之为自我效能感,是一个心理学范畴的概念,指的是个人对自己完成某方面工作能力的主观评估,它描述的是个人对自己有效执行某项行动的自信程度。自我效能感指的是个人对"自身能力的期望……(和)效用"(Bandura,1977:193)。它发生在一个"设计好的环境中……是一个人在情境中的建构"(Cervone,Mor,Orom,Shadel & Scott,2004:190)。自我效能(完成某项任务的个人能力)是因任务而变的,例如,一个学生可能在解代数方程上有很高的自我效能,但是在玩桥牌方面他/她的自我效能却很低。

不论一个人真实能力如何,他/她对某项技能的自我效能感会影响其表现(Bandura,1997)。媒体研究发现,如果学生们能够理解一项任务的要求,他们也具有完成任务所需要的技能,同时,他们具有"从媒介中学习的技能",那么,他们能全力以赴完成该任务(Clark & Sugrue,2001:83)。从特定媒介中学习某项技能的自我效能会影响学习者的动力。

不同的教学策略会对自我效能和业绩表现有不同的影响。相较于那些只接收标准参照的优缺点评估的学生而言,那些可以得到反馈告知他们如何提高的学生有更高的自我效能以及更好的学业表现(Chan & Lam,2010)。换言之,教师在教学过程中所提供的反馈可以提高学习者的自我效能和业绩表现。

Kathryn Ley

(李 艳 译)

参考文献

Bandura, A. (1977). Self-efficacy: Toward a unifying theory of behavioral change. *Psychological Review*, 84, 191 – 215. doi: 10.1037/0033-295X. 84. 2. 191.

Bandura, A. (1997). *Self-efficacy: The exercise of control*. New York: W. H. Freeman and

Company.

Cervone, D., Mor, N., Orom, H., Shadel, W. G., & Scott, W. D. (2000). Self-efficacy beliefs on the architecture of personality: On knowledge, appraisal, and self-regulation. In M. E. Boekaerts, P. R. Pintrich & M. E. Zeidner, (Eds.), *Handbook of self-regulation* (pp. 188 - 210). San Diego, CA: Academic Press.

Chan, J. C. Y., & Lam, S. (2010). Effects of different evaluative feedback on students' self-efficacy in learning. *Instructional Science*, 38(1),37 - 58.

Clark, R. E., & Sugrue, B. M. (2001). International views of the media debate. In R. E. Clark, (Ed.), *Learning from media*: *Arguments, analysis, and evidence* (pp. 71 - 88). Greenwich, CT: Information Age Publishing.

自我调节 Self-Regulation

请同时参见认知过程 COGNITIVE PROCESSES、元认知 METACOGNITION、动力 MOTIVATION 和自我导向式学习 SELF-DIRECTED LEARNING

有关自我调节的定义经历了时间的打磨,其最初的内涵是指通过积极的元认知、动力和行为上的自我处理达到个体学习的完善(Zimmerman,1989),如今,该定义有了新的拓展:

> ……规划和管理时间、参与和关注教学、组织、复述和编码信息、建立高效的工作环境和有效使用社会资源……它包括自我效能、成果预期、任务兴趣或估价、学习目标取向以及对个人学习和表现的自我满足(Zimmerman,2004:139 - 140)。

自我调节指的是学习者为保持目标为导向的行为而需要的认知、行为和情感机制(Bembenutty,2009)。因此,自我调节并不是只包含一套认知、元认知、动力和行为策略的单一活动(Kaplan,2008),它包含为达到明确的教学目标而进行的诸如规划、实施、监控、评估和修改学习活动和策略等系列行为。自我调节的这一定义说明它包含很多要素,"每一要素又由各式各样的可用于测试个体或群体操作水平的代理变量构成"(Cascallar,Boekaerts & Costigan,2006:297)。

自我调节理论性或操作性的定义过多,这对其研究进展并无多大帮助,研究者们希望有清晰的、统一的定义,并有与之相对应的测试工具(Schunk,2008)。自我报告的测试工具在某些情况下是可以接收的(Pintrich,Smith,Garcia & McKeachie,

1993），但在其他一些情况下，它是不足以从操作性层面上说明自我调节的定义的，例如，自我调节被广义地定义为"多要素、多层次、迭代的和自转向的过程……为了达到个人的目标，而这些目标需要通过一些专业评估工具才能得到恰当的评估"（Boekaerts, Maes & Karoly, 2005：150）。

自我调节过程测试工具对于理解"学习中动态的自我调节过程"非常重要（Cascallar et al., 2006：297）。积极学习测试问答（Pintrich et al., 1993）是一个包含认知和元认知维度，并可用于具体专业领域自我调节测试的自我报告式测试工具（Lee, Lim & Grabowski, 2010）。自我调节策略既可用自我报告测试，也可用学习者在具体学习环境中的成果，如学习量和减退情况来衡量（Sitzmann & Ely, 2010）。自我调节过程也可以通过计算机来测试（Schraw, 2010），如利用记录自我调节行为的软件（Winne, 2010）或者其他在线的可以记录、跟踪、模拟和促进学生的自我调节过程的跟踪方法（Azevedo, Moos, Johnson & Chauncey, 2010）。

Kathryn Ley

（李　艳　译）

参考文献

Azevedo, R., Moos, D. C., Johnson, A. M., & Chauncey, A. D. (2010). Measuring cognitive and metacognitive regulatory processes during hypermedia learning: Issues and challenges. *Educational Psychologist*, *45*(4), 210 – 223. doi: 10. 1080/00461520. 2010. 515934.

Bembenutty, H. (2009). Feeling-of-knowing judgment and self-regulation of learning. *Education*, *129*(4), 589 – 598.

Boekaerts, M., Maes, S., & Karoly, P. (2005). Self-regulation across domains of applied psychology: Is there an emerging consensus? *Applied Psychology An International Review*, *54*(2), 149. doi: 10. 1111/j. 1464-0597. 2005. 00201. x.

Cascallar, E., Boekaerts, M., & Costigan, T. (2006). Assessment in the evaluation of self-regulation as a process. *Educational Psychology Review*, *18*(3), 297 – 306. doi: 10. 1007/s10648-006-9023-2.

Kaplan, A. (2008). Clarifying metacognition, self-regulation, and self-regulated learning: What's the purpose? *Educational Psychology Review*, *20*(4), 477 – 484.

Lee, H., Lim, K., & Grabowski, B. (2010). Improving self-regulation, learning strategy use, and achievement with metacognitive feedback. *Educational Technology Research & Development*, *58*(6), 629 – 648. doi: 10. 1007/s11423-010-9153-6.

Pintrich, P. R., Smith, D., Garcia, T., & McKeachie, W. (1993). Reliability and predictive validity of the motivated strategies for learning questionnaire (MSLQ). *Educational & Psychological Measurement*, *5*, 801 – 813.

Schraw，G.（2010）．Measuring self-regulation in computer-based learning environments. *Educational Psychologist*，45(4),258-266. doi：10. 1080/00461520. 2010. 515936.

Schunk，D. H.（2008）．Metacognition，self-regulation，and self-regulated learning：Research recommendations. *Educational Psychology Review*，20(4),463-467.

Sitzmann，T.，& Ely，K.（2010）．Sometimes you need a reminder：The effects of prompting self-regulation on regulatory processes，learning，and attrition. *Journal of Applied Psychology*，95(1),132-144. doi：10. 1037/a0018080.

Winne，P. H.（2010）．Improving measurements of self-regulated learning. *Educational Psychologist*，45(4),267-276. doi：10. 1080/00461520. 2010. 517150.

Zimmerman，B. J.（1989）．A social cognitive view of self-regulated academic learning. *Journal of Educational Psychology*，81(3),329-339. doi：10. 1037/0022-0663. 81. 3. 329.

Zimmerman，B. J.（2004）．Sociocultural infl uence and students' development of academic self-regulation：A social-cognitive perspective. In D. M. McInerney & S. Van Eten（Eds.)，*Big theories revisited*（pp. 139-164）. Greenwich，CT：Information Age Publishing.

符号学 Semiotics
请同时参见交流 COMMUNICATION 和图形 GRAPHICS

符号学(Semiotics 或 semiology)是一门有关符号的学问。符号学将各种事物视为文本,用来阅读和解释。不同于语言学,符号学通过视觉材料、广告、艺术、音乐、剧院、食物和大众文化等角度关注人们是如何交流的。现代符号学将网络、twitter 以及新的通信技术视为新的符号系统。符号学根基于瑞士语言学家 Ferdinand de Saussure (1857—1913)和美国哲学家 Charles Saunders Peirce(1839—1914)所提出的两个模型。Saussure(1916)将一个符号视为由"物质形成"和"精神概念"两部分组成,简言之,"物质形成"指的是物,"精神概念"指的是其意义。Peirce(1991)认为符号系统由三部分组成:对象(符号)、解释项(精神概念)和代表项(物质形成)。符号学描述了符号是如何工作的,包括隐喻、编码、互文、强调方式、意义(按字面的意思)和意味(情感意义)、文本(开放或不开放的)以及范式/横组合分析。

Thomas Sebeok(1920—2001)将符号学拓展到了非人通信系统(Sebeok，1972)。Umberto Eco(1932—)探索了躺着的符号学(夹带在其他议题中),他的好几本小说都是基于符号学理论的,尤其是《玫瑰花的名字》(Eco，1983)。Roland Barthes(1915—1980)关注图像中的符号学应用,尤其是广告图像以及神话故事(Barthes，1977)。

Jacques Derrida(1930—)的后现代探索以及他提出的"差异"与"解构"概念源于 Saussure 的"语言"和"言语"概念(Derrida，1997)。"解构"一词因此流行并被(以不正确的方式)广泛使用,它被简单地描述为意义分析。此外,Eco(1994)将这一概念从现实世界延伸到超现实世界。Baudrillard(1991)的作品从独特的,有时甚至是麻烦的角度描写图像点的概念。

在教育技术领域,符号学一直被当作边沿性学科。虽然其核心思想对于学习媒体和媒体代码是非常重要的,不过,符号学中的一些术语,如标志、符号、图标、超现实以及仿真/图像,经常出现在教育技术文献中。

Danesi(2002)的传媒符号学和Kress(2010)的多模态理论描述了符号学的一个现代趋势,Chandler(2002)也曾总结过符号学的基础,其中包括了对各种媒体(如电视、电影、网络和多模态)的描述。

Denis Hlynka

(李 艳 译)

参考文献

Barthes, R. (1977). *Elements of semiology*. New York: Hill and Wang.
Baudrillard, J. (1991). The precession of the simulacrum. In D. Hlynka & J. Belland (Eds.), *Paradigms regained: The uses of illuminative, semiotic, and postmodern criticism as modes of inquiry in educational technology* (pp. 441 - 480). Englewood Cliffs, NL, Educational Technology Publications (Work originally published in 1983).
Chandler, D. (2002). *Semiotics: The basics* (2nd ed.). London: Routledge.
Danesi, M. (2002). *Understanding media semiotics*. London: Arnold Publishers.
Derrida, J. (1997). *Deconstruction in a nutshell: A conversation with Jacques Derrida*. New York: Fordham University Press.
Eco, U. (1983). *The name of the rose*. New York: Harcourt.
Eco, U. (1994). *The limits of interpretation*. Bloomington: Indiana University Press.
Kress, G. (2010). *Multimodality: A social semiotic approach to contemporary communication*. London: Routledge.
Peirce, C. S. (1991). *Peirce on signs: Writings on semiotic by Charles Saunders Peirce*. Chapel Hill, NC: University of North Carolina Press.
Saussure, F. (1916). *Course in general linguistics* (C. Bally & A. Sechehaye, Eds.). Paris, France: Payot.
Sebeok, T. (1976). *Studies in semiotics: Contributions to the doctrine of signs*. Bloomington, IN: Indiana University and The Peter De Ridder Press.

感觉系统 Sensory Systems
请参见感知模式 PERCEPTUAL MODALITY

排序 Sequencing

请同时参见延伸排序 ELABORATION SEQUENCING、学习分层 LEARNING HIERARCHY、心智模型进展 MENTAL MODEL PROGRESSION 和简化条件方法 SIMPLIFYING CONDITIONS METHOD

Morrison、Ross、Kalman 和 Kemp(2011)将排序定义为"帮助学习者达成目标的内容有效组织方式"(第 136 页)。Richey、Klein 和 Tracey(2011)认为排序是"教学设计者需要思考的一个重要问题"以及"教学设计知识基础中六大内容之一"(第 78 页)。Reigeluth(2007)指出，"排序是有关如何编排和组织内容的决策"(第 20 页)，它们的重要性取决于两个要素："学习主题之间的关系和课程容量的大小。"(第 21 页)

排序有许许多多的方法。Morrison 等(2011)认为最常用的方法包括 Gagné 的分层条件法，Posner 和 Strike 的学习相关、世界相关以及内容相关的策略，以及 Reigeluth 提出的与延伸理论相关的方法。Richey、Klein 和 Tracey(2011)认为 Bruner 的螺旋式课程也是常用方法之一。

分层排序指的是将学习内容按照这样一种方式进行排序，即所教的每一技能都是由更简单、更容易的"分技能"组成的，学习者只有在掌握好这些分技能的前提下才能掌握好所教的技能(Reigeluth，2007；Tennyson，2010；Richey et al.，2011)。延伸理论强调学习内容排序需要基于学习者期望提高的专门知识的类型。内容专长型排序指的是基于知识的教学内容进行排序，"将概念按照上级、协调和隶属关系进行编排"(Morrison et al.，2011：143)。任务专长型排序指的是教学设计者按照从最容易到最复杂的顺序将基于技能的教学内容进行排序(Morrison et al.，2011)。Richey 等(2011)描述了螺旋式课程的内容编排方法，即"教材内容的开发需要强调基础概念的重复，直至学生对它们完全掌握"(第 78 页)。

Morrison 等(2011)的研究讨论了 Strike 和 Posner 于 1976 年提出的三种排序方案。学习相关的排序基于学习者的需求，它包含五大原则，如果有必备知识/技能存在，教师应该先教这些必备知识和技能，教学内容应按照从最熟悉到最不熟悉、从最简单到最难、从最感兴趣到最不感兴趣这样的顺序编排，"确保教师在教授一个任务或主题之前学生们已经达到了相应的发展水平"(第 140 页)。在世界相关的排序中，内容的呈现方式与真实世界中空间、时间或物理属性保持一致。Strike 和 Posner 的第三种排序方案,概念相关的排序包含有四个原则:当类别关系存在时,先教类别的特征,后教类别内的具体信息,为所述观点提供佐证例子,教学概念由具体到抽象,先教"必备的逻辑概念"(Morrison et al. , 2011:140)。

对教学内容进行排序并没有一种唯一的"正确"方法。有关排序的决策需要考虑教学内容和学习者特征等要素,精心选择的排序策略可以将认知负荷最小化,同时增加学习成果。没有经过良好设计的排序策略起相反作用,即增加认知负荷,减少学习成果和知识转移(Si & Kim,2011)。

Nancy B. Hastings

(李 艳 译)

参考文献

Morrison, G. R. , Ross, S. M. , Kalman, H. , & Kemp, J. E. (2011). *Designing effective instruction* (6th ed.). Hoboken, NJ: John Wiley & Sons.

Reigeluth, C. M. (2007). Order, first step to mastery: An introduction to sequencing in instructional design. In F. E. Ritter, J. Nerb, E. Lehtinen & T. O'Shea (Eds.), *In order to learn: How the sequence of topics influences learning* (pp. 19 – 40). New York, NY: Oxford University Press, Inc.

Richey, R. C. , Klein, J. D. , & Tracey, M. W. (2011). *The instructional design knowledge base: Theory, research and practice.* New York, NY: Routledge.

Si, J. , & Kim, D. (2011). How do instructional sequencing methods affect cognitive load, learning transfer, and learning time? *Educational Research*, 2(8),1362 – 1372.

Strike, K. A. , & Posner, G. J. (1976). Epistemological perspectives on conceptions of curriculum organization and learning, *Review of Research in Education*, 4,106 – 141.

Tennyson, R. D. (2010). Historical reflection on learning theories and instructional design. *Contemporary Educational Technology*, 1(1),1 – 16.

严肃游戏 Serious Games

请参见基于数字游戏的学习 DIGITAL GAME-BASED LEARNING 和游戏设计 GAME DESIGN

Shading[①]

请参见视觉信息设计 VISUAL MESSAGE DESIGN

Shape[②]

请参见视觉信息设计 VISUAL MESSAGE DESIGN

短信服务 Short Message Service

请参见移动设备与功能 MOBILE DEVICES AND FUNCTIONS

符号 Sign

请参见符号学 SEMIOTICS

简化条件方法 Simplifying Conditions Method

请同时见延伸排序 ELABORATION SEQUENCING

简化条件方法(Simplifying Conditions Method,简称 SCM)是一种微观层面的教学技巧,它与 Reigeluth 的延伸理论息息相关(Reigeluth, 1987,1999)。SCM 指的是这样一种排序方法:将一项复杂任务简化为一个最简单的真实世界活动,等学习者掌握了该活动之后再将活动的复杂程度提高一些,周而复始,直至达到任务的复杂程度,这一过程类似视频游戏的玩法。

对于学习一项复杂的认知任务,SCM 可以帮助学习者全方位地理解任务,从最简单的课程或活动开始,最终可以达到专业技能水平。因为学习者做的是真实世界的活动,SCM 很适合情境学习、基于问题的学习和基于计算机的模拟等(Reigeluth, 1999)。SCM 促成了一种化繁为简的认知思维结构的产生。

SCM 指出任务可以是纯粹程序化的(此处案例专家认为是"步骤"性的)、纯粹经验型的(这里案例专家认为是因果模型、经验法则或其他经验型号)或者是程序化和经

---

①② 在 VISUAL MESSAGE DESIGN 术语解释中没有找到 Shading 或 Shape,因此,缺少上下文来确定其正确含义。——译者注

验型的结合(Reigeluth,1999)。

　　无论是对于程序化任务,还是经验型任务,SCM 都包含两部分内容:概括和阐述(Reigeluth,1999)。概括的原则基于整体化学习和架构建设,概括意味着要使用:(1)一个整体的任务技能,而不是简单的分任务技能;(2)一个简单版本的任务,而不是复杂版本的任务,以避免认知超负荷;(3)一个真实情境的任务,而不是没有情境的任务;(4)一个能很好反映整个任务的版本。类似的,阐述的原则也是基于整体化学习和对架构的同化吸收,因此,每一条阐述意味着:(1)一个有关任务的不同描述版本;(2)一个有关任务的更为复杂的版本;(3)一个有关任务的真实版本;(4)一个最能反映整体任务的版本(Reigeluth,1999)。

　　对于程序化任务,最简单版本通常是步骤最少的。对步骤顺序的设计主要依据 Scandura(1973)和 Merrill(1980)提出的有关过程的路径分析理论(Reigeluth & Rodgers,1980)。过程的不同路径被应用在不同的条件下,最短的路径通常依靠的是最简单的条件。如果最短路径不能最好地代表任务,那么就应该使用稍微长一些,并且更有代表性的路径。对于经验型任务(Reigeluth,1992),最简单的真实世界版本任务就是那个需要学习最少经验的任务,任务版本的选择取决于区分简单任务或复杂任务的条件。

Yeol Huh

Dabae Lee

Charles Reigeluth

(李　艳　译)

参考文献

Merrill, P. F. (1980). Analysis of a procedural task. *NSPI Journal*, *19*(2),11 - 15.

Reigeluth, C. M. (1987). Lesson blueprints based on the elaboration theory of instruction. In C. M. Reigeluth (Eds.), *Instructional theories in action: Lessons illustrating selected theories and models* (pp. 245 - 288). Hillsdale, NJ: Lawrence Erlbaum Associates.

Reigeluth, C. M. (1992). Elaborating the elaboration theory. *Educational Technology Research & Development*, *40*(3),80 - 86.

Reigeluth, C. M. (1999). The elaboration theory: Guidance for scope and sequence decisions. In C. M. Reigeluth (Ed.), *Instructional-design theories and models: A new paradigm of instructional theory* (Vol. 2, pp. 425 - 453). Mahwah, NJ: Lawrence Erlbaum.

Reigeluth, C. M., & Rodgers, C. A. (1980). The Elaboration Theory of Instruction:

Prescriptions for task analysis and design. *NSPI Journal*，*19*（1），16 - 26.

Scandura，J. M.（1973）. Structural learning and the design of educational materials. *Educational Technology*，*13*（8），7 - 13.

模拟 Simulation

请同时参见基于数字游戏的学习 DIGITAL GAME-BASED LEARNING 和专家系统 EXPERT SYSTEM

教育和培训中使用模拟已经由来已久,涉及诸多领域,包括商学(Griffin & Williams，1964；Mayer，Dale，Fraccastoro & Moss，2011；Pasin & Giroux，2011)、军事科学(Fletcher，2009；Macedonia，2002)、医学(McGahie，Siddal，Mazmaninan & Myers，2009；Scalese，Obeso & Issenberg，2008)和传统教育领域,如科学(Rutten，van Joolingen & van der Veen，2012),以及专门应用领域,如飞行训练(Koonce & Bramble，1998)。Gredler(2004)将模拟定义为"对一个特定社会或物理现实进行持续性的案例学习"(第573页),它描述了模拟的目标是让参与者有"扮演一个真实的角色,解决模拟情境中的议题、威胁或问题,由此经历作决策过程"的经验(第573页)。针对基于计算机的模拟,de Jong 和 van Joolingen(1998)指出,这类经验包括"含有系统模块(自然或人工的,如装备)或过程的程序"(第180页)。Aldrich (2004)将模拟描述为一种"用以理解一个系统或过程中各要素间关系的方法"。"学习发生在观察模型中一个或多个要素发生变化后产生效果的过程中。"(第287页)Gredler(2004)对两类模拟进行了区分,一类称之为经验型模拟,它指的是参与者在一个模拟的情境或环境中扮演角色;另一种是象征型模拟,它指的是参与者在控制系统中的变量以观察其结果的过程中与模拟系统互动。保真度是模拟系统的重要特征之一。Sauvé、Renaud、Kaufman 和 Marquis(2007)的研究关注系统本身的保真度,即模拟反映现实的程度,它们将模拟描述为"一个用简化的、动态的和精准的代表物反映真实世界的系统"(第253页)。

文献中讨论的一个议题是在何种程度上"模拟"和"游戏"这两个概念被同义地使用或者没有被仔细地解释或定义(Sauvé et al.，2007)。尽管这两种技术在很多方面有重叠之处,Gredler(2004)描述了两者之间一个简单而重要的不同点:至少对参与者而言,游戏体验的目标是为了赢。在比较游戏和模拟的本质属性时,Sauvé 等(2007)响应了这点不同,指出游戏是"将人放入一种臆造的、想象的和人为的冲突情境中",而

模拟"不一定是指冲突或竞争"(第 253 页)。一些学者(如 DiPietro，Ferdig，Boyer &
Black，2007；Rieber，1996)指出两者的区别可能起始于 Malone 和 Lepper(1987)有关
游戏特征的总结，游戏中有鼓励内在动力的元素，如幻想、好奇、挑战和控制。此外，还
有一些新兴的体验，如虚拟世界和虚拟环境(Dalgarno & Lee，2010)。当很多相关工
具被很好地应用时，那么它们可以彼此融合各自的特征(优点)，使体验更优化
(Hofstede，Caluwé & Peters，2010；Warburton，2009)。

Jason Underwood

(李 艳 译)

参考文献

Aldrich, C. (2004). *Simulations and the future of learning：An innovative approach to Elearning*. San Francisco, CA：Wiley.

Dalgarno, B., & Lee, M. J. W. (2010). What are the learning affordances of 3-D virtual environments? *British Journal of Educational Technology*，41(1),10 - 32.

de Jong, T., & van Joolingen, W. R. (1998). Scientific discovery learning with computer simulations of conceptual domains. *Review of Educational Research*，68(2),179 - 201.

DiPietro, M., Ferdig, R. E., Boyer, J., & Black, E. W. (2007). Towards a framework for understanding electronic educational gaming. *Journal of Educational Multimedia and Hypermedia*，16(3),225 - 248.

Fletcher, J. D. (2009). Education and training technology in the military. *Science*，323(5910), 72 - 75.

Gredler, M. E. (2004). Games and simulations and their relationship to learning. In D. H. Jonassen (Ed.), *Handbook of research on educational communications and technology* (2nd ed., pp. 571 - 582). Mahwah, NJ：Lawrence Erlbaum Associates.

Griffin, C. H., & Williams, T. H. (1964). Simulation in business education. *The Accounting Review*，39(1),160 - 163.

Hofstede, G. J., Caluwé, D. L., & Peters, V. (2010). Why simulation games work, in search of the active substance：A synthesis. *Simulation and Gaming*，41(6),824 - 843.

Koonce, J. M., & Bramble, W. J. (1998). Computer-based flight training devices. *International Journal of Aviation Psychology*，8(3),277 - 292.

Macedonia, M. (2002). Games soldiers play. *IEEE Spectrum*，39(3),32 - 37.

Malone, T. W., & Lepper, M. R. (1987). Making learning fun：A taxonomic model of intrinsic motivations for learning. In R. E. Snow & M. J. Farr (Eds.), *Aptitude, learning, and instruction：III, Conative and affective process analysis* (pp. 223 - 253). Hillsdale, NJ：Erlbaum.

Mayer, B. W., Dale, K. M., Fraccastoro, K. A., & Moss, G. (2010) Improving transfer of learning：Relationship to methods of using business simulation. *Simulation & Gaming*，42 (1),64 - 84.

McGaghie，W. C.，Siddal，V. J.，Mazmanian，P. E.，& Myers，J.（2009）. Lessons for continuing medical education from simulation research in undergraduate and graduate medical education：effectiveness of continuing medical education. *Chest*，*135*（3），62S – 68S.

Pasin，F.，& Giroux，H.（2010）. The impact of a simulation game on operations management education. *Journal of Computers & Education*，*57*（1），1240 – 1254.

Rieber，L. P.（1996）. Seriously considering play. *Educational Technology*，*44*（2），43 – 58.

Rutten，N.，van Joolingen，W. R.，& van der Veen，J. T.（2012）. The learning effects of computer simulations in science education. *Computers & Education*，*58*（1），136 – 153.

Sauvé，L.，Renaud，L.，Kaufman，D.，& Marquis，J. S.（2007）. Distinguishing between games and simulations：A systematic review. *Educational Technology & Society*，*10*（3），247 – 256.

Scalese，R.，Obeso，V. T.，Issenberg，S. B.（2008）. Simulation technology for skills training and competency assessment in medical education. *General Internal Medicine*，*23*（S1），46 – 49.

Warburton，S.（2009）. Second Life in higher education：Assessing the potential for and the barriers to deploying virtual worlds in learning and teaching. *British Journal of Educational Technology*，*40*（3），414 – 426.

情境认知 Situated Cognition

请同时参见认知师带徒 COGNITIVE APPRENTICESHIP、实践社区 COMMUNITY OF PRACTICE 和建构主义 CONSTRUCTIVISM

情境认知描述的是一种发生在特定时空和高语境环境中的学习（Neville，2010）。意义经常是在社会中被建构的（Hung & Chen，2001），因此，情境学习发生在一个指定的社会环境中。如果离开知识存在的情境，知识本身也就不复存在了。知识仅存在于一个社会文化环境中。Hung 和 Chen(2001)进一步阐述道，人们是在社会文化中建构意义的。实践社区决定了知识和技能建构的边界（Woolfolk，2012）。工程师、物理学家或建筑师群体因在不同领域工作，每一群体的知识体系很不一样，Jonassen (2003)发现这些不同的群体使用不同的话语体系，他们解决问题的方式也不一样。

更进一步地讲，不同的环境决定了所学内容的不同（Pella，2011）。例如，在新泽西州海岸边生活的学生与在西宾夕法尼亚州生活的学生在学习海岸侵蚀问题时面对的情境是不一样的，因为在新泽西州海岸边生活的学生是生活在海边的，而在西宾夕法尼亚州生活的学生可能只是偶尔去海边，身临其境一定会改变所学知识的范围和顺序。

David D. Carbonara

（李 艳 译）

参考文献

Hung, D. W. L. , & Chen, D. T. (2001). Situated cognition, Vygotskian thought and learning from the communities of practice perspective: Implications for the design of web-based e-learning. *Educational Media International*, 38(1),3 – 11.

Jonassen, D. (2003). Using cognitive tools to represent problems. *Journal of Research on Technology in Education*, 35(3),362.

Neville, D. O. (2010). Structuring narrative in 3D digital game-based learning environments to support second language acquisition. *Foreign Language Annals*, 43(3),446 – 470.

Pella, S. (2011). A situative perspective on developing writing pedagogy in a teacher professional learning community. *Teacher Education Quarterly*, 38(1),107 – 125.

Woolfolk, A. (2012). *Educational Psychology* (12th ed.). Upper Saddle River, NJ: Prentice Hall.

智能手机 Smartphone

请参见移动设备与功能 MOBILE DEVICES AND FUNCTIONS

社会化电脑应用 Social Computing

请同时参见博客 BLOG、通信 COMMUNICATION、通信图谱 COMMUNICATION MAPPING、社交媒体 SOCIAL MEDIA、技术通信 TECHNOLOGICAL COMMUNICATION、用户生成的内容 USER-GENERATED CONTENT 和 WEB 2.0

基于人类有社交的天性,社会化电脑应用指的是由数字系统支持的在线社会交互(Erickson,2011)。从计算机科学角度看,社会化电脑应用指的是硬件系统和软件系统被设计成可以支持收集、指代、处理、使用和传播分散在社会集体(网络),例如团队、社群、组织和市场中的信息。最新的社会化电脑应用技术可以支持群体持续交流(Norman,2011)。

由现代数字技术和网络支持的在线社会化电脑应用/交互功能和内容很多,包括交换电子邮件、即时信息;博客;支持大众分类,创建混搭网站、社交网络和视频博客;置身于并沉浸在虚拟世界和在线游戏中;创建并维护维基网站。

从历史的观点看,社会化电脑应用的种子根植于 20 世纪 60 年代,当时计算机被认为是一种对交流、社会交互和计算都有帮助的工具(Erickson,2011)。早期的社会化电脑应用例子包括邮件列表、布告栏、互联网中继聊天(类似于贴吧的形式——译者

注)和多用户空间。基础通信技术的完善,如处理速度的提高、网络宽带和连接的增加以及万维网的增多,可以更好地支持在线社会交互活动,例如人们可以在网页上展示他人的内容或链接(Erickson, 2011)。

20 世纪 90 年代和 21 世纪初,数字系统的能力大大超过了仅作为一个分享在线内容和交流的平台,社会化电脑应用也在这时得到广泛的传播(Erickson, 2011)。社会化电脑应用的一个关键进步是设计了一个可以处理用户生成内容并将结果反馈给系统的数字系统(Erickson, 2011)。早期的计算机会议系统是一个支持人际在线交流的被动平台,现代社会化电脑应用被定义为是处理用户生成内容并用于他们私人用途的数字系统。它常包括为用户创造新功能和新价值(Erickson, 2011)。积极的社会化电脑应用例子包括谷歌的网页排名,一个通过查看关联网页数量判断网页重要性的算法,以及亚马逊网站(Amazon. com)的用户评论及基于评论的分类(Erickson, 2011)。Donald Norman(2011)预言,在 21 世纪里,为社会交互和社会群体设计技术将成为一个重要议题。

Michele Jacobsen

(李 艳 译)

参考文献

Erickson, T. (2011). Social Computing. In Soegaard, M. & Dam, R. F. (Eds.), *Encyclopedia of human-computer interaction*. The Interaction-Design. org Foundation. Available online at http://www. interaction-design. org/encyclopedia/social_computing. html.
Norman, D. (2011). *Living with complexity*. Cambridge, MA: MIT Press.

社会建构主义 Social Constructivism

请参见建构主义 CONSTRUCTIVISM

社交媒体 Social Media

请同时参见社会化电脑应用 SOCIAL COMPUTING、技术通信 TECHNOLOGICAL COMMUNICATION、用户生成的内容 USER-GENERATED CONTENT 和 WEB 2.0

Kaplan 和 Haenlein(2010)将社交媒体定义为"一种基于 Web 2.0 思想和技术的、

允许用户创作和交流内容的网络应用"(第61页)。Mackey和Jacobson(2011)补充道:"社交媒体环境是临时的、强调合作的和自由流动的,因此需要使用者具备足够多的知识和技能来评估、分享和创作多媒体信息。"(第62页)

最早的社交网站出现在1998年,当年出现了一个名为开放的日记(Open Diary)的网站,这是一个在线日记社群,类似今天的博客(Kaplan & Haenlein, 2010),另一个网站名为Six Degrees(六度),它是第一个真正意义的社交网站,因为它"允许用户创作文档,允许他人访问,也可以访问他人的链接"(Boyd & Ellison, 2008:214)。那以后,社交媒体能力得到大大突破。Lightle (2010)指出,社交媒体用户如今可以改变现存内容,撰写新内容,进行个性化学习,围绕共同兴趣建立在线教育社群。Kaplan和Haenlein(2010)补充说:"每天都有新网站出现在网络空间。"这表明对网站进行应用分类时必须既要考虑现有的应用,也要考虑那些"即将出现的应用"(第61页)。

给社交媒体下定义比对其应用进行辨别和归类要简单得多。社交媒体可以让用户在在线环境中成为一个积极的参与者,而不是消极的参与者。社交媒体不是静态的,而是动态的(Kaplan & Haenlein, 2010; Lightle, 2010; Mackey & Jacobson, 2011)。Baird和Fisher(2005)指出,社交媒体允许教师利用更多样的教学策略,"在数字技术环境中强调学习者风格的使用"(第8页)。"社交网络技术的融合和一种'不断更新的'教学法正在迅速地改变教育的面貌。"(第6页)

Nancy B. Hastings

(李 艳 译)

参考文献

Baird, D. E. , & Fisher, M. (2005). Neomillennial user experience design strategies: Utilizing social networking media to support "always on" learning styles. *Journal of Educational Technology Systems*, 34(1),5 - 32.

Boyd, D. M. , & Ellison, N. B. (2008). Social network sites: Definition, history and scholarship. *Journal of Computer Mediated Communication*, 13(1),210 - 230.

Kaplan, A. M. , & Haenlein, M. (2010). Users of the world, unite! The challenges and opportunities of social media. *Business Horizons*, 53,59 - 68.

Lightle, K. (2010). Using social media to build an online professional learning network of middle level educators. *Knowledge Quest: STEM for our students*, 39(2),48 - 53.

Mackey, T. P. , & Jacobson, T. E. (2011). Reframing information literacy as a metaliteracy. *College & Research Libraries*, 72(1),62 - 78.

社交网络 Social Networks

请参见社会化电脑应用 SOCIAL COMPUTING

社会伦理 Societal Ethics

请参见道德伦理 ETHICS

社会文化理论 Sociocultural Theory

请参见协作学习 COLLABORATIVE LEARNING 和文化历史活动理论 CULTURAL HISTORICAL ACTIVITY THEORY

社会历史理论 Sociohistorical Theory

请参见文化历史活动理论 CULTURAL HISTORICAL ACTIVITY THEORY

网欺 Spoofing

请参见在线行为 ONLINE BEHAVIOR

策略游戏 Strategy Games

请参见基于数字游戏的学习 DIGITAL GAME-BASED LEARNING

定格动画 Stop Action Animation

请参见动画 ANIMATION

包含排序 Subsumptive Sequencing

请参见排序 SEQUENCING

总结性评估 Summative Evaluation

请参见考核 ASSESSMENT、评估 EVALUATION 和评估模型 EVALUATION MODELS

象征性感知 Symbolic Perception

请参见感知模式 PERCEPTUAL MODALITY

对称 Symmetry

请参见视觉信息设计 VISUAL MESSAGE DESIGN

象征符号 Symbols

请参见符号学 SEMIOTICS

同步通信 Synchronous Communication

请参见互动 INTERACTION

系统分析 System Analysis

请参见分析 ANALYSIS 和系统方法 SYSTEMS APPROACH

系统方法 Systems Approach

请同时参见分析 ANALYSIS 和教学设计模型 INSTRUCTIONAL DESIGN MODELS

"系统方法"并不是仅属于教学设计和技术(IDT)的专有名词。在很多学科领域里,该术语的早期应用是指构建独立的模型并用模拟过程来测试这些模型的过程(Putnam,1964)。就学习系统而言,Ryan(1975)把系统方法看作:

> ······一种为了优化一个组织或机构成果的科学、系统和理性的过程。这种方式的实施采用一系列相关的运作来研究一个现存的系统,解决其问题,并开发新的系统或改造当前系统(第121页)。

系统方法是一般系统理论的一项实际应用,在很多方面与传统的解决问题的科学方法相类似。

早期 IDT 的有关文献确立了系统方法过程中不同的步骤或阶段。这些步骤和阶段可以大致总结为两个过程——分析和综合（Richey，Klein & Tracey，2011）。分析又可以分为两个独特的阶段：(1)确定系统组件；(2)确定各组件之间的关系以及它们和整个系统的关系（Silvern，1972）。

从另一方面来讲，综合往往涉及到设计一个新的系统，从而可以解决已经发现的问题。这个新设计可以是在现存的组件之间建立新的关系，或者发掘新的组件或新的过程。学者们以不同的方式来定义综合。Banathy（1968）称此过程为系统开发。Kaufman（1970）认为综合是选择和实施解决问题策略，并评估其效果的过程。Romiszowski（1981）把综合称为一个解决方案的设计和开发。

系统方法在 20 世纪 60 年代后期形成构建教学设计模型的原动力，这些教学设计模型后来成为人们熟悉的教学系统设计模式。

Rita C. Richey

（刘炬红　译）

参考文献

Banathy, B. H. (1968). *Instructional systems*. Palo Alto, CA：Fearon Publishers.

Kaufman, R. A. （1970）. Systems approaches to education：Discussion and attempted integration. In *Social and technological change*：*Implications for education*. Eugene, OR：Center for Advanced Study of Educational Administration, University of Oregon.

Putnam, H. (1964). The compleat conversationalist：A "systems approach" to the philosophy of language. In M. C. Mesarović(Ed.), *Views on general systems theory*：*Proceedings of the Second Systems Symposium at Case Institute of Technology*（pp. 89 – 105）. New York：John Wiley & Sons, Inc.

Richey, R. C., Klein, J. D., & Tracey, M. W. (2011). *The instructional design knowledge base*：*Theory, research, and practice*. New York：Routledge.

Romiszowski, A. J. (1981). *Designing instructional systems*：*Decision making in course planning and curriculum design*. London：Kogan Page, Ltd.

Ryan, T. A. (1975). Analysis of the systems approach. In S. D. Zalatimo & P. J. Sleeman (Eds.), *A systems approach to learning environments*（pp. 118 – 129）. Pleasantville, NY：Docent Corporation.

Silvern, L. C. （1972）. *Systems engineering applied to training*. Houston, TX：Gulf Publishing Company.

T

任务分析 Task Analysis
请参见分析 ANALYSIS

任务管理 Task Management
请参见项目管理 PROJECT MANAGEMENT

任务管理软件 Task Management Software
请参见项目管理 PROJECT MANAGEMENT

分类体系 Taxonomy
请同时参见信息分类 INFORMATION CLASSIFICATION

分类体系可以被定义为"一种探究某个特定学科领域的方式,按照物体或概念之间的相互关系将它们分组……系统化地在一个学科领域里识别、排序和命名各个类型分组"(Greenbaum & Falcione, 1980)。有两种用来考查分类体系的方法。第一种方法建议其种类是固定的。第二种方法认为分组总在变化中,因为类别在不断发展(Lyman, O'Brien & McKern, 2002)。分类体系在教学设计和技术领域里更可能属于后一类,因为该领域内的知识和过程一直在变化着。

一个分类体系的构建是通过观察对象和事件的异同开始的(Melton, 1964)。通过这些观察可以产生出各种组和子组。当考查分类体系时,很可能会看到类别的重叠。数据的类别可以被分类为层次结构,以表示它们之间的关系(Russ-Eft, Bober, de la Teja, Foxon & Koszalka, 2008)。另一方面,分类体系在本质上可能不是层次化的

（Sokol，1974）。随着对事件的理解，分类体系也可以改变。因此，"分类体系反映了一个学科发展的阶段"（Melton，1964：328）。

虽然分类体系的主要目标是显示出相似物体的结构和相似项目的群体之间的关系（Sokol，1974），但是分类体系也可以服务于多个目的。例如，著名的 Bloom（1956）的教育目标分类，其最初目的是为了促进教育工作者之间的沟通。Greenbaum 和 Falcione（1980）的学科分类体系则是为了巩固在组织通信领域内的研究成果而构建的。

此外，分类体系可以采取多种形式。Bloom（1956）的分类体系只是简单的概述清单。Carrier 和 Sales（1987）的基于计算机的教学分类体系则是一个列表，标注了一般的变量以及它们的定义和示例。Caffarella 和 Fly（1992）的教学技术研究分类体系则是一个三维立方体，用单元格突出领域中的各个部分。Richey、Klein 和 Tracey（2011）有关教学设计知识基础的分类体系则包含主要组成元素、与它们相关的主要类别以及相关的子类。

James D. Klein

（刘炬红　译）

参考文献

Bloom，B. S. （Ed.）（1956）. *Taxonomy of educational objectives：The classification of educational goals，Handbook I：Cognitive domain*. New York：David McKay Company, Inc.

Caffarella, E. P., & Fly, K. (1992). Developing a knowledge base and taxonomy in instructional technology. In M. R. Simonson & K. Jurasek (Eds.), *14th Annual Proceedings of Selected Research and Development Presentations at the 1992 National Convention of the Association for Educational Communications and Technology* (pp. 95 – 102). Ames，IA：Iowa State University (ERIC Document Reproduction Service No. ED 347977).

Carrier, C. A., & Sales, G. C. (1987). A taxonomy for the design of computer-based instruction. *Educational Technology*，27(10)，15 – 17.

Greenbaum, H. H., & Falcione, R. L. (1980). Organizational communication research：An exploratory application of a conceptual model for an organized knowledge base. A paper presented at the 40th Annual meeting of The Academy of Management (ERIC Document Reproduction Service No. ED 199919).

Lyman, R. L., O'Brien, M. J., & McKern, W. C. (2002). *W. C. McKern and the Midwest Taxonomic Method*. Tuscaloosa, AL：The University of Alabama Press.

Melton, A. W. (1964). The taxonomy of human learning：Overview. In A. W. Melton (Ed.), *Categories of human learning* (pp. 325 – 339). New York：Academic Press.

Richey, R. C., Klein, J. D., & Tracey, M. W. (2011). *The instructional design knowledge base：Theory，research，and practice*. New York：Routledge.

Russ-Eft, D. E., Bober, M. J., de la Teja, I., Foxon, M., & Koszalka, T. A. (2008).
  Evaluator competencies: Standards for the practice of evaluation in organizations. San
  Francisco: Jossey-Bass.
Sokol, R. R. (1974). Classification: Purposes, principles, progress, prospects. *Science,* *185*
  (4157),1115–1123.

技术通信 Technological Communication

请同时参见博客 BLOG、通信 COMMUNICATION、通信图谱 COMMUNICATION MAPPING、社会化电脑应用 SOCIAL COMPUTING、社交媒体 SOCIAL MEDIA 和 WEB2.0

技术通信,或者说由技术作媒介的交流,是支持跨越地域和时间界限的信息传播和人际交往。不同的技术通信方法在虚拟工作和在线学习中都有应用。这些方法已经延伸了传统课堂的概念,鼓励学生与普通课堂环境之外的人进行互动,并在不同社群之间作知识经纪人(Dennen,在出版中)。在实践中,技术通信方法从简单的、基于文本的系统(如即时消息和论坛)到更复杂和富媒体的系统(例如,视频会议和3D虚拟世界)。有四种主要特征可以用来区分技术通信的类型:通信的方向性、同步性、信息渠道的类型和数目以及通信起始方。

在通信的方向性中,有些技术通信工具严格用于单向通信。这类用途(例如,播客和视频点播)专注于信息传播并适合作为传输式的学习。然而,许多工具支持更健全的双向和全向通信,这对建构主义学习模型(Mehlenbacher,2010)以及协同工作是至关重要的。

同步是指通信的时序。类似即时短信和视频会议技术支持的实时互动;而如论坛和博客等异步技术可以使非同步互动成为可能。每种技术都趋于支持其最适合的不同类型的活动和任务。同步技术促进即时性、规划和头脑风暴;而异步技术则促进深度和反思(Hrastinski,2008)。

不同的技术可支持音频、视频和文本通信的任意组合。使同步多信道成为可能,尤其是文本加音频或视频通信(如网络会议)可以同时产生主要的副渠道交流。副渠道交流往往可以增强单向或以信息传播为主的主信道交流,为听众提供实时互动的空间。

信息的推送或获取过程都可以启动技术交流。当用户直接要求信息时(例如,访问一个网上论坛),获取过程就会实现。推送则是相反的情况,它发生在没有一个明确请求发送的情况下,消息被直接发送到一个用户的过程(例如,短信和即时消息)。

展望未来,用以支持学习、业绩和协作的技术通信选择极有可能受新设备性能的影响,尤其是移动技术和新的社交软件以及 Web 2.0 工具的发展。学习者会迅速采用这些工具,而作为现任的教师和研究人员更应义不容辞地跟上时代的步伐(Greenhow, Robelia & Hughes, 2009)。

Vanessa P. Dennen

(刘炬红　译)

参考文献

Dennen, V. P. (in press). Activity design and instruction in online learning. In M. G. Moore (Ed.), *Handbook of Distance Education* (3rd ed.). New York: Routledge.

Greenhaw, C., Robelia, B., & Hughes, J. E. (2009). Learning, teaching, and scholarship in a digital age: Web 2.0 and classroom research: What path should we take now? *Educational Researcher*, 38(4), 246-259. doi: 10.3102/0013189x09336671.

Hrastinski, S. (2008). Asynchronous and synchronous e-learning. *EDUCAUSE Quarterly*, 31(4), 51-55.

Mehlenbacher, B. (2010). *Instruction and technology: Designs for everyday learning*. Cambridge, MA: MIT Press.

技术教学法内容知识 Technological Pedagogical Content Knowledge

请同时参见教学法 PEDAGOGY

技术教学法内容知识(TPACK)框架提供了一种方法,来"检查教师在实践中常用的知识。他们用这类知识把自己对主题的理解融入技术和教学法支持的教学中,帮助学生的理解和知识创造"(Kinuthia, Brantley-Dia & Clarke, 2010: 647)。最初,当学校开始使用电脑时,老师们都得到了与教学法或内容无关的技术技能培训(Graham et al., 2009)。TPACK 的发展基于对技术、教学法和内容领域的认识,即"技术在教学上的使用受到其所处的内容领域的强大影响"(Graham et al., 2009: 70)。

TPACK 是在 2006 年被引入到教育领域的,它为理解教师在将技术整合到教学所需的知识上提供了一个理论框架(Mishra & Koehler, 2006)。TPACK,如 Koehler

所指出的(2011),"在解决教师知识的复杂性、多面性和情景化特性的同时,尝试发现教师在教学中应用技术所需的知识的特性"(第2页)。

Mishra 和 Koehler(2006)的框架是建立在 Shulman(1986)教学法知识和内容知识(PCK)的基础上。TPACK 承认教师知识三个主要形式的结合和相互作用:教学法知识(PK)、内容知识(CK)和技术知识(TK)(Koehler,2011)。TPACK 框架含有七个组件:

- 内容知识(CK)——"关于实际的可以学习或教授的主题"(Koehler & Mishra,2008:13)。

- 教学法知识(PK) ——"教与学的过程和实践或方法,并包括(和其他方面的)整体教育目的、价值观和目标"(Koehler & Mishra,2008:14)。

- 技术知识(TK)——"有关各种技术的知识,从低科技技术,如铅笔和纸张,到数字技术,比如因特网、数字视频、交互式(书写)白板和软件程序"(Schmidet et al.,2009-2010:125)。

- 教学法内容知识(PCK)——一种了解"如何表达和演示主题内容从而使他人能够理解"的知识(Shulman,1986:9)。

- 技术内容知识(TCK)——一种"理解技术和内容可以相互影响并彼此约束"的知识(Koehler & Mishra,2008:16)。

- 技术教学知识(TPK)——一种"理解当特定的技术被使用时,教学和学习是如何改变的"的知识(Koehler & Mishra,2008:16)。

- 技术教学法内容知识(TPACK)——是三种知识的中枢。它"是有效使用技术教学的基础"(Koehler & Mishra,2008:17)。

"TPACK 强调技术、课程内容和具体的教学方法之间的联系,展示了教师如何理解技术、教学方法以及环境之间的彼此的相互作用,从而产生有效的并与学科相匹配的可用于教育技术的教学法"(Harris,Mishra & Koehler,2009:396)。据 Koehler(2011),有效的技术整合"需要对三个组成部分之间动态的(相互作用)关系培养敏感度"(第5页)。

Mishra、Koehler 和 Kereluik(2009)指出 TPACK 框架提供两种新的方法来思考教育技术。首先是评估完整的教学表现,不只是在技术方面。其次是它帮助教育工作者就有利于学习的教育技术方面作出评估,"教育工作者应该能够就有关新技术如何在呈现内容或促进教学方面对该新技术作出快速评估"(Mishra et al.,2009:51)。总体而言,TPACK 的重点是"教师是决策者的角色,按照实时的需要设计自己的教育技术环境,不用担心这些环境会过时或被淘汰"(Mishra et al.,2009:52)。

Jennifer V. Lock

(刘炬红　译)

参考文献

Graham, C. R., Burgoyne, N., Cantrell, P., Smith, L., St. Clair, L., & Harris, R. (2009). TPACK development in science teaching: Measuring the TPACK confidence of inservice science teachers. *Tech Trends*, *53*(5),70 - 79.

Harris, J., Mishra, P., & Koehler, M. (2009). Teachers' technological pedagogical content knowledge and learning activity types: Curriculum-based technology integration reframed. *Journal of Research on Technology in Education*, *41*(4),393 - 416.

Kinuthia, W., Brantley-Dias, L., & Clarke, P. A. J. (2010). Development of pedagogical technology integration content knowledge in preparing mathematics preservice teachers: The role of instructional case analyses and reflection. *Journal of Technology and Teacher Education*, *18*(4),645 - 669.

Koehler, M. J. (2011). TPACK — Technological Pedagogical and Content Knowledge. Retrieved from http://mkoehler. educ. msu. edu/tpack/what-is-tpack/.

Koehler, M. J., & Mishra, P. (2008). Introducing TPCK. In AACTE Committee on Innovation and Technology (Ed.), *Handbook of Technological Pedagogical Content Knowledge* (*TPCK*) *for educators* (pp. 1 - 29). New York, NY: Routledge for the American Association of Colleges for Teacher Education.

Mishra, P., & Koehler, M. J. (2006). Technological pedagogical content knowledge: A framework for teacher knowledge. *Teachers College Record*, *108*(6),1017 - 1054.

Mishra, P., Koehler, M. J., & Kereluik, K. (2009). The song remains the same: Looking back to the future of educational technology. *Tech Trends*, *52*(5),48 - 53.

Schmidt, D. A., Baran, E., Thompson, A. D., Mishra, P., Koehler, M. J., & Shin, T. S. (2009 - 2010). Technological pedagogical content knowledge (TPACK): The development and validation of an assessment instrument for preservice teachers. *Journal of Research on Technology in Education*, *42*(2),123 - 149.

Shulman, L. S. (1986). Those who understand: Knowledge growth in teaching. *Educational Researcher*, *15*(4),4 - 14.

技术 Technology
请同时参见教育技术 EDUCATIONAL TECHNOLOGY

大家都知道技术是什么,但这个词实际上是不稳定的而且是复杂的。教育者往往会用"技术"作为"教育技术"的简洁版本,尽管"技术"这个更广义的术语其活跃而悠久的历史远远超出了教学法的范畴。技术的定义从狭义范围（技术作为设备）到广义范围（技术作为系统），再到包罗万象（"如果上帝没有创造它，那么它就是技术"）。产品定义似乎是一个"常识"的定义，其识别标志是经常听到的"技术只是一种工具"。这种方法的最好例证是 Albert Borgmann(1984)的工作，他指称该模式为"设备模式"。

在另一方面，经典的 John Kenneth Galbraith 1967 年制定的定义认为技术是"系统地把科学或其他知识应用于实际任务"。Galbraith 认为："其最重要的后果……是强调将任务细分进而再细分直至其基本组成部分。而且也只有这样，有组织的知识才可以对业绩产生影响。"(Galbraith, 1967：12)技术变得不仅是设备，还是方法。从这个定义上，被缩减的（和误解了的）技术作为"应用科学"的想法已经在一定程度上被接受。

今天大部分技术的历史学家认为，技术早于科学，并且在许多情况下，技术是先到的。Raymond Williams（1976：315）提醒我们，技术的历史含义（在 17、18 世纪）是"对艺术的系统研究"，而技术确实往往是"实用艺术"的同义词。

更进一步往回追溯，古希腊哲学界持有两种不同的认识，即 episteme 和 techne。这些可译为知识与工艺，或因果关系的知识与技术，或"知晓"与"知道如何做"。（参见亚里士多德的 *Nicomachean Ethics*（《尼各马科伦理学》），第 6 章，就知识作为决策和执行的讨论）

Jacques Ellul(1964)的技术分析用"技巧"取代"技术"，拓宽了技术的概念。当代哲学家 Frederick Ferre(1995)尝试给出了一个确切的定义，说技术是"智能的切实实现"（第 26 页）。Val Dusek(2006)拓宽了技术领域，认为技术包括"硬件、知识、发明人、操作员、维修人员、消费者、营销、广告、政府管理人员和其他人的复合体"（第 35 页）。

站在 21 世纪第一个 10 年结束的制高点上展望，Brian Arther(2009)强调了技术的多方面意义，他认为一个意义是不够的，因此提出了三种不同的含义并以三种不同的方式对技术进行分类。首先，"技术是一种用以满足人类目的的方式"；第二，技术是"实践和组件的组合体"；第三，技术是"一个社会文化可获得的设备和工程实践的完全集合"（第 28 页）。

技术子类别有很多，包括高科技、适应技术、信息技术和通信技术。后两种通常组合在一起称为信息和通信技术，有时缩写为 ICT。

Denis Hlynka

（刘炬红　译）

参考文献

Aristotle. (1962). *Nichomachean ethics*. New York：Bobbs-Merrill.

Arthur，B. (2009). *The nature of technology：What it is and how it evolves*. Toronto：Free Press.

Borgmann，A. (1984). *Technology and the character of contemporary life：A philosophic inquiry*. Chicago：University of Chicago Press.

Dusek，V. (2006). *Philosophy and technology*. Blackwell Publishing.

Ellul，J. (1964). *The technological society*. New York：Vintage Books.

Ferre，F. (1995). *Philosophy of technology*. University of Georgia Press.

Galbraith，J. K. (1967). *The new industrial state*. Boston：Houghton Mifflin.

Williams，R. (1976). *Keywords：A vocabulary of culture and society*. London：Flamingo.

技术教育 Technology Education

请参见教育技术 EDUCATIONAL TECHNOLOGY

技术支持的学习 Technology-Enabled Learning

请同时参见认知工具 COGNITIVE TOOLS、实践社区 COMMUNITY OF PRACTICE、基于计算机的培训 COMPUTER-BASED TRAINING、分布式认知 DISTRIBUTED COGNITION、媒体应用 MEDIA UTILIZATION、富媒体 RICH MEDIA、技术强化的学习环境 TECHNOLOGY-ENHANCED LEARNING ENVIRONMENT 和虚拟世界 VIRTUAL WORLDS

教育技术领域已经演变成将技术用于促进学习的领域。技术在该领域的正式定义是指实践者采用的过程和使用的产品以创造适宜学习发生的环境。通过新兴的产品技术，其环境有了显著的变化，包括移动和虚拟设备，这些延伸了传统的面对面的教学环境。互联网已经从一个静态的内容存储库变成一个用户可以参与、互动和合作的地方。Bell (2011)认为，在这个联系的环境中，知识既是商品，又是社会活动。

虽然教育技术的过程和产品之间有明显的区别，但在通常情况下，往往强调的是产品，也就是说，技术支持的学习。用于支持学习的技术产品最近从课堂技术，包括计算机、投影屏幕和学生反应系统，发展到延伸出传统课堂，包括学习管理系统、手持式移动设备和虚拟世界。

从过程和产品的角度来看，一个由技术支持的学习的例子是基于问题的学习（PBL）。在这个特定的环境里，教师可以在一个基于网络的教学环境中用技术提供

PBL 提示(Chen & Chan,2011)。在另一个例子中,社会学习被强调为在虚拟世界中的一个互动学习方式,参与者学习的同时也引导和教导别人。在这种环境中学习往往是非正式的,可根据参与者的需要而进行调节;然而,在虚拟世界里,基于明确的教学策略的正式学习体验也是可能的(Jin,Wen & Gough,2010)。凭借移动学习无处不在的性质,Ryu 和 Parsons(2011)重新为流动理论制定概念,他们从流动理论的视角研究协作学习,称其为社会流动。他们对三种不同类型的学习策略在六个不同的实体位置进行了研究。冒险被用来作为鼓励协作的一个条件(挑战);那些具有较高的认知好奇心和内在兴趣的学生愿意冒更大的风险进行更多的合作来迎接挑战(Ryu & Parsons,2011)。

用于技术支持的学习过程主要是基于不断演化的主导学习理论,包括:行为主义、认知主义和建构主义(Reiser,2007)。教学策略,作为过程技术的一个例子,主要基于这些理论(Hooper & Rieber,1995)。随着技术的不断出现和互联网不断嵌入现有的文化,通过技术学习的非传统理论还包括关联主义、活动理论、实践社区、行动者网络理论和技术的社会构建(Bell,2011;Oliver,2011)。由于现有理论引导着技术在学习实践中的使用,新技术将作为一种鼓励用非传统策略来改进现有理论和发展新理论的催化剂。

Byron Havard

(刘炬红　译)

参考文献

Bell,F. (2011). Connectivism:Its place in theory-informed research and innovation in technology-enabled learning. *International Review of Research in Open and Distance Learning*,12(3),98-118.

Chen,C.,& Chan,L. (2011). Effectiveness and impact of technology-enabled project-based learning with the use of process prompts in teacher education. *Journal of Technology and Teacher Education*,19(2),141-167.

Hooper,S.,& Rieber,L. (1995). Teaching with technology. In A. C. Ornstein (Ed.), *Teaching:Theory into practice* (pp. 154-170). Needham Heights,MA:Allyn & Bacon.

Lin,L.,Wen,Z.,& Gough,N. (2010). Social virtual worlds for technology-enhanced learning on an augmented learning platform. *Learning,Media and Technology*,35(2),139-153.

Oliver,M. (2011). Technological determinism in educational technology research:Some alternative ways of thinking about the relationship between learning and technology. *Journal of Computer Assisted Learning*,27(5),373-384.

Reiser, R. (2007). History of instructional design and technology. In R. A. Reiser & J. V. Dempsey (Eds.), *Trends and issues in instructional design and technology* (2nd ed., pp. 17 - 34). Saddle River, NJ: Pearson Education.

Ryu, H., & Parsons, D. (2011). Risky business or sharing the load? — Social flow in collaborative mobile learning. *Computers & Education*, *58*(2),707 - 720.

技术强化的学习环境 Technology-Enhanced Learning Environment

请同时参见媒体应用 MEDIA UTILIZATION 和技术支持的学习 TECHNOLOGY-ENABLED LEARNING

技术强化的学习环境(TELES)的定义强调合理使用技术资源和学习环境的情况。该定义所传达的是 Molenda(2008)定义的教育技术的最终目的——"在有利于学习的条件下使用适当的技术资源"(第 168 页)。此外,技术强化的学习环境(TELES)的定义还强调一个复杂学习环境的情境,通过一个"被设计来提供学习的最佳条件,包括获得丰富资源的物理或虚拟空间"连接正式和非正式的学习环境(Molenda & Boling, 2008:122)。

人们在识别或分类在学习环境中适当使用具体的技术资源时,开始了对技术强化的学习环境(TELES)作出了一些定义。例如,根据对 TELES 广泛的评估,Steffens (2008)将 TELES 分为三个不同的类别:(1)有辅导的容器系统;(2)有辅导的内容系统;(3)无辅导的内容系统(第 224 页)。得到高度评价的 TELES 是有辅导的容器系统,比如,学习管理或信息系统,其内容是由用户提供的。这些类型的 TELES 被认为对互动、反馈和自我调节的学习提供更多的机会(Steffens, 2008)。

引用 TELES 的文献也强调学习环境的情景。Kim 和 Hannafin(2011)将 TELES 描述为正式的或基于课堂的,涉及到老师、同伴、专家和技术的,用于增强学生解决问题和探究能力的动态支持(Kim & Hannafin, 2011)。但是,许多作者描述了 TELES 用于促进和支持学生非正式的以计算机为媒介的同步和异步协作及交流,举例来说,诸如点对点同伴学习、协作知识建设和参与式学习(Brown & Hill, 2009;Kok, 2009; Ryberg & Christiansen, 2008)。

Kok(2009)结合了早期 TELES 定义的属性,从认知的角度为 TELES 提供了一个全面的定义:

技术增强的学习是指利用技术来支持和加强学习实践。技术增强的学习环境使(学生)有可能接触各种材料、学习工具和通信设施，从而能成为理想的建构式学习环境，在此环境中学生们更加积极地发展他们的理解能力。(第3页)

总体而言，TELES可以被定义为一个复杂的学习环境，在此环境中技术资源被合理应用，以不断强化学习的有利条件。

Barbara Brown

(刘炬红　译)

参考文献

Brown, C. , & Hill, J. (2009). Connecting media specialists, students, and standards through Web 2.0. In M. Orey, V. J. McClendon & R. Branch, (Eds.), *Educational media and technology yearbook* (Vol. 34, pp. 211 - 229). New York, NY: Springer.

Kim, M. , & Hannafin, M. (2011). Scaffolding problem solving in technology-enhanced learning environments (TELEs): Bridging research and theory with practice. *Computers & Education*, 56,403 - 417.

Kok，A. (2009). Understanding the technology enhanced learning environments. *International Education Studies*, 2(4),3 - 9.

Molenda, M. (2008). Using. In A. Januszewski & M. Molenda (Eds.), *Educational technology: A definition with commentary* (pp. 141 - 173). New York: Lawrence Erlbaum.

Molenda, M. , & Boling, E. (2008). Creating. In A. Januszewski & M. Molenda (Eds.), *Educational technology: A definition with commentary* (pp. 81 - 139). New York, London: Lawrence Erlbaum Associates.

Ryberg，T. , & Christiansen, E. (2008). Community and social network sites as technology enhanced learning environments. *Technology, Pedagogy and Education*, 17(3),207 - 219.

Steffens, K. (2008). Technology enhanced learning environments for self-regulated learning: A framework for research. *Technology, Pedagogy and Education*, 17(3),221 - 232.

基于主题的教学 Theme-Based Instruction
请参见寓学于做 LEARNING BY DOING

理论驱使的评估 Theory-Driven Evaluation
请参见评估模型 EVALUATION MODELS

转化 Transfer
请同时参见情境 CONTEXT

学习转化（或在军事和企业界称为培训转化）指的是学习者在现实生活情境中能运用新学到的知识、技能和态度的程度。

转化问题是在以科学研究方式检查学习过程中最早面临的问题之一（Thorndike & Woodworth, 1901），而且许多学者认为它是至关重要的（Deese, 1958）。教育技术对转化问题的兴趣来自于该领域对增加从教育投资所实现的价值的承诺（Molenda & Pershing, 2008），也就是说，以通过加强教学和在现实世界的实际应用之间的联系来提高教学的回报。

早期有关转化的研究区分了近转化和远转化，近转化表现为对所学技能的常规性直接运用，而远转化，即在新颖、复杂的情况下有创意地扩展所学到的技能。程序任务的近转化可以通过伴随着纠正反馈和激励机制的重复操练而得到增强，但远转化却似乎可望而不可即（Clark, 1992）。提供由情境认知理论（或普遍意义上的建构主义）所主张的丰富的基于问题的学习环境是试图提供能够促进更全面和多样的实践，从而形成有利于远转化的学习条件的一种尝试（Barab & Dodge, 2008）。

Baldwin 和 Ford（1988）的工作场所转化模型提出了一个更加系统化的视图。成功的转化是基于学习者的特性、支持性的工作环境以及精心设计的教学的综合结果。也就是说，即使是最好的培训经验也不是成功转化的充分条件。近期最全面的文献综述（Blume, Ford, Baldwin & Huang, 2010）总结了：衡量方面的问题妨碍了我们从统计学上可靠地推导概括有关转化的实地研究结果；但是，文献也强烈地支持，转化的问题是复杂和动态的，它受学习者的特点、教学特点和工作场所环境因素的影响。

在工作场所中改进转化的实践建议（比如，Broad & Newstrom, 1992）认识到这种复杂性，并试图让实践者也能认识到这一点。Milheim 的"培训转化综合模型"（1994）建议在培训前、培训中和培训后采取相应的具体步骤，从而最大限度地提高学习者在实际工作中使用所需要的知识、技能和态度的概率。

正式教育环境与在职培训环境明显的不同是其对学习者的干预只能在教学过程中实施，因为教师只有在课堂授课时间才能接触到学生，而不是在工作环境里。因此，对提高转化效果的实际建议就只能局限于咨询，例如提供实际操作的建议（作为简单或近转化)和促进元认知反思(对于复杂或远转化)(Fogarty & Pete，2004)。

Michael Molenda

（刘炬红　译）

参考文献

Baldwin，T. T.，& Ford，K. J. (1988). Transfer of training：A review and directions for future research. *Personnel Psychology*，41，63－105.

Barab，S. A.，& Dodge，T. (2008). Strategies for designing embodied curriculum. In J. M. Spector，M. D. Merrill，J. van Merriënboer & M. P. Driscoll (Eds.)，*Handbook of research on educational communications and technology* (3rd ed.，pp. 97－110). New York：Lawrence Erlbaum Associates.

Blume，B. D.，Ford，J. K.，Baldwin，T. T.，&Huang，J. L. (2010). Transfer of training：A meta-analytic review. *Journal of Management*，36，1065－1105.

Broad，M. L.，& Newstrom，J. W. (1992). *Transfer of training：Action-packed strategies to ensure high payoff from training investments*. New York：Addison-Wesley.

Clark，R. E. (1992). How the cognitive sciences are shaping the profession. In H. D. Stolovitch & E. Keeps (Eds.)，*Handbook of human peiformance* technology (pp. 688－700). San Francisco：Jossey-Bass.

Deese，T. A. (1958). *The psychology of learning*. New York：McGraw-Hill.

Fogarty，R. J.，& Pete，B. M. (2004). *A look at transfer：Seven strategies that work*. Thousand Oaks，CA：Corwin.

Milheim，W. D. (1994). A comprehensive model for the transfer of training. *Performance Improvement Quarterly*，7(2)，95－104.

Molenda，M.，& Pershing，J. A. (2008). Improving performance. In A. Januszewski & M. Molenda (Eds.)，*Educational technology：A definition with commentary* (pp. 49－80). New York：Lawrence Erlbaum Associates.

Thorndike，E. L.，& Woodworth，R. S. (1901). The influence of improvement in one mental function upon the efficiency of other functions. *Psychological Review*，8，247－261.

转化情境 Transfer Context

请参见情境 CONTEXT

转化性评估 Transformative Evaluation

请参见评估模型 EVALUATION MODELS

回合制策略游戏 Turn-Based Strategy Game

请参见基于游戏的学习 GAME-BASED LEARNING

二十一世纪文化素养 Twenty-First Century Literacy

请参见素养 LITERACY

U

无所不在的学习 Ubiquitous Learning

请参见移动学习 MOBILE LEARNING

统一通信 Unified Communication

请参见通信 COMMUNICATION

学习的通用设计 Universal Design for Learning

请同时参见易获取性 ACCESSIBILITY

如同通用设计在建筑方面的目的,学习的通用设计(UDL)旨在解决课程的易获取性。学习的通用设计(UDL)的标志是在课程设计中融入灵活性从而使课程有利于所有的学生,"包括那些非明确规定的目标学习者"(Meo,2008:22)。例如,数字文本有将文字转化成语音、放大字体、提供集成词汇的支持的功能,这些功能可以提供给所有学生。学习的通用设计(UDL)认为学习者是一个连续体,并不是所有的学习需求都是明显的,或是能分析得到的;同时也认识到,它不会推翻对特殊教育的需要(McGuire,Scott & Shaw,2006)。

计划满足个别学生的需要是多元化课堂所面临的主要困难之一(Meyer & Rose,2006)。UDL 是由特殊技术应用中心(CAST)的创始成员发展打造的"蓝图"。该理论视角的提出是为了响应学生的需求,基于课程的设计应该具有多样性而不是被"改造"以满足学生的特殊需要(CAST,2011)。学习的通用设计(UDL)采用三个原则来建立所需的灵活性并排除障碍:(1)认识到不同的学生有不同的学习动机而且学生对于常规和多样化有着不同的偏好,从而应该以不同的方式吸引学生参与学习活动;(2)多种表达途径为学生提供展示他们学习的机会,比如写作、绘画、视频和戏剧等多种模式;(3)多种演示方式利用各种模式,如音频、文字和视觉表现,来演示解说教学材料以对应多样性(Meyer & Rose,2006)。

UDL 可能会与辅助技术相混淆;特别是因为最初 CAST 的建立是为了支持需要辅助技术以获得对课程内容接触的学生(CAST,2011)。在支持有特殊需要的学生的过程中,CAST 的创始成员认识到,课程往往会给许多学生造成障碍,而不仅仅是对那些被诊断出有残疾的学生。如果课程中固有的障碍被清除,所有学生,包括残疾人与非残疾人,都可能更好地实现学习目标。

虽然 UDL 和辅助技术通常在相同环境下应用并且可以支持不同的学习者,辅助技术还不是 UDL(Coyne et al.,2006;Edyburn,2010)。UDL 旨在为所有学生提供有利于学习的环境,而不仅仅是为满足那些被诊断为有障碍的学生的需求(Meyer & Rose,2006;Messinger-Willman & Marino,2010)。UDL 不是专为有学习障碍的学生所设计的模型(Edyburn,2010)。UDL 是建立在学习科学理论的基础上,认为"有效的学习环境支持学生主动建构知识,就好像支持构建一处建筑物"(Sawyer,2006:11)。UDL 支持重视学习环境的"多元化"而不是"同质化",促进和培育学习过程的多元性,从而改变了教育的目标(Meyer & Rose,2006)。他们鼓励个人成长,而不是组织中的名次排序(Edyburn,2006)。

Evelyn J. Hickey

(刘炬红　译)

参考文献

Center for Applied Special Technology(2011). About UDL. Retrieved from: http://www. cast. org/udl/index. html.

Coyne, P., Ganley, P., Hall, T., Meo, G., Murray, E., & Gordan, D. (2006). Applying universal design for learning in the classroom. In D. H. Rose & A. Meyer (Eds.), *A practical reader in universal design for learning* (pp. 1 - 13). Cambridge, MA: Harvard University Press.

Edyburn, D. (2006). Failure is not an option. *Learning & Leading with Technology*, 34(1), 20 - 23.

Edyburn, D. (2010). Would you recognize universal design for learning if you saw it? Ten propositions for new directions for the second decade of UDL. *Learning Disability Quarterly*, 33(1),33 - 41.

McGuire, J. M., Scott, S., & Shaw, S. (2006). Universal design and its application in educational environments. *Remedial and Special Education*, 27(3), 166 - 175.

Meo, G. (2008). Curriculum planning for all learners: Applying universal design for learning (UDL) to a high school reading comprehension program. *Preventing School Failure*, 52(2), 21 - 30.

Messinger-Willman, J., & Marino, M. T. (2010). Universal design for learning and assistive technology: Leadership considerations for promoting inclusive education in today's secondary schools. *NASSP Bulletin*, 94(1), 5 - 16. doi: 10. 1177/0192636510371977.

Meyer, A., & Rose, D. H. (2006). The future in the margins: The role of technology and disability in educational reform. In D. H. Rose, A. Meyer & C. Hitchcock (Eds.), *The universally designed classroom: Accessible curriculum and digital technologies* (pp. 13 - 35). Cambridge, MA: Harvard Education Press.

Sawyer, R. K. (Ed.) (2006). Introduction. *The Cambridge handbook of the learning sciences* (pp. 1 - 16). Cambridge, England: Cambridge University Press.

可用性 Usability

可用性通常被定义为与人类互动的被设计物体的可测量质地。然而,在国际标准组织(ISO)术语和定义数据库中,它被描述为"某种产品被特定的用户在指定的情境中有效果地、有效率地和满意地使用并能够实现指定目标的程度"(ISO Concept Database,2008)。在教育技术领域中,可用性关联到设计过程,它涉及到优化用户与技术的工艺和产品之间互动的质量,这些工艺和产品能让用户进行特定情境中的任务。当一个界面,技术或设备的功能和性能低于用户所期待的水平时,其可用性就被认为是差的(Norman,1998,2005;Vicente,2006)。按理说,所有设计物都有可改善的余地;不完美是人造物体的一个共同特征(Petroski,1992)。

以用户为中心的设计(UCD)的过程可预测并对用户的技能、目标和偏好有目的地作出回应。可用性定义通常使用一组属性、标准、规则和/或目标,它们被用作衡量标准来评审用户界面(Nielsen,1993;Norman,1988,1993,1998,2005,2007,2011;Preece,Rogers & Sharp,2007;Schneiderman,Plaisant,Cohen & Jacobs,2010)。为了提高界面或设备的可用性,可用性测试和可用性研究交织到迭代设计过程中的各个阶段,侧重发展让用户感到简单易学、有效和富有乐趣的互动技术和产品。

Preece、Rogers 和 Sharp(2007)使用六个目标来定义可用性:

● 有效使用;

- 高效使用；

- 安全使用；

- 具有良好的实用性/功能；

- 简单易学；

- 易于记忆。

从用户界面设计的角度，Schneiderman 等(2010)建立了一些可用性规则：争取一致性、给经常性用户提供快捷方式、提供信息反馈和简单错误处理、设计关闭时的对话框、允许可逆的用户动作、支持内控检查，并减少短期记忆负荷。

可用性可以在设计原则方面概念化——可被推广的抽象原则可被用来引导设计师从不同方面思考他们的设计(Preece，Rogers & Sharp，2007)。设计原则比如可见度、限制、映射、一致性和功能可见性以及启发式(如用户控制和自由、简化、防错、帮助和文档)被推崇为以人为本的设计技术系统和互动产品的指导原则(Nielsen，1993；Norman，1988，1993，1998，2005，2007，2011；Preece，Rogers & Sharp，2007；Vicente，2006)。

最后，强调可用性测试和良好的设计并不旨在降低复杂性。Norman(2011)作了复杂性和混乱的区别，认为如果一个对象或工艺的过程是适当的，人类并不介意其复杂性。此外，Vicente(2006)认为，虽然技术系统变得越来越复杂，但是人为因素可以通过良好的设计和关注社会的需要来解决。因此，复杂的技术可针对具体的情况来量体裁衣。这是可用性的本质。

Michele Jacobsen

（刘炬红　译）

参考文献

ISO Concepts Database（2008）. Information technology — Biometrics — Jurisdictional and societal considerations for commercial applications — Part 1：General guidance，Reference：ISO/IEC TR 24714-1：2008. Retrieved Oct 19，2011，from http://www. iso. org/iso/concept _database_cdb. htm.

Nielsen，J. (1993). *Usability engineering*. San Francisco，CA：Morgan Kaufman.

Norman，D. (2005). *Emotional design：Why we love（or hate）everyday things*. New York：Basic Books.

Norman，D. (2007). *The design of future things*. New York：Basic Books.

Norman，D. (2011). *Living with complexity*. Cambridge，MA：MIT Press.

Norman，D. A. (1988). *The design of everyday things*. New York：Basic Books.

Norman，D. A. (1993). *Things that make us smart：Defending human attributes in the age of the machine*. Cambridge，MA：Perseus Publishing.

Norman，D. A. (1998). *The invisible computer：Why good products can fail，the personal computer is so complex，and information appliances are the solution*. Cambridge，MA：MIT Press.

Petroski，H. (1992). *The evolution of useful things*. New York：Vintage Books.

Preece，J.，Rogers，Y.，& Sharp，H. (2007). *Interaction design：Beyond human-computer interaction* (2nd ed.). New York：John Wiley & Sons, Inc.

Schneiderman，B.，Plaisant，C.，Cohen，M.，& Jacobs，S. (2009). *Designing the user interface：Strategies for effective human-computer interaction* (5th ed.). Upper Saddle River，NJ：Pearson.

Vicente，K. (2006). *The human factor：Revolutionizing the way people live with technology*. London，England：Taylor and Francis.

有关此主题的更多信息,请参见"附加资源"

以用户为中心的设计 User-Centered Design

请参见快速原型法 RAPID PROTOTYPING 和可用性 USABILITY

用户生成的内容 User-Generated Content

用户生成的内容(User-Generated Content，UGC)或消费者产生的内容是指网站上最终用户制作的材料。比如，UGC 包括发布到维基(维基百科 Wikipedia，可能是最有名的 UGC 例子)、博客(Blogs)、社交网站、播客(Podcasts)和其他 Web 2.0 平台上的内容(Hsu，2007)。UGC 有三个特点。首先,UGC 需要有一点创作的原动力,最终用户必须完全创作一份新作品或在已存在的作品里增加自己的价值。因此,复制视频制作的一部分并上传到视频网站是不能构成 UGC 的。如果最终用户上传个人照片,在博客上作评论或上传原创音乐视频,这将被视为 UGC。第二,UGC 需要有出版渠道,可以发表在公开的网站或是供一组特定用户登录访问的社交网络(这不包括电子邮件和双向即时消息)。第三,UGC 是在普遍认可的专业途径和实践以外生产的(不是由商业机构制作的内容)(OECD，2007)。

UGC 呈现给教育技术的挑战是由学生而不是教育者来生成材料。由于它缺乏编辑控制,UGC 的质量是会被提出质疑的,而且在许多情况下,对于特定学术环境来说UGC 材料可能不准确或不恰当。其他与 UGC 相关的问题还涉及到版权/公平使用政策,隐私问题和规范记录(为了分类、编目和检索的目的)(Richards,2009)。然而,研究发现,UGC 会为正在学习共同主题的学生带来更好的协作和交流(Terrell, Richardson & Hamilton,2011)。

Wendell G. Johnson

（刘炬红　译）

参考文献

Hsu，J.(2007). Innovative technologies for education and learning：Education and knowledge-oriented applications for blogs，wikis，podcasts，and more. *International Journal of Information and Communication Technology Education*，3(3),70 - 89.

OECD (2007). *Participative web：User-generated content.* www. oecd. org/dataoecd/57/14/ 38393115. pdf.

Richards，D. (2009). A social software/Web 2. 0 approach to collaborative knowledge engineering. *Information Sciences*，179(15),2515 - 2523.

Terrell，J. , Richardson，J. , & Hamilton, M. (2011). Using web 2.0 to teach web 2.0：A case study in aligning teaching, learning and assessment with professional practice. *Australasian Journal of Educational Technology*，27(5),846 - 862.

V

视频博客 Video Blogs

请参见社会化电脑应用 SOCIAL COMPUTING

视频会议 Video Conferencing

请参见技术通信 TECHNOLOGICAL COMMUNICATION

虚拟学习 Virtual Learning

请参见基于数字游戏的学习 DIGITAL GAME-BASED LEARNING 和虚拟世界 VIRTUAL WORLDS

虚拟现实 Virtual Reality

请参见数字化图谱 DIGITAL MAPPING 和虚拟世界 VIRTUAL WORLDS

虚拟世界 Virtual Worlds

请同时参见化身 AVATAR、基于数字游戏的学习 DIGITAL GAME-BASED LEARNING 和游戏设计 GAME DESIGN

虚拟世界的定义对于学者和企业专业人士有所不同(Bell, 2008)。在文献中发现的共同主题是把虚拟世界描述为通过联网的计算机提供的持久空间,通过一个图形界面,为它的居民提供个人之间以及个人和环境之间的同步交互(Bell, 2008；Schroeder, 2008；Ondrejka, 2008)。虚拟世界中创建的对象是持久的,一个居民在虚拟环境中创建的或带来的对象在其退出登录后仍旧存在,其他居民还能和这些对象进行交互。虚拟世界依赖网络服务器和互联网,为同步的社交互动提供协作空间。这些相互作用通过居民的虚拟代表,也称为化身,得以表达和体验;化身可以做动作(例如:微笑、坐、建造、触摸)、数字创作以及使用文本和/或音频通信(包括音乐和声音效果)。

虚拟世界的前身是虚拟现实。虚拟现实(VR)是由制片人和发明家 Morton Heilig (Reingold,1991)于 20 世纪 60 年代初孕育发明的。Heilig 发明了"感应相机",一种虚拟现实街机游戏,允许观看者体验含有 3D 电影、立体音响、风力、运动和气味的新环境。到了 20 世纪 80 年代,虚拟现实(VR)已经由于个人电脑而大大改善,并成为一个有用的 3D 工程设计和开发工具。然而,虚拟现实的研究则更侧重于界面而对协作不太重视(Ondrejka,2008)。

其他重要的使得虚拟世界发展的是 MUDs(Multiuser Domain/Dungeons/Dimensions:多用户空间/地牢/维度)游戏技术以及 MOOs(Multiuser Domain, Object-Oriented:面向对象的多用户空间)。在 20 世纪 70 年代和 80 年代,这些是流行的基于文本的虚拟环境(Nelson & Erlandson,2007;Ondrejka,2008;Turkle,1994)。据 Ondrejka(2008)记载,虚拟世界如此难以定义的原因之一是它们与网络游戏共享相同的技术和词汇。例如,大型多人在线角色扮演游戏(Massively Multiplayer Online Role-playing Games:MMORPG 或 MMO)也在网上有 2D 或 3D 的图形界面,有用户代表,并通过他们的化身互动(Steinkuehler & Duncan,2008)。在线游戏,如 MMORPGs,是以很强的虚构故事为后盾来组织结构、制定规则、积分和/或级别(Ondrejka,2008)。Schroeder(2008)指出,MMOs 是虚拟世界的一个子集,因为虚拟世界可以结合游戏、角色扮演和模拟。通常,虚拟世界的社会空间包含真实生活的副本和虚构的空间,如家庭、社区、商场和娱乐设施(Perkins & Arreguin,2007)。

2005 年,林登实验室推出了一个虚拟世界叫第二人生,从此教育对利用虚拟世界的兴趣迅速飙升(Barab et al.,2005;Nelson & Erlandson,2007)。虚拟世界的居民花了大量的时间直接或间接地教育对方(Ondrejka,2008)。虚拟世界提供的在环境中与其他人一起"身临其境"的存在感使相互教育成为可能(Schroeder,2008)。虚拟世界能使相距遥远的人们相互协作学习,由此带给教育的潜力是在现在和未来都值得关注的。

Aline Click

(刘炬红　译)

参考文献

Barab, S., Thomas, M., Dodge, T., Carteaux, R., & Tuzun, H. (2005). Making learning fun: Quest Atlantis, a game without guns. *Educational Technology Research & Development*, *53*(1), 86 - 107.

Bell, M. W. (2008). Toward a definition of "virtual worlds". *Journal of Virtual Worlds Research*, 1(1), 1 - 5.

Nelson, B. C., & Erlandson, E. E. (2007). Managing cognitive load in educational multi-user virtual environments: Reflection on design practice. *Educational Technology Research & Development*, *56*(5/6), 619 - 641. doi: 10. 1007/s11423-007-9082-1.

Ondrejka, C. (2008). Education unleashed: Participatory culture, education, and innovation in Second Life. In K. Salen (Ed.), *The ecology of games: Connecting youth, games, and learning* (pp. 229 - 252). The John D. and Catherine T. MacArthur Foundation Series on Digital Media and Learning. Cambridge, MA: The MIT Press. doi: 10. 1162/dmal. 9780262693646. 229.

Perkins, R. A., & Arreguin, C. (2007). Real-life migrants on the MUVE: Stories of virtual transitions. *Learning & Leading with Technology*. *34*(8), 16 - 20.

Rheingold, H. (1991). *Virtual reality*. New York: Simon & Schuster.

Schroeder, R. (2008). Defining virtual worlds and virtual environments. *Journal of Virtual Worlds Research*, *1*(1). Retrieved from http://journals. tdl. org/jvwr/article/view/294/248.

Steinkuehler, C. A., & Duncan, S. D (2008). Scientific habits of mind in virtual worlds. *Journal of Science Education and Technology*, *17*(6), 530 - 543.

Turkle, S. (1994). Constructions and reconstructions of self in virtual reality: Playing in the MUDS. *Mind, Culture, and Activity*, *1*, 158 - 167.

视觉和图像学习 Visual and Pictorial Learning

请同时参见经验锥 CONE OF EXPERIENCE、双码理论 DUAL CODING THEORY、图形 GRAPHICS、多媒体学习 MULTIMEDIA LEARNING、符号学 SEMIOTICS、视觉能力 VISUAL COMPETENCY 和视觉信息设计 VISUAL MESSAGE DESIGN

通过视觉和图案表现包括照片、插图、线条图、图表、图形、地图和示意图之类的学习过程与仅通过言语信息的学习过程被认为是有差异的。不仅是过程不同,其结果也被认为是较好的。对视觉效果的特殊价值的信念为最初的视觉教学领域奠下了基础,该领域后来演变为教育技术。早期"可视化课程"的倡导者们(Hoban, Hoban & Zisman, 1937)认为这个运动会为传统的教学模式带来生气,因为在 19 世纪即将结束时,基于讲座和课本教材的教学方法还是主流。正如 Hoban 所体会到的,"那时的斗争跟现在一样是反对言语主义,只是现在问题显得更清楚。言语主义是词语缺乏实际内容,没有付诸行动,而且通过感官体验的现实的意义被主观心理所改变……"(AECT,1973:22)视觉媒体和其他更具体类型的经验,如 Edgar Dale"经验锥"(1946)的描述,被提议作为对空洞抽象的替代。

随后的研究已经从试图证明图片优于文字而转移到注重标记和分类成各种类型的视觉效果(例如,Fleming,1967),并了解它们在人类学习中所扮演的角色。许多理论——从格式塔(gestalt)到符号学到神经生理学——解释了图像是如何被接受,转化为认知,被使用以及可能在记忆中被存储的(Anglin,Vaez & Cunningham,2004)。

然而,记忆功能是教学设计师最感兴趣的。视觉记忆的理论一直围绕着 Paivio(1971)的双码理论,提出视觉和言语信息在脑海中沿着不同的渠道进行处理,为两种形式创造独立的表象。因此,如果某种内容在记忆中以语言和非语言两种形式同时存放,学习者就会更容易记住。尽管关于双码理论的挑战仍然存在,但是这种思想被最近的脑成像方面的研究所支持。

另一种较少基于理论的探询关注于比较语言和视觉信息的实验,从中得出普遍结论,为教学设计所用。一个例子是在宾夕法尼亚州立大学的长达 40 年的长期计划的研究(Dwyer,1978;Dwyer,Dwyer & Canelos,1989;Munyofu et al.,2007)。Dwyer 及研究同伴得出这样的结论,即视觉元素的有效性取决于很多因素,包括逼真程度、课程演示方式、学习者特征、与目标相一致的程度、注意力聚焦的方法以及测试的是什么(Dwyer & Dwyer,1989)。Anglin、Vaez 和 Cunningham(2004)以及 Lohr 和 Gall(2008)对其他视觉学习研究进行了描述和总结。

一个对未来多媒体研究呈现很有前景的方法来自于认知科学。例如,Mayer(2005)把研究结论分组于不同标题之下,如分裂注意力效应、认知负荷理论、冗余原则、认知加工管理、减少多余的处理和影响动力的社会考虑。这种方法与以前 Fleming 和 Levie(1993)的尝试一致,旨在开发指导教学信息设计的原则,折衷地结合行为主义和认知主义观点。

Michael Molenda

(刘炬红 译)

参考文献

Anglin, G. J., Vaez, H., & Cunningham, K. L. (2004). Visual representations and learning:

The role of static and animated graphics. In D. H. Jonassen (Ed.), *Handbook of research for educational communications and technology* (2nd ed. pp. 865 – 916). Mahwah, NJ: Lawrence Erlbaum Associates.

Association for Educational Communications and Technology (AECT)(1973). *Our 50 Years … technology in transition 1923 – 1973*. Washington DC: AECT.

Dale, E. (1946). *Audio-visual methods in teaching*. New York: Dryden Press.

Dwyer, F. M. (1978). *Strategies for improving visual/earning*. State College, PA: Learning Services.

Dwyer, F. M., & Dwyer, C. A. (1989). Enhancing visualized instruction: A research overview. In R. A. Braden, D. G. Beauchamp, L. W. Miller & D. M. Moore (Eds.), *About visuals: Research, theory, and applications* (pp. 117 – 127). Blacksburg, VA: Virginia Tech University, for International Visual Literacy Association.

Dwyer, F. M., Dwyer, C. A., & Canelos, J. (1989). An overview of Program of Systematic Evaluation (PSE). In R. A. Braden, D. G. Beauchamp, L. W. Miller & D. M. Moore (Eds.), *About visuals: Research, theory, and applications* (pp. 128 – 142). Blacksburg, VA: Virginia Tech University, for International Visual Literacy Association.

Fleming, M. (1967). Classification and analysis of instructional illustrations. *AV Communication Review, 15*(3), 246 – 248.

Fleming, M., & Levie, W. H. (1993). *Instructional message design: Principles from the behavioral and cognitive sciences* (2nd ed.). Englewood Cliffs, NJ: Educational Technology Publications.

Hoban, C. E, Hoban, C. E, Jr., & Zisman, S. B. (1937). *Visualizing the curriculum*. New York: The Cordon Company.

Lohr, L. L, & Gall, J. E. (2008). Representation strategies. In J. M. Spector, M. D. Merrill, J. Van Merrienboer & M. P. Driscoll (Eds.), *Handbook of research on educational communications and technology* (3rd ed., pp. 85 – 96). New York: Lawrence Erlbaum Associates.

Mayer, R. E. (Ed.)(2005). *The Cambridge handbook of multimedia learning*. New York: Cambridge University Press.

Munyofu, M., Swain, W. J, Ausman, B. D., Lin, H., Kidwai, K, & Dwyer, F. (2007). The effect of different chunking strategies in complementing animated instruction. *Learning, Media and Technology, 32*(4), 407 – 419.

Paivio, A. (1971). *Imagery and verbal processes*. New York: Holt, Rinehart, & Winston.

视觉通信 Visual Communication

参照通信 COMMUNICATION 和图形 GRAPHICS

视觉能力 Visual Competency

请同时参见图形 GRAPHICS、素养 LITERACY、感知模式 PERCEPTUAL MODALITY 和视觉和图像学习 VISUAL AND PICTORIAL LEARNING

视觉能力是个人实现视觉素养概念的过程。视觉素养是一种接触形象思维和图像语法的方法,它继续了 Debes (1968)、Arnheim (1969) 和 Dondis (1973) 的传统。如 Randhawa (1978) 所提出的,视觉素养常常在视觉学习、视觉思维和视觉通信的构建元素中得到说明。视觉思维、学习和交流之间的关系通常被解释为沿着一个从内部加工(思维)到外部动作(交流)的连续体(Seels, 1994)。

视觉信息存在于文字信息之前,它是以史前图画和其他符号系统的形式出现的。尽管如此,能让学术界达到共识的对视觉素养的单一定义还在演变。然而,视觉素养的所有定义都指向对视觉信息的解释和创造能力(Smaldino, Lowther & Russell, 2011)。因此,视觉能力应用了视觉素养这个概念并使其产生了意义。

视觉能力表现为七种能力的应用:

1. 分析视觉形象的需求;

2. 在此需求基础上有效地定位视觉影像;

3. 解释视觉图像的含义;

4. 评估视觉形象的来源;

5. 有效使用视觉图像;

6. 设计和创建视觉图像;

7. 了解有关使用视觉图像的道德伦理、法律、社会和经济问题(视觉素养标准工作组 Visual Literacy Standards Task Force,2012)。

准确地解释一个视觉形象的意义取决于情境、目的、知识水平、兴趣和形势(Choi, 2010)。然而,当情境、目的、知识水平、兴趣和形势错位时,往往会发生一个语义的鸿沟。一个有视觉能力的人能够应用其知识的收集(如何找到)、领域知识(发现什么)和世界观(其他有关问题)来弥补这一差距(Enser,2000)。

Hug(2011)定义视觉能力为"对探索主观的、内在的和预期的意义以及视觉特性(有效性、完整性、连贯性)的构造的能力和技巧"(第 6 页)。Müller(2008)定义视觉能力为"一种在生产、发布、感知、解读和接收视觉效果方面的基础研究,旨在了解不同的社会、文化和政治背景中的视觉通信过程"(第 103 页)。能力是由四个方面组成的:

1. 生产能力;

2. 感知能力;

3. 解读能力;

4. 接受能力。

这四个维度又构成一个视觉能力的循环,其中,感知会影响意义属性,继而被转化成解读。解读可以与情感和认知反应形成共鸣,从而影响接收。接收会唤起身体动作和/或反应,这就会影响生产。生产引向传播发布,然后由个人察觉。视觉能力的各种定义说明在对素养的不同理解中图像和视觉媒体对素养的重要性会发生变化(视觉素养标准工作组,2012)。因此,在决定使用哪种定义时,评估视觉能力的情境是很重要的。

Tonia A. Dousay

Robert Maribe Branch

(刘炬红　译)

参考文献

Arnheim, R. (1969). *Visual thinking*. Berkeley, CA: University of California Press.

Choi, Y. (2010). Effects of contextual factors on image searching on the Web. *Journal of the American Society for Information Science and Technology*, *61*(10), 2011 - 2028.

Debes, J. L. (1968). Some foundations for visual literacy. *Audiovisual Instruction*, *13*, 961 - 964.

Dondis, D. A. (1973). *A prima of visual literacy*. Cambridge, MA: The MIT Press.

Enser, P. (2000). Visual image retrieval: Seeking the alliance of concept-based and content-based paradigms. *Journal of Information Science*, *26*(4), 199 - 210.

Hug, T. (2011). Visual competence, media literacy and "new literacies" — Conceptual considerations in a plural discursive landscape. *Seminar. Net: Media, Technology & Life-Long Learning*, *7*(1), 1 - 17.

Müller, M. G. (2008). Visual competence: A new paradigm for studying visuals in the social sciences? *Visual Studies*, *23*(2), 101 - 112.

Randhawa, B. S. (1978). Visual trinity: An overview. In B. S. Randhawa & W. E. Coffman (Eds.), *Visual learning, thinking, and communication* (pp. 191 - 211). New York: Academic Press.

Seels, B. A. (1994). Visual literacy: The definition problem. In D. M. Moore & F. M. Dwyer (Eds.), *Visual literacy* (pp. 97 - 112). Englewood Cliffs, NJ: Educational Technology Publications.

Smaldino, S. E., Lowther, D. L., & Russell, J. D. (2011). *Instructional technology and media for learning* (10th ed.). Boston, MA: Allyn & Bacon.

Visual Literacy Standards Task Force(2012). Visual literacy competency standards for higher education. *College & Research Libraries News*, *73*(2), 97 - 104.

视觉素养 Visual Literacy

参照素养 LITERACY 和视觉能力 VISUAL COMPETENCY

视觉信息设计 Visual Message Design

请同时参见信息设计 MESSAGE DESIGN、视觉和图像学习 VISUAL AND PICTORIAL LEARNING 和视觉能力 VISUAL COMPETENCY

早期对视觉诠释的研究起源于感知心理学(Anglin, Towers & Levie, 1996)。可视化信息可以提高动力并鼓励严谨思维,而学生需要技能来了解这类信息(Bazeli & Robinson, 1997)。利用这些早期研究的结果,Fleming 和 Levie 创建了信息设计原则(Molenda, 2008)。虽然过去的研究一直是针对视觉效果,视觉信息设计却一直被认为是有助于学习者的学习。

有效的视觉信息设计需要考虑许多变量(Anglin, Towers & Levie, 1996)。"在教育中使用的视觉效果,虽然一直被认为是辅助学习的,但也一定要仔细计划。"(Stokes, 2002:16)视觉信息设计要考虑的重要特征包括使用"文字、视觉效果和形式"(Pettersson, 2007:70)。Anglin、Towers 和 Levie(1996)指出,读者从一张图片可以记住比来自文本更多的内容。

在他们对多媒体学习的研究工作中,Park 和 Lim(2004)发现,使用视觉教学材料可积极影响学习者对所学材料的兴趣。视觉图像不仅捕捉学习者的兴趣,而且可以帮助学习者记得"呈现文字的情境"(Gagné, Briggs & Wager, 1988:147)。因此,设计的可视化信息可能会增加学习者对所学材料的兴趣。

当视觉材料与文本并用时,可以促进学习者的期望(Anglin, Vaez & Cunningham, 2004)。文字内容是视觉的辅助并应在视觉信息设计中加以考虑。根据 Bix(2002)的观点,文本是创建信息时的一个重要考虑因素。Levie 和 Lentz(1982)提出,当文字信息通过可视化方式重新表达时,学习是可能发生的。

视觉信息设计要考虑的另一个方面是观众的技能。在今天的课堂上,学生必须有视觉素养才能受益于教材中使用的视觉效果。视觉素养被定义为"主动地结合新的视觉消息来重建以往的视觉体验以获取意义"(Sinatra, 1986:5)。设计者还必须考虑视觉信息的情感影响以捕捉学习者的注意力。"……如果审美形式和内容之间有有效的联系,那么有视觉素养的观众就能够通过专注于可见的关系和大脑产生意义的本能来获取相关信息。"(Dake, 2005:16)

由于在多媒体环境中学生要同时处理图片和文字,最近的研究已经调整到认知负荷对学习的影响(Mareno & Valdez, 2005)。因此,从 Gestalt 早期的研究,在经历了20 世纪 70 年代和 80 年代以信息设计为重点的时代以后的今天,研究重心已经转移到视觉信息设计的影响与学习者的认知负荷。

Pamela A. Wicks

(刘炬红　译)

参考文献

Anglin, G. J., Towers, R. L., & Levie, W. H. (1996). Visual message design and learning: The role of static and dynamic illustrations. In D. H. Jonassen (Ed.), *Handbook of research for instructional technology* (pp. 755 - 794). New York: Macmillan.

Anglin, G. J., Vaez, H., & Cunningham, K. L. (2004). Visual representations and learning: The role of static and animated graphics. In D. H. Jonassen (Ed.), *Handbook of research for educational communications and technology* (pp. 865 - 913). New York: Simon & Schuster.

Bazeli, M., & Robinson, R. (1997). Creating critical thinkers. In R. Griffin, J. Hunter, C. Schiffman & W. Gibbs (Eds.), *Vision Quest: Journeys toward visual literacy* (pp. 267 - 274). University Park, Pennsylvania: International Visual Literacy Association.

Bix, L. (2002). The elements of text and message design and their impact on message legibility: A literature review. *The Journal of Design Communication*. Retrieved from http://scholar. lib. vt. edu/ejournals/JDC/Spring-2002/bix. html.

Dake, D. (2005). Aesthetic theory. In K. Smith, S. Moriarty, K. Kenney & G. Barbatsis (Eds.), *Handbook of visual communication: Theory, methods and media* (pp. 3 - 22). Mahwah, NJ: Lawrence Erlbaum Associates.

Gagné, R. M., Briggs, L. J., & Wager, W. W. (1988). *Principles of instructional design*. New York: Holt, Rinehart & Winston.

Levie, W. H., & Lentz, R. (1982). Effects of text illustrations: A review of research. *Educational Communications and Technology Journal*, 30(4), 195 - 232.

Mareno, R., & Valdez, A. (2005). Cognitive load and learning effects of having students organize pictures and words in multimedia environments: The role of student interactivity and feedback. *Educational Technology Research and Development*, 53(3), 35 - 45.

Molenda, M. (2008). Historical foundations. In J. Spector, M. Merrill, J. van Merriënboer & M. Driscoll (Eds.), *Handbook of research on educational communications and technology* (pp. 3 - 20). Mahwah, NJ: Lawrence Erlbaum Associates.

Park, S., & Lim, J. (2004). The effect of graphical representation on the learner's learning interest and achievement in multimedia learning. In M. Simonson & M. Crawford (Eds.),

27th annual proceedings： Selected papers presented at the 2004 annual convention of the Association for Educational Communication and Technology （pp. 687 - 694）. North Miami Beach，FL： Nova University.

Pettersson，P. (2007). Visual literacy in message design. *Journal of Visual Literacy*，27，61 - 90.

Sinatra，R. (1986). *Visual literacy connections to thinking，reading and writing*. Springfield，IL： Charles C. Thomas.

Stokes，S. (2002). Visual literacy in teaching and learning： A literature perspective. *Electronic Journal of the Integration of Technology in Education*. Retrieved from http：//ejite. isu. edu/Volume1No1/Stokes. html.

视频播客 Vodcast

请参见技术通信 TECHNOLOGICAL COMMUNICATION

W

Web 2.0

请同时参见云计算 CLOUD COMPUTING、社会化电脑应用 SOCIAL COMPUTING 和社交媒体 SOCIAL MEDIA

Web 2.0 概念性地定义为互动性和参与性信息,它由互联网(World Wide Web)上的用户分享、创造和协作。具有使用网络应用程序的特点,Web 2.0 包括社交网络网站(例如,Facebook、Google、Twitter)、博客、维基、视频和照片分享网站(例如,YouTube、Metacafe、Photobucket、Flickr)、托管服务器、Web 应用程序(例如,文字处理、电子表格、简报工具、视频编辑)、混搭和用户参与的分类(即协作创建和管理标签来对内容进行注释和分类)。最有名的是 Tim O'Reilly(2005)对 Web2.0 的定义:Web2.0 利用网络的力量来统筹集体智慧;这个定义的界定,部分归因于比较和对照 Web 2.0 与 Web 1.0 的功能和应用程序。

O'Reilly(2005)描述了用于为 Web 1.0 与 Web 2.0 应用程序或方法进行分类的七项原则,并提供了表明这两个概念之间的差异特点和核心功能(见表 3)。

表 3　Web 2.0 的原理和特点/核心功能(O'Reilly, 2005)

Web 2.0 的原则	特点/核心功能
Web 作为平台	网景应用与谷歌平台
统筹集体智慧	用户增添价值;雅虎目录与谷歌的网页排行;亚马逊的用户参与度;博客和集体智慧
数据是下一个"英特尔内核"	数据驱动日渐增加的应用程序;谁创造、拥有和控制数据
软件发布周期终结	日常运作成为核心功能;视用户为合作开发者;通过客户自助服务舒缓长尾效应
轻量型编程模型	永久测试;松散的协作系统;联合而不是协调;专为可重编程性和混合性而设计;在装配中有创新

Web 2.0 的原则	特点/核心功能
超越单一装置水平的软件 丰富的用户体验	iTunes/iPod 结合 Web 和移动设备的服务;TiVo(数码录像机) 主动和可重混性内容;丰富的用户界面;任何地方可访问性;社会 存在、参与和联网

　　Web 2.0 支持一个不同特质的用户交互和体验,具有 Harrison 和 Barthel(2009)所认为的基于用户从消费者到生产者的激进概念重组的特质。在 Web 2.0 环境里,仅有一点技术知识的使用者就可以构建并共享媒体和信息产品;Web 2.0 环境支持客户端和服务器之间有更多的动态交互,并提供更吸引人的视觉显示和应用;最终,Web 2.0 通过汇集潜在的数百万用户来促进集体和合作的能动性从而提供更多直接的、互动的和具参与性的用户到用户交互平台(例如,Digg.com,根据用户投票给新闻故事排名)(Harrison & Barthel,2009)。有关 Web 2.0 的作者们认为,用户在相当程度上被吸引到 Web 2.0 环境是因为他们能够在生成内容、混合和重新分配并在消费媒体产品过程中发挥积极的作用,而不是被动地消费别人为他们创造的内容。参考博客和集体智慧,O'Reilly 提出他的洞察:"该 Web 2.0 的世界也是 Dan Gillmor 所说的'我们,即媒体',在这个世界里,对什么是重要的作出决定的是'以前的观众',而不是那些幕后人。"(2005:46)产消者(prosumer)这一术语是生产者(producer)和消费者(consumer)的组合,最初是由 Alvin Toffler 于 1980 年创造,与 McLuhan 和 Nevitt(1972)的想法相关,他们认为电子技术将使消费者成为生产者。这个词被 Ritzer 和 Jurgenson (2010)重新组合为"产消"(prosumption),即为 Web 2.0 公司创造价值的产消者是不要支付工资的。Tapscott 和 Wiliams(2006)描述了新的 Web 主要是有关参与而不是被动地接收信息。

Michele Jacobsen

(刘炬红　译)

参考文献

Harrison, T. M., & Barthel, B. (2009). Wielding new media in Web 2.0: Exploring the history of engagement with the collaborative construction of media products. *New Media & Society*, 11(1-2),155-178.

McLuhan, M., & Nevitt, B. (1972). *Take today: The executive as dropout*. New York: Harcourt Brace Jovanovich.

O'Reilly, T. (2005). What is Web 2. 0? Design patterns and business models for the next generation of software. O'Reilly, 30 September. Online: http://oreilly.com/web2/archive/what-is-web-20.htm1.

Ritzer, G., & Jurgenson, N. (2010). Production, consumption, prosumption. *Journal of Consumer Culture*, 10(1), 13 - 36. Retrieved from http//joc. sagepub. com/cgi/reprint/10/1/13?ijkey = KKTk6xYE6Vq1c&keytype = ref&siteid = spjoc&utm_source = eNewsletter&utm_medium = email&utm_campaign = 1J22.

Tapscott, D., & Williams, A. (2006). *Wikinomics: How mass collaboration changes everything*. New York, NY: Penguin.

Toffler, A. (1980). *The third wave*. New York: Bantam Books.

有关此主题的更多信息,请参见"附加资源"

基于网络的培训 Web-Based Training

请参见虚拟学习 VIRTUAL LEARNING

网络会议 Web Conferencing

请参见技术通信 TECHNOLOGICAL COMMUNICATION

网络研讨会 Webinar

请参见技术支持的学习 TECHNOLOGY-ENABLED LEARNING

网络日志 Weblog

请参见博客 BLOG

良构问题 Well-Structured Problem

请参见问题 PROBLEM

整体任务操练 Whole-Task Practice

请参见操练 PRACTICE

整体任务排序 Whole-Task Sequencing

请参见排序 SEQUENCING

维基 Wiki

请参见社会化电脑应用 SOCIAL COMPUTING

工作记忆 Working Memory

请参见认知负荷 COGNITIVE LOAD、双码理论 DUAL CODING THEORY 和记忆 MEMORY

Z

最近发展区域 Zone of Proximal Development

请参见真实环境中的学习活动 AUTHENTIC ACTIVITY、认知失调理论 COGNITIVE DISSONANCE THEORY 和学习支架 SCAFFOLDING

附加资源

视听教学 Audiovisual Instruction
（有关视听教学历史的附加内容可以在以下文献中查找）

Reiser，R. A. (2012). What field did you say you were in? Defining and naming our field. In R. A. Reiser & J. V. Dempsey（Eds），*Trends and issues in instructional design and technology*（3rd ed. , pp. 1 - 7）. Boston，MA：Pearson Education.

Reiser，R. A. (2012). History of instructional design and technology. In R. A. Reiser & J. V. Dempsey（Eds. ），*Trends and issues in instructional design and technology*（3rd ed. , pp. 17 - 34）. Boston，MA：Pearson Education.

混合式学习 Blended Learning

Bonk，C. J. , & Graham，C. R.（Eds.)（2006）. *The handbook of blended learning：Global perspectives，local designs*. San Francisco：Pfeiffer.

Garrison，D. R. , & Kanuka，H.（2004）. Blended learning：Uncovering its transformative potential in higher education. *The Internet and Higher Education*，7（2），95 - 105.

认知师带徒 Cognitive Apprenticeship

Collins，A. , Brown，J. S. , & Newman，S.（1989）. Cognitive apprenticeship：Teaching the craft of reading，writing，and mathematics. In L. B. Resnick（Ed. ），

Knowing, learning, and instruction: Essays in honor of Robert Glaser (pp. 453 – 494). Hillsdale, NJ: Erlbaum.

认知学习理论 Cognitive Learning Theory

Ausubel, D. P. (1963). *The psychology of meaningful verbal learning*. New York: Grune & Stratton.

Brunner, J. S. (1966). *Toward a theory of instruction*. Cambridge, MA: Harvard University Press.

Gagné, R. M. (1985). *The conditions of learning and theory of instruction* (4th ed.). New York: Holt, Rinehart and Winston.

Reigeluth, C. M. (1999). *Instructional design theories and models: A new paradigm of instructional theory* (Vol. II). Mahwah, NJ: Lawrence Erlbaum Associates.

认知策略 Cognitive Strategies

Bruner, J. S. (1971). *The relevance of education*. New York: Norton.

Pressley, M., Borkowski, J. G., & Schneider, W. (1987). Cognitive strategies: Good strategy users coordinate metacognition and knowledge. *Annals of Child Development*, 4, 89 – 129.

胜任力 Competency

Argüelles, A., & Gonczi, A. (Eds.) (2000). *Competency based education and training: A world perspective*. Mexico City: Grupo Noriega Editores.

Taylor, K., Marienau, C., & Fiddler, M. (2000). *Developing adult learners*. San Francisco, CA: Jossey-Bass.

胜任力建模和开发 Competency Modeling and Development

Mirabile, R. J. (1997). Everything you wanted to know about competency modeling. *Training and Development*, *51*(8), 73 - 77.

Patton, W. (2005). A postmodern approach to career education: What does it look like? *Perspectives in Educational and Vocational Guidance*, *5*, 293 - 302.

Voorhees, P. (2001). Creating and implementing competency-based learning models. *New Directions for Institutional Research*, *110*, 83 - 96.

文化历史活动理论 Cultural Historical Activity Theory

Cole, M. (1996). *Cultural psychology: A once and future discipline*. Cambridge, MA: Harvard University Press.

Stetsenko, A. (2005). Activity as object-related: Resolving the dichotomy of individual and collective planes of activity. *Mind, Culture, and Activity*, *12*(1), 70 - 88. doi: 10.1207/s15327884mcal1201_6.

Stetsenko, A. (2010). Standing on the shoulders of giants a balancing act of dialectically theorizing conceptual understanding on the grounds of Vygotsky's project. In W. -M. Roth (Ed.), *Re/Structuring Science Education* (Vol. 2, pp. 69 - 88). Dordrecht: Springer Netherlands. Retrieved from http://www. springerlink. com/ content/m871956518271 w66/.

Wertsch, J. V. (1981). *The concept of activity in Soviet psychology*. New York: M. E. Sharpe.

Wertsch, J. V. (1991). *Voices of the mind: A Sociocultural approach to mediated action*. Cambridge, Massachusetts: Harvard University Press.

Wertsch, J. V. (1998). *Mind as action*. New York: Oxford University Press.

文化中立的设计 Culture-Neutral Design

DeBry，D. P. (2001). Globalizing instructional materials: Guidelines for higher education. *Tech Trends*, *45*(6),41 – 45.

Fay，R. , & Hill，M. (2003). Educating language teachers through distance learning: The need for culturally-appropriate DL methodology. *Open Learning*, *18*(1),9 – 27.

特定文化的设计 Culture-Specific Design

Knight，E. , Gunawardena，C. N. , & Aydin，C. H. (2009). Cultural interpretations of the visual meaning of icons and images used in North American web design. *Educational Media International*, *46*(1),17 – 35.

Reiners，T. , & Dreher，H. (2009). Culturally-based adaptive learning and concept analytics to guide educational website content integration. *Journal of Information Technology Education*, *8*,125 – 139.

基于设计的研究 Design-Based Research

EduTech Wiki entry at http://edutechwiki. unige. ch/en/Design-based_research.

van den Akker，J. , Bannan，B. , Kelly，A. , Nieveen，N. , & Plomp，T. (2007). *An introduction to educational design research*. 127 page workbook available at http://www. slo. nl/edr/.

van den Akker，J. , Gravemeijer，K. , McKenney，S. , & Nieveen，N. (Eds)(2006). *Educational design research*. London: Routledge.

数字鸿沟 Digital Divide

The Digital Divide Institute: http://www. digitaldivide. org/.

Digital Divide. org, the site of Digital Divide Institute (DDI), formulates innovations to enhance social，environmental，cultural and human impacts of the internet as it spreads towards remote regions of the planet. Its focus is called "Meaningful Broadband".

电子档案 e-Portfolio

以下链接提供了一些有关电子档案的收藏：http://delicious. com/crichtos/eportfolio.

评估 Evaluation

Davidson，E. J. (2005). *Evaluation methodology basics：The nuts and bolts of sound evaluation*. Thousand Oaks，CA：Sage Publications.

Knox，A. B. (2002). *Evaluation for continuing education：A comprehensive guide to success*. San Francisco：Jossey-Bass/Wiley.

McDavid，J. C. ，& Hawthorn，L. R. L. (2006). *Program evaluation & performance measurement*. Thousand Oaks，CA：Sage Publications.

Van Tiem，D. M. ，Moseley，J. L. ，& Dessinger，J. C. (2004). Introduction to evaluation. In D. M. Van Tiem，J. L. Moseley & J. C. Dessinger，*Fundamentals of performance technology：A guide to improving people，process，and performance* (2nd ed. pp. 156 – 187). Silver Springs，MD：International Society for Performance Improvement.

Wholey，J. S. ，Hatry，H. P. ，& Newcomer，K. E. （Eds. ）(2010). *Handbook of practical program evaluation* (3rd ed.). San Francisco：Jossey-Bass/Wiley.

Yarbrough，D. B. ，Shulha，L. M. ，Hopson，R. K. ，& Caruthers，F. A (2011). *The program evaluation standards：A guide for evaluators and evaluation users* (3rd ed.). Thousand Oaks，CA：Sage Publications.

评估模型 Evaluation Models

Hannum，K. ，Martineau，J. ，& Reinelt，C. （Eds. ）(2006). *Handbook of leadership development evaluation*. San Francisco: Jossey-Bass.

Mathison, M. (Ed.)(2005). *Encyclopedia of evaluation*. Thousand Oaks, CA: Sage.

Moseley, J., & Dessinger, J. (Eds.)(2010). *Handbook on measurement and evaluation*. New York, NY: Wiley/ISPI.

Preskill, H., & Russ-Eft, D. (2005). *Building evaluation capacity: 72 activities for teaching and training*. Thousand Oaks, CA: Sage.

Russ-Eft, D. F., Bober, M. J., de la Teja, I., Foxon, M., & Koszalka, T. A. (2008). *Evaluator competencies: The standards*. San Francisco, CA: Jossey-Bass.

专家系统 Expert System

人工智能发展协会(AAAI)是一个非常好的有关附加文献资源的协会(见 http://aaai. org. AITopics/ExpertSystems)。

信息分类 Information Classification

Annual Review of Information Science and Technology (*ARIST*). Silver Spring, MD: American Society for information Science and Technology.

信息处理理论 Information Processing Theory

Miller, G. A., Galanter, E., & Pribram, K. H. (1960). *Plans and the structure of behavior*. New York: Holt, Rinehart & Winston.

Solso, R. L., MacLin, M. K., & MacLin, O. H. (2008). *Cognitive psychology*. Boston, MA: Allyn & Bacon.

信息检索 Information Retrieval

Cole, C. (2011). A theory of information need for information retrieval that connects information to knowledge. *Journal of the American Society for Information*

Science & Technology，62(7),1216 – 1232.

Porter，B. (2011). Millennial undergraduate research strategies in web and library information retrieval systems. *Journal of Web Librarianship*，5(4),267 – 285.

Taylor，A. (2012). User relevance criteria choices and the information search process. *Information Processing & Management*，48(1),136 – 153.

信息论 Information Theory

Hodges，A. (2000). *Alan Turing：The enigma*. New York：Walker and Company.

工作指南 Job Aid

Spaulding，K. ，& Dwyer，F. (1999). Effect of job aids in facilitating learners' cognitive development. *International Journal of Instructional Media*，26,87 – 104.

Williams，S. W. (2000). Performance support systems and job aids. In G. M. Piskurich，P. Beckschi & B. Hall (Eds.)，*ASTD handbook of training design and delivery：A comprehensive guide to creating and delivering training programs- instructor-led，computer-based，or self-directed* (pp. 415 – 429). Blacklick，OH：McGraw-Hill Professional Publishing.

知识管理 Knowledge Management

Nonaka，I. ，& Takeuchi，H. (1995). *The knowledge creating company*. New York：Oxford University Press.

管理系统 Management Systems

Reigeluth，C. M. ，Watson，W. R. ，Watson，S. L. ，Dutta，P. ，Chen，Z. ，& Powell，N. (2008). Roles for technology in the information-age paradigm of education：Learning Management Systems. *Educational Technology*，48(6),32 – 39.

http://www.moodle.org.

http://blackboard.com.

媒体应用 Media Utilization

Clark，R. C.，& Lyons，C. (2004). *Graphics for learning：Proven guidelines for planning，designing，and evaluating visuals in training materials*. San Francisco，CA：Pfeiffer.

记忆 Memory

Ashcraft，M.，& Radvansky，G. A. (2009). *Cognition*. Upper Saddle River，NJ：Prentice-Hall.

Baddeley，A.，Eysenck，M. W.，& Anderson，M. C. (2009). *Memory*. London，UK：Psychology Press.

需求 Need

Kaufman，R. (1985). Needs assessment，needs analysis，objectives and evaluation. *Performance & Instruction*，*24*(6)，21.

Watkins，R.，& Kaufman，R. (1996). An update on relating needs assessment and needs analysis. *Performance Improvement*，*35*(10)，10 – 13.

需求评估 Needs Assessment

Gilbert，T. F. (1978). *Human competence：Engineering worthy performance*. New York，NY：McGraw-Hill.

Rummier，G. A.，& Brache，A. P. (1995). *Improving performance：How to manage the white space on the organization chart* (2nd ed.). San Francisco，CA：Jossey-Bass.

感知模式 Perceptual Modality

以下网页介绍了每年有关感知模式研究的刊物：

Crossmodal Research Laboratory, Experimental Psychology, University of Oxford. http://psyweb. psy. ox. ac. uk/xrnodal/index. htm.

思维结构理论 Schema Theory

Gredler, M. E. (2007). Of cabbages and kings: Concepts and inferences curiously attributed to Lev Vygotsky (Commentary on McVee, Dunsmore, and Gavelek, 2005). *Review of Educational Research*, 77,233 – 238.

Kintsch, W. (1998). *Comprehension: A paradigm for cognition*. New York: Cambridge University Press.

McVee, M. B. , Gavelek, J. R. , & Dunsmore, K. L. (2007). Considerations of the social, individual, and embodied: A response to comments on "Schema Theory Revisited". *Review of Educational Research*, 77,245 – 248.

Rumelhart, D. E. (1984). Schemata and the cognitive system. In R. S. Wyer & T. K. Srull (Eds.), *Handbook of social cognition* (pp. 161 – 188). Hillsdale, NJ: Lawrence Erlbaum.

Schank, R. C. , & Abelson, R. (1977). *Scripts, plans, goals and understanding*. Hillsdale, NJ: Lawrence Erlbaum Associates.

可用性 Usability

Nielsen, J. (n. d.). Alertbox: Current Issues in Web Usability. Online: http://www. useit. corn/alertbox/.

U. S. Government. (n. d.). Usability. gov: Your Guide for Developing Usable & Useful Websites. This is an official U. S. Government Web site managed by the U. S. Department of Health & Human Services. Online: http://www. usability. gov/.

Web 2.0

Boutin，P. (2006). Web 2. 0：The new internet "boom" doesn't live up to its name. *Slate*，29 March. Online：http://www. slate. cornlid/2138951.

O'Reilly，T. (2006). Levels of the game：The hierarchy of Web 2. 0 applications. O'Reilly Radar. Online：http://radar. oreilly. corn/archives/2006/07/levels-of-the-game. html.

（冯晓晓　译）

图书在版编目(CIP)数据

教育交流与技术术语集/(美)里奇主编;来凤琪等译.
—上海:华东师范大学出版社,2016
(教育传播与技术研究前沿译丛)
ISBN 978 - 7 - 5675 - 5586 - 0

Ⅰ.①教… Ⅱ.①里…②来… Ⅲ.①教育技术学—术语
Ⅳ.①G40 - 057

中国版本图书馆 CIP 数据核字(2016)第 191994 号

教育交流与技术术语集

主　　编	Rita C. Richey
主　　译	来凤琪
主译助理	叶海松　黄晓霞
策划编辑	彭呈军
特约编辑	翁晓玲
责任校对	王丽平
装帧设计	高　山

出版发行　华东师范大学出版社
社　　址　上海市中山北路 3663 号　邮编 200062
网　　址　www.ecnupress.com.cn
电　　话　021 - 60821666　行政传真 021 - 62572105
客服电话　021 - 62865537　门市(邮购)电话 021 - 62869887
地　　址　上海市中山北路 3663 号华东师范大学校内先锋路口
网　　店　http://hdsdcbs.tmall.com

印　刷　者　常熟高专印刷有限公司
开　　本　787×1092　16 开
印　　张　24.75
字　　数　482 千字
版　　次　2017 年 1 月第 1 版
印　　次　2017 年 1 月第 1 次
书　　号　ISBN 978 - 7 - 5675 - 5586 - 0/G·9745
定　　价　68.00 元

出 版 人　王　焰

(如发现本版图书有印订质量问题,请寄回本社客服中心调换或电话 021 - 62865537 联系)